2023 최신판

저자직강 무료인강

유튜버 미쓰캐롯의

비서

유튜버 미쓰캐롯 편저

1·2급 자격증

필기·기출문제집

Secretary

KB011281

유튜브 비서티비
바로가기

PREFACE
Secretary Ability Test

'지금 만나는 사람이 당신의 미래가 된다.'

가장 접점에서 상사와 파트너십을 맺거나 보좌역의 업무를 수행하는 비서의 역할은 기업과 사회에서 전문직으로 성장하고 있습니다. 전문직으로서의 비서업무를 위하여 대학을 포함한 각종 평생교육기관과 단체에서는 비서학의 학문발전이 동시다발적으로 개발되고 학습되고 있는데, 이는 비서가 단순 업무 보조의 역할에서 벗어나 전문능력을 가진 직업인으로 자리 잡고 있음을 확인시켜주고 있습니다.

본서는 대한상공회의소에서 주관하는 국가기술자격 상시(4~6월, 9~11월)에 대비하는 수험서로서 학습자들이 비서자격시험에 효과적으로 대비할 수 있도록 구성되었습니다.

특히 2021년부터 시행되는 비서자격시험은 과거 내용에 비해 대폭 수정되었으므로 이 부분을 중점적으로 정리하여 과거 이론서와 차별점을 두었습니다. 이러한 차별점을 반영한 본 수험서는, 최신 출제 경향과 변경 내용을 반영하여 비서자격증 취득에 가까이 갈 수 있도록 수험생 여러분의 학습을 돕겠습니다.

'지금 만나는 사람이 당신의 미래가 된다.'는 말이 있습니다.

지금 만나는 사람이 여러분의 생각을 바꾸고, 앞으로 만나게 될 수험생 여러분의 상사가 자신의 미래가 될 수 있듯, 본 수험서가 여러분의 학습과 앞날에 눈부신 결과를 가져다주기를 기원하겠습니다.

저자 **유튜버 미쓰캐롯**

GUIDE

Secretary Ability Test

출제기준

⊙ 기간 : 2021.1.1. ~ 2025.12.31.

⊙ 검정방법 : 객관식 80문항

⊙ 시험시간 : 80분

2021이전				개 정(2021~2025)			
과목명 (문항수)	주요 항목	세부항목	세세항목	과목명 (문항수)	주요 항목	세부항목	세세항목
비서 실무 (20)	1.비서 개요	1.비서역할 과 자질	• 비서직무 특성 • 직업윤리 • 비서의 자질과 태도	비서 실무 (20)	1.비서 개요	1.비서역할 과 자질	• 비서직무 특성 • 직업윤리 및 비서윤리 • 비서의 자질과 태도 • 비서의 역량(지식, 기능, 태도)
		2.자기개발	• 네트워킹 관리 • 경력계획 • 경력개발			2.비서의 자기개발	→ 네트워킹 관리 → 경력계획 • 시간관리 • 스트레스 관리 • 경력캐발관리
	2.대인 관계 업무	1.전화응대	• 전화 응대/걸기 원칙 및 예절 • 전화선별 요령 • 직급별 전화연 결 요령 • 상황별 전화연결 • 국제전화의 종류 (국가코드)		2.대인 관계 업무	1.전화응대	• 전화 응대/걸거 수·발 신 원칙 및 예절 • 전화선별 요령 → 직급별 전화연결요령 • 전화부가서비스 종류 및 사용방법활용 → 전화기록부 작성 관 리방법

2021이전				개정(2021~2025)			
과목명 (문항수)	주요 항목	세부항목	세세항목	과목명 (문항수)	주요 항목	세부항목	세세항목
비서 실무 〔20〕	2.대인 관계 업무	1.전화응대	• 전화부가서비스 종류 및 사용방법 • 전화기록부 작성 관리방법 • 전화메모지 작성 방법	비서 실무 〔20〕	2.대인 관계 업무	1.전화응대	• 전화메모지 작성방법 • 전화메모 및 기록부 작성 및 관리
		2.내방객 응대	• 내방객 응대 기본 원칙 • 내방객 정보 관리 • 내방객 응대요령			2.내방객 응대	• 내방객 응대 기본 원칙 • 내방객 정보 관리 • 내방객 응대 요령 준비 • 내방객 맞이 및 선별 • 내방객 면담 중 업무 • 내방객 배웅 및 종료 업무 • 내방객 기록 관리 • 내방객 응대 예절(명함, 소개, 안내, 상석, 다과 예절 등)
		3.인간관계	• 조직구성원과의 관계 • 고객 및 이해관계자와의 관계 • 직장예절 규범 • 갈등 관리			3.인간관계	• 상사 및 조직구성원과의 관계 • 고객 및 이해관계자와의 관계 • 직장예절 규범 • 갈등 및 스트레스 관리
	3.일정 및 출장 관리	1.일정	• 일정표의 종류 • 비서업무일지 작성법 • 상사일정표 작성법(일일/주간/월간) • 일정관리 소프트웨어 사용법 • 일정 관리 절차(일정계획/정보수집/일정조율/일정보고)		3.일정 및 출장 관리	1.일정	• 일정표의 종류 • 일정관리 원칙 • 비서업무일지 작성법 • 상사일정표 작성법(일일/주간/월간) • 일정관리 소프트웨어 사용법 • 일정관리절차(일정계획/정보수집/일정조율/일정보고) • 다양한 일정관리 방법의 활용
		2.예약	• 예약 종류별 예약필요 지식 • 예약 종류별 예약방법 및 절차 • 예약 이력정보			2.예약	• 예약 종류별 예약필요지식 • 예약 종류별 예약방법 및 절차 • 예약 이력정보

2021이전				개 정(2021~2025)			
과목명 (문항수)	주요 항목	세부항목	세세항목	과목명 (문항수)	주요 항목	세부항목	세세항목

비서
실무
(20)
	3.일정
	및 출장
	관리
		3.출장	• 출장 일정표작성
			• 교통·숙소 예약
			  방법 및 용어
			• 국내/해외 출장
			  준비물
			• 상사출장중업무
			• 상사 출장 후 사
			  후처리 업무
				비서
				실무
				(20)
					3.일정
					및 출장
					관리
						3.출장	• 출장 일정표작성
							• 교통·숙소 예약방법
							  및 용어
							• 국내/해외 출장준비물
							• 기타 출장 전 업무
							• 상사 출장 중 업무
							• 상사 출장 후 사후처
							  리 업무

	4.회의
	및 의전
	관리
		1.회의업무	• 회의의 종류 및
			  절차
			• 의사진행절차
			• 회의관련 용어
			• 회의록의 구성
			  요소
			• 회의록 배부 절차
					4.회의
					및 의전
					관리
						1.회의관리
						업무
							• 회의의 종류 및 절차
							  좌석배치
							• 의사진행절차
							• 회의 전 업무
							• 회의 중 업무
							• 회의 사후 업무
							• 원격통신회의 지원
							  업무
							• 회의관련 용어지식
							  (회의 용어, 회의록 구
							  성요소 등)
							• 회의록 배부 절차 작
							  성 및 관리

		2.의전행사
		지원업무
			• 행사별 복장 지식
			• 외국인 영접 및
			  환송 업무
			• 좌석배치
			• 국제의전원칙
			• 행사 의전원칙
			  과 절차
						2.의전행사
						지원업무
							• 행사별 복장 지식
							• 외국인 영접 및 환송
							  업무
							• 좌석배치
							• 국제의전원칙
							• 행사 의전원칙과 절
							  차(서열 기준, 좌석 배
							  치 등)

		3.국제매너	• 나라별 인사예법
			• 식사 예절(테이
			  블 매너)
			• 선물 예절(선물
			  매너)
			• 해외방문 시 국
			  제의전 지식(비
			  즈니스 에티켓)
			• 국가별 응대 금
			  기사항(비즈니
			  스 에티켓)
			• 국가별 문화에
			  대한 이론(타문
			  화의 이해)
						3.국제매너	• 나라별 인사 예법
							• 식사 예절(테이블 매
							  너) 및 선물예절(선물
							  매너)
							• 해외방문 시 국제 의
							  전 관련 지식(용어, 복
							  장 지식, 국기 게양, 비
							  즈니스 매너 등)(1,2급)
							• 국가별 응대 금가사
							  항(비즈니스 에티켓)
							• 행사 의전계획(1급)
							• 국가별 문화에 대한
							  이론(타문화의 이해
							  (국가별 응대 금기사
							  항 등)(1,2급)

2021이전				개정(2021~2025)			
과목명(문항수)	주요항목	세부항목	세세항목	과목명(문항수)	주요항목	세부항목	세세항목
비서실무(20)	5.상사지원업무	1.보고와 지시	• 지시보고 • 구두보고 방법 • 육하원칙 보고 방법 • 지시받는 요령 및 전달 요령 • 화법 • 실용한자	비서실무(20)	5.상사지원업무	1.보고와 지시	• 보고의 일반원칙 • 지시보고 • 구두보고 방법(구두, 문서, 문자 등) • 육하원칙보고 방법 • 지시받는 요령 및 기와 전달 요령 • 직장 화법 • 실용한자
		2.상사보좌	• 상사신상카드 작성방법 • 이력서 작성법 • 건강관리 관련 지식 • 기사 작성 원칙 • 홍보업무 • 비서의 사무환경 관리방법			2.상사보좌 정보 관리	• 상사신상카드 작성방법 • 이력서 작성법 • 건강관리 관련 지식 • 기사 작성 원칙 • 홍보업무 • 비서의 사무환경 관리 방법 • 상사의 네트워크 관리 • 상사의 개인정보 관리 • 상사의 대외업무 관리(홍보 업무, 기사 작성 방법 등)
		3.총무	• 회사 총무업무의 이해 • 경비처리 방법 • 경조사 업무			3.총무	• 회사 총무업무의 이해 • 경비처리 방법 • 경조사 업무
						4. 사무환경 및 비품관리	• 사무용품 및 비품 용어 • 사무환경 관리(상사 집무실, 회의실, 비서실, 탕비실 등) • 사무비품 관리 • 간행물 관리
경영일반(20)	1.경영환경 및 기업형태	1.경영환경	• 경영환경의 개념 • 경영환경의 이해관계자 특성 • 경영현황 지식 • 기업윤리 • 글로벌 경영의 이해	경영일반(20)	1.경영환경 및 기업형태	1.경영환경	• 경영환경의 개념(1,2급) • 경영환경의 이해관계자 특성(1,2급) • 경영현황 지식(1,2급) • 기업윤리(1,2급) • 글로벌 경영의 이해(1급)

2021이전				개 정(2021~2025)			
과목명 (문항수)	주요 항목	세부항목	세세항목	과목명 (문항수)	주요 항목	세부항목	세세항목
경영 일반 (20)	1.경영 환경 및 기업 형태	2.기업형태	• 기업형태 • 중소기업과 대기업 • 기업의 인수·합병	경영 일반 (20)	1.경영 환경	2.기업형태	• 기업형태(1,2급) • 중소기업과 대기업 (1,2급) • 기업의 인수·합병 (1,2급)
	2.경영 관리	1.경영조직 관리	• 경영자 역할의 이해 • 경영관리의 기능 • 경영조직과 유 형변화 • 경영통제 • 지식경영 • 조직문화의 개념		2.경영 관리	1.경영조직 관리	• 경영자 역할의 이해 (1,2급) • 경영관리의 기능 (1,2급) • 경영조직과 유형변화 (1,2급) • 경영통제전략(1급) →지식경영 • 조직문화의 개념 (1,2급)
		2.조직행동 관리	• 동기부여 • 리더십 • 기업문화 • 의사결정 • 의사소통			2.조직행동 관리	• 동기부여(1,2급) • 리더십(1,2급) →기업문화 →의사결정 • 의사소통(1,2급)
	3.경영 활동	1.마케팅 및 인적자원 관리	• 마케팅 일반 • 인적자원관리 일반 • 경영정보 일반		3.경영 활동	1.마케팅 및 인적자원 관 리가능별 경 영 활동	• 마케팅 일반(1,2급) • 인적자원관리 일반 (1,2급) • 경영정보 일반(1,2급)
		2.재무 및 회계	• 회계 일반 • 재무 일반			2.재무 및 회 계	• 회계 일반(1,2급) • 재무 일반 기초(1급)
		3.시사경제	• 실생활 중심 경제 • 시사·경제·금융 용어			3.2.시사경제	• 실생활 중심 경제 (1,2급) • 시사·경제·금융용어 (1,2급)
사무 영어 (20)	1.비즈 니스 용어 및 문법	1.비즈니스 용어	• 영문 부서명과 직함명 • 약어 • 사무 비품 용어	사무 영어 (20)	1.비즈 니스 용 어 및 문법	1.비즈니스 용어	• 비즈니스 기본 단어 및 약어 • 거래, 회계, 인사 조직 용어(1,2급) • 영문 부서명과 직함명 →약어 • 사무바품기기 및 사 무용품 용어

2021이전				개 정(2021~2025)			
과목명 (문항수)	주요 항목	세부항목	세세항목	과목명 (문항수)	주요 항목	세부항목	세세항목
사무 영어 (20)	1.비즈 니스 용어 및 문법	2.영문법	• 문법 • 비즈니스 단어 • 기초문법의 정확성 • 영문첨삭법 • 영문구두법	사무 영어 (20)	1.비즈 니스 용 어 및 문법	2. 영문법	→ 문법 → 비즈니스 단어 → 기초영문법의 정확성 → 영문첨삭법 → 영문구두법
	2.영문 서의 이해	1.영문서 작성기본	• 비즈니스 레터 • 봉투 • 이메일 • 메모 • 팩스 • 초청장, 감사장 • 이력서, 커버레터 • 송장, 명함, 매뉴얼		2.영문 서의 이 해 지원 업무	1.영문서 작 성카본 구성 내용 및 형식	• 비즈니스 레터 구성 요소 및 스타일 • 봉투 수·발신 및 우편 처리 방법 • 이메일 • 메모 사내연락문 • 팩스 → 초청장, 감사장 → 이력서, 커버레터 → 송장, 명함, 매뉴얼 • 기타 비즈니스 영문 서(1,2급) (이력서, 커 버레터, 회의통지 문, 구매주문서(Pur- chase Order), 출장일 정표(Itinerary), 일정 표 (Schedule), 전화 메모, 초청장, 감사장 등)
		2.독해 및 작문	• 어휘·문법의 정확성 • 표현의 적절성			2. 독해 및 작문 영문서 내용 이해	→ 어휘 문법의 정확성 → 표현의 적절성 • 상황별 영문서 내용 파악 (알림, 약속, 취 소, 불만, 조의, 축하, 문의, 주문, 요청, 예 약, 감사, 초청 등)
		3.회의	• 회의준비 • 회의진행 및 종료			3. 회의 영문 서 수·발신 처리	→ 회의준비 → 회의진행 및 종료 • 영문서 수신 및 전달

	2021이전				개정(2021~2025)		
과목명(문항수)	주요항목	세부항목	세세항목	과목명(문항수)	주요항목	세부항목	세세항목
사무영어〔20〕	2.영문서의 이해	4.출장	• 출장일정(Itinerary) • 출장경비정산	사무영어〔20〕	2.영문서와 이해 지원 업무	4. 출장 영문서 작성	• 출장일정(Itinerary) • 출장경비정산 • 상황별 영문서 작성(1,2급)(회신 문서, 회의 통지문, 출장 일정표 작성 등) • 상황별 표현의 적절성
	3.사무영어회화	1.내방객 응대	• 용건파악 • 안내 • 접대 • 배웅 • 상사 부재 시의 응대		3.사무비서 영어회화 업무	1. 전화응대	• 전화 응답 • 전화 스크린 • 응대 인사(수 발신) • 용건 파악 • 전화 내용메시지 전달 • 전화 중개 연결 • 발신 • 국가번호와 세계 공통 알파벳 코드 • 상황별 전화영어 응대 요령(상사 부재 시 응대, 상사 통화 중 응대, 상사 회의 중 응대 등)
		2.전화응대	• 전화 응답 • 전화 스크린 • 전화 내용 전달 • 전화 중개 • 발신 • 국가번호와 세계 공통 알파벳 코드 • 상황별 전화영어 응대 요령			2. 내방객 응대	• 내방객 맞이 • 약속확인 또는 용건 파악 • 안내 • 접대 • 배웅 • 상황별 응대(상사 부재 시 응대, 상사 통화 중 응대, 상사 회의 중 응대 등)
		3.예약	• 교통수단 예약 • 식당·호텔 예약 • 해외호텔, 항공 예약관련 지식			3.일정에 따른 예약	• 교통수단 예약(항공, 철도, 버스 등) • 식당·호텔 예약 • 해외호텔, 항공 • 예약 관련 지식 • 일정 계획 및 조율
		4.일정관리	• 스케줄링 • 일정표 관리			4.일정관리	• 스케줄링 • 일정표 관리
		5.보고와 지시	• 보고하기 • 지시받기			4.지시와 보고	• 지시받기(1,2급) • 보고하기(1,2급)

2021이전				개정(2021~2025)			
과목명 (문항수)	주요 항목	세부항목	세세항목	과목명 (문항수)	주요 항목	세부항목	세세항목
사무 정보 관리 (20)	1.문서 작성	1.문서작성 의 기본	• 문서의 형식·구 성요소 • 문서의 종류 • 문장부호의 기 능과 사용법 • 한글 맞춤법 • 문서 수·발신대 장 작성방법 • 문서 수·발신 처 리방법 • 우편관련 업무 정보	사무 정보 관리 (20)	1.문서 작성	1.문서작성 의 기본	• 문서의 형식·구성요소 • 문서의 종류 • 공문서의 작성 • 문서의 결재 • 문장부호의 기능과 사용법 • 한글 맞춤법 • 문서 수·발신대장 작 성방법 • 문서 수발신 처리방법 • 우편관련 업무정보
		2.기타문서 양식작성	• 국내외 감사편 지 형식과 어법 에 관한 지식 • 감사장 작성방법			2.커타각종 문서 양식 작성	• 국내외 감사편자 형식 과 어법에 관한 지식 • 감사장 작성 방법 • 의례문서 작성(1,2급) • 업무문서 및 거래문 서의 작성(1,2급) • 이메일 작성 • 기타 문서 작성(편지 병합, 라벨작성 등)
	2.문서 관리	1.문서관리	• 문서관리 원칙 • 목적·수신대장· 처리단계에 따 른 문서의 종류 및 분류 • 명함관리방법		2.문서 관리	1.문서관리	• 문서관리 원칙(1,2급) • 목적·수신대장·처리 단계에 따른 문서의 종류 및 분류(1,2급) • 명함관리방법(1,2급) • 문서 수·발신 처리방법 • 우편관련 업무 • 문서 정리 방법(1,2급)
		2.전자문서 관리	• 전자문서의 종 류 및 정리방법 • 종이문서를 전 자문서화 방법 • 저장매체에 대 한 이해 • 전자문서 시스템 • 선사설새시스템 관리방법			2.전자문서 관리	• 전자문서의 종류 및 정리방법(1,2급) • 종이문서를 전자문서 화 방법(1,2급) • 저장매체에 대한 이해 • 전자문서관리 시스템 (1,2급) • 편지결제시스템 관리 방법(1급)

2021이전				개정(2021~2025)			
과목명 (문항수)	주요 항목	세부항목	세세항목	과목명 (문항수)	주요 항목	세부항목	세세항목
사무 정보 관리 (20)	3.정보 관리	1.정보분석 및 활용	• 정보수집 및 검색방법 • 인터넷활용 일반 • 정보 선별 능력 • 그래프와 도표 읽기 및 작성 • 프리젠테이션 자료구성 • 컴퓨터 데이터베이스 지식 • 각종 매체의 특성과 활용법	사무 정보 관리 (20)	3.정보 관리	1.정보분석 및 활용	• 정보수집 및 검색방법 • 인터넷 활용 일반 • 정보 선별 능력(1,2급) • 그래프와 도표 읽기 및 작성이해 및 활용(1,2급) • 프레젠테이션 자료구성활용(1,2급) • 컴퓨터 데이터베이스 지식 • 각종 검색 매체의 특성과 활용법 • 데이터베이스 활용(1,2급) • 정보 분석 및 이해(1,2급)
		2.보안관리	• 정보보안 관리의 개념 • 기밀문서에 대한 보안원칙 • 컴퓨터 바이러스 진단·방지법 • 컴퓨터 정보관리 지식			2.보안관리	• 정보보안 관리의 개념 • 기밀문서에 대한 보안 원칙 • 컴퓨터 바이러스 진단·방지법 • 컴퓨터 정보관리보안 지식
		3.사무정보 기기	• 사무정보기기 사용법 • 어플리케이션 사용법 • 컴퓨터와 스마트 모바일기기 특성과 활용법 • 클라우드 서비스 • 사내 전산회계 프로그램 지식			3.사무정보 기기	• 사무정보기기 사용법 활용 • 어플리케이션 사용법 활용(1,2급) • 컴퓨터와 스마트 모바일기기 특성과 활용법 • 클라우드 서비스 • 사내 전산회계프로그램 지식

비서1·2급 우대현황

◉ 자격명 : 비서1급, 비서2급

◉ 영문명 : Secretarial Administrator Level - Ⅰ · Level - Ⅱ

◉ 관련부처 : 고용노동부

◉ 시행기관 : 대한상공회의소

우대법령	조문내역	활용내용
교육감소속지방공무원 평정규칙	제23조자격증등의가산점	5급이하공무원,연구사및지도사관련가점 사항
국가공무원법	제36조의2채용시험의가점	공무원채용시험응시가점
군무원인사법시행령	제10조경력경쟁채용요건	경력경쟁채용시험으로신규채용할수있는경우
근로자직업능력개발법 시행령	제27조직업능력개발훈련을위하여근로자를 가르칠수있는사람	직업능력개발훈련교사의정의
근로자직업능력개발법 시행령	제28조직업능력개발훈련교사의자격취득 (별표2)	직업능력개발훈련교사의자격
근로자직업능력개발법 시행령	제44조교원등의임용	교원임용시자격증소지자에대한우대
중소기업인력지원특별법	제28조근로자의창업지원등	해당직종과관련분야에서신기술에기반한창 업의경우지원
지방공무원임용령	제17조경력경쟁임용시험등을통한임용의요건	경력경쟁시험등의임용
지방공무원임용령	제55조의3자격증소지자에대한신규임용시험의 특전	6급이하공무원신규임용시필기시험점수가산
지방공무원평정규칙	제23조자격증등의가산점	5급이하공무원연구사및지도사관련가점사항
국가기술자격법	제14조국가기술자격취득자에대한우대	국가기술자격취득자우대
국가기술자격법시행규칙	제21조시험위원의자격등(별표16)	시험위원의자격
국가기술자격법시행령	제27조국가기술자격취득자의취업등에대한우대	공공기관등채용시국가기술자격취득자우대
국회인사규칙	제20조경력경쟁채용등의요건	동종직무에관한자격증소지자에대한경력 경쟁채용
군무원인사법시행규칙	제18조채용시험의특전	채용시험의특전
비상대비자원관리법	제2조대상자원의범위	비상대비자원의인력자원범위

출처 : 2020년 법제처(www.law.go.kr) 홈페이지

C O N T E N T S

Secretary Ability Test

※본 서는 1.2급 출제범위를 모두 포함하나, 1급만 출제범위에 해당이 되는 부분은 따로 표기되어 있습니다.

PART.1

★ **2021년 변경내용**(50% 이상 추가, 변경, 삭제 됨)

• **범위추가**

[비서윤리], [비서의 역량], [비서의 스트레스관리], [내방객응대], [상사와의 관계]
[일정관리원칙], [출장업무], [회의종류 좌석배치], [회의록작성 및 관리],
[의전원칙 서열], [행사의전계획], [국가별응대 금기사항], [사무환경 및 비품관리]

• **내용변경**

[경력관리]개발→관리, [직장화법]화법→직장화법, [상사정보관리]상사보좌→상사
정보관리

• **범위삭제**

[국제전화코드], [내방객카드관리]

비서실무

※ 교재 안에 Authorship가 명시된 것은 그에 따르며, 명시되지 않은 부분(글·그림·표 등)은 모두 개인 작성 및 자료를 사용하였습니다.

비서개요

CHAPTER 1

1 비서 역할과 자질

1. 비서직무 특성과 역할

(1) 비서업무의 유형

① **일상적 업무**:비서가 업무를 처리하는데 매일 반복적으로 처리하는 업무가 이에 속한다. 전화 및 내방객응대, 서류·우편물 정리, 사무기기·사무환경 관리 등을 포함한 업무이다.

② **지시적 업무**:상사의 지시를 받아 주어진 시간에 수행하는 업무가 이에 속한다. 일정관리, 예약 및 약속, 회의준비 업무, 문서 관리 업무 등을 포함한 업무이다.

③ **창의적 업무**:상사와 조직의 업무효율성을 위한 업무로 정보검색·자료준비, 업무수행 방법 및 절차개선, 의전 및 보좌를 포함한 업무이다.

(2) 비서업무의 성격

돌발적이고 표준화되지 않은 업무처리가 빈번한 업무성격을 가진다.

(3) 비서 업무의 특성

중계자적 특성, 광범위성과 모호성, 정보의 효율적 이용 필요, 대체 불가능성, 뇌 활동 및 신체활동 활용, 자발적 파악 능력, 동시다발적 업무처리 능력을 요구한다.

(4) 비서의 역할

① 비서는 상사가 본연의 업무에 전념할 수 있도록 보좌하는 역할을 한다.

② 비서는 상사의 본래의 업무에서 파생된 세무적인 업무, 부수적인 업무를 처리한다.

③ 상사의 상황 판단이나 의사결정에 필요한 정보나 자료를 수집, 정리해 주어야 한다.

④ 회사 및 상사를 대외적으로 대표하며 조직체를 구성하는 모든 사원과의 인간관계를 잘 다룰 줄 알아야 한다. 즉, 상사의 인간관계가 원활히 유지되도록 돕는다.

2. 직업윤리와 비서윤리

☑ 신규(2021년) 출제범위

(1) 직업윤리의 의미

직업윤리란 개인윤리를 바탕으로 각자가 직업에 종사하는 과정에서 요구되는 특수한 윤리규범이다. 직업에 종사하는 현대인으로서 누구나 공통으로 지켜야 할 윤리기준을 '직업윤리'라고 한다. 직업을 가진 사람이라면 반드시 지켜야 할 공통적인 윤리규범을 의미한다.

(2) 직업윤리와 비서윤리의 조화

① 업무상 개인의 판단과 행동이 사회적 영향력이 큰 기업시스템을 통하여 다수의 이해관계자와 관련되게 된다.

② 수많은 사람이 관련되어 고도화된 공동의 협력을 요구하므로 맡은 역할에 대한 책임완수가 필요하고, 정확하고 투명한 일 처리가 필요하다.

③ 규모가 큰 공동의 재산, 정보 등을 개인의 권한 하에 위임, 관리하므로 높은 윤리의식이 요구된다.

④ 직장이라는 특수 상황에서 갖는 집단적 인간관계는 가족관계, 개인적 선호에 의한 친분과는 다른 측면의 배려가 요구된다.

⑤ 기업은 경쟁을 통하여 사회적 책임을 다하고, 더욱 강한 경쟁력을 키우기 위하여 조직원 개개인의 역할과 능력이 경쟁상황에서 적절하게 꾸준히 향상되어야 한다.

⑥ 각각의 직무에서 오는 특수한 상황에서는 개인적 덕목차원의 일반적인 상식과 기준으로는 규제할 수 없는 경우가 많다.

(3) 전문비서 윤리강령

☑ References : 사단법인 한국비서협회

① **직무에 관한 윤리**

ㄱ. **임원 및 조직과 내방객의 기밀 유지** : 비서는 업무와 관련하여 얻게 되는 상사나 조직, 또는 내방객에 대한 정보의 기밀을 보장하고 업무 외의 목적으로 기밀 정보를 사용하지 않는다.

ㄴ. **조직과 상사와의 관계** : 비서는 전문적인 지식과 사무능력을 보유하고 업무를 효율적으로 수행함으로써 상사와 조직의 이익을 증진한다.

ㄷ. **예의와 정직** : 비서는 항상 상사와 내방객에게 예의를 갖추어 친절하게 대하며 직무수행에 있어 직위의 범위를 벗어나는 언행을 삼가고 정직하게 임하여 신뢰받도록 노력한다.

ㄹ. **동료와의 관계 및 팀워크** : 비서는 존중과 신뢰를 바탕으로 동료들과의 관계를 협조적, 우호적으로 유지하여 효과적인 팀워크를 이루어 나갈 수 있도록 노력한다.

ㅁ. **보상** : 비서는 최선의 업무결과에 대한 정당한 대우를 받을 권리가 있으나 부당한 목적을 위해 제공되는 보상에 대해서는 응하지 않는다.

ㅂ. **자원 및 환경 보존** : 비서는 업무 수행 시 경비 절감과 자원 절약, 환경보존을 위해 노력한다.

ㅅ. **직무수행 봉사정신** : 비서는 자신의 직무와 관련된 사항에 대해 직무수행 효과를 제고한다.

② **전문성에 관한 윤리**

ㄱ. **전문성 유지 및 향상** : 비서는 지속적인 자기 계발을 위해 교육 훈련 프로그램에 적극적으로 참여함으로써 비서로서의 전문성을 유지하고 향상한다.

ㄴ. **전문직 단체 참여** : 비서는 자신의 전문성을 향상할 수 있는 전문직 단체에 참가하여 정보 교환과 상호 교류를 통해 비서직 성장 발전과 권익 옹호를 도모한다.

ㄷ. **품위 유지** : 비서는 직업의 명예와 품위 향상을 위하여 노력한다.

ㄹ. **사회봉사** : 비서는 지역 사회의 발전 및 공공의 이익을 도모할 수 있는 각종 봉사 활동에 적극적으로 참여한다.

3. 비서의 자질

(1) 비서의 역할

행정적 관리적 업무 담당 및 의사소통의 통로 역할을 한다.

① **사무 관리자로서의 역할** : 문서작성, 사무환경
② **정보 관리자로의 역할** : 정보수집, 정보가공, 정보축적 및 관리
③ **계획 관리자로의 역할** : 스케줄, 출장, 회의일정 관리
④ **재고 관리자로의 역할** : 재고수준 관리, 비용절감 효과 측정

⑤ **기타 역할**: 내방객 관리자로의 역할, 이미지 대표자로서의 역할

(2) 비서의 신뢰성

① 어떤 상황에서도 거짓 보고는 하지 않는다.

② 약속시간 내에 일을 완수한다.

③ 일의 처리에 독선이나 독단은 버린다.

④ 언어의 정확성을 위해 문장의 작성 후 소리를 내어서 읽어보고 숫자 등을 체크한다.

⑤ 아무리 시간이 급해도 한번 보고, 한번 읽는 여유를 갖는다.

⑥ 오자나 탈자를 막기 위해 사전류 등을 최대한 활용한다.

4. 비서의 역량

(1) 건강

① 비서가 직무를 완수하려면 먼저 건강해야 한다. '건강한 육체에서 건전한 정신'이란 말이 있듯이 비서의 능력, 태도, 표정, 사고방식 등 퍼스낼리티(personality)를 형성하는 어느 요소를 보아도 건강과 밀접한 관계가 없는 것이 없다.

② 비서의 건강은 정신적 건강과 육체적 건강으로 분류할 수 있다. 정신적인 건강, 육체적인 건강이 다 중요하지만, 육체적인 건강은 조정하기가 비교적 쉬우나 정신적 건강은 조정이 어렵다. 이를 위해서는 적극적인 사고방식으로 명랑하고 행동적인 태도로서 행동에 나타나야 한다.

(2) 지식과 기술

① 비서는 여러 가지 업무를 처리해야 하므로 다방면의 지식을 연마해야 한다. 예컨대 우편에 관한 지식, 직장의 환경정비 및 관리에 관한 지식, 인간관계에 신경을 써야 함은 물론 사무처리 기술이나 정보처리능력 등에 대해서 평소에 깊고 자세하게 알아두는 것이 효과적인 직무수행에 아주 중요한 일이다.

② 지식과 기술은 하루가 다르게 발전하는 것과 그렇지 않은 원론적인 비서개론이나 인간관계론 등이 있다. 특히 정보처리기술이나 문서관리기술은 진보와 발달이 눈부시게 변화·발전하고 있으므로 각종 연수 및 연구회 등에의 참여를 통해서 시대의 흐름에 부응해 가도록 힘써야 한다.

(3) 풍부한 경험

① 일반적으로 교육기관에서 지식과 기능을 배우고 익혔다 하더라도 실제의 업무를 수행하다 보면 습득한 지식이나 기술이 원활하게 활용된다고는 볼 수 없다. 그러한 것이 정말로 자기의 것이 되려면 직장에서의 풍부한 경험과 체험이 필요하게 된다.

② 임기응변의 처리가 요구되는 사태나 사고가 발생할 경우 경험 있는 비서의 실무경험은 합리적인 처리에 도움이 될 것이다.

(4) 퍼스낼리티(personality)

① 기밀을 지킬 수 있는 신중성 : 비서는 최고경영층 등에 전속되어 여러 가지 기밀사항을 접하는 일이 많고 조직을 움직이게 하는 인사문제에 관한 정보를 들을 기회가 많기 때문에 비밀을 지킬 수 있도록 입이 무거운 사람이 될 필요가 있다. 때로는 비서가 지켜야 하는 비밀을 누설했다면 직업을 잃어버릴지도 모른다는 각오까지 할 필요가 있다.

ㄱ. 기밀서류는 세심한 주의를 기울여 다른 사람에게 보이지 않도록 해야 한다. 옆 사람과 나란히 앉았을 때도 서랍에 넣어 두고 눈에 띄지 않도록 한다.

ㄴ. 묻기를 좋아하는 사람이나 직장 험담을 잘하는 문제의 사람과는 의식적으로 접촉하지 않도록 주의 깊고 신중히 사귄다.

② 정확하게 신뢰받을 수 있는 일을 할 수 있는 능력 : 상사로부터 지시받은 임무를 정확하게 시간 내에 완수할 수 있는지는 비서의 신뢰성에 대한 기준이 된다.

③ 근면·성실하게 노력할 수 있는 능력 : 현대와 같이 급변하는 사회에 적응하기 위해서는 자신도 항상 변해야 한다. 따라서 시대에 뒤떨어지지 않기 위해서는 새로운 지식, 새로운 대응능력을 길러야 한다. 직업인으로서의 완성을 하는 데는 왕도가 없고, 꾸준하고 성실하게 노력하는 길밖에 없다.

④ 선견지명(先見之明)의 능력 : 비서는 선견성을 갖춰야 하며, 하나의 일에서 파생되는 여러 가지 일에 마음 쓰기 위해서는 일상생활에서 현황을 간파하고 결과를 예측하는 추리력 등도 길러 두어야 한다. 이에 대하여 구체적으로 살펴보면 다음과 같다.

ㄱ. 상사가 미리 신경 쓰지 못한 일에 대하여 미리 준비해 둠으로써 대비한다.

ㄴ. 암시하고 나서 그것을 신속하게 실행에 옮기고 보고한다.

ㄷ. 자발적으로 업무를 하는 습관을 몸에 익히고 이를 보다 효과적으로 실행한다.

ㄹ. 업무에는 우선순위를 붙여 주된 업무와 부수 업무를 분류한다.

ㅁ. 항상 상황판단을 적절하게 하여 침착, 신중하게 일을 진행한다.

⑤ **임기응변과 뛰어난 기억력**: 비서는 해야 할 일을 그때그때의 상황에 알맞게 처리할 수 있는 임기 응변의 지혜를 발휘할 필요가 있으며, 또한 상사가 말하는 것을 이해하고, 그것을 업무에 반영시켜 바로 행할 필요가 있기 때문에 기억력이 좋을 것도 요구된다. 본래의 기억력도 중요하지만, 육하원칙에 따라 메모를 해두는 것이 필요하다.

⑥ **충실함과 겸허한 태도**: 비서는 상사의 지시나 업무에 충실하고 성실한 태도로 대하는 것이 중요하다. 예컨대 상사의 지시가 이해되지 않을 때는 질문을 해서 의도를 명확하게 파악하고 업무를 이행한 후에는 상사와 항상 연락하는 등의 충실함이 있어야 하며, 보고하거나 상사를 대할 때는 항상 겸허한 태도가 필요하다.

2 비서의 자기개발

1. 시간 관리

☑ 신규(2021년) 출제범위

(1) 시간 관리 필요성

비서에게 있어 시간 관리는 매우 중요하다. 시간 관리란 넓은 의미로는 주어진 모든 시간을 최선으로 활용하여 최대의 효과를 거두는 것이고, 좁은 의미에서는 효과적인 활동을 하기 위해 시간을 잘 조직화하는 것이다. 시간 관리의 효율성에 따라서 비서의 업무의 질이 달라지므로 비서는 시간 관리에 각별히 주의를 기울여야 한다. 다음은 효율적인 시간 관리 방법이다.

① **즉시처리의 원칙**: 미루지 말고 즉석에서 처리하고 결정한다.

② **우선순위의 결정**: 우선순위를 결정하는 데는 시간제약, 내용의 중요도, 상사의 의향 등 여러가지 판단 기준이 있으며 상사의 가치관, 업무의 처리 방식도 고려하여야 한다.

③ **계획에 의한 업무추진**: 업무수행에 필요한 목적을 설정하고 그 목적을 효과적으로 달성하기 위한 활동은 순서, 지침, 방향을 정한다.

④ **IT기술의 활용**

　ㄱ. 기기를 사용하면 비서의 업무의 생산성과 효율성을 높일 수 있다.

　ㄴ. 기기를 능숙히 조작하고 활용하는 것을 통해 시간을 창출함으로써 효율적인 시간 관리가 가능해진다.

⑤ **상사와의 업무 및 시간조절**: 상사와 지속적인 의사소통으로 업무일정을 조율하고 상사의 일정에 맞추어 자신의 시간을 조절한다.

⑥ **스스로의 통제**: 항상 메모지를 준비해서 생각날 때마다 기록하고 모든 물건을 항상 제자리에 놓는다. 일이 몰릴 경우에도 당황하지 말고 한가지씩 차분히 처리한다.

(2) 시관관리의 장점

① 하루가 길어진 것처럼 느껴진다. 시간이 어디에 사용되는지를 의식하면 불필요한 작업을 줄이고, 오늘 끝낼 필요가 없는 작업의 우선순위를 낮추고, 더 짧은 시간 안에 업무를 처리할 수 있다. 하루에 시간이 늘어난 것은 아니지만, 같은 시간에 더 많은 일을 달성할 수 있다.

② **업무시간과 개인 시간의 구분**：시간 관리를 개선하는 것은 회사에서 1초라도 쥐어짜서 생산성을 높이는 것이 아니라, 오히려 시간 관리전략은 가장 중요한 업무를 끝내고 내일 수행해도 될 업무를 파악하는 데 도움이 된다. 오늘 해야 할 일의 우선순위를 정하고 어떤 업무를 나중으로 미룰지에 대한 시간을 구분할 수 있다.

③ **줄어든 스트레스**：시간이 어디에 사용되는지를 생각하는 스트레스를 줄이게 된다. 효과적으로 시간을 관리하지 못하면 회사에서 늘 시간이 부족하다고 느낄 수 있으며, 여기저기 뛰어다니며 급한 불을 끄기에 급급하다고 느껴질 수 있다. 이에 따라 스트레스가 증가하여 결국 번아웃이 될 수 있으며, 실제로 업무집중탐구인덱스(Anatomy of Work Index)에 따르면, 지식근로자의 71%가 2020년에 적어도 한 번은 번아웃을 느꼈다고 답했던 사례가 있다.

④ **생산성 향상**：미루는 습관을 줄이고 생산성을 높이는 데 도움이 되는 다양한 시간 관리 팁을 연구할 필요가 있다. 하루의 주요 우선순위를 파악하면 생산성이 향상될 뿐만 아니라 매일 정확한 업무를 수행하고 있다는 확신을 가질 수 있다.

⑤ **나쁜 습관의 제거**：대부분 사람이 업무를 미루고 싶지 않지만, 시간이 지남에 따라 나쁜 습관이 쌓여서 중요한 업무에 영향을 미칠 수 있다. 시간 관리전략은 나쁜 습관을 파악하고 고치는 데 도움이 되기 때문에 자신만의 시간 관리 전략을 세우는 연습을 해야 한다.

2. 스트레스 관리

☑ 신규(2021년) 출제범위

(1) 스트레스 조율 방법

스트레스에서 생기는 여러 가지 문제점을 해결하기 위하여 시간과 스트레스를 잘 관리해야 한다는 것을 인식하고 업무를 수행하여야 한다.

① **업무의 위임**：일을 효율적으로 할 수 있도록 계획표를 작성하고 업무에 따라 수행 지침을 마련한다. 그러나 모든 일을 스스로 해결하려 하지 말고 업무를 분담하거나 일시적인 도움을 받는 것이 효과적이다.

② **훈련과 조언**：업무에 자신감을 부여할 수 있도록 훈련받거나 전문가의 조언을 받는다.

③ **업무의 조직화**：업무를 조직화하게 되면 일에 대한 집중력을 높여 효율적으로 처리하게 되므로 스트레스를 줄일 수 있다. 또, 일정한 간격으로 업무를 수행하고 우선순위에 따라서 수행할 업무 목록(to-do-list)을 작성한다.

④ **취미 개발**：규칙적인 운동과 긍정적인 마음으로 스트레스를 조정하면 자신감도 가질 수 있다. 활동적인 스포츠나 취미를 개발하고 자신의 심리적 압박 상태와 활력 정도를 주기적으로 확인하여 상태를 완화하도록 하는 것도 필요하다.

(2) 스트레스 관리 요령

① 사람들이 표현하는 말, 행동, 태도를 그 사람의 독특한 성격특성으로 인정, 수용한다.
② 스트레스 관리를 위해 심심이완과 명상을 하고 건강관리를 위해 규칙적인 운동을 한다.
③ 행복한 삶, 가치 있는 삶을 위해 일의 의미와 삶의 의미를 항상 인식한다.
④ 상대의 말, 행동을 고의성으로 해석하여 감정적으로 맞서지 않으며, 문제삼지 않으려고 노력한다.
⑤ 오늘은 내친김에 푹 쉬고 내일 조금 더 하면 된다고 미루지 않는다.
⑥ 일에 대한 갈등, 불안, 좌절을 인생의 낙오자로 비하하지 않는다.
⑦ 인간관계에 대한 갈등으로 자신을 비하하지 않는다.

3. 경력관리

(1) 경력개발의 개념

경력이란 한 개인이 일생에 걸쳐 일과 관련하여 얻게 되는 경험을 통해 직무관련 태도, 능력, 성과를 향상해 나가는 체계적인 활동이며, 개인이 경험하는 직무를 조직과 개인이 함께 계획하여 관리해야 하는 것으로 장기적인 접근이 필요하다.

① **경력관리의 의미**

☑ 신규(2021년) 출제범위

ㄱ. 개인의 인생에서 조직 생활의 비중이 높아지는 현대 사회에서 비서의 경력개발에 대한 관심이 날로 높아지고 있다. 비서가 인식하는 경력의 경계가 과거와는 달리 폭넓게 확대되고 있으며, 최근에는 비자발적인 실업 또는 조직의 경계를 넘나드는 수평적인 이동에 대한 관심이 높아지고 있다.

ㄴ. 학교 교육을 통해 배운 지식과 기술로 직장생활에서의 경험만으로는 비서의 새로운 전환점을 대비하기 어려워지게 된다. 끊임없이 변화하는 환경에 적응하여 역량과 경력을 개발하여야 비서의 커리어를 개발할 수 있다.

② **경력과 경험의 차이**

ㄱ. **경력** : 개인이 경력목표를 분명하게 설정하고, 이를 달성하기 위하여 경력계획을 수립하여 조직의 요구와 개인의 요구가 합치될 수 있도록 각 개인의 경력을 개발하고 지원해 주는 활동'이다.

ㄴ. **경력개발의 목적** : 기본적으로 비서의 능력을 최대로 개발시켜, 이것을 직장의 경력기회에 적용함으로써 비서의 경력욕구를 충족시켜 주는 것이고 경력기회를 제공하는 직장에서는 적시적소에 비서능력을 활용함으로써 조직의 유효성을 높이는 것이다.

ㄷ. **개인적 차원에서의 경력** : 비서의 삶의 목표에 따라 결정된다. 따라서 이 차원에서는 경력개발의 목표가 자기개발을 통해 평생 직업으로 연결될 수 있도록 필요한 자질을 갖추어 평생 현역에 도전하고 활동할 수 있도록 개발하고 관리해야 할 것이다.

대인관계업무

CHAPTER 2

1 전화응대

1. 전화 수·발신 원칙 및 예절

(1) 벨이 울릴 때

① 벨이 울리면 즉시 받도록 하고, 세 번 이상 벨이 울리지 않도록 한다.
② 시간이 걸려 받았을 때는 "기다리게 해서 죄송합니다."라고 정중히 사과한다.

(2) 통화할 때

① 수화기를 들면 먼저 인사말과 함께 회사명, 소속, 그리고 이름을 상대방에게 명확히 알리고, 그 사람의 이름과 용건을 묻는다.
② 상대방의 말이 이해가 안 될 때는 몇 번이라도 물어서 확실히 하고 용건은 복창한다.
③ 금액, 일시, 숫자, 고유 명사 등은 잘 듣고 반드시 복창한다.
④ 항상 필기구나 태블릿 등을 준비해 두고 필요할 때는 즉시 메모한다.
⑤ 조사해야 할 내용이나 시간을 필요로 하는 경우에는 양해를 구하여 일단 끊고 다시 걸도록 한다.
⑥ 애매한 답변은 하지 않는다.

(3) 언어 사용

① 말씨는 분명하고 정중하게 하며, 음성의 높고 낮음과 속도에 주의한다.
② 산만한 표현이나 상대방이 이해하지 못할 전문 용어는 사용하지 않는다.
③ 숫자, 일시, 고유 명사 등은 반복해서 확인한 후 정확하게 전달한다.
④ 통화 중 제3자와 대화해야 할 경우에는 전화 속의 상대방에게 들리지 않도록 수화기를 손으로 막고 대화한다.
⑤ 통화 중 상사나 동료 비서에게 통화 내용에 관련된 의논을 할 경우 통화 중인 상대방의 성함에는 반드시 경어를 붙인다.

(4) 인사

통화의 처음에는 인사와 함께 자신의 소속과 이름(이름의 경우 비서실에 따라 밝히지 않는 경우가 있음)을 말하고, 통화의 끝에는 감사 인사를 끝으로 상대가 끊은 후 수화기를 내린다. 이러한 인사는 하고 안 하고에 따라 주고받는 느낌에 큰 차이가 생긴다.

(5) 전언(memo)

① 전언을 부탁받았을 때는 상대방(내방객)의 성함과 용건을 정확하게 메모한다.
② "틀림없이 전달하겠습니다." 등의 말을 해서 상대방에게 신뢰감을 준다.
③ 통화를 마친 후에는 자신의 소속과 성명을 분명하게 알린다.

(6) 중계

① 자기의 담당이 아닌 경우라 할지라도 용건을 충분히 확인한 다음 담당자에게 정확히 인계한다.
② 담당자가 확실하지 않을 때는 양해를 얻어 내방객의 전화번호를 확인한 다음 일단 전화를 끊고, 담당자를 확인하고 난 후에 그 담당자가 전화를 걸도록 한다. 이때 담당자를 확인하지 않고 여러 사람에게 전화를 돌리는 것은 삼가야 한다.

(7) 전화를 끊을 때

① 밝고 명랑한 소리로 끝인사를 한다.
② 상대방이 먼저 수화기를 놓은 다음에 조용히 놓는다.

(8) 전화를 걸 때

① 사전에 전화번호를 확인한다.
② 상대방이 받으면 즉시 회사명, 소속, 성명을 밝힌다.
③ 용건은 간단하고 순서 있게 전달한다.

(9) 회사 전화 이용하기

① 근무 중 사적인 전화는 삼간다.
② 사적인 전화에서는 언어가 거칠어지고 자세가 흐트러지기 쉬우므로 특히 주의하여 직장 분위기를 흐리지 않도록 한다.
③ 직장이라는 것을 잊지 말고 요령 있게 용건만 전달한다.

2. 상황별 전화연결

(1) 전화가 잘 들리지 않을 때

① 한 번 더 말씀해 주시라고 요청하거나, 다시 걸어주도록 정중히 요청한다.
② 상대방의 탓이 아닌 전화기 탓으로 돌려 말한다.

(2) 전화가 잘못 걸려 왔을 때

① 친절하게, 정중하게 내방객이 무안하지 않도록 응대한다. 개인의 이미지만이 아닌 회사 전체의 이미지가 전달될 수 있다고 생각하고 응대한다.
② 전화를 잘못 걸었을 때는 그냥 뚝 끊지 않는다.

(3) 통화 도중 끊길 때

① 전화를 끊고 다시 걸기를 기다린다.
② 잠시 기다려도 전화가 오지 않을 때는 번호를 아는 경우라면 먼저 전화를 걸도록 한다.

(4) 잠시 통화를 중단할 때

① 상대방의 문의 사항이나 조회사항에 따라 정확도를 따지기 위해 전화를 중단할 경우 먼저 양해를 구한다.
② 중단시간이 길었건 짧았건 간에 사과한 후 통화를 계속하도록 한다.

3. 국제전화 사용 방법

☑ 신규(2021년) 출제범위

(1) 국제전화

① 국제전화는 국제간을 연결하는 통화로 휴대전화 및 일반 유선전화로도 자유롭게 통화할 수 있다.
② 통신사 및 휴대폰에 따라 수신자 번호를 입력하는 방법이 조금씩 다르다.
③ ' + '기호의 의미 : 국제전화임을 나타낼 때, 국가번호 앞에 ' + '기호를 붙이는데, 가령 한국은 + 82, 일본은 + 81, 영국은 + 44 등으로 표시한다.

④ ' + '표시는 국제전화를 걸기 위해서는 반드시 국가 번호(country code) 앞에 국제전화 서비스 번호(ex. 001, 002, 005 또는 00700 등)를 별도로 입력해야 함을 뜻한다.

(2) 한국에서 핸드폰을 로밍하고 출국했을 때

한국에서 핸드폰을 로밍하고 출국했을 때와 해외 현지 전화번호(일반 전화 또는 현지에서 구입한 핸드폰 번호 : 현지 SIM card)일 경우에 국제전화 거는 방법이 다르다. 한국에서 핸드폰을 로밍한 경우라면 국제전화로 걸면 안 되고, 평소처럼 010 000 0000 이런 식으로 번호를 입력해야 한다. 이럴 경우 송화자는 국내 휴대전화에 건 요금이 부과되지만, 로밍서비스를 받은 수화자는 로밍서비스 요금 중 수신요금이 부과된다.

(3) 휴대전화가 로밍된 상태일 때(외국↔한국)

로밍 오토다이얼은 해외 로밍 중에도 한국에서와 같은 방법으로 전화할 수 있도록 휴대폰에서 국제전화접속번호를 자동으로 설정해줌으로써 한국 핸드폰 번호를 해외에서도 이용할 수 있게 하는 서비스이다. 로밍을 차단한 상태이면, 전화 연결 자체가 안 되고 한국 전화번호를 해외에서 사용하도록 자동 로밍한 상태라면, 평소처럼 한국에서 사용하던 방식대로 상대방 휴대폰 번호를 누른다. 이 경우 국내 통화요금(부가세 포함)이 부과되고, 상대방은 로밍 수신요금이 부과된다.

> • 010 1234 5678 의 경우→010 1234 5678
> • 휴대폰 기종에 따라 다를 수 있지만, 대부분 스마트폰은 현지 도착하여 재부팅 시 자동로밍 된다.

📢 Android(갤럭시모델, 구글 모델 등) 통화 방법

√ 국제전화접속번호' + '는'0'을 길게 누른다.
√ 방문국↔한국
√ 상대방 전화번호-[한국 발신]

예) 해외에서 한국의 휴대폰

• 010-1234-5678로 전화할 때
• 010-1234-5678 + [한국 발신] + ☎통화버튼
• [한국 발신]이 기본값으로 되어 있어 통화(☎)를 눌러도 된다.

📢 IOS(iphone 모델) 통화 방법

▶ 아이폰으로 한국에서 해외로 전화하는 방법

√ 국제전화접속번호' + '는 '0'을 길게 누른다.

√ 그리고 국가번호를 입력한 후, 지역번호와 전화번호를 입력하고 [통화] 버튼을 클릭한다. 또는 '00' + '국가번호'를 입력한 후, 지역번호와 전화번호를 입력하고 [통화] 버튼을 눌러 전화를 건다.

- ・ + - 국가번호 - 지역번호 - 전화번호 + ☎ 통화버튼
- ・ 00 - 국가번호 - 지역번호 - 전화번호 + ☎ 통화버튼
  (지역번호 앞자리에 "0"이 들어가면 앞자리의 "0"은 제외)

√ 아이폰에서 국가번호를 입력하는 방법은 두 가지가 있다.

국가번호 앞에 "00"을 붙이거나 "0"을 길게 눌러 " + "를 만들어서 전화를 걸 수 있다.

▶ 아이폰으로 해외에서 한국으로 전화하는 방법

① 아이폰으로 해외에서 한국 내 휴대폰에 전화 걸 때

√ 해외에서 한국 휴대폰 010 1234 5678로 전화를 거는 경우라고 할 때, 한국의 국가코드는 82. 해외에서 한국으로 전화를 걸려면 아래와 같다(휴대폰 번호 맨 앞자리에 "0"이 들어가면 앞자리의 "0"은 제외).

- ・ + 82 10 1234 5678 + ☎ 통화버튼
- ・ 00 82 10 1234 5678 + ☎ 통화버튼

② 아이폰으로 해외에서 한국 내 일반전화(유선전화)로 전화

√ 해외에서 한국의 유선 전화번호 서울(02) 123 4567로 전화를 걸려면

- ・ + 82 2 123 4567 + ☎ 통화버튼
- ・ 00 82 2 123 4567 + ☎ 통화버튼
  (지역번호 맨 앞자리에 "0"이 들어가면 앞자리의 "0"은 제외)

(4) 전화 부가서비스 종류 및 활용

① **발신번호표시**: 전화번호를 전화기 혹은 표시장치에 표시하여 전화를 받는 비서가 통화하기 전에 응답 여부를 선택할 수 있도록 도와주는 서비스이다. 부재중에 걸려 온 전화번호 확인이 가능하며, 익명 호 수신거부 기능설정 및 취소(수신벨 울리지 않음)가 가능하다.

② **착신통화전환**: 자리를 비워도 원하는 곳에서 전화를 받을 수 있다. 부재중일 때 자리 또는 회사로 걸려 오는 전화를 다른 전화로 전환이 가능하다.

③ **통화매니저**: 업무용전화에 편리하도록 내방객관리 기능을 제공하는 서비스이다.

④ **주소변경서비스**: 일괄적으로 변경된 주소를 알려주는 기능이다.

⑤ **알림콜**: 받지 못한 전화번호를 문자로 실시간 안내 받는 기능이다.

⑥ **번호변경안내**: 전화번호 변경 시 새로 바뀐 번호를 자동 안내해주는 기능이다.

⑦ **직통전화** : 직통번호를 입력해두면 입력 없이 바로 연결되는 서비스이다.

⑧ **통화중대기** : 통화 중 걸려 온 다른 전화를 받을 수 있는 부가 기능이다.

⑨ **SMS/MMS** : SMS/MMS 서비스를 인터넷전화에서 이용할 수 있는 서비스로, 문자 및 이미지, 이모티콘, 사진 등을 메시지로 주고받는 기능이다.

⑩ **미디어CID** : 핸드폰에 발신 시 발신정보가 멀티미디어로 표시되는 서비스이다.

⑪ **3인 통화** : 통화 중 제 3자를 호출하여 3명이 동시에 통화할 수 있는 서비스로, 2인 통화 중 1인을 추가하여 3명이 통화하는 서비스로 처음 통화의 발신자만 나머지 1인을 추가하는 번호를 발신할 수 있다.

⑫ **국제 콜렉트콜** : 수신자 부담으로 별도의 가입 없이 국제전화를 이용하는 기능이다.

⑬ **단축 다이얼** : 자주 거는 전화번호를 단축번호로 지정하여 전화를 걸 때 단축번호만 누르면 연결해 주는 기능이다.

⑭ **직통전화 익명 발신** : 가입자가 자신의 송수화기를 드는 즉시 혹은 일정 시간 동안 다이얼링 하지 않으면 미리 지정된 번호로 발신되는 기능이다.

(5) 전화 메모 및 기록부 작성 및 관리

☑ References : NCS

① 전화 메모 필수사항

ㄱ. 전화 받은 일시

ㄴ. 찾는 사람 이름

ㄷ. 상대의 회사명, 부서명, 이름

ㄹ. 용건의 내용

ㅁ. 상대가 다시 걸 것인지, 다시 걸어야 하는지 확인

그림1_ 접착식 전화메모

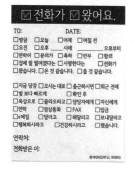

Authorship : 왼쪽부터 심아빠, 리훈, 반8, 포스트잇

② 전화 기록부 작성 및 관리

ㄱ. 상사가 회의나 출장으로 부재중이어서 전화 메모가 많아진다면 이를 정리하여 전화기록부의 형태로 작성해서 상사에게 전달하면 효율적이다.

ㄴ. 상사 스스로 비서가 작성한 전화 기록부를 보고 먼저 전화해야 할 곳을 선정할 수 있고 관련 내용을 메모하기도 한다.

ㄷ. 전화 기록부는 날짜, 시간, 전화 건 사람의 이름 및 직책, 소속, 전화 메모 내용, 전화번호, 메모를 받은 사람 등을 반드시 기재한다.

그림2_ 일반 전화메모

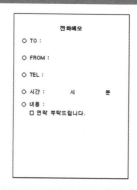
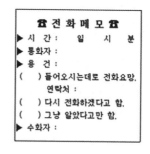

Authorship : 왼쪽부터 니즈폼, 루니, 영군블로그

2 내방객 응대

1. 내방객 응대 원칙

[1] 내방객 응대의 기본자세

① 직장을 찾아오는 내방객이나 거래회사에 대한 말씨는 높임 말씨로 하고, 존대 어휘를 선택해서 쓴다.

② 모르는 내방객은 일단 '내방객', '선생님'이라고 호칭하고, 아는 내방객은 최대한의 존칭을 쓴다.

③ 내방객이나 거래회사의 직함을 알면 그 직함을 쓰되, 비서보다 상위직이면 그에 상응한 대우를 한다.

④ 내방객이나 거래회사에 대한 예우는 직장의 상급자에게 하듯이 한다.

⑤ 직장이나 사무실에 찾아온 내방객은 불편이나 주저함이 없도록 인도·응대하고 최대의 편의를 제공한다.

⑥ 내방객보다 자기가 더 편하거나 편리한 위치나 자세는 좋지 않다.

⑦ 어떤 경우라도 내방객을 기다리게 하거나 의심나게 해서는 안 된다.

⑧ 직장에 사적인 내방객이 왔을 때는 공무에 지장이 없도록 접대하고, 공용 집기나 소모품 또는 음식료를 이용하거나 대접해서는 안 된다.

⑨ 비서에게 용무가 있는 내방객으로 인해 상급자나 동료 또는 하급자에게 불편이나 수고를 끼치지 않도록 세심한 배려를 한다.

⑩ 내방객에 대한 만족할 만한 응대를 위해 내방객의 얼굴과 성명 등 기본적인 사항을 항상 습득한다.

⑪ 내방객에 대한 응대는 처음 본 내방객일수록 성의와 친절을 다한다.

⑫ 내방객의 외모로 사람을 판단해서는 안 되며, 평범한 태도로 미소를 띠고 응대한다.

⑬ 모든 비서가 신속, 정확하게 내방객을 응대한다.

[2] 내방객 응대 시 유의 사항

① 주인 의식을 가지고 가정에서 내방객을 맞이하는 것처럼 예의를 다한다.

② 내방객과 응대자의 마찰이 있을 때는 즉시 상급자가 개입하여 조용한 자리로 안내한 후 마찰을 해결하도록 한다.

③ 내방객이 무례한 요구를 할 경우에는 부드럽게 납득시키도록 한다.

④ 의심 많은 내방객에게는 될 수 있는 대로 증거나 근거를 제시하도록 한다.

⑤ 내방객이 불평하는 경우에는 일단 긍정적으로 답한 후 자세하게 설명하여 설득하도록 한다.

2. 내방객 맞이 및 선별

☑ References : 인사혁신처

(1) 선약 유무에 따른 내방객 응대

① **선약이 되어 있는 경우**: 선약된 내방객 방문 시엔 몇 시에 누가 방문하는지 확인해 안내데스크(리셉션)에 미리 연락해 둔다. 내방객이 도착한다는 연락을 받으면 상황에 따라(내방객 특징에 따라) 안내데스크(리셉션) 쪽으로 나가서 내방객을 맞이하며, 안내데스크가 없는 경우 내방객을 직접 자리에서 맞이하도록 한다. 중요한 손님인 경우, 방문 시간에 맞추어 현관이나 엘리베이터 등에서 대기한다.

② **선약이 되지 않은 내방객**

ㄱ. 갑작스러운 내방객의 방문 시에도 민첩하게 행동할 수 있도록 항상 상사의 소재·접견실의 상황 등을 파악해 둔다. 선약이 되지 않은 내방객도 정중하고 반갑게 맞이한다. 절대 "무슨 일로 오셨습니까?"라는 태도는 취하지 않는다.

ㄴ. 내방객의 성명, 소속, 용건 등을 확인한 후 상사에게 보고하며, 상사가 사정상 내방객을 만나지 못할 때를 대비하여 손님에게 상사를 만날 수 있다는 확신은 주지 않도록 한다. 내방객이 이름이나 방문 목적을 말하지 않고 상사를 직접 만나서 말씀드리겠다고 하는 경우, 선약이 없으면 상사를 만날 수 없다고 분명히 말하도록 한다.

ㄷ. 상사가 외출 중일 경우 내방객에게 알리고 이름과 연락처를 받아 두었다가 후에 상사에게 보고하고 지시에 따른다.

③ **상사와 개인적으로 예약된 내방객 응대**: 상사와 개인적으로 약속한 내방객이 방문했을 경우 상사에게 선약 여부를 확인해야 한다. 이런 일을 방지하기 위해서는 상사와 일정을 자주 확인하도록 한다. 손님에게 상사와 선약된 사실을 확인하지 못한 점에 대해 사과하며 상사가 알려주지 않아서 몰랐음은 내방객에게 밝히지 않는다.

(2) 내방객 선별

① 비서는 선약된 내방객이 오기 전에 상사에게 면담 일정을 상기시켜 상사가 선약된 내방객을 기다리게 하는 일이 없도록 사전에 조치를 취한다. 만약, 앞의 일정지연으로 상사가 약속시간을 지킬 수 없는 경우 손님에게 상황을 설명하고 양해를 구한 후 상사에게 상황을 메모로 전달한다.

② 동시에 두 사람 이상이 방문했을 경우 먼저 온 사람이나 선약된 사람을 우선 안내한다. 대기하는 내방객에게는 정중하게 이유를 설명하고 대기실로 안내한다. 기다리는 동안 신문이나 잡지 또는 차를 미리 권한다.

③ 대기실에 여러 사람이 함께 기다릴 경우에는 그 사람들 간의 관계에도 주의를 기울여야 한다. 즉, 서로 알아도 될 경우에는 양측을 소개한 후 함께 대기실에서 기다리도록 안내한다. 그러나 입찰이나 기타 업무 내용상 내방객들이 서로 마주치지 않는 것이 좋은 경우는 다른 장소에서 기다리게 한다.

(3) 내방객 면담 중 업무

① 상사가 내방객과 면담 중일 때 비서는 자리를 비우지 않는다.

② 면담 중인 상사를 찾는 전화가 왔을 때 상대방에게 상사가 내방객과 면담 중임을 밝히고 급한 용건이 아니면 가능하면 면담을 방해하지 않는다.

③ 급한 용건일 경우 용건을 메모지에 적어 조용히 상사에게 전달한다.

④ 면담 중인 상사에게는 용건을 구두로 전달하지 않는다.

⑤ 불가피하게 자리를 비워야 하는 경우에는 소재지와 돌아오는 시각을 메모해 상사가 잘 볼 수 있는 곳에 붙여 두거나 다른 직원에게 부탁한다.

(4) 내방객 배웅 및 종료업무

① 내방객이 돌아갈 때는 비서는 하던 일을 멈추고 배웅해야 하며, 내방객의 물품을 보관하고 있으면 잊지 말고 미리 준비했다가 내방객에게 전한다.

② 배웅 장소는 현관, 엘리베이터, 비서실 등 내방객에 따라 다르다.

③ 배웅 시 내방객이 보이지 않을 때까지 다른 행동으로 옮기지 않는다.

④ 필요한 경우 주차장이나 운전기사에게 연락해 내방객의 승용차를 현관에 대기시키도록 하며, 방문객의 승용차번호, 운전사 연락처 등을 상대편 비서에게 물어 미리 알아둔다.

⑤ 전송이 끝나면, 신속히 접견실을 정리해 다음 방문객이 사용하는 데 불편함이 없도록 한다.

(5) 내방객 기록관리

최근 내방객 관리가 중요시됨에 따라 양질의 내방객 정보를 활용하여 기업의 운영 이익과 이미지를 높일 수 있는 내방객 관리 경영이 중요하게 비치고 있다. 이러한 내방객의 정보 구축 및 활용을 위해서는 정보 기술을 기반으로 한 데이터베이스 관리가 효과적인 방법이 될 수 있다. 데이터베이스 관리는 최근 들어 인터넷 및 정보 기술이 급속도로 발전하면서 제조업뿐만 아니라 대부분의 기업과 업무 파트에서도 중요하게 관리되고 있다.

① **데이터베이스 관리의 개념과 데이터베이스의 구축**: 데이터베이스 관리는 내방객에 대한 여러 가지 정보를 컴퓨터를 이용하여 데이터베이스화 하고, 구축된 데이터베이스를 바탕으로 내방객 개개인과 장기적인 관계 구축을 위한 전략을 수립하고 집행하는 전반적인 활동을 말한다. 내방객의 전체적인 데이터를 가지고 내방객의 성향을 분석하여 향후 중요한 자료 활용되기 때문에 매우 중요하다. 내방객의 복잡한 데이터를 보다 저렴하고 신속하게 일괄 처리할 수 있게 되면 효과적인 내방객 관리가 가능하게 되어 업무에 효율성을 높인다. 데이터베이스 마케팅을 위해서는 내방객 데이터베이스의 구축이 필수적이다. 데이터 창고에 데이터를 입력시키는 것과 출력시키는 것을 효율적으로 관리해 주는 기능을 담당하는 것을 데이터베이스 관리 시스템(data base management system)이라고 한다.

② **데이터베이스 구축의 주요 내용**
  - ㄱ. 내방객의 성명과 주소, 전화번호
  - ㄴ. 내방객의 방문목적
  - ㄷ. 내방객의 방문빈도
  - ㄹ. 내방객과 상사의 주요 미팅 사유(비서실마다 관리개념이 다를 수 있음)

(6) 내방객 응대 예절

① **좌석배치 예절**

> ☑ 신규(2021년) 출제범위
> ☑ References : 외교부 홈페이지 www.mofa.go.kr

  - ㄱ. 회의·행사·영접 등에서 좌석배치는 매우 중요한 예절이므로 숙지해야 한다.
  - ㄴ. 좌석배치는 공식, 관행에 따라 서열을 존중하여서 한다. 국제적으로 우측을 상석으로 함을 원칙으로 한다.

ㄷ. 테이블 형태 결정은 원형, 사각형 등에 따라 배치를 상이하게 할 수 있다. 테이블의 최상석 결정은 출입문으로부터 원거리, 전망 좋은 곳을 원칙으로 한다. 좌석배치 시 최상위자 및 주빈(主賓) 좌석을 먼저 고려하여 정한다.

ㄹ. 동일 서열시 외국인을 우대한다. 일반적으로 부부는 별도로 배치하여 나란히 또는 마주 보고 앉지 않도록 배치한다.

ㅁ. 다수 테이블 사용 시 테이블마다 직업별로 골고루 배치한다. 대규모 연회 또는 서열구분이 모호할 경우 헤드테이블만 지정한다.

그림 3_ 테이블 좌석배치

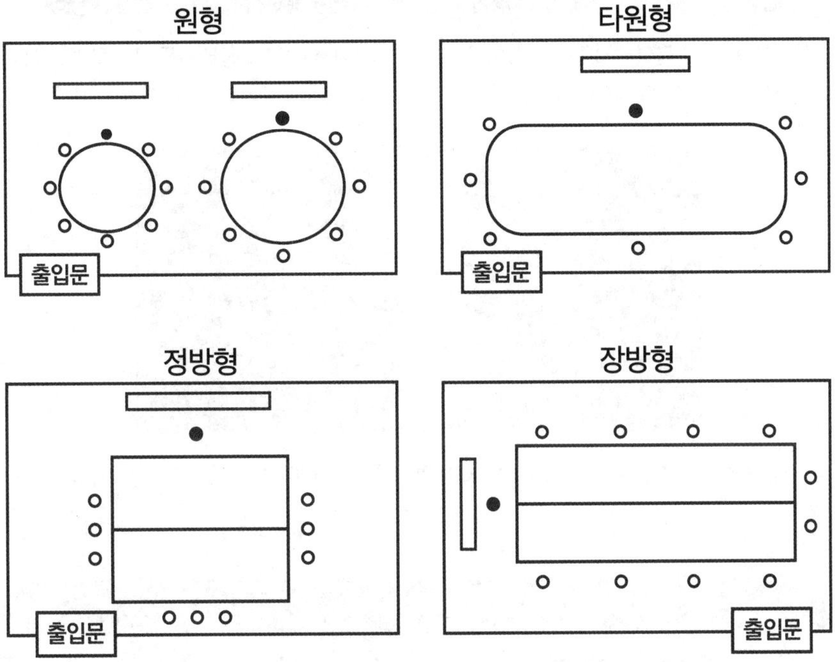

그림에서 흑점은 최상위자나 주빈(主賓) 표시

Authorship : 외교부 홈페이지 www.mofa.go.kr

ㅂ. 좌석배치 실례

그림 4_ 탁자형 회의실 좌석배치 실례

상석에 1인이 앉는 경우   상석에 3인이 앉는 경우

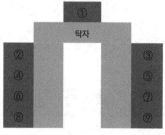
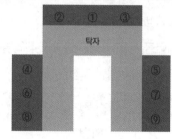

그림에서 ①은 최상위자의 좌석표시이며 최상위자 측에서 보아 ②우 ③좌 등 서열에 따라 착석한다.

그림에서 ①은 최상위자를 표시하며 최상위자 측에서 보아 ②우 ③좌 등 서열에 따라 착석한다.

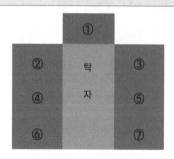
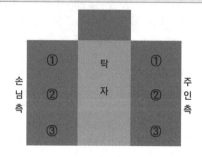

그림에서 양쪽 ①은 각각의 최상위자를 표시하며 최상위자 측에서 보아 ②우 ③좌 등 서열에 따라 착석한다.

그림 5_ 응접의자형 좌석배치 실례

임원(주인)보다 하위자가 방문하는 경우   임원(주인)과 동급이거나 상위자가 방문하는 경우

그림에서 ①은 주인인 최상위자를 표시하며 주인은 원래의 자리를 지키고, 외부내방객은 서열에 따라 착석한다.

주인과 동급이거나 상위자가 방문하는 경우 주인석을 비워둔 채 가장 상위자의 맞은편에 착석하는 것이 원칙이다.

② **상위자와 보행 시 예절**: 상위자와 하위자가 같이 이동할 때도 예절이 있다. 그림은 2인, 3인 및 5인이 걸을 때 실례를 표시한 것이다. 자신의 서열에 맞게 이동하는 것도 예절이다.

그림 6_ 보행 시 예절순서				
	2인		3인	5인
이동방향 ↑	② ①	① ②	③ ① ②	① ③ ② ⑤ ④
	동급자끼리 또는 하위자가 상위자에게 설명하며 이동할 경우	하위자가 상위자를 단순히 수행하며 이동할 경우	상위자가 중간에 위치하여 이동할 경우	상위자가 맨 앞에 위치하여 이동할 경우

그림에서 ↑는 이동방향을 표시하며 ①은 최상위자를 표시하고 ②이하는 서열에 따른 동급자나 하위자를 표시한다.

Authorship : 외교부 홈페이지 www.mofa.go.kr

③ **자동차 탑승 예절**

ㄱ. 양쪽 문을 모두 열 수 있을 때 차량의 두 문을 각자 이용하되, 상위자가 먼저 탑승하고, 하차 시 하위자가 먼저 내린다. 택시의 경우 여성은 운전기사 옆에 앉지 않으며 짐은 택시 운전기사가 취급하도록 한다.

ㄴ. 우리나라는 택시의 경우 자동차의 우측통행으로 인하여 도로에서 정차한 경우 안전을 위하여 하위자가 먼저 안쪽으로 들어가고 상위자가 나중에 탄다.

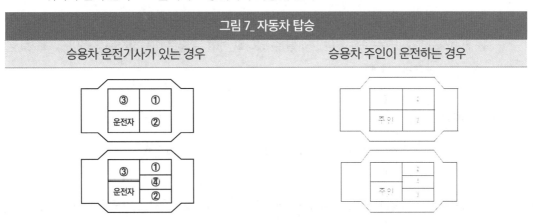

그림 7_ 자동차 탑승	
승용차 운전기사가 있는 경우	승용차 주인이 운전하는 경우

승용차의 경우, 운전자가 있는 경우 최상위자는 뒷자리 우측 ①에 승차하며 하위자는 ②, ③, ④서열의 좌석에 탑승한다. 승용차 주인이 운전할 경우 최상위자는 앞자리 우측 ①에 승차하며 하위자는 ②, ③, ④서열의 좌석에 탑승한다.

Authorship : 외교부 홈페이지 www.mofa.go.kr

④ 승강기 탑승 예절

ㄱ. 안내자가 있는 승강기(엘리베이터) 탑승 시는 상위자가 먼저 타고 먼저 내리는 것이 원칙이다. 승강기 내에서의 상석은 들어가서 돌아선 방향에서 우측 안쪽이다.

ㄴ. 안내자가 없는 승강기의 경우에는 하위자가 먼저 타서 상위자와 나머지 사람들이 타는 동안 안전을 위하여 'OPEN' 버튼

그림8_ 승강기 상석위치

출입문

상석

Authorship : 외교부 홈페이지 www.mofa.go.kr

을 누르고 있는 것이 예의이다. 내릴 때는 반대로 상위자가 먼저 내리고 하위자가 나중에 내린다. 이미 닫히기 시작한 승강기는 포기하고 다음 승강기를 이용토록 한다.

ㄷ. 승강기의 이용도가 부쩍 늘고 세상이 바빠지다 보니 예절도 상황에 따라 편리한 방향으로 달라지고 있다. 현재는 남녀노소를 불문하고 승강기 문에 가깝게 서 있던 사람부터 먼저 타고 내릴 때도 같은 요령으로 하는 것이 보편화되고 있다.

ㄹ. 요즘은 승강기 안쪽이 아닌 바깥쪽에서 층수를 미리 선택하여 탑승하는 형태도 많기 때문에 특수한 승강기 탑승 상황도 미리 숙지하도록 한다.

⑤ 계단 · 에스컬레이터 예절

ㄱ. 계단에서는 올라갈 때 상위자가 먼저 올라가는 것이 예의이다. 여성과 같이 올라갈 때는 남성이 앞장서는 것이 좋다. 내려갈 때는 상위자 및 여성이 먼저 내려가는 것이 예의이다.

ㄴ. 에스컬레이터 이용 시는 바쁜 사람들이 갈 수 있도록 왼쪽을 비워두고 이용한다. 다만, 요즈음에는 안전사고 위험 또는 고장의 원인이 될 수 있다고 하여 두 줄로 이용하자는 의견이 있으므로 상황에 맞게 행동하면 된다.

⑥ 차 대접 예절

ㄱ. 차 대접은 목례한 후, 지위가 높은 분부터 찻잔을 놓는다. 차 분량은 찻잔의 3/4 정도가 차도록 하며 넘치지 않도록 주의한다.

ㄴ. 찻잔은 받침 접시 위에 얹어서 대접하되 찻잔의 손잡이는 오른쪽으로 가도록 하며, 티스푼도 자루가 오른쪽으로 가게 하여 대접받는 분의 테이블 오른쪽 위에 놓도록 한다.

ㄷ. 차를 엎지를 경우에는 당황하지 말고 침착하게 "죄송합니다", "실례했습니다" 라고 말하고 곧 처리한다. 차를 다 마신 것이 확인되면 찻잔을 테이블에서 치워주는 것이 예의이다.

⑦ **소개**

ㄱ. 소개 순서는 남성을 여성에게, 연하자를 연장자에게, 하위자를 상위자에게 소개하며 남성이 대통령, 외국 원수, 왕족, 성직자, 고위직 인사인 경우에는 예외로 한다.

ㄴ. 소개받을 때는 일어서는 것이 원칙이며 여성, 성직자, 연장자, 상사의 경우는 일어서지 않을 수 있다.

ㄷ. 소개받을 때는 상대방의 이름을 기억하는 것이 좋다.

⑧ **악수**

ㄱ. 악수는 소개받는 사람이 또는 상위자나 여성이 먼저 악수를 청한다.

ㄴ. 상대방 눈을 쳐다보며 부드러운 미소로 힘있게 하고 여성의 경우 가볍게 악수한다.

ㄷ. 여성의 경우 실내장갑은 무방하나 장갑을 벗는 것이 원칙이다.

⑨ **명함예절**

ㄱ. **명함을 건네는 법**

• 명함은 상의 안주머니에 넣어둔 명함지갑에서 꺼내며 하위자가 상위자에게 먼저 건넨다. 자기의 이름이 상대방에게 바로 보이게 하고 오른손으로 건넨다.

• 의자에 앉아 있으면서 명함을 건넬 때는 일어서서 "비서팀 ○○○입니다" 라는 통성명을 한다.

• 상대가 두 사람 이상일 때는 윗사람에게 먼저 건넨다. 명함에 들어가야 할 기본적 내용은 소속, 이름, 연락처와 기타 홍보자료 등이다.

• 외국인을 위하여 뒷면을 영문으로 제작하거나 시각장애인을 위하여 점자명함을 제작하기도 한다.

ㄴ. **명함 받는 법**

• 명함은 오른손으로 받는 것이 원칙이며 명함을 맞교환할 때는 왼손으로 받고 오른손으로 건넨다.

• 받은 명함은 그 자리에서 보고, 읽기 어려운 글자가 있을 때는 바로 물어본다.

• 명함은 명함지갑에 넣어 상의 안주머니에 보관한다. 지갑에 보관하는 것은 예의가 아니다.

• 초면에 인사를 나누었을 때는 만난 일시, 용건, 소개자, 화제 중의 특징, 인상착의 등을 뒷면에 메모하여 다음 만남 기회에 활용하도록 한다.

• 자신보다 상대가 먼저 명함을 건넬 경우 상대방의 명함을 받은 후에 건넨다.

3 인간관계

비서는 업무 특성상 다양한 계층의 사람을 상대하게 되기 때문에 인간관계에서 고도의 기술이 요구된다. 비서의 직무 특성상 고위의 상사를 보좌하다 보면 동료들로부터 소외당하기 쉬우며, 상사의 지위와 권력을 자신의 것으로 동일시하여 자신의 위치를 정확히 파악하지 못하고 행동하는 오류에 빠지기 쉽기 때문이다. 또한 비서는 조직 내에서 의사 전달의 통로가 되기 때문에 조직 내 상황을 상부에 정확히 알림과 동시에 상부의 입장과 의사를 하부에 전달하는 역할을 한다. 그러므로 상사와의 인간관계나 동료와의 인간관계가 원만한 비서가 아니면 중간 통로 역할을 효과적으로 수행할 수 없다.

1. 임원 및 조직구성원과의 관계

(1) 임원과의 인간관계

☑ 신규(2021년) 출제범위

임원과 비서의 관계가 존경과 신뢰의 관계로 이루어지는 것이 이상적이다. 이를 위해서 비서는 임원의 업무 영역에 필요 이상으로 개입해서는 안 되며, 사전에 합의되고 이양된 업무에 한하여 융통성을 발휘한다. 비서는 성숙한 태도로 임원의 단점이나 실수를 이해하며 조용히 보완, 해결하는 태도로 임해야 한다. 임원의 업무나 성격을 잘 이해하고 항상 임원의 입장이 되어서 생각하고 행동하는 것이 필요하다.

(2) 임원의 부하 및 타 부서와의 관계

비서는 임원으로부터의 명령을 전달하는 경우에 정중함과 임기응변적인 재치를 가져야 한다. 임원의 부하 또는 직접 접촉이 없는 부서에 소속한 사람들에게도 회사 내외에서 마주치면 먼저 인사하는 등 작은 일도 항상 주의한다.

(3) 선배와의 관계

선배를 존중하는 태도를 가지고 지도를 잘 받고, 또 그것이 자기 생각과 다르다고 해도 처음에는 종래의 방법에 따라서 일을 처리하고 자신이 상당한 책임을 지고 업무를 수행할 수 있게 되었을 때 개선을 시도하는 것이 좋다. 또한 선배 중에서 존경하고, 특히 자신의 미래에 되고자 하는 위치에 있는 인생의 선배를 직장에서 찾아 도움이나 조언을 구할 수 있다면 더욱 바람직하다.

(4) 동료와의 관계

비서의 직무 성격상 조직 내의 고위 직급자와 주로 근무하다 보면 일반 직원에 대해서는 일반 직원에 대해서는 자신도 모르는 사이에 불친절하게 대한다는 오해를 받기 쉽다. 따라서 일반 부서의 사원들과도 직장 내 모임이나 취미 활동 등을 통해서 폭넓은 인간관계를 형성하도록 한다.

(5) 후배와의 관계

후배로부터 신뢰할 수 있는 선배, 이해심 많은 선배로 존경받으려면 자기 경험을 기초로 하여 친절하게 지도해야 한다. 선배의 입장에서 여러 가지 도움을 제공하여 신뢰받는 선배, 고충을 잘 들어주는 선배의 자세를 확립하도록 한다.

2. 내방객과의 관계

비서는 회사를 방문하는 내방객에게 그 조직과 임원에 대한 첫인상을 주게 된다. 전화를 받거나 내방객을 응대할 때 항상 마음에서 우러나오는 친절함과 상대를 위한 배려의 자세를 보인다면 내방객들은 그 조직에 대해 좋은 인상을 가지게 된다. 또한 내방객을 응대하는 입장에서는 내방객을 공평하게 대우하는 것이 필요하다. 모든 내방객에게 한결같은 친절한 마음으로 성의껏 응대하도록 노력한다.

(1) 직장예절

① **사무실 내 호칭 예절**

ㄱ. **상위자에 대한 올바른 호칭** : 임원의 성과 직위 다음에 '님'의 존칭('김국장님', '이상무님')을 붙인다. 익숙하거나 성명을 모르면 직위에만 '님'의 존칭('국장님', '상무님')을 붙인다. 임원에게 자기를 지칭할 경우 '저' 또는 성과 직위나 직무명을 사용("임과장입니다.", "비서실장입니다.") 한다.

ㄴ. **하위자 또는 동급자에 대한 올바른 호칭** : 하위자나 동급자에게는 성과 직위 또는 직무명으로 호칭('임과장', '비서팀장') 한다. 초면이나 선임자, 연장자일 경우 '님'을 붙이는 것이 상례이다. 하위자나 동급자 간에 자기의 호칭은 '나'를 사용한다.

ㄷ. **차 상위자에게 상위자 호칭** : 예를 들어 사원이 국장 앞에서 과장의 지시를 보고 할 때 "임과장이 지시한 일이 있습니다" 라고 한다.

ㄹ. **유의해야 할 호칭** : 임원에 대한 존칭은 호칭에만 쓴다('국장님실'→'국장실'). 문서에는 원칙적으로 임원의 존칭을 생략('국장님 지시'→'국장 지시')한다. 본인(**예** 국장)이 임석 하에 지시를 전달할 때는 님을 붙인다("국장님 지시 사항을 전달하겠습니다.").

(2) 인사예절

① 인사는 내가 먼저 밝은 표정으로 상황에 알맞게 해야 하며 가장 좋은 거리는 6보 정도 앞이다. 다만, 측방이나 갑자기 만났을 때는 상황에 따라 즉시 한다.

② 머리만 숙이지 말고 허리와 일직선이 되도록 상체를 숙인다. 인사 전후로 부드럽게 상대방의 시선에 초점을 맞춘다.

(3) 근무예절

① **출근과 퇴근** : 비서의 출근과 퇴근은 임원의 출퇴근 시간에 맞추는 것이 일반적이다. 보통 임원이 출근하기 전에 출근하고, 임원이 퇴근 후에 업무를 정리하고 퇴근한다.

② **지각과 조퇴**

ㄱ. 사정으로 출근 시간에 늦어질 때 연락을 취한다. 전화 시 사유와 출근 예정 시간을 보고 한다. 지각 시 걸려 올 전화나 내방객이 방문 예정일 경우에는 동료 비서에게 협조를 요청하여 사전 조처를 한다.

ㄴ. 지각했을 때는 임원에게는 물론 동료에게도 "늦어서 죄송합니다" 라고 인사를 한 뒤 자기 자리에 가 앉는다. 조퇴 시 사전에 보고하고 하던 일은 임원의 지시를 받아 처리하고 간다.

③ **이석과 외출** : 목적지나 행선지, 용건, 소요 시간이나 귀청 시간을 알린다. 외출일 경우에는 시간이 길건 짧건 간에 임원의 허락을 받아야 한다. 30분 이상 자리를 비울 때는 책상 위를 정리한다(보안사항이나 기타 기밀사항의 이유). 외출한 곳에서 시간이 지연되면 전화로 연락한다. 일을 끝내고 집으로 직접 귀가할 때도 사무실로 전화를 건다.

④ **문을 들어서고 나갈 때**

ㄱ. 문을 여닫을 때, 뒤에 오는 사람을 위해서 잠시 문을 잡아주는 것은 일반적인 예의이다.

ㄴ. 남녀가 같이 문을 들어서고 나갈 때는 남성이 문을 열고 먼저 들어가거나 나가서, 여성을 위하여 문을 잡아 주는 것이 좋다. 하지만 성별과 상관없이 먼저 들어간 사람이 문을 잡아주는 것은 예의이다.

ㄷ. 좁은 계단을 올라갈 때는 남성이 여성보다 앞서고 내려갈 때는 여성이 앞서는 것이 예의이다.

⑤ **여성 혼자 있는 사무실 등 방문**: 여성 혼자 있는 사무실 등을 방문 시 출입문을 조금 열어 놓는 것이 좋다. 때에 따라서는 공공장소에서 만나는 것이 좋다. 반대로 남성이 여성 손님의 방문을 받았을 때도 동일하다.

(4) 갈등 및 스트레스 관리

☑ 신규(2021년) 출제범위

일반 직장인들도 직장에서 승진, 급여, 공감 부족, 개인적인 차이 등 여러 가지 이유로 갈등을 겪을 수 있다. 하지만 임원과 업무의 대부분이 밀접하게 접촉되는 비서의 특성상 갈등의 빈도가 더 잦을 수밖에 없다. 성숙한 태도로 상황에 접근해서 문제를 해결할 방법을 찾고 적극적으로 문제를 해결하고 직장 내 문제를 개인적인 문제로 만들지 않는다. 갈등을 유발하는 임원, 동료, 부하팀원 등 여러 주체들의 기대치에 대해서는 보다 세밀하게 이해하고 관리할 필요가 있다.

① **임원과의 갈등**: 임원에 대한 나의 기대치를 조절함으로써 상당 부분 경감시킬 수 있다. 임원 역시 부족한 사람일 수 있고, 나의 고객이며 내가 관리해야 할 대상이라는 점을 인지하고 임원과의 신뢰를 튼튼히 쌓아나가는 것이다. 이런 노력을 지속해서 한다면, 갈등요소가 있더라도 효율적으로 관리할 수 있다.

② **동료와의 갈등**: 알아서 해 줄 것을 기대하지 말고 현실적인 기대치를 분명하게 정하고, 의사를 전달하는 것이 필요하다. 알아서 해 줄 것을 기대하기보다는 협력이 필요할 경우 내가 먼저 협조를 구한다. 서로의 입장과 처지에 대해 이해하고 조율한다고 생각하면서 동료를 대하면 갈등을 줄일 수 있다. 이때 특히 유의해야 할 것은 감정의 노출은 최대한 절제해야 한다는 것인데, 갈등에서 감정이 개입되기 시작하면 그 문제들은 합리적으로 해결하기가 매우 어렵다.

③ **부하직원과의 갈등**

ㄱ. 이 관계에서도 임원이나 동료를 대할 때와 크게 다르지 않다. 팀원들이 어떠한 기대를 가지고 있으며 어떨 때 불만인지는 임원과 나의 관계에서 쉽게 유추할 수 있다. 팀원들에 있어서는 명확한 업무지시와 피드백, 그리고 평가의 기준제시가 필요하다. 어떻게 하면 그들의 마음을 얻을 수 있을 것인지 생각하면서 부드럽고 감성적인 터치로 접근하면 팀원과의 갈등은 효율적으로 관리할 수 있다.

ㄴ. 직장에서 겪게 되는 갈등에 대해 이러한 생각의 틀을 가지고 살펴보면 갈등을 효과적으로 관리할 수 있다. 거기에 더해, 사람마다 서로 다른 기질과 커뮤니케이션 스타일을 이해하고 대응하면 조직에서 새롭게 마주하는 갈등의 감소와 스트레스 관리에 도움이 된다.

일정 및 출장관리

CHAPTER 3

1 일정

1. 일정

(1) 일정관리의 원칙

☑ 신규(2021년) 출제범위

① **월간 계획, 확정·협업·유동 업무 순서** : 월간 계획을 짤 때는 일정 조율이 불가능한 '확정 업무', 타인에게 자료를 요청해야 하는 '협업 업무', 일정 조율이 가능하거나 혼자 언제든 처리할 수 있는 '유동 업무'로 나눈다. 확정 업무를 먼저 기록하고, 적합한 시간에 협업 업무를 끼워 넣고, 남는 시간에 유동 업무를 작성한다.

② **주간 계획, 요일별 신체 리듬에 맞춰 작성** : 주간 계획은 요일별 신체 리듬을 파악한 뒤 세우는 것이 효율적이다. 비즈니스 전문가들에 따르면, 월요일엔 통화 등 잡무가 집중되어 한 가지에 집중하기 어렵기 때문에 월요일엔 가급적 잡무 처리에 전념하거나 신체리듬에 맞춘 적절한 업무 배치능력이 중요하다. 화요일과 수요일엔 업무 리듬이 올라가기 때문에, 이때를 공략해 중요 업무를 처리하는 것이 적절하다.

③ **일일 계획, 3개 항목으로 나눠 중간 점검**

   ㄱ. **일일 계획표는 아래와 같이 3개 항목으로 나눠 우선순위를 정하는 것이 좋다.**

- 오늘 반드시 끝내야 하는 일
- 오늘 해야 하는 일
- 시간이 나면 처리하는 일

   ㄴ. 진행사항을 체크하여 업무를 끝낼 때마다 목록에서 하나씩 지워나간다. 임원의 일정을 체크하여 일정수립

④ **임원의 일정을 체크하여 일정수립** : 개인일정과 공적인 스케줄을 구분하여 관리한다. 임원과의 원활한 커뮤니케이션으로 최근일정을 바로 반영한다.

⑤ **관련 부서와 공유 및 보고 방법 다양화**: 보고 내용에 따라서 대면 면담, 전화 보고, 서류 보고, 이동 시간을 활용한 보고 등 보고 방법을 다양화시킴으로써 임원의 일정을 효율적으로 관리할 수 있다.

일정관리

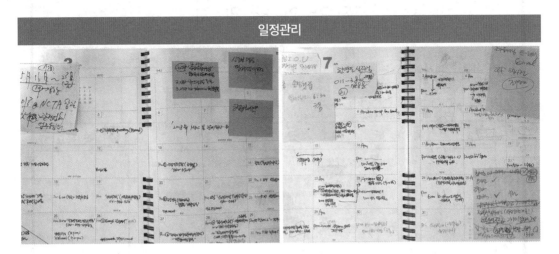

(2) 비서업무일지 작성법

업무일지를 읽는 사람이 작성자의 뜻을 충분히 이해할 수 있도록 기재하는 것이 무엇보다 중요하다. 문장의 형태를 서술적으로 작성하지 말고 각 내용을 일목요연하게 구성하여 핵심 포인트를 정확하게 전달한다.

① **명확한 요점**: 문장은 내용이 너무 길어지지 않게 하되 핵심적 내용을 기재한다. 비서의 전문 업무에 대하여 세부적으로 기재하여도 상대가 쉽게 이해하기 어려울 수 있으므로 가능하면 요약하되 상대가 이해하기 쉽도록 작성하는 것이 중요하다.

② **업무일지 양식**: 업무일지의 양식은 회사의 특성과 업무 효율성을 높이기 위하여 언제든지 자유롭게 변형할 수 있다. 그러나 자유롭게 양식을 구성하더라도 작성자 정보, 업무보고(종료업무 및 미종료 업무), 업무계획(미 종료 업무의 추후 진행일정)은 반드시 포함되어야 업무 일지의 목적에 부합한다.

③ **업무 진행 사항의 정확한 전달**: 비서는 장기적 진행사항과 단기적으로 끝날 수 있는 업무를 구분하여 기재하여 지속해서 업무를 추진할 수 있도록 서포트해야 한다. 당일의 업무처리현황은 그대로 기재하면 되고 미진행 업무는 따로 기재하여 후일에 처리하도록 할 필요가 있다. 그 밖에 임원의 당일 지시사항을 기재하여 업무이행에 차질이 없도록 하는 것도 필요하다.

주 간 업 무 일 지

❶ 부서명 : 비서실
작성자 : 임 비 서

❷ 기 간 : ○○○○ ~ ○○○○

❸ 결재

담 당	심 의		확 정

❹ 전주실천사항	세 부 추 진 사 항	❺ 실적/목표(%)

❻ 금주계획사항	세 부 추 진 사 항	목표율(%)

❼ 특기사항

❽ 지시사항

❾ 양식(NO. -)　　　　　　　　　　　　　비서 주식회사

❶ 부서명	업무일지를 작성한 작성자가 속한 부서의 소속을 밝히는 항목으로 타 부서와 업무 협조를 할 때 필요하므로 상단에 적어 업무일지의 목적을 밝히는 것이 좋다.
❷ 기간	주간 업무일지의 경우 언제부터 언제까지 업무일지의 영향력이 발휘되는지 구체적으로 기재하고, 일일 업무일지의 경우 작성 당일의 날짜를 적는다.
❸ 결재	업무일지를 보고 받은 담당자 및 상관이 서류를 검토했다는 것을 증명할 수 있도록 서명이나 도장을 남긴다.
❹ 전주 실천사항	종결 사항과 미종결 사항을 구분하여 작성한다. 지속해서 업무를 추진할 수 있도록 전달하고자 하는 내용을 정확하게 기재한다.
❺ 실적·목표	업무의 진행 사항을 수치화하여 기재한다. 근무자의 근무 실적을 객관적으로 보여주는 항목이므로 작성 전 충분히 생각한 후 기재하는 것이 좋다.
❻ 금주 계획사항	부서 내에서 협의한 사항이나 금주에 종결해야 할 업무 상황을 상세하게 기재하는 항목이다.
❼ 특기사항	문제점을 지적하거나 타 부서와 상호 교환할 정보가 있다면 적극적으로 기재한다.
❽ 지시사항	상급자의 지시사항을 기재하면 회의에 참석하지 못 한 사람도 지시 여부를 확인할 수 있기 때문에 업무를 원활하게 진행할 수 있다.
❾ 문서번호	상기와 같이 업무일지를 작성할 경우에는 문서의 체계적인 관리를 위하여 문서의 고유번호 내지는 문서의 코드를 정해 문서를 일관성 있도록 분류하여 관리해야 한다. 체계적인 문서 관리 분류는 해당문서를 관리하거나 찾을 때 보다 효율적인 업무 활용도를 나타낼 수 있다.

(3) 일정표 작성과 활용

① **장기 일정표**: 수년에 걸친 장기적인 사업을 진행할 때 이용하는 일정표 형식이다. 주로, 그래프나 상황표를 이용하는데, 목표와 비교해 현재 달성 정도를 알 수 있다.

장기일정표

② **연간 일정표**: 매년의 정기 행사, 임시 행사, 회사 내 일정 등을 기록한 일정표로 연간 일정표를 전년도 말까지 작성해 보고한 후 수정사항을 반영한다.

연간일정표

2021

1월							2월							3월							4월						
일	월	화	수	목	금	토	일	월	화	수	목	금	토	일	월	화	수	목	금	토	일	월	화	수	목	금	토
27	28	29	30	31	1	2	31	1	2	3	4	5	6	28	1	2	3	4	5	6	28	29	30	31	1	2	3
3	4	5	6	7	8	9	7	8	9	10	11	12	13	7	8	9	10	11	12	13	4	5	6	7	8	9	10
10	11	12	13	14	15	16	14	15	16	17	18	19	20	14	15	16	17	18	19	20	11	12	13	14	15	16	17
17	18	19	20	21	22	23	21	22	23	24	25	26	27	21	22	23	24	25	26	27	18	19	20	21	22	23	24
24	25	26	27	28	29	30	28	1	2	3	4	5	6	28	29	30	31	1	2	3	25	26	27	28	29	30	1
31	1	2	3	4	5	6	7	8	9	10	11	12	13	4	5	6	7	8	9	10	2	3	4	5	6	7	8

5월							6월							7월							8월						
일	월	화	수	목	금	토	일	월	화	수	목	금	토	일	월	화	수	목	금	토	일	월	화	수	목	금	토
25	26	27	28	29	30	1	30	31	1	2	3	4	5	27	28	29	30	1	2	3	1	2	3	4	5	6	7
2	3	4	5	6	7	8	6	7	8	9	10	11	12	4	5	6	7	8	9	10	8	9	10	11	12	13	14
9	10	11	12	13	14	15	13	14	15	16	17	18	19	11	12	13	14	15	16	17	15	16	17	18	19	20	21
16	17	18	19	20	21	22	20	21	22	23	24	25	26	18	19	20	21	22	23	24	22	23	24	25	26	27	28
23	24	25	26	27	28	29	27	28	29	30	1	2	3	25	26	27	28	29	30	31	29	30	31	1	2	3	4
30	31	1	2	3	4	5	4	5	6	7	8	9	10	1	2	3	4	5	6	7	5	6	7	8	9	10	11

9월							10월							11월							12월						
일	월	화	수	목	금	토	일	월	화	수	목	금	토	일	월	화	수	목	금	토	일	월	화	수	목	금	토
29	30	31	1	2	3	4	26	27	28	29	30	1	2	31	1	2	3	4	5	6	28	29	30	1	2	3	4
5	6	7	8	9	10	11	3	4	5	6	7	8	9	7	8	9	10	11	12	13	5	6	7	8	9	10	11
12	13	14	15	16	17	18	10	11	12	13	14	15	16	14	15	16	17	18	19	20	12	13	14	15	16	17	18
19	20	21	22	23	24	25	17	18	19	20	21	22	23	21	22	23	24	25	26	27	19	20	21	22	23	24	25
26	27	28	29	30	1	2	24	25	26	27	28	29	30	28	29	30	1	2	3	4	26	27	28	29	30	31	1
3	4	5	6	7	8	9	31	1	2	3	4	5	6	5	6	7	8	9	10	11	2	3	4	5	6	7	8

③ **월간 일정표**: 매월 작성하는 일정표로 정기적으로 발생하는 보고, 회의, 방문객, 출장 등을 기입한다. 시간을 오전과 오후로 구분하고 시간, 장소가 결정된 경우 기록하며, 화이트보드에 월간 일정 내용을 기록하는 경우에는 비공개 일정은 기재하지 않는다. 전월 말까지 작성해 임원에게 보고한 후 수정사항을 반영한다.

연간일정표

2021 8월

월요일	화요일	수요일	목요일	금요일	토요일	일요일
26	27	28	29	30	31	01
02	03	04	05 AM:09 00회장 조찬	06	07	08
09	10	11	12	13	14	15
16	17	18	19	20	21	22
23	24	25	26	27	28	29
30	31	메모:				

④ **주간 일정표** : 일주일간의 일정을 기록하는 일정표로 전주의 마지막 근무일에 작성해 임원에게 보고한 후 수정사항을 반영한다. 회의, 출장 및 행사 일정, 방문객 등을 요일별·시간별로 구분해 작성한다.

주간일정표

⑤ **일일 일정표** : 하루 단위로 작성되는 일정표로 방문객, 행사, 회의 등을 시간대별로 기록한다. 일일 일정표에는 상세한 부분까지 기록되기 때문에 필요한 자료나 참고사항도 함께 적는다. 일일 일정표 작성 시, 비서는 임원 퇴근 전에 다음날의 일정표를 작성해 임원에게 보고하고 수정이나 변경할 사항이 있는지 확인한다.

일일일정표

⑥ **방문 일정표**：관계기관 방문이 많은 임원인 경우에는 방문 일정표를 별도로 만든다.

방문일정표

방문일정표 임비서 주식회사

시간	날짜 장소	날짜 장소	날짜 장소	날짜 장소	날짜 장소
9:00-9:30					
9:30-10:30					
10:30-10:45	휴식	휴식	휴식	휴식	휴식
10:45-11:15					
11:15-11:45					
11:45-1:15	점심 식사	점심 식사	점심 식사	점심 식사	점심 식사
1:15-1:45					
1:45-2:15					
2:15-2:30	휴식	휴식	휴식	휴식	휴식
2:30-3:00					
3:00-3:30					
3:30-3:45	휴식	휴식	휴식	휴식	휴식
3:45-4:15					
4:15-4:45					
4:45-5:00					

⑦ **스마트 일정표**：일일 일정표의 일종으로 중요 일정을 휴대할 수 있도록 사용하는 스마트 기기의 어플리케이션(Sunrise Calendar, to do list, Clear 등) 이나 Asana, Outlook, Google Calendar 등이 이에 속한다.

(4) 다양한 일정관리 도구

☑ 신규(2021년) 출제범위

① **Google Calendar**：Google Calendar 서비스에는 TASK(할 일 목록)라는 메뉴가 제공된다. 이것을 이용하면 Google Calendar에 할 일을 날짜별로 표기할 수 있으며, 이렇게 기록된 내용은 아이폰 이나 안드로이드폰에 설치한 TO DO 앱을 이용해 동기화가 가능하다. 대표적인 것으로 GEE TASKS, Pocket Informant, CalenGoo 등이 있다.

② **Remember the milk**：매일 할 일이 무엇인지, 현재 해당 일의 처리 상태가 어떤지를 수시로 쉽게 확인이 가능하다. 할 일을 기록할 때는 마감일과 함께 해당 일에 대한 제반 사항(일의 목적과 내용, 요청자 등)을 함께 기록해두는 것이 좋다.

③ Evernote : Evernote는 PC, 맥은 물론 스마트폰과 아이패드 등 여러 디바이스를 지원하기 때문에 어디서든 기록하고, 보관된 것을 확인하기 좋다. 특히 스마트폰에 설치해둔 Evernote를 이용하면 회의실에서 화이트보드에 메모한 것이나 노트에 필기한 것을 촬영해서 사진으로 Evernote에 기록할 수 있다. 또한, 음성 녹음도 가능하기 때문에 다양한 방식으로 기록할 수 있다.

④ **인터넷 캘린더 서비스** : daum calendar, google calendar, naver calendar 등은 스마트폰이나 아이패드에 설치된 앱과도 동기화가 되고 PC에 설치한 브라우저를 이용해 사용할 수 있어 잃어버릴 우려도 없고 언제, 어디서나, 어떤 디바이스를 통해서든 수시로 확인하고 사용할 수 있다. 또한, 스마트폰 등에 전용 캘린더 앱을 이용하면 좀 더 편리하게 스케줄을 확인할 수 있다.

⑤ **잔디(JANDI)** : 업무용 메신저 서비스. 협업과 더불어 파일 공유 및 검색이 용이하다. 외부 서비스 연동 통해 맞춤형 업무 환경 구축과 회사전체 팀원의 스케줄 관리가 가능하다.

⑥ Wunderlist : 할 일 관리 서비스. 모바일에서 사용하기 쉽고 코멘트 및 리스트 공유가 편리하다.

2 출장

1. 출장 일정표작성

(1) 일정표 작성요령

① 출장 기간 전체의 일정이 한눈에 들어오도록 정리한다. 가급적 한 장으로 정리하는 것이 좋다.

② A4용지 사이즈로 프린트해서, 투명 화일에 넣어서 전달한다. 이동 중에 확인해야 할 경우를 대비하여 메일이나 메시지로도 첨부한다.

③ 2부를 작성하여 대외용과 대내용으로 준비한다.

(2) 일정표에 들어가야 하는 사항

① **출발 / 귀국 일자, 교통편** : 시간, 공항명, 비행기 편명, 연결 비행기 편명, 소요시간, 기차역 이름 등 등 정확한 정보를 기재한다. 중요한 것은, 외국출장의 경우 현지 시간으로 표시해야 한다.

② **호텔 연락처** : 호텔의 이름, 주소, 전화번호를 꼭 기재하여 만약의 상황에 연결이 될 수 있도록 한다.

③ **방문처** : 방문장소의 주소와 전화번호를 기재하고, 만날 사람의 이름과 직위도 기재한다.

④ 방문목적, 출장주제에 대해서 표시한다.

⑤ 식사가 준비되어 있을 경우, 장소 및 주최자의 정보를 기재한다.

⑥ **픽업정보** : 픽업 기사님의 연락처, 차량 정보 등 꼭 기재하도록 한다.

그림17_ 출장일정표

출장 일정표									
날짜	출발지	출발 시간	도착지	도착 시간	도착지 주소		전화 번호	여행 시간	참고 사항

2. 교통·숙소 예약방법 및 용어

(1) 항공예약

> 항공예약방법보다는 예약 시 고려사항 중심으로 작성. 각종 항공사이트, 비교사이트에서 예약이 가능하여 항공예약방법은 별도 기술하지 않음

① 항공예약의 기본정보

ㄱ. '100명을 태운 비행기에는 비행기표 가격이 100가지나 있다'는 말처럼 비행기표는 언제 어디서 어떻게 구매하느냐에 따라 가격이 천차만별이다. 비행기표 가격을 비교하기 위해 여러 사이트를 방문하면서 인터넷 접속 기록이 남게 되는데 이 기록에 따라 항공권 가격이 각각 다르게 나타난다. 소비자의 빅데이터를 이용해 가격을 유동적으로 매기는 '가변적 가격 책정(Dynamic pricing)'이 적용되는 것이다. 소비자는 더 저렴하게 사고, 기업은 더 비싸게 팔려고 한다. 항공권 예매 전에 잊지 말고 인터넷 쿠키를 삭제한 후 예약을 진행한다.

ㄴ. 비행기표를 처음 구매할 때는 전 세계의 비행기표를 빠르게 비교할 수 있는 사이트 하나투어, 인터파크투어, 스카이스캐너 등을 이용하는 것이 좋다. 하지만 같은 비행기표라고 해도 가격비교 사이트에서 본 가격에 비해 항공사 홈페이지가 더 저렴한 경우가 있으므로 항공사 홈페이지에 방문해 다시 한번 확인해 보아야 한다.

ㄷ. **나라별 항공권 가격** : 항공권 가격의 경우 시즌별로 차이가 큰 편이다. 특히 명절 시즌과 휴가 시즌에 비싼 편이다.

ㄹ. **항공권 예매 후 고려사항**
- 기본적으로 국제선은 비행 출발 시간 최소 2시간 전 공항에 도착해야 한다.

- 체크인 및 탑승 수속, 보안검색, 면세품인도 등 생각보다 시간이 많이 소요된다.
- 공항 라운지까지 갈 생각이라면 최소 3시간 전에 가도 시간이 부족할 수 있다.

ㅁ. **비행운항 시간** : 메이저 항공과 저가항공에서 가장 차이가 나는 부분은 바로 비행운항시간이다. 일반적으로 저가항공은 이른 오전에 출발하거나 늦은 밤에 출발하는 경우가 많다.

ㅂ. **좌석 배치** : 항공사나 노선, 기종마다 좌석배치가 다르고, 좌석에 따라 요구되는 사항이나 편안함 등의 특성이 다를 수 있으니 예약할 때 미리 좌석 배치표를 확보하여 예약한다.

그림18_ 항공사별 다양한 좌석배치표

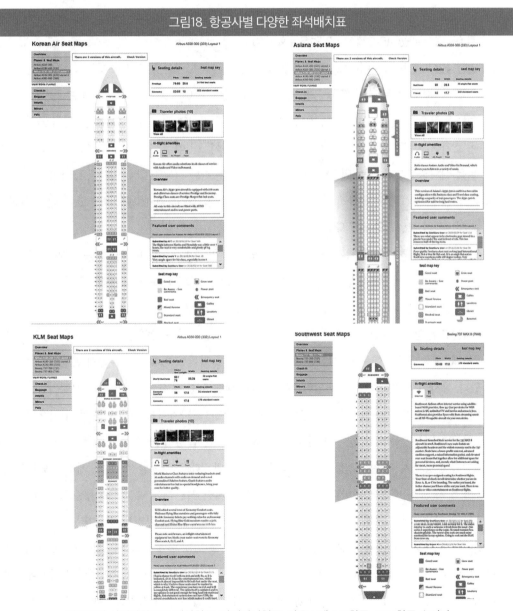

왼쪽부터 시계방향으로 대한항공, 아시아나항공, 사우스웨스트항공, KLM항공 순이다.

Authorship : https://www.seatguru.com

② **공항라운지** : 공항라운지는 비행기 탑승객이 비행 전 편히 쉴 수 있는 공간으로 TV, 컴퓨터, 신문이 비치되어 있고, 간단한 다과와 주류가 세팅되어 있어서, 맛있는 음식과 음료를 먹으며 비행 전 시간을 보낼 수 있다.

ㄱ. **인천공항 스카이허브라운지** : 인천공항 1터미널 스카이허브 라운지는 메인동에 2개 탑승동에 1개 총 3개가 있다. 메인동에 동편에 있는 스카이허브 라운지는 24시간 운영하는 라운지로 새벽시간에 비행하는 사람도 편하게 이용할 수 있다. 이용료는 1인당 $39, 한화 4만 3천원이다(2020년 기준). 만약 전 세계 공항라운지 서비스를 제공하는 PP카드를 소유하고 있다면, 해당 라운지를 무료로 이용할 수 있다(만 2세 유아의 경우 무료입장).

ㄴ. **인천공항 메인동 스카이허브라운지** : 메인동은 인천공항 보안검색 후 바로 들어가는 곳을 말한다. 주로 아시아나 같은 메인 항공사의 탑승게이트가 있는 곳이다. 메인동 서편과 동편 2곳에 스카이허브 라운지가 있기 때문에, 본인이 탑승하는 게이트 근처의 라운지를 이용하는 것이 좋다. 메인동 스카이허브라운지의 경우 규모가 큰 편으로, 1인석, 2인석, 4인석, 파우치석 등 다양하게 테이블을 배치하고 있다. 근처의 마티나 라운지는 대기를 하는 경우가 다수 있지만 스카이 허브 라운지의 경우 대기 없이 편하게 바로 이용이 가능하다. 탑승동에 비해 규모가 크고, 사람이 많아서 북적북적한 분위기의 라운지이다.

ㄷ. **탑승동 스카이허브라운지** : 저가항공을 타게 되면 인천공항 메인동이 아닌 탑승동 게이트로 가게 된다. 메인동에서 트레인을 타고 이동해야 하는 곳으로 탑승동에도 라운지와 면세점 시설이 있다. 탑승동에는 대한항공 칼 라운지와 스카이허브라운지가 있다.

③ **인천공항 가는 법** : 국제선은 비행기 출발 2~3시간 전에 공항에 도착해야 한다. 카운터 체크인부터 보안검색, 탑승게이트 이동 등 시간이 소요되기 때문에 일찍 도착해야 여유롭게 비행기에 탑승할 수 있다. 상사의 특별한 일정을 제외하고는 최대한 새벽 3시~오전 8시 출발하는 비행기는 예매하지 않는다. 인천공항을 가는 방법은 공항리무진, 공항철도, 자차이용, 택시이용 등이 있으나 공항철도나 공항리무진을 타는 경우가 가장 많다. 공항철도는 급행이 아닌 경우 기본적으로 5천원 이내로 인천공항까지 이동이 가능하고, 공항리무진은 1만원대로 이동할 수 있다. 캐리어를 끌고 환승등을 하지 않기 때문에 공항리무진이 편리하긴 하지만 시간대에 따라 교통체증으로 막히기도 하고, 사는 곳에 따라 지하철(공항철도)을 이용하는 것 보다 오래 걸리는 경우가 있다. 그래서 지도앱에서 지하철과 버스를 비교해서 이동 시간과 비용을 고려해서 선택하는 것이 좋다. 하지만 지하철이나 버스는 첫차가 대략 오전 5시부터 오후 12시까지 운행하기 때문에 이외의 시간에는 이용이 불가능하다. 애매한 시간대의 비행기에 탑승하는 방법은 공항근처 숙소에 묵거나 택시 등이 있지만 심야공항 리무진을 많은 상사가 이용한다.

> 📢 **TIP**
>
> 심야 공항리무진
>
> 공항철도는 심야, 새벽시간에 운행하지 않지만, 공항리무진은 일부 노선을 새벽에 운행한다. 그렇기 때문에 심야 공항리무진을 타면 새벽에도 편하게 인천공항까지 이동할 수 있다. 비용도 9천원으로 일반 리무진과 차이가 없는 편이다. 하지만 노선의 한정이 있기 때문에 용산역, 염창역, 서울역, 강남고속버스터미널, 흑석역에 근처가 아닌 경우에는 이용이 어렵다.
>
> 심야 공항리무진 타는 방법 및 노선
> - 심야 공항리무진을 타기 위해서는 위치와 노선이 어떻게 되는지 알아야 한다.
> - 심야 공항리무진 노선은 2개, N6000번과 N6001번이다. 상세 탑승 장소와 노선은 아래 있다(운임요금 : 9천원 – 2020년 기준).
> √ 심야 공항버스 N6001번 : 인천공항공항 - 송정역 - 염창역 - 신용산역 - 서울역
> √ 심야 공항버스 N6000번 : 인천국제공항 - 송정역 - 염창역 - 흑석역 - 강남고속버스터미널

④ **도심공항터미널** : 공항이 아닌 도심에서 출국 수속을 밟을 수 있는 공항터미널로, 도심과 교외 공항 간을 왕복하는 여객을 위한 시설이다. 탑승 수속은 물론 수화물 위탁, 출국 심사 등의 서비스 이용이 가능하다. 국내에는 1990년 이후 4곳에 도심공항터미널이 설립됐으나, 2021년 1월 현재 삼성동 도심공항터미널(공항버스 전용터미널)만 운영 중이다.

도심공항터미널 위치

Authorship : 네이버지도

(2) 철도예약

☑ Photo Authorship : 레츠코레일 캡쳐 재구성

① 예약방법

ㄱ. 인터넷 검색창에 '레츠코레일'을 검색하면 다음과 같은 결과가 나온다(구글 검색 예시).

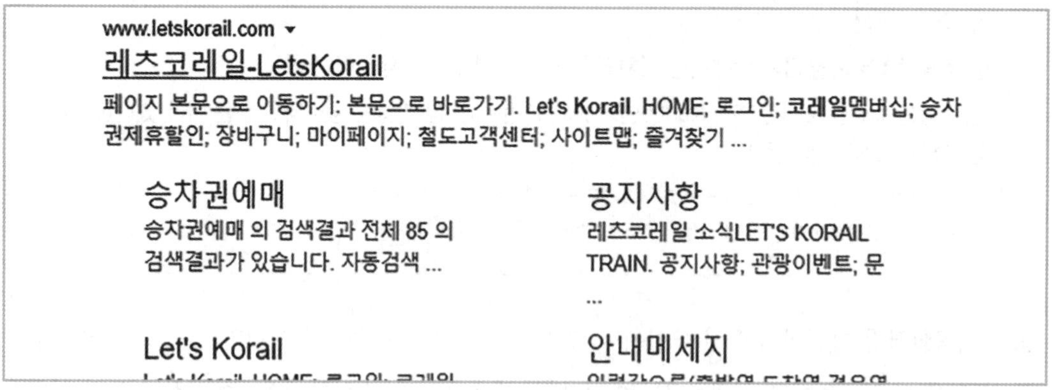

www.letskorail.com
레츠코레일-LetsKorail
페이지 본문으로 이동하기: 본문으로 바로가기. Let's Korail. HOME; 로그인; 코레일멤버십; 승차권제휴할인; 장바구니; 마이페이지; 철도고객센터; 사이트맵; 즐겨찾기 ...
승차권예매
승차권예매 의 검색결과 전체 85 의 검색결과가 있습니다. 자동검색 ...
공지사항
레츠코레일 소식LET'S KORAIL TRAIN. 공지사항; 관광이벤트; 문 ...
Let's Korail
안내메세지

ㄴ. '레츠코레일' 아래의 승차권, 기차역정보, 고객센터 등의 메뉴가 작게 보이는데 왼쪽의 간편예약을 누른다.

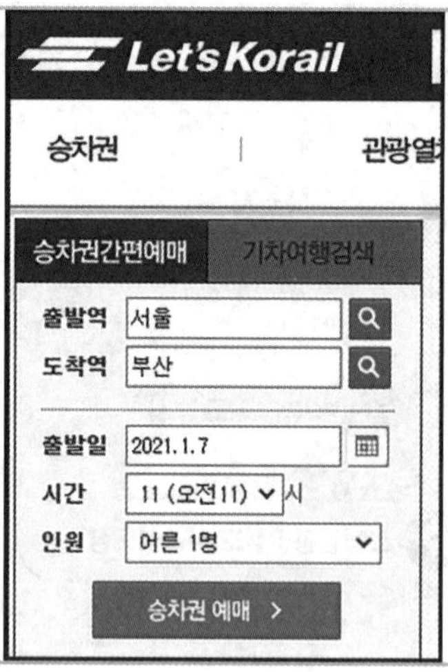

Let's Korail
승차권
승차권간편예매
기차여행검색
출발역
서울
도착역
부산
출발일
2021.1.7
시간
11 (오전11)
시
인원
어른 1명
승차권 예매

ㄷ. **KTX 기차표 예매 순서 및 방법** : 그림처럼 승차권 예매 페이지로 바로 이동이 된다. 이곳에서 자신이 이동하고자 하는 장소와 가고자 하는 날짜 그리고 인원수 등을 고려하고 조회하여 예약을 하면 되고, 자신이 이용하고자 하는 날짜와 시간대의 기차를 조회하면 다음과 같이 차량유형/편성정보가 리스트로 나오게 된다.

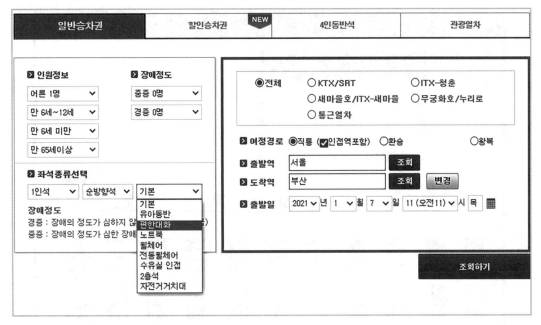

▶좌석 종류를 선택할 때 여러 유형의 좌석 선택이 가능하다.

- 직통승차권 예약을 원하시는 고객은 예매 또는 신청하기 버튼을 클릭하여 주시기 바랍니다.
- 일반열차(ITX-새마을 제외)는 와이파이(WiFi) 서비스를 제공하지 않습니다.
- 할인 승차권의 할인율은 별도 공지없이 변경될 수 있습니다.

좌석배치도: KTX-산천/ KTX-이음/ KTX/ ITX-새마을/ 새마을호/ 동해산타/ V-train/ S-train/ DMZ-train/ 정선아리랑/ 서해금빛/ 누리로/
　　　　　 무궁화호/ 통근열차/ ITX-청춘

차량유형/편성정보: 자세히 알아보기

구분	열차 번호	출발 ⊠	도착 ⊠	특실	일반실	유아	자유석 /입석	인터넷특가 (멤버십 혜택)	예약 대기	정차역 (경유)	차량유형 /편성정보	운임 요금	소요 시간
직통	1211	서울 11:15	부산 17:05	-	예매	-	-	28,600원	-	-	☕🛏	조회	05:50
직통	1007	서울 11:43	부산 16:29	-	예매 좌석선택	예매	-	42,600원	-	-	🛏	조회	04:46
직통	KTX 027	서울 12:00	부산 14:41	매진	매진	-	-	59,800원 (5% 적립)	-	-	🛏	조회	02:41
직통	KTX 029	서울 12:27	부산 15:02	예매 좌석선택	예매 좌석선택	-	-	59,800원 (5% 적립)	-	-	🛏	조회	02:35
직통	KTX 031	서울 13:00	부산 15:47	예매 좌석선택	예매 좌석선택	-	-	59,800원 (5% 적립)	-	-	KTX-산천	조회	02:47
직통	1213	서울 13:06	부산 18:49	-	예매 좌석선택	-	-	28,600원	-	-	☕🛏	조회	05:43
직통	KTX 103	서울 13:10	부산 16:16	예매 좌석선택	예매 좌석선택	예매	-	53,900원 (5% 적립)	-	구포 정차	🛏	조회	03:06
직통	KTX 033	서울 13:20	부산 15:58	예매 좌석선택	예매 좌석선택	예매	-	59,800원 (5% 적립)	-	-	🛏	조회	02:38
직통	KTX 183	서울 13:52	부산 16:25	예매 좌석선택	예매 좌석선택	예매	-	50,000원 (5% 적립)	-	-	🛏	조회	02:33
직통	KTX 035	서울 13:56	부산 16:34	예매 좌석선택	예매 좌석선택	예매	-	59,800원 (5% 적립)	-	-	🛏	조회	02:38

다음 ›

▶각 좌석의 타입과 금액 할인 사항 등이 표시된다.

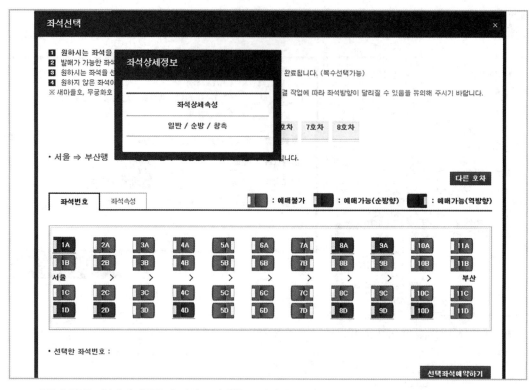

▶자신이 원하는 형태의 좌석을 속성별로 선택할 수 있다.

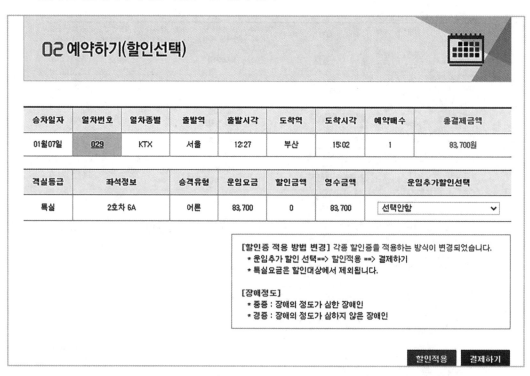

▶예약을 누르면 자신이 선택한 좌석과 금액 등이 나오게 되고, 확인이 끝나면 결재하기를 누른다.

성명	임
전화번호	010 ∨ - ㅌ - 8 (예 : 010-1234-5678)
이메일	Ile @ naver.com 직접입력 ∨ * 신규 상품 및 이벤트 등에 대한 뉴스레터를 원하는 고객은 이메일을 입력하여 주시기 바랍니다.
비밀번호	••••• (발권조회 확인용 숫자 5자리를 입력 하십시오.)
비밀번호확인	•••••
인터넷발권방법 선택	◉ 홈티켓(프린터기를 이용한 승차권정보 출력)

■ 개인정보 수집 및 이용에 대한 안내

[수집하는 개인정보의 항목]
가. 우리 공사는 승차권 구입, 원활한 고객상담, 각종 서비스의 제공을 위해 아래와 같은 최소한의 개인정보를 필수항목으로 수집하고 있습니다.
- 수집정보 : 이름, 연락처, 이메일, 비밀번호
나. 서비스 이용과정에서 아래와 같은 정보들이 자동으로 생성되어 수집될 수 있습니다.
- IP주소, 쿠키, 서비스 이용기록, 방문기록 등
다. 전자상거래 등에서의 소비자 보호에 관한 법률에 의해 승차권 구매 및 서비스 이용 과정에서 아래와 같은 거래정보들이 수집될 수 있습니다.
- 승차권 결제시 : 카드번호, 결제승인번호

개인정보 수집 및 이용에 대한 안내에 동의하십니까? ☑
개인정보수집 및 이용에 동의하지 않을 권리가 있으며, 동의하지 않는 경우 승차권 예약을 할 수 없습니다.

[신청하기]

▶자신의 각종 정보를 입력하고 결재하면 예약된다.

② **레츠코레일 접속 주의사항** : 비서들은 보통 보좌할 때 상사의 개인정보로 대리 예약하는 경우가 많다. 이때 아래와 같은 주의사항이 필요하다.

ㄱ. PC 한 대에 2명 이상 동시 로그인 및 접속 불가

ㄴ. 다른 기기에 같은 멤버십번호 동시 접속 불가

ㄷ. **브라우저 Internet explorer최적화** : chrome이나 Firefox 브라우저 등으로도 예약이 가능하지만 레츠코레일에서 브라우저는 Internet explorer에 최적화 되어 있다.

ㄹ. 특수기간(설·추석 과 같은 명절) 승차권 예약 전용 화면은 하나의 인터넷 창에서만 가능

(3) 숙소예약

① **예약 시 고려사항**

ㄱ. 호텔 시설을 확인한다.

ㄴ. 회사의 여비규정을 확인한다.

ㄷ. 출상기간늘 확인한다.

ㄹ. 호텔 예약 취소 가능 여부를 체크한다.

ㅁ. 이용 후기를 확인한다.

ㅂ. 예약 시 이메일 주소는 정확하게 작성한다.

ㅅ. 추가 고려사항

- **필요시 특별 요청하기** : 호텔을 예약한 후 필요한 것이 있을 때 이메일을 보내 사전에 요청할 수 있다. 이메일로 예약자명, 예약번호, 도착 날짜, 머무는 기간 등을 알려주면서 얼리 체크인 또는 레이트 체크아웃이 가능한지 문의한다. 레이트 체크아웃은 추가비용을 내면 머물 수 있도록 하거나 프로모션으로 제공하기도 한다.
- **원화 결제 vs 달러 결제** : 달러 결제가 유리하다. 원화로 결제하면 해외결제수수료가 부과되기 때문에 가격이 더 비싸진다(카드 결제의 경우에 한해서).
- **예약자 정보를 천천히 오타 없이 진행** : 예약 시 여권의 영문 이름 기입하고 신용카드와 영문 이름이 같아야 한다. 신용카드와 예약자 이름이 다르면 제3자 카드라고 생각하고 호텔에서 결재 거부할 수도 있다.
- **회사 카드**(법인카드) **사용 시 사용 가능 여부확인** : 해당 호텔에 3자 카드 사용 가능 여부를 문의해하면 호텔에서 제3자 카드사용 동의서 양식을 주게 되는데 그 양식에 싸인해서 다시 보내면 법인카드로 결재된다.

② 예약 후 체크사항

ㄱ. 호텔 위치를 확인한다.

ㄴ. 결제 완료 후 Voucher(예약 확인증) 내용을 확인한다(호텔이름/날짜/예약자명/주소/금액).

그림20_ Voucher

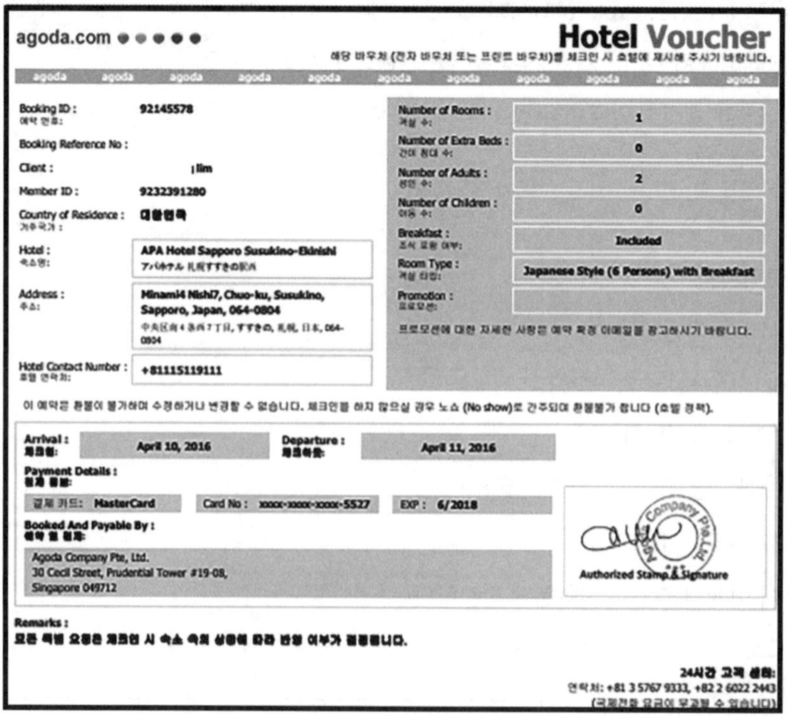

agoda.com

Hotel Voucher

해당 바우처 (전자 바우처 또는 프린트 바우처)를 체크인 시 호텔에 제시해 주시기 바랍니다.

Booking ID :	92145578
Booking Reference No :	
Client :	l lim
Member ID :	9232391280
Country of Residence :	대한민국
Hotel :	APA Hotel Sapporo Susukino-Ekinishi アパホテル 札幌すすきの駅西
Address :	Minami4 Nishi7, Chuo-ku, Susukino, Sapporo, Japan, 064-0804 中央区南4条西7丁目, すすきの, 札幌, 日本, 064-0804
Hotel Contact Number :	+81115119111

Number of Rooms :	1
Number of Extra Beds :	0
Number of Adults :	2
Number of Children :	0
Breakfast :	Included
Room Type :	Japanese Style (6 Persons) with Breakfast
Promotion :	

프로모션에 대한 자세한 사항은 예약 확정 이메일을 참고하시기 바랍니다.

이 예약은 환불이 불가하며 수정하거나 변경할 수 없습니다. 체크인을 하지 않으실 경우 노쇼 (No show)로 간주되어 환불불가 됩니다 (호텔 정책).

Arrival : April 10, 2016 Departure : April 11, 2016

Payment Details :

결제 카드: MasterCard Card No : xxxx-xxxx-xxxx-5527 EXP : 6/2018

Booked And Payable By :

Agoda Company Pte, Ltd.
30 Cecil Street, Prudential Tower #19-08,
Singapore 049712

Authorized Stamp & Signature

Remarks :

모든 특별 요청은 체크인 시 숙소 측의 상황에 따라 반영 여부가 결정됩니다.

24시간 고객 센터:
연락처: +81 3 5767 9333, +82 2 6022 2443
(국제전화 요금이 부과될 수 있습니다)

3. 해외 출장(격리 시 포함) 준비물

☑ 신규(2021년) 출제범위

(1) 해외출장

해외출장은 기본적으로 다른 나라를 방문하는 것이다. 따라서 그 나라에 대한 이해가 필수적인데, 굳이 서점에서 비싼 책을 사기보다는 KOTRA Global windows를 활용하는 것이 좋다. Global windows사이트에서 간단한 회원가입만 하면 세계 각지의 우리 KOTRA 무역관 직원들이 작성해 놓은 국가별 자료가 많다. 보통 각 국가별 200~300페이지는 기본이며, 주기적으로 업데이트되어 여행 책자보다 훨씬 값어치 있는 자료가 많이 있다. 세무, 회계, 정치, 경제, 물가 등 다양한 통계자료도 한글로 되어 있어 정보를 얻기에도 용이하다. 다만 이는 각 무역관에서 현지 자료를 토대로 구성한 것이므로, 실무에 쓸 자료를 원한다면 당연히 현지 회계사나 파트너에게 정확한 수치를 확인하면 좋다. 출장을 가기 전 상사에게 해당국가의 중요한 사항을 요약하여 제공한다.

① 출장 준비물(기본)

ㄱ. **여권** : 여권사본도 여권과 별도로 준비하면 응급상황 발생 시 도움 된다.

ㄴ. **국제 운전면허증**(플라스틱 국내 운전면허증 포함) : 국제 운전면허증은 근처 경찰서 가면 금방 발급할 수 있다. 대리인 발급이 가능하므로 보통 비서가 상사 대신 발급받는다. 주의할 점은, 미국 등 대부분 외국에서 국제 운전면허증으로 운전할 경우 한국 면허증과 여권을 함께 지참하지 않으면 무면허 운전으로 처벌받을 수 있다. 따라서 국제 운전면허증, 한국 면허증, 여권 이 세 가지를 모두 지참하도록 한다.

ㄷ. **명함** : 해외 출장 시 업무의 절반은 명함주고받기이기 때문에 넉넉히 챙긴다.

ㄹ. **노트북 및 커넥터** : 노트북과 충전기는 보통 잘 챙겨야 한다. 문제는 요즘 나오는 한국의 노트북들이 대부분 슬림이라 외국의 전통적인 프로젝터와 잘 연결되지 않는 경우가 많다. 이럴 때 RGB 커넥터를 꼭 챙겨야 한다.

ㅁ. **법인카드** : 회사마다 다르겠지만 업무상 비용에 대해 종종 법인카드로 결제하지 않으면 후처리가 어려울 때도 많다.

ㅂ. **수첩 및 노트**(+아이패드) : 회의 시 기록할 수첩이나 노트도 챙겨야 한다.

ㅅ. **정장** : Official 한 미팅이 있는 경우 정장을 챙겨야 한다. 넥타이와 여분의 셔츠도 잊지 않는다.

ㅇ. **Catalog or brochure** : 회사를 소개하러 가는 경우, 잘 챙겨야 하는데, 온라인으로 제공되는 자료 외에 실물 자료는 꼭 챙겨야 한다.

ㅈ. **항공일정표 및 출장 일정표** : 실물로 준비하거나, 메일로 보내놓는 방법도 있지만 아이폰의 경우에는 ibook에 보관하면 편리하다.

ㅊ. **여행 기본 물품**(개인별로 상이할 수 있음) : 치약, 칫솔, 비누, 샴푸, 면도기, 수건, 속옷, 긴팔(반팔) 상의, 바지(반바지), 양말, 구두, 운동화, 로션 등 기초화장품, 약(소화제, 해열제, 지사제, 밴드 등), 손톱깎이, 화장지, 비닐봉지, 지갑, 가방, 모자, 선글라스, 선크림, 우산 등

✓ 참고로 샘소나이트에서 나온 여행 준비 어플리케이션을 추천. 여행 준비물을 이것저것 빠짐없이 잘 준비할 수 있게 잘 구성되어 있다. 이는 출장뿐만 아니라 여행 갈 때도 유용하게 쓰이는 이지만 광고의 우려가 있어 그림이나 링크는 넣지 않음.

② **추가사항**

ㄱ. **임원 가방에 'fragile' 표시** : Fragile이라는 태그를 붙이면 짐을 옮길 때 더 신경을 써주기 때문에 다른 가방들에 비해 훨씬 더 조심히 옮겨지며 모든 짐들의 가장 위쪽에 위치하게 되어 도착 후 짐을 찾을 때 짐을 가장 먼저 받을 수 있는 확률이 높다.

ㄴ. **지퍼락 백에 작은 물건들 담기** : 보통 대부분의 공항에선 100mL 이하인 액체류의 반입만 허용한다. 보통 공항에서 비닐백을 주지만 사람이 많을 경우에는 백을 찾느라 시간을 많이 낭비하는 경우도 있기 때문에 지퍼락을 챙기면 번거로움을 줄인다.

ㄷ. **필수품 기내용 가방에 담기** : 핸드크림, 여분의 양말, 물수건 등과 항공기에서 필수품목을 정리하여 담는다.

ㄹ. **여러분의 물병** : 큰 용기의 액체류를 가지고 탈 수 없지만 빈 용기를 가지고 타는 것은 보안 검색대를 통과할 때 문제가 없다. 보안 검사대를 통과한 후 공항의 식수대에서 물을 채우면 비행 중 마실 물이 충분히 확보된다.

(2) 해외출장 격리 시 준비물

① 비상식량, 비상약(격리 필수품)

② 마스크

③ 종합 감기약

④ 소화제, 두통약, 지사제, 밴드

⑤ 소독약, 파스, 상처치료제

⑥ 라면, 라면포트

⑦ 고추장(양념장)

⑧ 젓가락, 김, 즉석밥(간편밥)

⑨ 통조림(김치), 과자

⑩ 라면

⑪ 인터넷텔레비전 네트워크(Netflix 등), 드라마 등의 미디어를 오프라인에 저장(WiFi가 불안정하기 때문)

4. 출장 업무의 절차

비서가 업무와 관련하여 출장하는 경우에는 출장 계획을 수립하여 회사의 사규에서 정한 기일까지 출장품의서나 신청서를 소속부서와 함께 관련 부서에 미리 제출해야 한다. 회사에서는 출장규정에 출장경비를 지급하고 출장자는 그 비용을 수령하여 출장업무를 수행하면 된다. 출장 기간에 업무 또는 기타 사고로 인하여 부득이 기간이 연장되었을 경우에는 관련 증빙서류를 첨부하여 추가비용을 청구할 수 있다. 출장 업무를 마치면 출장보고서와 함께 출장여비 정산서(명세서)를 사용 증빙과 함께 제출한다.

① **출장계획의 수립** : 출장의 목적, 수단, 출장지에 따라 다르지만, 출장을 성공적으로 수행하기 위해서는 사전에 정보를 수집하여 출장 스케줄을 잡아야 한다. 효과적인 출장업무를 수행하기 위하여 출장목적, 출장업무내용, 행선지, 교통편, 출장일정, 출장준비사항 등을 미리 수립하도록 한다.

② **출장 품의 및 승인** : 출장지에서 제한된 시간과 비용을 효율적으로 사용하기 위해서는 출장 품의서를 제출하고 승인받아야 한다. 일반적으로 출장신청서를 결재함으로써 출장승인이 이루어지는 형태가 많다. 출장계획서를 별도로 첨부하지 않는 경우에는 출장신청서에 출장계획 내용을 기재하도록 한다.

③ **출장업무의 수행** : 회사 및 단체에서는 법령 또는 직무상의 명령을 준수하여 근무기강을 확립하고 질서를 유지하기 위해 출장 관리에 관한 규정을 두고 있다. 효과적인 출장업무를 수행하기 위해서는 미리 계획을 세워 필요한 사항을 준비하고 출장 규정에 의해 정해진 절차에 따라 업무를 처리해야 한다.

④ **출장보고서의 작성** : 출장 업무를 수행한 후 출장경과 및 출장업무 수행에 따른 결과를 정리하여 보고한다. 장기출장인 경우에는 출장기간 동안 출장일보를 작성하면 출장보고서를 정리하는 데 도움이 된다.

⑤ **출장비용의 정산** : 출장여비란 출장 수행에 필요한 경비(운임 · 숙박비 · 식비 등)를 충당하기 위해 지급하는 비용이다. 출장이행여부를 확인하기 위한 방법으로 관련증빙서류(출장결과물, 출장지의 숙박 · 교통 · 식비 영수증 등)를 요구하는 경우도 있으므로 관련 서류를 사전에 잘 챙겨두어야 한다.

5. 출장 업무의 준비

① **국내출장** : 출장일시, 출장목적, 목적지 및 경로, 교통기관, 출장지에서의 미팅 및 공식행사, 지참할 서류와 자료, 상사의 지시사항 등을 고려하여 출장계획을 세운다. 스케줄과 숙박 등은 업무수행에 무리가 없도록 해야 하며 상사의 검토를 받아 완성하도록 한다.

ㄱ. **교통편 준비** : 출장 계획안을 토대로 승차권, 숙박지 등을 마련한다. 대중교통을 이용할 경우에는 탑승 시간을 잘 맞추도록 한다. 숙박이 필요한 경우에는 회사 내 관련 규정에 따라 적절한 등급의 숙소를 선택하도록 한다. 현지 사정을 잘 모를 경우에는 지사 등에 문의해 보는 것도 좋다.

ㄴ. **출장일정표의 작성** : 출장 업무를 빈틈없이 수행하기 위해 구체적인 출장일정표를 작성한다. 출장 업무의 수행은 출장일정표를 토대로 진행하기 때문에 교통편의 발착시간은 물론 방문처, 참석할 회의, 숙박, 미팅 상대 등을 가능한 상세하게 기재하도록 한다.

ㄷ. **서류 및 휴대품 준비** : 회사의 업무에 관련된 준비물로 출장지에서 필요한 문서와 자료(견본품 등), 명함, 필기도구, 출장지의 지도, 일정표, 승차권(대중교통의 경우), 업무용 차량, 여비 등을 빠짐없이 준비한다.

ㄹ. **출장수행** : 출장계획에 따라 업무를 수행하고 출장 중에는 주요 업무처리 내용을 기록하는 출장일지를 작성하도록 한다. 출장일지는 출장 후 출장보고서를 작성하는데 중요한 자료가 된다.

② **해외출장** : 여권, 비자발급 등의 절차는 여행사에 의뢰하여 대행할 수 있다. 다만, 어느 정도의 기본 지식을 갖추어 놓는다.

6. 출장문서 작성 시 주의사항

① **출장신청서의 사전작성**: 허가받지 않은 출장을 방지하고 계획적인 출장이 이루어지도록 사전에 출장신청서를 제출하여 이에 대한 승인을 받도록 하는 것이 필요하다. 출장신청서는 일반적으로 직속상관에게 올리는 문서이므로 언제, 어디서, 얼마 동안, 무엇을 수행하는지 한눈에 알기 쉽도록 작성해야 한다.

② **출장 후 작성하는 결과보고서**: 출장 후 출장 사항에 대한 보고서 작성을 통하여 출장 업무를 통하여 취득한 지식 및 처리 내용을 축적하여 출장과 관련된 업무상의 노하우를 회사 및 부서에서 함께 보유하도록 하고 담당자 변경 시 후임자의 업무파악에 편의를 도모할 필요가 있다.

③ **출장보고서의 구성형식**: 출장보고서는 문장으로 작성하다 보면 다소 장황하게 작성되기 쉬우므로 주의하도록 한다. 표 형식으로 정리하여 조항별 작성을 통해 임원의 관심을 촉구하는 방법이 좋고 출장보고서의 형식은 정해진 서식에 맞추어 작성한다.

④ **출장 관련 문서의 표준화**: 출장과 관련하여 표준화된 출장신청서, 출장보고서, 출장여비 사용내역서 등의 서식을 별도로 제정하여 관리함으로써 출장관련 업무를 좀 더 체계적으로 관리할 필요가 있다.

⑤ **상사 장기 출장 시 업무대행**: 상사가 장기출장일 경우 담당하고 있는 업무의 차질을 방지하기 위하여 출장 중 직무 대행자를 선임하여 기록하는 것이 바람직하다. 업무대행에 관한 항목은 장기 출장으로 인해 생긴 업무적 공백을 방지하기 위하여 매우 중요하다.

회의 및 의전관리

CHAPTER 4

1 회의관리업무

1. 회의의 종류 및 배치

(1) 회의 종류

기업이나 조직 내부의 회의종류는 일반적으로 문제해결 회의, 이해조정회의, 정보전달 회의, 계획입안회의, 운영회의 등으로 구분한다.

① **문제해결 회의**: 의사결정을 하기 위해서 진행하는 회의이다. 주제나 문제를 바탕으로 회의를 통해 결정을 내리고 그 결정안을 관련 조직 구성원이 따르도록 하는 회의를 의미한다. 진행하기 위해서는 문제를 파악하고 분석하며, 문제해결 안을 세우고, 실행 계획을 세워야 한다.

② **이해조정 회의**: 다양한 조직 내 의견을 조율하고, 일방적이지 않은 견해를 지니고 요구와 의견을 협의하는 회의이다. 업무 분담이나 책임 분담 등의 회의로 다양한 조정을 통해 조직 내 갈등을 미연에 방지하거나 해결하는 회의이다. 이 회의는 쉽게 각 견해를 지닌 개인이나 부서가 감정적으로 대응하므로 냉정하게 논의를 진행하고 타협하도록 해야 한다.

③ **정보전달 회의**: 보고하거나 정보를 나누며 관련 업무나 신규 활동에 대한 안내와 정보 제공, 진행 사항에 대한 정보를 제공하는 회의를 말한다. 기존 회의에서 추진하기로 한 업무가 누가, 언제, 어디서, 어떻게, 얼마나 추진하였는지 보고하는 회의로 간단한 형태로 자주 진행되는 회의이다.

④ **계획입안 회의**: 문제해결 회의 등을 통해서 의사결정이 이뤄지고, 정확한 목표가 선행된 사항에 따라 이뤄지는 회의이다. 결정사항에 따라 계획과 업무일정을 세우고, 관련된 업무 항목이나 수행 과제 등의 순서나 우선순위를 결정한다.

⑤ **운영 회의**: 기업이나 조직의 연간 또는 반기별 운영을 위해 진행하는 회의이다. 주식회사의 경우 주주총회와 같은 회의를 의미하며, 경영진의 선정과 교체, 연간 실적 확인 등의 운영에 대한 보고와 주주의 의사결정을 반영하는 회의를 의미한다.

(2) 다양한 회의형태

☑ References : 김상혁(2002). 『컨벤션산업론』. 백산출판사. 재구성

① **포괄적 용어 - 미팅(Meeting)** : 모든 종류의 회의를 통칭하는 가장 포괄적인 용어로서 정보와 지식을 교환하기 위한 모임을 말한다.

② **컨벤션(Convention)** : 과거 연차총회의 의미로 사용되었으나 최근에는 그 개념이 모든 회의를 포괄하는 의미로 사용되고 있어 회의분야에서 컨퍼런스와 함께 가장 일반적으로 사용하고 있는 용어이다. 컨벤션은 통상적으로 컨퍼런스에 비해 다수의 주제를 다루는 경우가 많다.

③ **컨퍼런스(Conference)** : 컨퍼런스는 컨벤션과 의미가 거의 유사하게 쓰이고 있다. 컨퍼런스는 주로 학술적 측면이나 첨단과학, 기술 등 새로운 지식에 대한 정보 전달이나 특정문제에 대한 연구를 목적으로 이루어지는 경우가 많고 때로는 국제집회 또는 국제기구의 정기집회 등의 의미로 사용된다.

④ **컨그레스(congress)** : 컨벤션과 유사한 의미로 사용되는 용어로서 회의가 큰 규모로 이루어지며, 주로 유럽 국가에서 많이 사용된다. 컨벤션과 같은 본행사와 사교 행사, 그리고 특별 이벤트 등의 다양한 운영 방식으로 구성되는 경우가 대부분이다.

⑤ **원탁회의(round - table discussion)** : 10명 내외의 인원이 참가자 서열의 구별 없이, 모든 참가자가 동등한 입장에서 자유롭게 상호 관심사에 대해 의견을 교환하는 방법이다(원탁회의라고 부르지만, 회의 진행 상황에 따라 탁자는 다양하게 배치되어도 문제가 되지 않음.).

⑥ **포럼(Forum)** : 한 가지 주제에 대해 전문가들이 사회자의 주도하에 청중 앞에서 벌이는 공개토론회로서 청중도 자유롭게 의견을 개진할 수 있으며 사회자가 의견을 종합하는 회의를 말한다.

⑦ **심포지엄(Symposium)** : 제시된 안건에 대해 전문가들이 청중 앞에서 벌이는 공개토론회로서 포럼에 비해 다소의 형식을 갖추어 진행되므로 청중의 질의기회가 적다.

⑧ **패널 디스커션(Panel Discussion)** : 청중이 모인 가운데 2 ~ 8명의 연사가 사회자의 주도하에 각 분야의 발표자가 전문적인 견해를 발표하는 공개토론회로서 청중도 의견을 발표할 수 있으며 패널리스트와 청중간에 자유로운 토의도 가능하나 발표자의 비중이 높아 청중의 발표 기회가 다소 제한적이다.

⑨ **세미나(Seminar)** : 주로 교육 및 연구 목적을 띤 회의로써 단일 논제에 대하여 30명 이하의 참가자가 전문가적인 견해를 발표하고 토론한다.

⑩ **워크숍(Workshop)** : 대규모 회의의 일부 또는 단독적으로 이루어지며 대부분 30명 내외의 참가자가 특정문제나 과제에 대하여 새로운 지식이나 정보 등을 교환하는 회의로서 훈련 또는 교육의 목적으로 개최된다.

⑪ **전시회(Exhibition)/트레이드쇼(Trade Show)** : 회의와는 다소 거리감이 있으며 벤더에 의해 제공된 상품과 서비스의 전시모임을 말하며 불특정 다수가 참가하고 전시회나 박람회가 개최될 때 이들 분야와 관련된 회의가 개최되거나 반대로 대규모 회의와 병행하여 관련분야 전시회가 개최되는 경우가 많다. 이렇듯 국제회의의 부속행사로 열리는 경우에는 전시회라고 부르며 전시회 단독으로 개최되는 경우는 트레이드쇼라고 한다.

⑫ **박람회(Exposition)** : BIE(Bureau International des Exposition)에 의하면 Exposition이란 일반대중의 교육과 계몽을 목적으로 하고 인류노력에 의해 한 시대가 달성한 성과를 확인하고 미래를 전망하는 무대라고 정의되고 있어 Exhibition이나 Trade Show와는 다르지만 혼용되어 사용되기도 하고 있으며 통상 EXPO 또는 박람회라고 부른다.

2. 회의 방식

☑ 신규(2021년) 출제범위

(1) 회의장 테이블 배치 방식(좌석배치는 '내방객응대예절'에서 기술)

☑ Authorship : NCS

① **극장형(Theater style)** : 연사를 향하여 의자를 일렬로 늘어놓은 형태. 극장형 좌석 배치 모양은 일자형 외에도 'V'자형 또는 반원 형태로 할 수도 있으며 참가자 동선 확보를 위해 좌석 사이에 일정 공간(무대, 복도, AV 장비 설치)을 확보해 놓아야 한다. 시상식 및 기념식, 강연 등 대규모 행사를 진행할 때 주로 활용된다.

그림21_ 극장형(Theater style)

Authorship : NCS

② **교실형(Schoolroom style)** : 연사를 향하여 책상과 의자를 일렬로 늘어놓은 형태. 교실형은 책상이 차지하는 공간 때문에 극장형에 비해 더 많은 공간이 필요하다. 특히 교실형은 참가자가 의자에서 일어나거나 앉는 등 움직이는 공간까지 고려하여 행사장 공간계산에 포함하여야 한다. 대규모 국제회의, 학술 대회, 기업 회의 등 다양한 행사에 가장 보편적으로 활용된다.

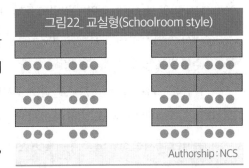

그림22_ 교실형(Schoolroom style)

Authorship : NCS

③ **회의형(Conference style)** : 연단 없이 참가자 간의 의사소통을 원활하게 하기 위한 배열방식. 이사회형(Traditional Conference style), 반원형 이사회형(Traditional conference style, Oval), U자형(U-shaped), T자형(T-shaped), 공백사각형(Hollow square), 공백원형 배열(Hollow circular) 방식 등을 포함한다.

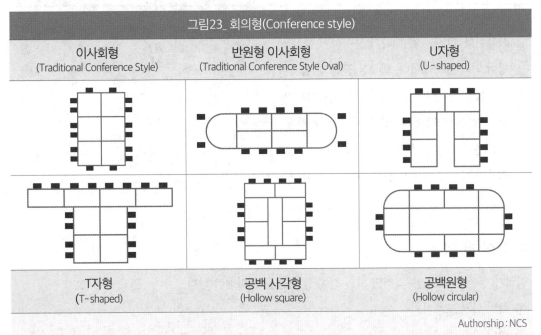

그림23_ 회의형(Conference style)

이사회형 (Traditional Conference Style)	반원형 이사회형 (Traditional Conference Style Oval)	U자형 (U-shaped)
T자형 (T-shaped)	공백 사각형 (Hollow square)	공백원형 (Hollow circular)

Authorship : NCS

ㄱ. **이사회형(Traditional Conference Style)** : 일반적으로 이사회나 임원 회의 때 주로 사용된다. 참석자의 규모에 따라 책상 길이는 달라질 수 있다.

ㄴ. **반원형 이사회형(Traditional Conference Style, Oval)** : 이사회형과 유사하나 테이블의 양 끝에 반원형 테이블을 배치함으로써 각진 테이블이 주는 '상석'의 이미지를 배제한 형태이다.

ㄷ. **U자형(U-Shaped)** : 테이블을 알파벳 'U'자형으로 배치한 것으로 보통 'U'자 바깥쪽에 의자를 배치하지만, 상황에 따라 안쪽과 바깥쪽 모두에 의자를 배치할 수도 있다. 소규모 인원을 대상으로 한 주제 발표 및 회의에 적합하다.

ㄹ. **T자형(T-Shaped)** : 테이블을 알파벳 'T'자형으로 배치한 것으로 상단 부분에는 테이블을 하나로 놓고 수직 부분에는 두 개를 놓아서 양 끝에 의자를 배치한다. 여러 인원이 Head Table에 앉을 때 유용한 배치로 소규모 회의 시 활용된다.

ㅁ. **공백사각형(Hollow Square)** : 사각형의 가운데를 비워 놓고 테이블을 배치하는 형태로 사각형 바깥쪽에만 의자를 배치한다. 참석자 간에 토의 위주로 진행되는 행사(분임 토의 및 다자 회담 등)에 적합하다.

ㅂ. **공백원형(Hollow Circular)** : 공백사각형과 유사하나 모서리 부분을 곡선 모양으로 배치한 형태이다.

④ **연회형(Banquet style)** : 라운드 테이블에 좌석을 배치하는 방식으로 그룹 토의나 연회에서 사용한다. 참가자 간 대화가 용이하며 음식 서빙이 편리한 형태이다. 행사장 공간 및 참가자 규모에 따라 각 라운드 테이블에 배치되는 의자의 숫자는 변경될 수 있다. 행사장 내 기둥 같은 장애물이나 참가자 또는 서빙 동선을 고려하여 행사장 공간 계산에 포함하여야 한다.

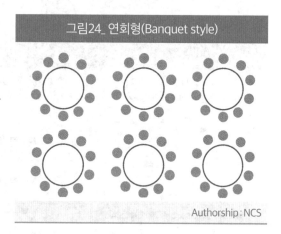

그림24_ 연회형(Banquet style)

Authorship : NCS

3. 회의 전 업무

회의가 생산적으로 진행되려면 회의 전에 할 일들을 준비해야 한다.

① 회의 일정 조율하기
② 회의 장소 예약하기
③ 회의 일정을 공용 캘린더에 등록하기
④ **회의 전에 참석자들에게 미리 공지하기**

ㄱ. **회의 일정** : 00월 00일 0요일 00 : 00~00 : 00(00분)→예상 소요 시간까지 적어야 회의 참석자들이 다른 일정을 조율할 수 있다.

ㄴ. **회의 장소**

ㄷ. **회의 안건** : 구체적으로 어떤 의사결정을 해야 하는 회의인지 밝힌다.

ㄹ. **회의 히스토리**(선택) : 해당 회의 안건에 대해서 이전에 논의했던 히스토리가 있는지 공유한다. 이전 회의록이라든지, 관련된 문서라든지 등등을 추가한다.

ㅁ. **회의 관련 자료**(선택) : 추가로 읽거나, 참고하면 좋을 자료 등이 있다면 함께 공유한다.

⑤ 회의 참석 전 준비사항 전달하기

⑥ **회의 리마인드 하기** : 회의 하루 전이나, 시작 1~3시간 전에는 참석자들에게 회의가 있음을 상기시킨다.

4. 회의 중·후 업무

① 회의록을 기준으로 회의 종료 후 회의 결과를 다시 공유한다. 회의가 모두 종료되어 각자 자리로 돌아갔다면, 회의 책임자나 비서는 그날의 회의 결과를 정리하여 다시 공유한다. 다음과 같은 항목을 포함한다.

ㄱ. **회의 이름**

ㄴ. **회의 일시**

ㄷ. **회의 장소**

ㄹ. **회의 참석자**

ㅁ. **회의 안건**

ㅂ. **Action Item** : 누가, 언제까지, 무엇을 해야 하는지

ㅅ. **회의록 파일**

ㅇ. **회의 내용 요약**(선택)

② **감사장 작성** : 회의가 끝나면 회의상황을 파악하여 감사장작성을 하게 되는데, 비서의 업무 자립도에 따라 임원이 사항을 점검하여 감사장을 발송하는 경우도 있고 비서 단독으로 처리하는 경우도 있다. 보통 감사장은 회의나 행사 참석자들에게 일주일 이내에 감사장을 보내는 것이 일반적이다.

5. 원격 통신회의(ZOOM, webex, google 회의 등) 지원

☑ 신규(2021년) 출제범위

(1) 원격 통신 회의의 의미

① 원격 통신 회의는 여러 가지 단말과 회선으로 이루어지는 통신 시스템을 이용하여 멀리 떨어져 있는 사람들 간에 영상 화면으로 모습을 보아 가며, 마치 한 회의실에 함께 있는 분위기로 회의를 진행하는 것이다.

② 원격 통신에 의한 회의란 회원이 회의장에 출석하지 않고, 회의장 이외의 곳에서 회의장에 출석하고 있는 사람들과 똑같이 동시에 발언하고 듣는 방법에 의한 회의이다.

(2) 원격 통신 회의의 활용성

① 통신 수단의 발달로 원격 통신에 의한 회의가 어느 곳에서나 가능하다. 화상 회의 시스템은 음성, 화상, 문자나 도형 등의 정보를 디지털 회선으로 송신하여 멀리 떨어진 장소에 있는 사람들끼리 회의를 가능하게 하는 하이테크 회의 시스템이다. 해외의 거점과도 연결되는데, 다만 화상 회의로 목적을 충분히 달성할 수 있는 회의와 화상 회의로는 큰 성과를 기대할 수 없는 회의가 있다.

② 미디어를 적절히 활용한다. 정보 통신 기술의 발달과 커뮤니케이션 미디어도 매우 다양해졌다. 그에 따라 원격 통신 회의를 준비할 때 회의 목적에 적합한 최적의 미디어를 선택하고 배치하여 회의를 개최할 수 있게 되었다. 이런 의미에서 원격 통신 회의를 한다는 것은 미디어를 적절히 활용하는 것이기도 하다.

(3) 원격통신 회의 준비

① 회의 전 비서는 원격 통신 회의 시스템을 점검한다.

② 원격 통신 회의 전에 필요한 근거 자료를 수집한다.

③ **회의 참석자의 요청 사항에 대처한다.**

　ㄱ. 원격 통신 단말기 등 장비의 이상이 생길 경우 신속히 조치하고, 필요할 경우 IT 담당 부서 또는 총무부서에 연락하여 조치를 받는다.

　ㄴ. 음향, 조명 기기의 조절이 필요한 경우 참석자의 요구대로 조절해 준다.

　ㄷ. 발표 자료를 화면에 업로드해야 할 경우, 진행자의 허락을 받아 조치한다.

　ㄹ. 수시로 시청각 기자재 이동 및 활용을 돕는다.

④ 요청 사항과 처리 결과를 정리하여 기록해 둔다.

(4) 원격통신 회의의 종류

코로나19 바이러스 여파로 일하는 환경이 점차 변해가고 있다. 임시방편처럼 생각했던 재택근무를 전면적으로 도입하는 기업들이 늘어나고 있으며 모여서 하는 회의는 없애고 화상회의로 대체하거나 오프라인 미팅도 자제하고 있다. 이에 원격통신 화상회의 시스템에 대한 활용과 이해가 비서의 중요한 업무 중 하나가 되었다. 우리나라 기업이나 학교 등에서는 보통 ZOOM이나 WEBEX등을 사용하고 있지만 다양한 화상회의 시스템을 알아 둘 필요가 있다.

① **글로벌 유명 화상회의 솔루션 그룹 5종**：Cisco Webex Meetings, Zoom, Lifesize, Goto Meeting, Team Viewer

② **글로벌 클라우드 서비스의 화상회의 솔루션 그룹 3종**：Amazon Chime, Google Hangouts, Tencent Meeting

③ **글로벌 협업 솔루션의 화상회의 기능 그룹 3종**：Microsoft Teams, Lark, Slack

6. 회의관련지식

(1) 회의용어

회의하면서 많이 쓰이는 낱말들을 일컬어 회의용어라 하며, 회의 용어는 여러 가지가 있지만 대체로 다음과 같은 용어만 익혀두면 회의진행방법에 큰 도움이 된다.

① **개회**：회의의 시작

② **회기**：개회로부터 폐회까지의 기간

③ **동의**：어떤 의견을 일정한 형식을 갖추어 회의의 의제로 제출하는 것(제출된 동의는 일반적으로 제출자 이외에 한사람 이상의 찬성(재청)이 있어야 동의로서 성립된다(동의：動議).

④ **의제, 의안, 안건**：회의에서 다루어야 할 과제(문제)

⑤ **의사일정**：개회로부터 폐회 때까지 의안을 포함한 순서를 말하며 줄여서 일정이라고 한다.

⑥ **재청**：동의가 제출되었을 때 그 동의를 공식적으로 성립시키도록 찬성하는 것(일방적으로 재청이 없으면 제출된 동의는 성립되지 못한다.)

⑦ **제안설명**：동의자 또는 의안의 제출자가 그 제안 이유를 설명하는 것으로 간단명료하면서도 배경, 과정, 효과에 대하여 설득력 있게 설명한다.

⑧ **질의 응답**: 제출된 의안 또는 동의의 제안 설명에 대해 의문이 되는 부분의 설명을 요구하고 이에 응답하는 것이다. 이것은 찬반 토론과는 구별되는 단계로 찬반의 뜻을 표현해서는 안 되며, 의문점을 질문하고 설명하는 것에 그쳐야 한다.

⑨ **토론**: 의안에 대하여 찬성과 반대의 의견을 발표하는 것으로 이를 통해 참석자는 장·단점에 대해 비교 분석할 수 있는 기회를 갖게 되는 것이며, 따라서 이 과정에서 수정, 정리, 통합하여 가장 좋은 의견으로 만들어진다(찬반 토론은 번갈아 하도록 하는 데 이는 찬성과 반대의견을 교차적으로 발표함으로써 개인의 의사결정을 도와주기 위한 수단이다).

⑩ **표결**: 안건의 토론과정이 끝나면 최종적으로 그 안건의 내용을 결정하는 과정을 말한다. 표결에는 우선순위에 따른 절차가 있으며, 표결방법으로는 만장일치(이의 유무를 물어 이의가 없을 때)거수, 기립, 투표(기명, 무기명), 호명 등이 있다.

⑪ **폐회**: 회의의 끝.

(2) 회의(會議)의 기본원칙

① 공개(公開)의 원칙
② 정족수(定足數)의 원칙
③ 일의제(一議題)의 원칙
④ 자유발언(自由發言)의 원칙
⑤ 회원(會員)평등(平等)의 원칙
⑥ 폭력(暴力)의 배제(排除)의 원칙

(3) 회의의 진행순서

개회선언→국민의례(국기에 대하여 경례, 묵념)→의장인사→전회의록 승인→보고사항→의안 채택 보고→의안 심의(제안설명, 질의, 찬반 토론 및 수정, 개의, 표결)→폐회선언

7. 회의록 작성 및 관리

☑ 신규(2021년) 출제범위

(1) 회의록

① **분량**: 회의록은 일반적으로 A4 용지 1매 정도가 가장 좋으나, 회의 성격에 따라 표와 그래프를 사용해 설명하면 내용을 파악하기가 용이하므로 이러한 경우에는 3 ~ 4장 정도가 되어도 상관없다.

② 회의록 작성이 마무리된 후 상급자에게 결재받기 위해 결과 보고서의 형태로 만든다.

③ 모든 회의에는 회의록이 남겨져야 한다.

(2) 회의록 기록의 필수요소 3가지

① **기본적인 회의 진행에 대한 개요**: 회의제목, 목적, 시간, 장소 그리고 회의 참석자에 대한 정보. 기초적인 정보가 회의록에 기록되어야 한다.

② **회의에서 발언한 주요 내용**: 각 부서에서 다양한 의견들이 제언되었는지를 핵심적인 키워드로 간략하게 정리해야 한다. 발언한 말을 구어체로 쓸 것이 아니라 핵심 내용만 요약해서 정리한다.

③ **가장 중요한 부분**: 회의의 결론과 액션플랜이 정리되어야 한다. 회의를 통해서 어떤 결론이 도출되었고 이후에 어떤 부서에서 무엇을 언제까지 할 것인지 정리한 내용이 기술된다.

(3) 회의록 작성 시 주의 사항

① **회의가 끝난 즉시 회의록을 작성한다**: 참가자는 회의가 끝나면 각자 자신의 위치로 복귀하지만, 회의 운영자나 비서는 바로 회의록을 작성해야 한다.

② **회의록을 양식화 한다**: 회의록을 효율적으로 작성하려면 비서 나름대로 양식화해서 작성하는 것이 좋다. 회의의 목적과 목표 달성, 결정 사항 등 중요한 항목은 앞에 적고, 세부 사항은 뒤에 적는다.

③ **회의록은 객관적인 동시에 공정해야 한다**: 회의록을 작성하는 비서가 무언가를 의도하거나 주관을 써넣거나 하면 회의 자체의 신뢰성이 떨어진다. 그러므로 상사나 사회자의 승인을 얻은 후에 재빨리 배포하는 것을 철저히 하도록 한다.

④ **참석자에게 신속히 발송한다**: 회의록을 작성한 후에는 참가자 전원에게 회의록을 발송한다. 참가자가 회의 내용 및 결과의 내용을 재확인해야 한다. 또한 참가자는 회의록에 입각해 결정 사항을 실행하고 다음 회의 준비를 하므로 회의 내용을 잊어버릴 즈음에 회의록을 받으면 제때 실행할 수 없게 되므로 주의한다.

⑤ 회의록은 관계자에게 배포하는 것 이외에도 기록으로서 보존한다는 목적도 있다.

의전지원업무

☑ 행정자치부 의전편람(2014), 외교부, 재구성

대접, 대우, 행사를 치르는 일정한 법식. 보통은 특정 고위급 인물에 대한 존대나 외교 의례를 가리키는 좁은 의미로 많이 쓰인다. 현실적으로 국가 간의 파워 차이는 상당하지만, 국가원수나 외교관 등에 대한 의례는 비교적 동등한 지위로 지켜지고 있다. 이는 국가 간의 의례가 대등해야 하는 외교 관습에서 비롯된 것이다. 외교 의전의 5가지 원칙은 존중(Respect), 상호주의(Reciprocity), 문화반영(Reflecting culture), 서열(Rank), 오른쪽(Right)으로 흔히 5R이라고 한다. 한국은 세계적으로 손꼽히는 의전 강국이다. 2012 서울 핵안보정상회의 당시에 각국 정상들의 차량이 정확히 1분 단위로 들어온 사례는 아직도 회자하는 유명한 일화이다.

1. 의전원칙과 절차(서열기준, 좌석배치 등)

☑ 신규(2021년) 출제범위

1) 의전범위

의전 대상자가 국빈, 외국 유명 인사, 사기업 초청 인사인가 등에 따라 그리고 이벤트의 성격이나 규모에 따라 의전 대상자에 대한 영접, VIP룸 사용 등 그 범위와 형식이 달라진다. 또 주최자가 동원할 수 있는 예산과 인력에 따라서도 의전 범위가 달라질 수 있다. 따라서 각 의전 대상자에게 어느 정도의 의전을 할지 반드시 주최 측과 상의하여야 한다.

2) 의전업무의 성질

① 의전업무는 순간적이며 지나간 오류는 되돌이킬 수 없다.
② 이질적인 요소를 종합하는 타협과 조정을 이끌어 내야 한다.
③ 관례와 경험이 중요하나 시대의 흐름에 적응해야 한다.
④ 상황변화에 신속히 대처하는 능력을 배양해야 한다.

3) 서열기준

서로 다른 조직 인사, 가령 정부 인사와 민간단체 인사가 동시에 참여하는 경우에는 서열을 어떻게 정해야 하는지 곤란할 때가 있다. 특히 행사의 성격이나 주최자에 따라 서열이 달라질 수 있기 때문에 반드시 주최 측과 상의하여 결정하는 것이 좋다. 행사의 초점이 어디에 있는지, 상황에 따라 서로 다르게 적용되는 부분은 생각보다 상당히 민감한 문제가 될 수 있으므로 매우 신중해야 한다. 서열이 잘못될 경우 참가자가 당혹스러워할 뿐만 아니라 불쾌감을 표시하기도 하고 심지어 강한 항의를 하는 경우도 있으므로 비서 입장에서는 이런 일이 없도록 거듭 서열을 검토해야 한다.

(1) 직위에 의한 서열기준

① 직급(계급)순위
② 헌법 및 정부조직법상의 기관 순위
③ 기관장 선순위
④ 상급기관 선순위
⑤ 국가기관 선순위 등

(2) 공적직위가 없는 인사의 서열기준

① 전직(前職)
② 연령
③ 행사 관련성
④ 정부산하단체 및 관련민간단체장 등

(3) 기타 서열기준

① 주빈(초청자) 존중
② 지위가 비슷한 경우, 여자·연장자·외국인이 상위에 위치한다.
③ 여성들 간의 서열은 기혼부인, 미망인, 이혼부인, 미혼자의 순위로 하며, 기혼부인 간의 서열은 남편의 직위 순위를 따른다.
④ 공식적인 서열을 가지지 않은 사람이 공식행사 또는 연회 등에 참석할 경우, 좌석은 그 사람의 개인적, 사회적 지위, 연령 등을 고려한다.

⑤ 원만하고 조화된 좌석배치를 위한 서열결정상의 원칙은 다소 조정할 수 있다.

⑥ 남편이 국가의 대표로서 자격을 가지고 있는 경우 등에는 Lady-first의 원칙은 적용되지 않아도 좋다.

⑦ 한 사람이 2개 이상의 사회적 지위를 가지고 있을 때는 원칙적으로 상위직을 기준으로 하되 행사의 성격에 따라 행사와 관련된 직위를 적용하여 조정한다.

(4) 좌석배치

① 좌석배치판(Seating Chart)

   ㄱ. 좌석배치를 하여야 할 연회의 경우에는 좌석순위에 따라 좌석배치판(Seating Chart)을 만들고 좌석명패(Place Card)를 식탁 위 각자의 자리 앞에 놓아둔다. 좌석명패는 주위 사람에게 소개한다는 의미도 있지만 자기자리를 쉽게 찾게하는 것이 원래의 목적이다.

   ㄴ. 배우자의 경우 초청자 직책 배우자(예 : OOO사장단 OOO 회장부인), Mr./Mrs. 초청자 이름(Mrs. Harry Kane)으로 표기한다.

   ㄷ. 좌석배치판은 내빈이 식탁에 앉기 전에 자기좌석을 알 수 있도록 행사장 입구에 놓는다.

② 좌석배열(Seating Arrangement)('내방객응대예절, 회의좌석배치 참고')

   ㄱ. 좌석배열은 연회 준비사항 중 가장 세심한 주의를 기울여야 하는 문제로서 참석자의 인원, 부부 동반 여부, 주빈 유무, 장소의 규모 등 여러 가지 요소를 고려하여 결정한다.

   ㄴ. **좌석배열 예시**

     • 주빈(Guest of Honor)이 입구에서 먼 쪽에 앉도록 하고 연회장에 좋은 전망(창문)이 있으면, 전망이 바로 보이는 좌석에 주빈이 앉도록 배치한다.

     • 여성이 Table 끝에 앉지 않도록 한다. 하지만 직책을 가지고 참석하는 여성은 기본적인 좌석 배열 예시에 따라 배치한다.

     • 신임장 제정일자 순으로 서열을 맞추어 좌석 배치한다.

의전 영문표기	
한국어	영문용어
대한민국	The Republic of Korea
태극기	(National Flag)Taegeukgi / Korean flag
나라문장	National Emblem
무궁화	(National Flower) Mugunghwa
무궁화(학명)	Hibiscus Syriacus L.
무궁화(영명)	Rose of Sharon
초청장	Invitation Card
공식실무방한	Official Working Visit
식탁준비	Table Setting
좌석명패	Place Card
만찬복	Dinner Dress
정장예복	Full Dress
예복	Morning Coat
표창	Commendations
수석대표	Head of Delegation
외교단	Diplomatic Corps

Authorship : 정부의전편람 2014

2. 식사예절 및 선물예절

1) 식사예절

(1) 착석 및 대도

① 착석

ㄱ. 남자 손님들은 자기 좌석의 의자 뒤에 서 있다가 자리 오른쪽 좌석의 부인이 앉도록 의자를 뒤로
빼내어서 도와주고, 모든 여자 손님이 다 앉은 다음에 착석한다.

ㄴ. 손목을 식탁에 가볍게 놓은 것은 상관이 없으나, 팔꿈치를 식탁 위에 올려놓아서는 안 된다. 팔짱을 끼거나 머리카락을 만지는 것은 금기사항이다.

ㄷ. 양다리는 되도록 붙이고 의자의 뒤로 깊숙이 앉는 것이 바른 자세. 식탁 밑에서 다리를 앞으로 뻗거나 흔드는 것은 예의에 어긋나며, 특히 신발을 벗어 책상다리하고 앉는 것은 금기사항이다.

ㄹ. 식탁에서 사람을 가리키면서 손가락질하거나 나이프나 포크를 들고 물건을 가리키는 것은 금물. 포크나 나이프를 들고 흔들며 대화하는 것도 금물이다.

ㅁ. 식탁에서 지루하다고 몸을 틀거나 자주 시계를 들여다보는 것도 실례이다.

② 대화

ㄱ. 옆 사람과 자연스럽게 대화한다.

ㄴ. 옆 사람 너머로 멀리 있는 사람과 큰 소리로 이야기하는 것은 자제한다.

ㄷ. 너무 혼자서만 대화를 독점하는 것도 좋지 않지만 반대로 침묵만을 지키는 것도 실례이다.

③ 손가방(Handbag) 등 : 서양에서는 "손가방을 들지 않은 여성은 알몸의 여인과 같다"는 말이 있을 정도로 손가방은 서양여성의 필수품 식사 도중 손가방은 자신의 등 뒤에 놓는 것이 좋고 식탁 위에 놓지 않는다.

④ 재채기와 하품 등

ㄱ. 식탁에서 큰소리를 내거나 웃는 것은 금물이다.

ㄴ. 실수해서 재채기나 하품했을 경우, 옆 사람에게 사과한다.

ㄷ. 식탁에서의 트림은 금기이다.

⑤ 이쑤시개와 화장

ㄱ. 이쑤시개가 준비된 경우에도 식탁에 앉아서는 쓰지 않는 것이 예의이다.

ㄴ. 립스틱을 고치거나 파우더를 고치는 것은 화장실에 가서 하는 것이 좋다.

⑥ 냅킨 사용법

ㄱ. 냅킨은 반을 접은 쪽이 자기 앞으로 오게 무릎 위에 반듯이 놓는다.

ㄴ. 단춧구멍이나 목에 끼는 것은 바람직하지 않다.

ㄷ. 부득이 자리를 잠시 비워야 할 경우(식사 중 이석은 분위기를 해침) 냅킨은 의자 위에 놓는다.

ㄹ. 냅킨은 입술을 가볍게 닦는 데 쓰며, 식기를 닦거나 타월처럼 땀을 닦는 것은 예의에 어긋난다.

ㅁ. 식탁에 물 같은 것을 엎질렀을 경우, 냅킨을 쓰지 않고 웨이터를 불러 처리토록 한다.

(2) 포크와 나이프 사용법

① 준비된 포크와 나이프는 주 요리 접시를 중심으로 가장 바깥쪽부터 안쪽으로 사용하는 것이 일반적이다.

② 가급적 포크는 언제나 왼손으로 잡는 것이 옳은 방법이다.

③ 포크와 나이프를 접시 위에 여덟팔자(포크는 엎어놓고 나이프는 칼날이 안쪽으로)로 놓으면 식사 중임을 의미하며, 둘을 가지런히 접시 위 오른쪽에 얹어 놓으면 식사가 끝났음을 의미한다.

ㄱ. **빵 먹는 법**
- 빵 접시는 본인의 왼쪽에 놓고, 물컵은 오른쪽에 놓는다(좌 빵, 우 물).
- 빵은 나이프를 쓰지 않고 한입에 먹을 만큼 손으로 떼어 먹는다.
- 빵은 수프가 나온 후에 먹기 시작하고, 디저트가 나오기 전에 마쳐야 한다.

ㄴ. **수프 먹는 법**
- 왼손으로 국그릇(soup plate)을 잡고 바깥쪽으로 약간 숙인 다음에 오른손의 스푼으로 바깥쪽으로 떠서 먹는 것이 옛날 예법이며 요즈음은 그릇을 그대로 두고 먹는다.
- 소리를 내지 않고 먹는다.

ㄷ. **손으로 먹는 경우**
- 서양에서는 식탁에서 반드시 나이프와 포크를 써서 음식을 먹는 것이 원칙이며, 손으로 먹는 것은 엄격히 금지되어 있다(빵 제외).
- 새우나 게의 껍데기를 벗길 때는 손을 쓰나 이 경우 Finger bowl이 나오므로 손가락을 반드시 씻어야 한다.
- 생선의 작은 뼈를 입속에서 꺼낼 때는 이것을 포크로 받아서 접시 위에 놓는 것이 좋다.

ㄹ. **핑거볼**(finger bowl) : 식사의 마지막 코스인 디저트를 마친후 손가락을 씻도록 내오는 물로 손가락을 하나씩 씻는 것이지 손 전체를 집어 넣거나 두손을 넣는 것은 금기이다.

ㅁ. **먹고 마시는 양과 속도**
- 먹고 마시는 것은 절도있게 적당한 양으로 제한한다.
- 식사 중 속도는 좌우의 손님들과 보조를 맞추도록 한다.

ㅂ. **Beef Steak 먹는 법** : Beef Steak를 주문할 때는 Waiter에 자신의 기호에 따라 주문한다(Rare, Medium Rare, Medium, Well-Done). 익히는 정도는 서양식이 조금 덜 익힌 채로 나오게 된다.

ㅅ. **담배** : 식사가 끝날 때까지는 담배를 피우지 않는 것이 관례이다.

(3) 주류

① 식전주(Aperitif or Cocktails)

ㄱ. **Highball**(Whiskey, Gin, Vodka를 주재료로 만듦) : Scotch and soda, Scotch and water, Bourbon and soda, Bourbon and water, Bourbon and coke, Bourbon and ginger ale 등

ㄴ. **Gin and Tonic, Vodka and Tonic, Gin Fizz, Tom Collins 등**

ㄷ. **Sherry** : 스페인 특산의 포도주에서 유래

ㄹ. **Vermouth** : 다른 것은 섞지 않고 마시거나 맨해튼(위스키)이나 마티니(진)를 만들어 마심

ㅁ. **Cocktails**(주요 칵테일)

- **Manhattan** : Whiskey + Italian Vermouth(여성용)(Sweet)
- **Martini** : Gin + French Vermouth(남성용)(Dry)
- **Old Fashioned** : 각설탕 1 + Angostura Bitters + Whisky + Soda - Pink Lady, Million Dollar, Naked Lady. Rainbow, Campari Soda 등

📢 **칵테일과 관련한 참고사항**

- 칵테일을 더 청할 때는 되도록 처음 마신 것과 같은 것을 마시는 것이 좋음.
- 칵테일은 식욕을 돋우기 위한 식전주이므로 절대로 취할 정도로 많이 마셔서는 안 됨(빈속이므로 빨리 취함).

② 식사 중에 마시는 술

ㄱ. **백포도주**(White) : 보통 생선 음식(white meat)의 반주로 7~10℃ 정도 차게 마신다.

ㄴ. **적포도주**(Red) : 육류 음식(red meat)의 반주로서 실온, 즉 17~19℃로 마신다.

ㄷ. **로제**(Rose) : 육류와 생선요리 공통으로 반주가 되며, 차게 해서 마신다.

ㄹ. **샴페인**(Champagne) : 포도주의 일종으로 축하의 술이며, 차게 해서 마신다.

③ 식후주

ㄱ. **브랜디** : 과일주를 증류한 주류로서 알코올 도수가 40~42°가 되는 강한 술 - 특히 프랑스 코냑 지방에서 생산되는 브랜디를 코냑이라고 한다.

ㄴ. **리큐르** : 사과, 오렌지 등 과일로 만든 술, Cointreau, Calvados, Drambuie 등이 있다.

(4) 메뉴

① 대규모의 공식 연회 시에는 메뉴를 인쇄하여야 하며 메뉴에는 누구를 위한 연회라는 것과 그 밑에 주최자, 일시, 장소를 기입하고 그 아래에 요리명을 기재한다.

② 기피음식 파악(회교, 불교, 힌두교, 유대교): 외국인을 초청할 때와 종교 등의 이유로 특정 음식을 꺼리는 사람이 손님 중에 포함되어 있을 때는 이를 위한 별도의 메뉴를 준비하여야 하며, 또한 채식가나 특정음식에 알레르기를 보이는 손님이 있는지 확인하여야 한다.

ㄱ. **회교(Islamism)**: 돼지고기와 그 제품(햄, 베이컨, 소시지 등)을 넣은 음식은 회교도에게 서브하지 않음. 그리고 양고기나 쇠고기라 하더라도, 엄격한 정통파 신자는 기도를 드리고 할랄식으로 잡은 것이 아닌 때에는 먹지 않으며 알코올 성분 음료, 즉 술도 법률에 금지되어 있음.

ㄴ. **힌두교(Hinduism)**: 힌두교도들은 쇠고기, 돼지고기와 그 제품을 먹지 않음. 양고기, 생선 등은 금하고 있지 않으나, 채식만 하는 힌두교도들도 많음.

ㄷ. **불교(Buddhism)**: 불교는 모든 동물의 살생을 금하기 때문에 고기를 먹지 않으며, 또한 술도 마시지 않음.

ㄹ. **유대교(Judaism)**: 정통적인 유대교인들은 돼지고기, 조개류, 쇠고기의 특정 부분은 먹지 않으며, 쇠고기는 소를 잡기 전에 기도를 드려야 하고, 生乳와 고기는 같이 먹고 마시지 않음.

ㅁ. **모르몬교(Mormons)**: 모르몬교도들은 커피, 홍차 또는 술을 마시지 않으며, 담백한 음식만을 먹음.

3. 의전관련 지식

☑ 신규(2021년) 출제범위

1) 국기게양

국기를 게양하여야 하는 날을 아래와 같이 정하고 있으나 다른 날에도 국기는 24시간 게양할 수 있다.

(1) 국기를 전국적으로 게양하는 날

① **경축일 및 기념일**: 5대 국경일(3·1절, 제헌절, 광복절, 개천절, 한글날), 1월 1일, 국군의 날
② **조의를 표하는 날(조기 게양)**: 현충일, 국가장일
③ **기타**: 정부가 따로 지정하는 날, 지방자치단체가 조례 또는 지방의회의 의결로 정하는 날(당해 지방자치단체에 한함)

(2) 국기를 연중 게양하여야 하는 곳

국가기관과 지방자치단체 기타 공공단체의 청사 등에는 국기를 연중 게양하여야 하며, 야간에는 그 게양효과를 높이기 위해 적절한 조명을 하여야 한다. 공항·호텔 등 국제적인 교류장소, 대형건물·공원·경기장 등 많은 사람이 드나드는 곳, 주요 정부청사의 울타리, 많은 깃대가 함께 설치된 곳, 그 밖에 대통령령이 정하는 장소에는 가능한 한 연중 국기를 게양하여야 한다. 다만 학교 및 군부대의 주된 게양대는 교육적인 목적을 고려, 낮에만 게양한다. 눈·비와 바람 등으로 그 훼손이 우려되는 경우에는 게양하지 않는다.

(3) 국기의 게양시간

국기는 24시간 게양할 수 있으며, 야간에 그 게양효과를 높이기 위해 적절한 조명이 필요하다.

국기를 낮에만 게양할 경우 게양·강하시각		
기간	계양시각	강하시각
3월~10월	07:00	18:00
11월~다음 해 2월		17:00

※재외공관의 국기게양 및 강하시각은 주재국의 관례에 따른다.

Authorship : 서울시 의전실무 편람

(1) (4) 국기의 게양·강하방법

① **국기의 게양 높이**: 경축일 또는 평일에는 깃봉과 깃 면의 사이를 떼지 않고 게양한다. 조의를 표하는 날(현충일, 국가장일)에는 깃봉과 깃 면의 사이를 깃 면의 너비(세로)만큼 내려 조기로 게양한다.

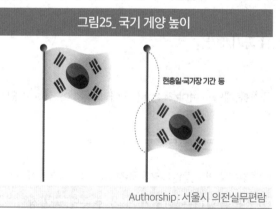

그림25_ 국기 게양 높이

현충일·국가장 기간 등

Authorship : 서울시 의전실무편람

② **조기게양 강하요령**: 국기를 조기로 게양할 때는 깃 면을 깃봉까지 올린 후에 다시 내려서 달고, 강하할 때에도 깃 면을 깃봉까지 올렸다가 내린다. 깃대의 구조상 조기게양이 어렵다고 하여 검은색 천을 달아서는 안 되며, 깃 면의 너비(세로)만큼 내린 완전한 조기를 달 수 없는 경우에는 바닥 등에 닿지 않을 정도로 최대한 내려 단다. 이때 국기를 다른 기와 함께 게양할 경우 다른 기도 조기로

게양하여야 하며, 국기를 외국기와 함께 게양할 경우도 외국기를 조기로 게양하고 이 경우에는 사전에 해당국과 협의를 거치는 것이 관례로 되어 있다.

③ **영상 국기의 사용**: 영상시설의 활성화로 행사마다 국기에 대한 경례 시 영상으로 국기를 표출하여 의식을 진행하는 사례가 늘고 있다. 이 경우에는 반드시 실물 국기를 게양(게시)하거나 세워두고 실시해야 한다. 표출된 국기 영상이 사라져 버리면 국기 없이 행사하는 것이기 때문이다. 즉 국기는 나라의 상징이므로 영원히 존중되어야 한다는 의미이다. 기본적인 국기게양 외에도 기 종류 간 우선순위 및 태극기와 외국 국기의 게양 등은 의전비서로서 반드시 알아두어야 하는 부분이며, 2021년부터 출제범위가 확대되었으니 기본적인 국기 게양법은 숙지하여야 한다.

2) 비즈니스 매너

(1) 호칭

① 미국 사람들은 처음부터 'First Name'을 부르는 경우가 많으나, 영국 사람들은 어느 정도 친해져야 'First Name' 으로 부를 것을 제의하는 것이 일반적이다.

② Mr.는 성 앞에만 붙이고 'First Name' 앞에는 절대로 붙여 쓰지 않는다.

③ 기혼여성의 경우 Mrs. Steve Jobs 식으로 남편의 이름 앞에 Mrs. 라는 존칭만을 붙여 쓰는 것이 오랜 관습이다. 그러므로 Mrs. Steve Jobs 식으로 자신의 'First Name'을 쓰면, 영국에서는 이혼한 여성으로 간주하게 된다. 그러나 미국에서는 직업부인들이 이혼하지 않고도 Mrs.를 붙여 자신의 'First Name'을 붙여 쓰며, 또 이혼한 경우에는 아예 미혼 때의 이름으로 돌아가 Miss Laurene Powell 식으로 호칭하는 사람들도 있다.

(2) 소개

① **대중에게 소개 시**: 먼저 연로자나 상위자를 소개 후 연소자나 하위자를 소개한다.

② **서로 소개 시**: 연소자나 하위자를 연로자나 상위자에게 먼저 소개한다.

③ **악수**

　ㄱ. 아랫사람이 먼저 악수를 청해서는 안 되며 윗사람이 먼저 손을 내밀었을 때만 악수한다.

　ㄴ. 악수는 바로 서양식 인사이므로 악수하면서 우리식으로 절까지 할 필요는 없다.

　ㄷ. 신사가 숙녀의 손에 입술을 가볍게 대는 것을 Kissing hand라 하며, 이 경우 여자는 손가락을 밑으로 향하도록 손을 내민다.

ㄹ. 유럽의 프랑스, 이탈리아 등 라틴계나 중동아시지역 사람들의 친밀한 인사표시로 포옹하는 경우가 있다.

④ **명함**

ㄱ. **형식** : 명함용지는 순백색이 일반 관례이며, 너무 얇거나 두꺼운 것은 피하는 것이 좋고 인쇄방법은 양각이 원칙이다. 반드시 흑색 잉크를 사용하여야 하며 금색 둘레를 친다거나 기타 색채를 사용하지 않는다.

ㄴ. **사용방법**

- 명함은 원래 남의 집을 방문하였다가 주인을 만나지 못하였을 때 자신이 다녀갔다는 증거로 남기고 오는 쪽지에서 유래되었는데 이 같은 습관은 현재 많이 변모하여, 선물이나 꽃을 보낼 때, 소개장, 조의나 축의 또는 사의를 표하는 메시지 카드로 널리 사용되고 있다.

- 우리나라에서처럼 상대방과 인사하면서 직접 명함을 내미는 관습은 서양에는 없으나 명함을 내밀 때는 같이 교환 하는 것이 예의이다.

(3) 비서 통역예절

① **통역자의 역할**

ㄱ. 통역자는 화자가 아닌 주체가 간 대화(소통)를 돕는 보조자이다.

✓ 주체자를 빼놓고 상대방과 직접대화(통역의 역할을 망각한 행위)하는 것은 불가하다.

ㄴ. 항상 주체자가 대화하게 해야 한다(통역 비서로서 수행할 때는 주체자에게 정확하게 전달하는 것이 관건).

✓ 간단한 내용이라고 통역자가 판단하고 스스로 대화를 주도하는 일은 없어야 한다.

② **통역자의 위치**

ㄱ. 주체자 간의 상호대화 및 시선 처리 등에 방해를 놓지 않는다.

ㄴ. 주체자 간의 대화가 이어지게 통역에 지장이 없는 위치에만 자리하면 된다.

✓ 대화 주체자 바로 옆이나 좌석의 중앙에 위치할 수 없다.

(4) 복장예절

초청장 우측 하단에 복장(dress)의 종류(White tie, Black tie, Lounge suit 등)를 표시한다.

① **야회복(White tie)** : 상의의 옷자락이 제비꼬리 모양을 하고 있어 '연미복(tail coat)'이라고도 하는데 무도회나 정식만찬 또는 저녁파티 등에 사용한다.

② **약식 야회복(Black tie)** : 일종의 만찬복인 black tie는 19세기 영국의 dinner coat를 뉴욕의 Tuxedo Club에서 연미복 대신에 착용한 데서 유래된 것인데 예식적인 정식만찬 이외의 모든 저녁파티, 극장의 첫 공연, 음악회, 고급 레스토랑이나 유람선에서의 만찬 등에 입는 편리한 약식 야회복이다.

③ **평복(Lounge suit, Sack suit, Business suit)** : Lounge suit의 경우(informal)라고도 하며 예전 같으면 예복을 입어야 할 경우 즉, 방문, 오찬, 다과회, 만찬, 결혼식뿐만 아니라 일상 업무의 경우에도 상기 평복을 입어도 무방한 것으로 점차 변해가고 있다.

④ **평상복** : 색깔은 진한 회색이나 감색이 적합하며, 저고리와 바지의 색깔이 다른 것을 입지 않는다.

⑤ **블랙타이(Tuxedo, Smoking 또는 Dinner Jacket이라고도함)** : 야간 리셉션과 만찬시 주로 착용하기 때문에 만찬복이라고 불리며 흑색 상·하의, 흑색 허리띠, 백색 셔츠(주름무늬), 흑색 양말, 흑색 구두가 1조를 이룬다.

⑥ **고유의상 및 제복, 예복** : 착용할 수 있으며, 여성의 경우, 한복 착용도 무난하다.

4. 행사의전계획

☑ 신규(2021년) 출제범위 ★비서1급★

행사를 주관하는 기관(비서)에서는 행사 본래의 목적을 성공적으로 달성하기 위하여 행사의 내용뿐만 아니라 식장 준비, 초청인사 관리 등에 이르기까지 세심한 배려와 치밀한 사전준비가 뒤따라야 한다.

(1) 행사 준비 단계

① **행사계획 수립**

　ㄱ. 행사 일시 및 장소 검토

　ㄴ. 초청범위 검토

　ㄷ. 좌석배치

　ㄹ. 행사내용

　ㅁ. 주차계획

② **행사의 준비**

ㄱ. 초청범위의 결정과 초청인사 명부작성

ㄴ. 초청장제작과 초청장 발송

ㄷ. 참석인사 출입 및 안내

ㄹ. 행사장배치(단상설치, 국기계양, 촬영대, 행사 장식
물 및 편의시설물 설치, 구급차 등 비상대비)

ㅁ. 본 행사 이외의 부수행사 준비(다과회, 시삽행사,
필요시 테이프 절단 등)

초청장

Authorship : 국토정보공사

이름 아래 붙는 칭호(서신 발송 시)		
한글	한자	의미
귀하	貴下	일반적으로 널리 쓰임
좌하	座下	공경해야 할 어른, 조부모, 부모, 선배, 선생 등
선생	先生	은사나 사회적으로 이름이 있는 사람
여사	女史	일반 부인
귀중	貴中	단체에 보낼 때
씨	氏	나이나 직위가 비슷한 사람에게 존경의 표시
님께	任께	일반적인 존칭

③ **행사 시작 전 최종점검**

ㄱ. 시나리오 작성

ㄴ. 참석인사 입장 및 식장 내부 안내

ㄷ. 식순 등 사전안내 및 예행연습

(2) 행사진행단계

행사진행 순서인 식순은 행사의 종류에 따라 달리하나, 일반적인 공식식순은 다음과 같다. 그러나 식
순은 의식의 의의나 진행상 편의에 따라 적절히 조정할 수 있다.

① 개식

② 국기에 대한 경례(국기에 대한 맹세 포함)

③ 애국가 제창(1~4절)

④ 순국선열 및 호국영령에 대한 묵념

⑤ 경과보고(필요시)

⑥ 식사(행사주관기관의 장)

⑦ 치사(행사성격에 따라 기념사, 축사 등으로도 할 수 있으며 일반적으로 행사 주빈이 함)

⑧ 식가합창

⑨ 폐식

5. 국가별 문화 이해

☑ 국가별 매너의 양이 방대하여 본서에서는 아시아·중남미·북미·오세아니아의 일부국가만 기술.

☑ 신규(2021년) 출제범위

(1) 아시아

① **네팔** : 국민의 80% 이상이 힌두교도로 강력한 힌두문화의 영향이 있으면 카스트 제도에 따른 계급의식 및 차별이 관습상 상존한다(쇠고기먹지 않음). 한국제품에 대한 좋은 이미지를 갖고 있으며, 헤어질 때 "나마스떼"라고 합장하며 인사를 교환한다. 높임말은 "나마스까르"라고 하며 주로 연장자나 직장 상사에게 사용한다. 긍정의 대답을 할 때는 끄덕거리지 않고 고개를 갸웃거리듯이 왼쪽 오른쪽으로 왔다 갔다하고, 물건을 줄 때 반드시 오른손으로 건넨다.

② **대만** : 약속을 잘 지키는 편이다. 중국인들이 약속시간에 대체로 30분씩 늦게 나타나는 경향에 비해 약속시간을 정확히 맞춘다. 미팅 시 10분 먼저 도착하는 것이 좋다. 대만을 포함한 중화권에서는 시계, 우산, 손수건, 부채, 칼, 가위 등이 공통적 금기선물이다. 국화꽃과 글라디올러스는 장례와 성묘 시에만 사용되는 꽃이며 수건 또한 장례 시 조문 온 손님에게 주는 선물이므로 주의해야 한다. 독특한 기업문화는 점심회식이 있으며 생각보다 대만사람들은 개인주의적이어서 동료들에게 업무적 도움을 받기 쉽지 않다. 술보다는 차 문화가 발달하였다.

③ **라오스** : 남성은 정장바지에 와이셔츠를 착용하고 넥타이는 매지 않는다. 여성의 경우는 블라우스에 '씬'이라는 전통치마를 입지만 일반적으로 무릎을 덮는 투피스를 착용하면 된다. 두 손을 합상해 "싸바이디"(평안하십니까)라고 인사한다. 일반적으로 가슴 앞에서 합장하고 높은 사람이나 연장자 경우 코까지 손을 올리고 스님 또는 사찰에서만 눈 위로 합장을 한다. 여성의 경우 인사하며 다리를 살짝 구부린다. 악수는 상대가 청할 때 남성만 악수를 한다(남성-여성 ×, 여성-여성 ×). 식사초대 거절은 결례이고, 식사초대를 받으면 부부가 같이 가면 좋고, 첨잔 문화가 있다. 카오니

야오(찹쌀밥) 요리는 손으로 조금씩 떼어먹는 문화가 있다. 머리를 함부로 만지거나(어린아이 경우 예외) 사물이나 사람을 가리키거나 사람을 치는 행동 등 발로 하는 모든 행동을 조심해야 한다. 스님과의 접촉을 최대한 금해야 한다.

④ **말레이시아**: 오른손으로 악수하고 그 손을 가슴에 가볍게 대는 것이 인사법이다. 왼손은 부정한 것으로 생각하며 사물이나 지역을 가리킬 때 엄지손가락을 사용한다. 특히 사람을 검지손가락으로 가리키지 않는다. 이름이 길고 발음이 어려워 이름 파악이 된다면 미리 연습하는 것이 좋고 이름 앞에 여러 가지 칭호를 붙이는 것을 좋아한다. 예를 들면 박사학위(Ph.)를 붙이거나 작위가 있으면 작위를 붙이는 것이 좋다. 이슬람교도가 많기 때문에 돼지고기를 먹지 않으며 식당에서 할랄 음식을 제공하는지 미리 확인하면 좋다(닭고기 제일 무난). 이슬람 계율에 반하지 않는 행동을 할 필요가 있다.

⑤ **미얀마**: 양복바지에 반팔 와이셔츠, 노타이차림이 무난하지만, 공무원을 만날 때는 넥타이를 착용해야한다. 쇠고기를 먹지 않으며 일부는 돼지고기도 먹지 않아서 닭고기와 생선이 가장 무난한 메뉴이다. 술은 맥주나 위스키가 무난하며 많은 양의 술은 먹지 않는다. 서방 쪽과 불편한 관계를 유지하는 경우가 많으며 아주 친해지기 전까지는 공개된 장소에서 정치 이야기를 꺼내는 것은 금물이다.

⑥ **베트남**: 시간을 구분하지 않고 "신짜오" 라고 인사하는 것이 무난하다. 구두약속에서 상당한 주의가 필요하다. 직설적으로 아니라고 말하는 것을 예의에 어긋난다고 생각한다. 구두상으로 이루어진 "예" 는 신뢰해서는 안 되고 반드시 서명이나 문서를 남긴다. 음식에 대한 특별한 제약은 없고, 술을 따라줄 때 일본처럼 술을 마실 때마다 술을 따라주어 잔을 채워주는 것이 좋다. 베트남 참전 경력이나 전쟁을 거론하는 것은 예의에 어긋난다.

⑦ **스리랑카**: 고려해보겠다는 말은 곧 "NO"라고 생각하면 되고 긍정적 대답을 하거나 반응을 보일 때는 고개를 돌리지 않고 좌우로 살짝 가볍게 흔든다. 한국과 유사하게 고개를 좌우로 돌릴 때는 부정의 의미이다. 대부분 종교의 영향으로 쇠고기를 먹지 않고, 무슬림은 돼지고기를 먹지 않아 닭고기나 생선이 무난하다. 채식주의자도 많은 편이며 대접할 때는 차라리 음식의 취향을 묻는 것이 낫다. 이름대신 성씨를 부르고, 계급제도 때문에 호칭에 민감한 경우가 많아 Mr. Mrs를 붙이는 것이 바람직하다. 전문호칭이 없어도 Sir 또는 Madam을 사용하는 것이 좋다.

⑧ **싱가포르**: 양복바지에 넥타이를 매면 정장으로 무난하나 넥타이를 매지 않아도 좋다. 갑작스럽게 비가 내리는 경우가 많아 우산이 필수적이다. 국제적 비즈니스도시라 일반적 에티켓을 따르면 무리가 없다. 하지만 인종별 나타나는 특징을 참고할 필요가 있다. 사생활을 중요시하기 때문에

저녁식사약속은 피하고 점심약속이 무난하다. 서양적인 사고방식의 영향을 많이 받았으나 동양적 사고방식이 있어 일반적으로 연장자를 우대한다. 하지만 젊은 층은 상대적으로 덜하다.

⑨ **인도**: "나마스떼" 라고 인사한다. 턱 아래에 두 손을 모으고 고개를 숙이는 것이다. 여성의 경우 먼저 악수를 청할 시에만 악수한다. 손님접대를 중요시하며 집으로 초대하는 경우도 흔하다. 가벼운 제과제품을 선물로 가져가는 것이 예의이다. 시간엄수를 높게 평가하지만 스스로는 잘 실천하지 않으며 언제든 약속이 바뀔 가능성이 있다는 것을 염두하여야한다. 문화특성상 가정에 중요한 일이 생기면 비즈니스가 불가능하며 가정에서 관혼상제 등과 부모부양은 남자의 일이다. 카스트제도를 묻는 것을 좋아하지 않는다.

⑩ **인도네시아**: 약속 미준수에 관대하기 때문에 지키지 못해도 불쾌한 표현은 금기이다. 다민족국가이며 민족의식이 상당히 강하지만 대화 시 민족에 대해 이야기 하는 것은 문제가 될 수 있다. 돼지고기와 술은 도박은 금기이며 손가락으로 오라고 하거나 머리를 건드리는 행위는 실례이다. 왼손은 사용하지 않고 오른손을 사용한다.

⑪ **일본**: 좌식의 레스토랑을 방문하는 경우가 많으므로 양말의 색상에도 신경 쓸 필요가 있다. 식탁 위에 담배를 두거나 식사 중 이쑤시개를 드는 것, 젓가락으로 식기를 움직이는 것, 젓가락을 무는 것, 식기위에 젓가락을 두는 것, 음식물을 젓가락으로 찌르는 것은 좋지 않다. 약속이 중요하며 불만이 있어도 돌려 말하는 것이 문화이다. 정치 이야기는 지양한다.

⑫ **중국**: 정장에 대부분 넥타이를 하지 않고, 디자인보다는 브랜드를 크게 중시하며 녹색 모자는 절대로 착용해서는 안 된다. 식사에는 요리를 먼저 먹고 나중에 주식을 먹는다. 밥공기를 들고 밥을 먹으며, 고개를 숙이고 먹는 것을 동물에게나 볼 수 있는 모습이라고 생각한다. 목례보다는 악수하는 편이고, 정치는 금기된 대화주제이다. 오랜 역사나 다양한 음식문화 중국의 위상 등에 대해 대화하는 것을 좋아하며 중국의 주석이름을 말하는 것을 매우 싫어한다.

⑬ **캄보디아**: 보통 노타이에 와이셔츠를 입는다. "쯤리웁쑤어" 라고 하며 두 손바닥을 가슴 앞에 모으고 고개를 가볍게 숙인다. 남성 사이에서는 악수가 보편화되었지만, 전통적인 합장인사를 하면 아주 좋아한다. 보통 부정어를 직접 사용하기보다는 긍정어에 부정어를 붙여 사용하는 것이 일반적이다.

⑭ **태국**: 아침보다는 오후에 본격적인 일을 하는 경향이 있어 음식을 대접하는 경우 점심이나 저녁이 좋다. 사적인 대화를 하며 식사를 이어 나가는 것이 좋고 이때 업무이야기는 결례이다. 약속 시간을 매우 중요하게 여기며, 비즈니스 첫 만남에서는 정중한 대화를 하는 것이 일반적이다. 태국 왕실이나 종교, 정치 이야기도 삼가는 것이 좋다.

⑮ **필리핀** : 상대의 나이가 많거나 여성인 경우 상대가 악수를 청하기 전까지 기다려야 하고 친한 여성들끼리는 가벼운 포옹과 양 볼에 가볍게 입을 맞추기도 한다. 현지인들 사이에는 Filipino Time 이라고 할 정도로 약속 시간에 30분 늦는 것이 일반적이다. 그러나 비즈니스때는 부득이한 사정을 제외하고는 잘 지킨다. 체면을 매우 중시하여 남들이 어떻게 생각하는지 신경 쓰는 경향이 있다.

⑯ **홍콩·마카오** : 서양식 악수법에 익숙한 편이다. 인사 후 바로 비즈니스카드를 건네고 받게되면 자신의 카드도 상대에게 바로 주어 관계를 유지할 의지를 보이는 것이 중요하며 항상 손가락 사용에 주의한다. 미팅 후에는 악수를 다시 하고 인사 시에는 상대방의 이름이나 호칭을 붙이는 것이 좋다. 공식적 방문의 경우 방문인원 및 소속을 명시한 레터를 준비하는 것이 좋으며 시간에 매우 민감하다. 식사 시 자주 차를 따라주는 것이 예의이며 가까이 앉은 사람의 차가 반 이하로 줄거나 비어있을 때는 따라주는 것이 좋다. 상대가 차를 줄 때는 잔을 잡지 않고 그대로 두며 감사표지로 찻잔 앞 테이블을 두 번 정도 두드려준다. 식사 시 음식은 약간 남겨 배가 부르니 더 주문하지 않아도 된다는 표시를 한다. 서양식 문화(영국)와 동양식 문화가 공존해있다.

(2) 중남미

① **멕시코** : 근무복, 평상복, 파티복에 대한 구별이 뚜렷한 편이다. 넥타이를 매지 않으면 비즈니스 석상에서 낮춰 볼 우려가 있다. 남녀 또는 여자들 간에는 가볍게 포옹한 채 상대 볼에 가볍게 뺨을 대는 것이고 남자들끼리는 서로 악수한다. 약속 시간에 늦는 경우가 많고 NO라는 대답을 잘 안하는 편이고, 거절 대답 자체를 회피하는 편이다.

② **브라질** : 여성과 인사할 때는 양 볼에 키스하고 안면 있는 남성끼리는 등을 툭툭 치거나 포옹하지만, 비즈니스 때는 악수가 정석이다. 약속을 잡을 때는 가능하면 1-2주 전에 약속을 잡고, 이메일 등으로 다시 한번 확인해야 한다. 약속에 철저하지 않은 편이고 늦는 경우도 많다. 저녁식사시간이 매우 늦다(저녁 9-10). 초대할 경우 너무 이른 시간에 부르는 것은 바람직하지 않다. 채식이나 코셔(정통유대인 경우)를 받은 식당을 고집하는 경우도 있어 이 부분을 확인해야 한다. 식사 시 맥주나 와인 까샤샤(가장 즐기는 술) 곁들여 마신다.

③ **아르헨티나** : 중남미에 비해 매너를 중시하는 편이다. 초면에는 당신이라는 호칭을 사용하고 상대가 먼저 이름을 부르면 그때부터 이름으로 호칭을 바꾸는 것이 좋다. 직함을 붙여 부르거나 남성(세뇨르) 기혼여성(세뇨라), 미혼여성(세뇨리따)을 성(姓) 앞에 붙인다. 명함은 공식적 자리 외에도 주고받으며, 가능하다면 스페인어로 번역한 명함을 준비하는 것이 중요하다. 반(反)영국 감정을 고려해야 한다.

④ **에콰도르** : 말하는 것을 좋아하는 편이며 선호하는 주제는 갈라파고스 등 자연경관, 건축물, 아마존 열대우림, 축구 등이다. 비즈니스 이야기 중에도 개인적인 경험을 이야기하는 경우가 많다. 약 2주 전에 약속을 잡고 그 전에 꼭 확인하는 것이 중요하다. 사무실이나 레스토랑에서 미팅하는데 레스토랑에서 미팅할 경우 그 파트너와 더 가까운 사이가 되었다고 생각하면 좋다. 약속 시간은 보통 20분 정도 늦는 편이다. 개인 간의 거리가 가까워 적절한 수준의 스킨십을 친근하다고 생각한다. 주장할 때 상대 팔에 손을 놓는다거나 하는 행위는 신뢰감을 준다.

⑤ **칠레** : 악수가 일반적인 인사법이며 친해지면 등을 살짝 두드리면서 하는 포옹도 가능하다. 여성과 인사할 때는 가볍게 포옹하며 뺨을 맞대는 것이 일반적이다. 헤어질 때는 덕담을 주고받는 편이다. 약속은 열흘 정도 전에 잡고 월요일이나 금요일 오후는 피한다. 중남미 국가들에 비해 시간약속을 잘 지키는 편이다. 경제 선진국이라는 자부심이 강하고 중남미의 유럽을 지향한다. 대화할 때 문화적 자존심을 세워주면 좋고 페루, 아르헨테나, 볼리비아는 영토와 관련한 분쟁 때문에 이야기하지 않는 것이 좋다.

⑥ **콜롬비아** : 비즈니스 때 정장을 입는 편이나 청바지에 셔츠를 믹스해도 무난하다. 처음 본 사람과도 어느정도 대화하다보면 친근감을 표시하기 때문에 낯을 가리거나 거리두는 모습을 보이면 신뢰성에 의심갖는 경우도 있다. 아침점심을 든든히 먹고 저녁에는 간단하게 하는 경우가 많아 비즈니스 식사는 브런치나 점심을 초대하는 것이 좋다. 술은 가벼운 와인이 좋고 처음 만날 때는 작은 기념품이나 초콜릿 등을 선물하는 것이 좋다(단순 공무시에도 포함된다). 하지만 처음부터 과한 선물은 좋지 않다.

⑦ **파라과이** : 보수적인 분위기여서 비즈니스맨들은 미팅 시 주로 풀정장을 착용한다. 하지만 지방 쪽으로 갈수록 복장이 캐주얼해진다. 초면에 선물을 교환하지 않는다. 하지만 정부인사 방문에는 통상 선물을 준비하는데 한국적 이미지가 있는 것들이 좋다. 여성에게는 화장품도 좋고 칼이나 뭔가를 자르는 도구는 피해야한다. 집으로 초청받았다면 선물을 가지고 가는 것이 일반적이다. 저녁식사자리는 사교의 중심이라 여기며 보통 9시 전후에 저녁을 먹는다. 매운 음식을 선호하지 않으며 소고기가 주메뉴인 식당을 선호한다.

⑧ **페루** : 인사는 칠레나 브라질과 비슷하다. 서양권 국가와 마찬가지로 사생활 질문은 아주 가까운 사이가 아니라면 삼간다. 미팅은 2-3주 전에 잡고 만나기 전 재확인은 필수이다.

(3) 오세아니아·북미

① **뉴질랜드** : 보통 악수를 하고 뺨에 키스하는 경우는 드물다. Mr, Mrs 등은 공식적인 경우에 사용하며 일반적으로는 Frist Name만 부른다. 가족 중심적인 생활에 익숙해서 주로 오후 5시 이후나 주말에 약속을 잡는 것은 특별한 경우가 아니면 삼간다. 손가락으로 사람을 가리키는 것은 큰 실례이며 어른을 공경하는 관습은 없으나 무례해서는 안 되고 특히 여성에 대해 대화나 행동에 조심해야 한다.

② **호주** : 개인주의 사회이다. 월요일부터 금요일까지 대부분의 업무가 이루어지며 특별한 경우를 제외하고는 보통 오후 5시에 퇴근한다. 근무시간 후에 술집에서 따로 접대하거나 향응을 제공하는 일도 거의 없다. 약속은 보통 최소 2주 전에 하고 주중 저녁시간, 금요일 오후, 주말은 피한다. 개인적인 질문을 일절 하지 않으며 수년간 같이 근무한 직장 동료 간에도 나이가 정확히 몇 살인지, 결혼했는지 스스로 얘기하지 않으면 물어보지 않아 모르고 지내는 경우가 많다.

③ **미국** : 비즈니스 시에는 정장을 갖추어야 하고, 푸른색, 붉은색 계통의 넥타이가 많이 애용된다. 약속은 보통 일주일 전에 잡고 약손 전날 리마인더 이메일을 보내는 것이 좋다. 특히 종교, 말투, 정치 성향, 인종, 성별에 따른 차별적 모습을 보이는 것은 금기이다.

④ **캐나다** : 악수할 때 손에 힘주는 경향이 있는데, 보통 친근함 혹은 만나서 반갑다는 표시이다. 처음 만난 경우 악수하며 명함을 교환하게 된다. 명함을 던지듯이 상대방 앞에 내려놓는 경우가 있는데 이 부분은 문화적 차이이다. 식사 시에는 굉장히 다양한 문화적 차이를 고려하여 식사 메뉴를 결정하는 것이 좋다. 약속시간을 준수해야 하며 20분 이상 늦을 때는 차라리 약속시간을 조정하는 것이 필요하다. 미국과 비슷하게 종교, 말투, 정치 성향, 인종, 성별에 따른 차별적 모습을 보이는 것은 금기이다.

임원 지원업무

CHAPTER 5

1 보고와 지시

1. 보고의 일반원칙

☑ 신규(2021년) 출제범위

① **즉시보고의 원칙** : 지시받은 일이 끝나면 즉시 보고한다.
② **결론우선의 원칙** : 보고는 결론을 먼저 말하고 이유, 경과 등의 순서로 한다.
③ **중간보고의 원칙** : 시일이 걸리는 일인 경우, 중간보고를 함으로써 경과, 상황 등을 알 수 있도록 한다.
④ **직접보고의 원칙** : 지시한 사람에게 보고한다.

2. 보고를 작성할 때 유의사항

① 보고서를 읽는 대상을 생각하고 작성할 것. 업무가 바쁜 임원이라면 한눈에 결론이 이해되도록 작성하고 문장은 가능한 짧게 하며 이론을 좋아하는 임원이라면 논리정연하게 문장을 전개한다.
② 문서는 가능한 한 항목별로 소제목을 붙인다. 단순한 문장의 나열이 아니라 제목을 연구하거나 시각적표현 등 입체적인 편집을 통해 가독성을 높인다.
③ 결론은 앞에 쓰고 경위나 설명은 뒤에 쓴다.
④ 사실과 의견, 추측과 인용을 정확히 구분한다.
⑤ 도표, 그래프 등의 시각 표현 방법을 폭넓게 활용한다.

3. 보고 방법

보고할 때 가장 중요한 점은 보고받는 상사 입장에서 모든 것을 생각해야 한다는 점이다. 상사는 하루에도 너무 많은 보고를 받기 때문에 비서가 만든 보고서의 중요성을 인지하지 못하며, 인지한다고 하더라도 보고서를 꼼꼼히 볼 시간이 부족하고 시간이 있더라도 보고서에 있는 데이터의 의미를 정확히 파악하지 못할 수 있다. 파악을 한다고 해도 올바른 결정을 못 할 수 있으며 상사는 비서만큼 그 보고를 위해서 생각하고 고민하고 수정하고 검토하는 시간을 갖지 못했을 것이다. 그래서 보고할 때는 '적절한 타이밍에, 쉽고, 간단하고, 짧게 한 문장으로 그리고 판단과 결정을 할 수 있게' 해줘야 한다. '비서가 얘기하고 싶은 내용을 보고 하는 것이 아니라 상사가 알고 싶어 하는 것에 집중' 해야 한다.

(1) 구두보고

일명 '엘리베이터 토크(Elevator Talk)'란 화술기법을 사용하는 것이 중요하다. 이는 보좌하는 상사와 엘리베이터를 같이 탔을 때를 상정하여 1분 이내의 짧은 시간에 일목요연하게 설명하는 기법이다. 가능한 한 짧고 간결하게 핵심만 정리하여 설명한다는 생각으로 보고한다.

① **완전한 문장으로 말한다** : 말끝을 흐리는 것이 습관인 사람들이 있다. 회사 내에서 질문에 대한 답변이나 보고사항을 이야기할 때 항상 완전한 문장으로 이야기하는 습관을 들이는 것이 좋다.

② **두괄식으로 말한다** : 우리나라는 직설적으로 이야기하는 두괄식보단 서두가 길고 결론이 마지막에 나오는 미괄식에 익숙해져 있다. 또한 우리나라 말은 문장 구조가 영어와는 다르게 동사가 마지막에 있어 핵심이 뒤에 있을 수밖에 없다. 하지만 결론이나 중요한 내용이 뒤로 갈수록 듣는 사람의 집중력이 저하되고 이야기의 논점이 흐려지기 때문에 보고 시 핵심만 전달하고자 할 때는 항상 결론부터 이야기하는 습관을 들인다.

(2) 서면보고

① **상사 맞춤형 보고서** : 보고서 쓰기의 가장 중요한 부분은 먼저 보고받는 사람(상사나 결재자)이 누구인지(Target)를 명확히 하고 또한 보고받는 사람이 필요로 하는 사항(Needs)을 분석하는 것이다.

② **보고서의 타이밍** : 보고서를 작성하고 보고하는 시점의 선택, 즉 타이밍도 중요하다. 아무리 중요한 보고서도 때와 시기를 놓치면 의미가 없다. 비서는 무엇을 상사가 궁금해할 것인지 평소에 기록하고 시나리오별로 정리해 놓았다가 필요한 시점에 시의적절하게 제공하는 자세가 필요하다.

③ **명확한 핵심**:보고서의 논점을 명확히 해야 한다. 임원의 입장에서는 논점이 불분명하거나 분명히 드러나지 않은 보고서에 짜증을 낼 수밖에 없다. 보고서에서는 무엇을 말하려는지 분명히 해야 한다. 보고서 내용의 각 패러그래프가 논리적으로 매끄럽게 연결되고 자연스럽게 이어질 때 그 논리가 명확히 전달될 수 있다. 논리의 기본 프레임은 '5W 1H(Who, When, Where, What, How, Why) 원칙' 준수이다.

④ **대안과 결론의 제시**:보고서가 단순히 사실의 나열에 머물면 의미가 없다. 진단과 처방이 함께 들어가야 한다. 여기에 '어떤 목적을 위해 누가 언제까지 무엇을 한다'는 실행계획까지 들어가면 좋다. "어떻게 할까요?"라고 상사에게 결론의 책임을 묻는 보고서는 작성하지 않는다.

⑤ **KISS(Keep It Short & Simple) 원칙**:가급적 간결하고 일목요연하게 작성하는 것이 좋다. 가급적 1장으로 하되, 핵심만 쓰는 버릇을 들이고 더 많은 정보는 필요하면 첨부로 돌린다. 그러나 한 장의 양에서도 들어갈 것은 다 들어가야 한다.

⑥ **쉽게 작성하는 스킬**:작성자는 전문가 수준으로 깊이 이해해야 하지만 보고서는 비전문가도 쉽게 알 수 있도록 써야 한다. 아무리 복잡하고 전문적인 내용도 상사 입장에서 쉽고 간결하게 또 이해하기 쉽게 적은 분량으로 작성해야 한다.

(3) 문자보고

문자로 보고할 때는 예약과 관련된 핵심적인 내용만을 간단명료하게 작성하여 메시지로 전달한다. 상사가 부재중일 경우 혹은 상사가 예약 내용을 휴대할 필요가 있으면 문자 보고를 활용한다.

① **고려사항**

　ㄱ. 부정적인 소식은 메시지로 보내지 않는다.

　ㄴ. 민감한 정보를 메시지로 전송하지 않는다(기밀유지).

　ㄷ. 그룹 메시지를 지양한다.

　ㄹ. 회의 변동 사항은 메시지로 하지 않는다(확인하지 못할 가능성).

　ㅁ. 맞춤법, 띄어쓰기를 유의한다.

　ㅂ. 메시지 톤을 정리한다(잘못된 의미전달 가능성).

② 문자보고사례

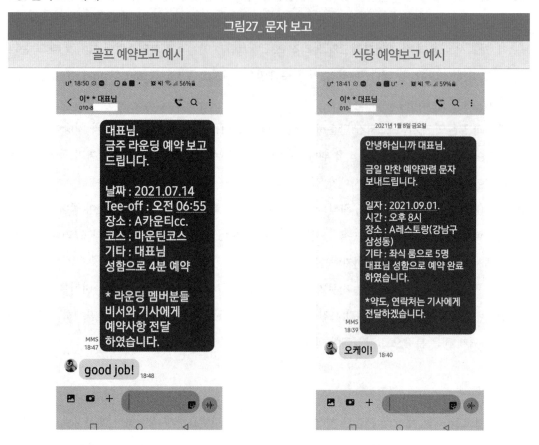

그림27_ 문자 보고

골프 예약보고 예시	식당 예약보고 예시

골프 예약보고 예시

대표님.
금주 라운딩 예약 보고 드립니다.

날짜 : 2021.07.14
Tee-off : 오전 06:55
장소 : A카운티cc.
코스 : 마운틴코스
기타 : 대표님
성함으로 4분 예약

* 라운딩 멤버분들 비서와 기사에게 예약사항 전달 하였습니다.

good job!

식당 예약보고 예시

2021년 1월 8일 금요일

안녕하십니까 대표님.

금일 만찬 예약관련 문자 보내드립니다.

일자 : 2021.09.01.
시간 : 오후 8시
장소 : A레스토랑(강남구 삼성동)
기타 : 좌식 룸으로 5명 대표님 성함으로 예약 완료 하였습니다.

*약도, 연락처는 기사에게 전달하겠습니다.

오케이!

4. 지시받기

(1) 상사가 부를 때는 밝고 명확하게 대답한다.

① 상사가 업무를 지시하기 위해 호명하면 "네." 하고 똑똑히 대답한 후 즉시 자기를 부른 상사 앞으로 간다(이때 의자는 책상 밑으로 밀어 넣는다).

② 메모지나 다이어리 등 메모할 준비를 해서 간다.

③ 상사의 시선을 가리지 않도록 조금 옆으로 비켜서서 "찾으셨습니까?" 또는 "부르셨습니까?"라고 말하며 가볍게 목례한다(상사가 권하지 않는 한자리에 앉지 않는다).

(2) 지시사항은 끝까지 듣는다.

지시받는 도중에는 불명확한 부분이 있거나 의문 나는 부분이 있더라도 질문이나 의견 등을 내세우지 말고 상사의 지시를 끝까지 듣는다. 이야기 도중에 끼어들면 상사의 불쾌감을 불러일으킬 수 있다.

(3) 지시 내용은 명확하게 숙지한다.

① 지시내용이 명확하지 않다면 다시 확인한다. 지시 사항을 충분히 이해하지 못했음에도 불구하고 "예, 알겠습니다."라고 하면, 상사가 만족하는 업무처리를 하기 어렵다.

② 대부분의 상사는 부하가 지시내용에 대하여 질문하는 것에 대해 자신의 지시를 더욱 정확하게 수행하려는 모습으로 간주하고 더욱 신뢰하는 경우가 많다.

(4) 지시 사항은 메모한다.

① 메모하면 듣고만 있을 땐 그냥 지나칠 수 있는 사항, 불분명한 점, 확인해야 할 점이 체크된다. 또한 지시했다, 못 받았다는 식의 문제에 대비할 수도 있다.

② 메모할 때는, 누가(who), 무엇을(what), 언제(when), 어디서(where), 왜(why), 어떻게(how)의 6하 원칙을 따른다.

(5) 지시 사항의 요점을 재확인한다.

① 상사의 지시를 받았으면 요점을 복창해서 확인하는 것이 좋다. 이때는 상사가 지시한 말을 그대로 읽지 말고 자신이 정리한 요점을 말하여 확인하면 서로의 관점의 차이에서 오는 착오를 방지할 수 있다.

② 특히 숫자나 고유명사 등은 정확하게 반드시 메모한다. 전화번호, 날씨, 시간, 수량 등 숫자로 기억해야 할 사항, 이름, 회사명, 지명 등 고유명사의 경우 발음은 같으나 글자가 다른 한자어 표기 같은 것은 실수가 있어서는 안 된다.

(6) 마감을 확인한다.

① 만일 상사가 일의 기한에 대해 특별히 말하지 않았다면 "며칠, 몇 시까지 결과 보고드리면 되겠습니까?" 라고 확인한다. 아무리 일을 꼼꼼하게 잘 처리했다고 하더라도 주어진 시간 내에 하지 못하면 그 효과는 반감된다.

② 기한을 정하지 않는 것은 지금 곧 실시하라는 의미로 해석해야 한다. 만일 현재 진행하고 있는 급한 일이 있다면 그것을 상사와 상의하여 우선순위를 정해야 한다.

5. 직장 화법

(1) 잘 듣는 것이 대화의 시작

말을 잘하는 사람이라고 해서 반드시 대화의 주도권을 가진 사람이 아니다. 전문 분야에 관해 설명할 때도 반드시 주변 사람에게 의견을 묻는 습관을 갖는다면 좋은 인상을 남길 수 있다. 가장 말이 없는 사람을 띄워주는 것도 훌륭한 대화의 방법이다.

(2) 자기 목소리를 가꿀 줄 안다

아나운서의 목소리가 신뢰감을 주고 발음이 정확한 이유는 선천적인 것도 있겠지만, 피나는 발성훈련과 철저한 자기 관리 속에서 이루어진다는 뜻이다. 그렇다고 해서 누구나 방송 전문가처럼 목소리를 가다듬어야 한다는 말은 아니다.

(3) 나만의 말하기 스타일을 만든다

말 잘하는 사람의 특징을 살펴보면 자기만의 스타일을 가지고 있다. 제스처를 많이 쓰는 사람이 있는가 하면 조용히 서서 말하는 사람도 있다. 큰 목소리로 감정을 섞어 말하는 사람이 있는가 하면 낮은 목소리로 속삭이듯 말해서 설득력이 있는 사람도 있다.

(4) 달변보다는 진심 어린 한마디로 어필한다

내가 한 말로 상대의 행동까지 바꿀 수 있어야 말을 잘한다고 할 수 있으므로 상대방의 반응에 맞추어 말의 양을 조절한다. 또한 쉬지 않고 말하는 것보다 적당한 때 끊고 숨 쉬는 말투가 더 효과적이다.

(5) 남보다 반 박자 앞선 화제를 구한다

아무리 풍부한 지식을 가지고 있을지라도 자기만 아는 용어로 이야기한다면 다른 사람의 의문을 풀어 주기 힘들다. 어려운 이야기도 상대편의 입장에서 말한다면 분명 대화를 이끌어 가는 주인공이 될 수 있다.

(6) 눈을 맞춰 상대방을 설득한다

어려운 브리핑을 할 때, 중요한 프레젠테이션을 할 때 듣는 사람에게 눈을 맞춘다면 그 발표는 분명 50%는 성공한다. 그리고 그냥 말하는 것보다 훨씬 신뢰감도 쌓인다.

(7) 위로하기와 격려하기

어떤 일로 실망했거나 스트레스를 받았다면 상대의 기분을 공감하고 있다는 의사표시를 한다. 혹은 상황에 따라 위로보다 격려가 힘이 되므로 적절히 사용하도록 한다.

(8) 현명하게 거절하기

'글쎄요…', '다음에…', '잘 모르겠는데요…'라는 식의 애매한 표현을 삼가고 정확하게 표시하는 것이 좋다. 하지만 지나치게 직접적인 거절은 거부감을 느낀다.

(9) 협력을 끌어내는 질문법

다그치는 듯한 질문은 협력을 끌어내지 못하므로 "일은 끝냈어요"보다"어떻게 돼 가요?" 묻는 것이 좋다.

6. 실용한자

인사용어					
인사용어	한자	인사용어	한자	인사용어	한자
감봉	減俸	승급	昇給	전배	轉配
겸직	兼職	안식년	安息年	전입	轉入
대기발령	待機發令	위촉	委囑	전출	轉出
보직해제	補職解除	유급	有給	정직	停職
복리후생	福利厚生	육아휴직	育兒休職	조직개편	組織改編
복직	復職	임원승진	任員昇進	직군배치	職群配置
부서배치	部署配置	재입사	再入社	직군전환	職群轉換
승진	昇進	재택근무	在宅勤務	직무대행	職務代行
징계사면	懲戒赦免	해외파견	海外派遣	회사합병	會社合倂

직급·직책					
직급	한자	직급	한자	직급	한자
회장	會長	부장	部長	전문위원	專門委員
부회장	副會長	본부장	本部長	고문변호사	顧問辯護士
사장	社長	차장	次長	관장	館長

직급·직책					
부사장	副社長	과장	課長	국장	局長
지사장	地社長	대리	代理	소장	所長
대표이사	代表理事	계장	係長	지점장	支店長
전무이사	專務理事	사원	社員	실장	室長
상무이사	常務理事	수석연구원	首席研究員	기사	技士
이사	理事	책임연구원	責任研究員	주임	主任
감사	監事	선임연구원	先任研究員	법인장	法人長
고문	顧問	주임연구원	主任研究員	담당	擔當
간부	幹部	보좌역	補佐役	단장	團長
감사	監事	비정규직	非正規職	계약직	契約職
수석	首席	수습사원	修習社員	지점장	支店長
임원	任員	주재원	駐在員	직장	職場
자문역	諮問役	지사장	支社長	촉탁	囑託

경영용어					
경영용어	한자	경영용어	한자	경영용어	한자
가격정책	價格政策	기술경영	技術經營	시장경제	市場經濟
감가상각	減價償却	기업인	企業人	업적평가	業績評價
개인기업	個人企業	기업가치	企業價値	역량개발	力量開發
거래비용	去來費用	기업문화	企業文化	연말정산	年末精算
거시경제	巨視經濟	기회비용	機會費用	연봉제	年俸制
결과보고	結果報告	노동조합	勞動組合	외부환경	外部環境
결근율	缺勤率	능력개발	能力開發	윤리강령	倫理綱領
경력개발	經歷開發	대기업	大企業	의사결정	意思決定
경영관리	經營管理	독과점	獨寡占	의사소통	意思疏通
경영다각화	經營多角化	동기부여	動機附輿	인간관계	人間關係
경영성과	經營成果	목표관리	目標管理	인력채용	人力採用
경영자원	經營資源	무형자산	無形資産	인수합병	引受合倂
경영전략	經營戰略	문서작성	文書作成	인적자본	人的資本
경영혁신	經營革新	문제해결	問題解決	일정계획	日程計劃

경영용어					
경영용어	한자	경영용어	한자	경영용어	한자
경쟁기업	競爭企業	미래가치	未來價値	재무제표	財務諸表
경쟁력	競爭力	미시경제	微視經濟	정년퇴직	停年退職
계획경제	計劃經濟	미지급금	未支給金	조직개발	組織開發
고객만족	顧客滿足	법인세	法人稅	조직문화	組織文化
고용창출	雇傭創出	보고서	報告書	주식회사	株式會社
공공기업	公共企業	부가가치	附加價値	중견기업	中堅企業
공급망	供給網	분산투자	分散投資	중소기업	中小企業
공유가치	共有價値	비용분석	費用分析	직무순환	職務循環
공정거래	公正去來	사업본부	事業本部	차별화전략	差別化戰略
관료주의	官僚主義	산업구조	産業構造	추진계획	推進計劃
관리기능	管理機能	생산량	生産量	품의서	稟議書
교섭능력	交涉能力	성과급	成果給	품질보증	品質保證
구매비용	購買費用	소득공제	所得控除	해외지사	海外支社
구조조정	構造調整	소비시장	消費市場	핵심사업	核心事業
근로시간	勤勞時間	소비자	消費者	핵심역량	核心力量
근로조건	勤勞條件	소유권	所有權	협력업체	協力業體
근무평가	勤務評價	시간 관리	時間管理	회전율	回轉率

직무					
직무	한자	직무	한자	직무	한자
관리직	管理職	상품개발직	商品開發職	의료직	醫療職
교육훈련직	敎育訓練職	생산지원직	生産支援職	인사직	人事職
구매관리직	購買管理職	생산직	生産職	자산운용직	資産運用職
기술연구직	技術硏究職	식음직	食飮職	제조기술직	製造技術職
법무직	法務職	영상기술직	映像技術職	총무직	總務職
사회공헌직	社會貢獻職	영업기획직	營業企劃職	판매직	販賣職
홍보직	弘報職	회계직	會計職	품질관리직	品質管理職
광고기술직	廣告技術職	구매관리직	購買管理職	수출입관리직	輸出入管理職

나이		
연령	명칭	의미
10세	충년(沖年)	충(沖)은 어리다는 뜻, 사극에서 사용. 유충(幼沖)이란 대게 유치원에서 초등학교 저학년 정도의 나이
15세	지학(志學)	학문에 뜻을 두는 나이
20세	약관(弱冠)	남자 나이 스무살을 뜻함
30세	이립(而立)	모든 기초를 세우는 나이
32세	이모(二毛)	이모란 머리털의 빛깔이 두 가지라는 뜻. 중국 진(晋)나라 때 반악(潘岳)이란 시인이 32세 때 머리가 반백(半白)이 된 것에서 유래.
40세	불혹(不惑)	사물의 이치를 터득하고 세상 일에 흔들리지 않을 나이
48세	상수(桑壽)	상(桑)자를 십(十)이 네 개와 팔(八)이 하나인 글자로 파자(破字)하여 48세로 봄
50세	지명(知命)	천명을 아는 나이. 지천명(知天命)이라고도 함
60세	이순(耳順)	인생에 경륜이 쌓이고 사려(思慮)와 판단(判斷)이 성숙하여 남의 말을 받아들이는 나이
61세	화갑(華甲)	화(華)자는 십(十)이 여섯 개이고 일(一)이 하나라고 해석하여 61세를 가리키며, 일갑자인 60년이 돌아 왔다고 해서 환갑(還甲) 또는 회갑(回甲)이라고도 함
62세	진갑(進甲)	환갑보다 한 해 더 나아간 해라는 뜻
66세	美壽(미수)	모든 사회활동이 성취되어 은퇴하는 나이이면서도 아직은 여력이 있으니 참으로 아름다운 나이
70세	고희(古稀)	杜甫의 곡강시(曲江詩) 중, "인생칠십고래희(人生七十古來稀)"에서 유래된 말
77세	희수(喜壽)	희(喜)의 초서체가 칠(七)이 세변 겹쳤다고 해석하여 77세를 의미
80세	산수(傘壽)	산(傘)자를 八과 十의 파자(破字)로 해석하여 80세라는 의미
88세	미수(米壽)	미(米)자를 八과 十과 팔(八)의 파자(破字)로 보아 88세라는 의미
90세	졸수(卒壽)	졸(卒)자의 약자를 구(九)와 십(十)으로 파자(破字)하여 90세로 봄
99세	백수(白壽)	일백 백(百)자에서 한 일(一)자를 빼면 흰 백(白)자가 된다하여 99세로 봄
100세	상수(上壽)	사람의 수명을 상중하로 나누어 볼 때 최상의 수명이라는 뜻. 좌전(左傳)에는 120살을 상수(上壽)로 봄

절기			
계절	절기구분	음력	절기와 계절
봄(春)	입춘(立春)	1월절	봄의 시작. 입춘대길.
	우수(雨水)	1월중	봄비가 내리고 얼음이 녹는다. 초목이 싹튼다.
	경칩(驚蟄)	2월절	개구리등 벌레나 동물이 동면을 마치고 깨어나는 시기.
	춘분(春分)	2월중	밤과 낮의 길이가 거의 같게 됨.
	청명(淸明)	3월절	날씨가 맑고 청명함. 논농사 준비.
	곡우(穀雨)	3월중	봄비가 내려 백곡이 윤택해짐. 못자리 마련.
여름(夏)	입하(立夏)	4월절	여름의 시작. 냉이는 죽고 보리가 익는 때.
	소만(小滿)	4월중	만물이 점차 성장하여 가득찬다는 의미.모내기 시작.
	망종(芒種)	5월절	보리는 익어서 먹게 되고(보리수확), 모는 자라서 심게 되는 시기(모심기).
	하지(夏至)	5월중	낮이 제일 길고 밤이 제일 짧은 시기. 매미가 울기 시작.
	소서(小暑)	6월절	본격적인 더위가 시작됨. 장마철 시작.
	대서(大暑)	6월중	더위가 가장 심한 시기.
가을(秋)	입추(立秋)	7월절	가을이 시작되는 시기.
	처서(處暑)	7월중	더위가 물러나고 아침저녁의 일교차가 커짐.
	백로(白露)	8월절	이슬이 내리고 가을 기운이 완전히 나타남.
	추분(秋分)	8월중	낮과 밤의 길이가 같아짐.
	한로(寒露)	9월절	찬이슬이 내림. 국화전.
	상강(霜降)	9월중	서리가 내리기 시작함. 추수 마무리.
겨울(冬)	입동(立冬)	10월절	겨울이 시작되는 시기. 물과 땅이 얼기 시작.
	소설(小雪)	10월중	첫 눈이 오기 시작하는 때.
	대설(大雪)	11월절	눈이 많이 오는 시기.
	동지(冬至)	11월중	낮이 제일 짧고 밤이 제일 긴 시기. 팥죽.
	소한(小寒)	12월절	겨울 중 가장 추운 때.
	대한(大寒)	12월중	추운 시기.

2 임원정보관리

1. 임원 신상카드 작성

(1) 작성항목

① **학력** : 입학 일자, 졸업 일자, 출신 학교, 전공
② **회사** : 상사의 사번(입사 일자, 사번, 부서, 직종, 직위)
③ **경력** : 경력 타임라인, 수상여부
④ **각종 번호 정보** : 주민등록번호, 운전면허증, 여권 번호, 비자 만기일, 항공사 및 각종 마일리지 번호와 적립 상황
⑤ **가족 사항** : 주민등록번호(실제생일 추가 입력), 결혼기념일
⑥ **은행거래 및 카드** : 은행 거래 통장 번호, 카드 번호, 비밀번호, 신용카드 번호와 각각의 만기일

그림28_ 신상카드 예시

⑦ **IT** : 인터넷 사이트 ID, 비밀번호, 공동인증서 비밀번호
⑧ **건강** : 신장, 체중, 혈액형, 시력, 병원 진료 카드 번호, 가족력, 정기검진 여부
⑨ **모임** : 동창회, 각종 단체 등의 회원 가입 여부 및 회비 납부 현황 등
⑩ **차량 정보** : 법인차량 정보, 개인차량 정보
⑪ **기타 사항** : 병역 사항, 종교, 외국어, 교육 훈련, 증명사진, 대외용 사진, 골프 회원권의 회원 번호 및 만기일 등

2. 임원의 네트워크 관리

☑ 신규(2021년) 출제범위

(1) 인적 정보 데이터베이스

① **인적 정보의 내용**: 상사에게 중요한 인물에 대한 정보를 수집하는 것은 매우 중요하다. 성명, 회사, 직위, 전화번호(회사, 자택, 휴대폰, 수행 비서), 주소(회사, 자택), 출생지, 생년월일, 학력, 경력, 상사와의 관계, 가족 사항, 취미, 좋아하는 운동, 좋아하는 음식, 인터뷰 기사, 대외 활동 등 수집할 수 있는 모든 자료를 정리할 수 있도록 한다. 그 외에도 상사와 미팅한 기록 등을 남겨두면 다음에 활용할 수 있다.

② **내부 인사의 정보**: 인적 정보 데이터베이스에는 외부 인사뿐 아니라 내부 인사도 포함한다.

③ **상사의 모임 관리**: 업무상 또는 개인적인 인간관계 형성을 위해 각종 모임이나 단체에 가입하거나 참여하는 경우가 많다. 상사의 개인적인 모임 목록을 정리하여 한눈에 파악할 수 있도록 한다.

3 총무

1. 회사 총무업무 이해

총무 업무는 매우 다양하다. 특정 조직이 담당하기 어려운 업무, 곧 분장하기 어려운 업무이거나 조직 내부에서 권위를 갖고 통합적인 관리가 필요한 업무이거나, 조정의 역할이 강조되는 업무들을 총무가 담당하게 된다. 총무 업무의 기본은 관리와 조정이다.

> 📢 **TIP**
>
> - '관리'란 해당 조직의 자원(인적자원, 물적자원)을 효과적으로 사용하여 조직의 목표를 달성하고자 하는 것
> - '조정'이란 해당 조직이 수행하는 업무의 정보를 규합하여 이를 적절하게 재분배하여 조직의 유동적인 활동을 제고하고자 하는 것

(1) 총무업무의 특징

① 총무는 최고관리자, 최고경영자를 보좌하는 업무를 담당한다. '보좌'란 최고관리자, 최고경영자의 선택에 있어서 적절한 도움 및 견해를 제시하는 것이라고 할 수 있는데, 비서업무라고 담당하는 것들이 이에 해당한다. '비서'가 개인적인 측면에서 최고관리자나 최고경영자의 보좌를 직접 담당한다면, 총무는 조직 전체의 측면에서 최고관리자나 최고경영자의 선택에 도움을 주는 업무를 담당한다.

② 조직원들의 내부 활동을 지원하는 업무를 담당한다. 이는 조직원들의 내부 활동을 외부적인 측면에서 지원하는 것(사무환경의 개선), 내부적인 측면에서 지원하는 것(사무 과정의 관리와 개선), 조직원의 개인적인 측면에서 지원하는 것(복리후생), 조직전체의 측면에서 관리하는 것(조정과 회의)이 이에 해당한다.

③ 총무는 조직 내부와 조직 외부의 연계를 지원하는 업무를 담당한다. 조직 내부와 외부를 연결하는 매개체 중 가장 대표적인 것은 '계약'과 '홍보'인데 계약에는 조직과 조직외부 사이에 권리-의무관계를 형성하는 작업을 말하며, 법적인 구속력을 갖는 특징이 있다. 홍보는 조직과 조직외부 사이에 정보를 교류하는 것으로서, 조직 내부에서 외부를 향하여 일관된 정보를 제공할 수 있는 업무를 담당한다.

(2) 총무업무의 내용

① **문서 및 자료관리 업무**

ㄱ. 대내외 공문문서 발송/접수 및 직인관리 업무

ㄴ. 문서 보존(폐기)/도서구입 유지관리 업무

ㄷ. 각종 양식 재(개)정 관리업무

ㄹ. 각종 규정/지침관리/보 업무

ㅁ. 사내 제증명서 발급 및 관리업무

ㅂ. 우편(신문)수발 업무

ㅅ. 각종 인쇄물/인장/명함제작/지급관리 업무

② **복리/후생관리 업무**

ㄱ. 피복(유니폼)/실내화 지급 및 관리업무

ㄴ. 식권구입/식수처리/식사메뉴 홍보업무

ㄷ. 사내외 경조사 화환(꽃)배달 및 경공조금 지급관리 업무

ㄹ. 임직원 선물선정 및 구입/지급 관리업무

　　ㅁ. 청소 및 위생용역 관리업무

　　ㅂ. 귀향버스 예약접수 및 관리업무

　　ㅅ. 기숙사 또는 사택의 신청접수 및 관리업무

③ 의전 활동업무

　　ㄱ. Welcome Board제작, 룸 예약, 회의준비 업무

　　ㄴ. VIP 접대업무/라인투어 준비(부가준비사항 Check) 업무

　　ㄷ. 선물준비/호텔예약(외국인 방문 시) 업무

④ 보안관리 업무

　　ㄱ. 보안관리 기획/대책수립/유지관리 업무

　　ㄴ. 보안System 운영관리/SECOM Card 관리업무

　　ㄷ. 방문객/반·출입/차량출입 통제관리 업무

　　ㄹ. 사원증 발(지)급 및 퇴직자 유지관리 업무

⑤ 비품관리 업무

　　ㄱ. 년/분기 사무기기 및 집기비품 소요량 파악업무

　　ㄴ. 비품 재고관리/불출/폐기(매각) 관리업무

　　ㄷ. 비품/소모품/사무용품 구입 및 지급(유지) 관리업무

　　ㄹ. Diary, 캘린더, 연하장 제작/지급업무

　　ㅁ. 전산/사무기기 유지보수 계획수립 및 유지보수, 관리업무

⑥ 차량관리 업무

　　ㄱ. 공용차량 사용계획수립 및 실행업무

　　ㄴ. 공용차량 정비 및 유지보수 업무

　　ㄷ. 차량운행 대장현황/주유카드/차량key 관리업무

　　ㄹ. 차량 운행허가 및 운행일지/지침 관리업무

⑦ 출장/연수관리 업무

　　ㄱ. 출장/연수 계획 및 예산편성/실적관리 업무

　　ㄴ. 출장지원(호텔/항공편 예약) 업무

　　ㄷ. 국내외 출장업무 관련 회계처리, 출장비 지급업무

　　ㄹ. 여권 및 VISA 관련 업무처리 업무

⑧ 구매발주(수리수선) 업무

  ㄱ. 공급선관리 및 구매발주 업무/견적Nego 업무

  ㄴ. 수리수선 예산편성/실적관리 업무

  ㄷ. 장비교정/수리계약 등 업무

  ㄹ. 장비렌탈 유지관리 업무

⑨ 주식 관련업무

  ㄱ. 주주총회, 이사회 개최, 진행, 의사록비치 등 이사회업무

  ㄴ. 주주총회, 주식배당금, 주주명부 등 주주관리업무

  ㄷ. 발행, 보관, 관리 등 주식관리업무

⑩ 기타 업무

  ㄱ. 각종 캠페인 추진계획수립 업무

  ㄴ. 야유회/체육대회/각종 기념식 등 행사기획/진행/보고 업무

  ㄷ. 총무관련 계약업무(유틸리티 및 대관부분) 업무

  ㄹ. 각종 포상 상신 및 유지관리 업무

  ㅁ. 정기간행물 유지관리 및 게시물 통제관리 업무

2. 경비처리

1) 경비처리업무

경비처리(비용처리)는 세액공제와 달리 부가가치세가 아닌 소득세를 줄여주는 개념이다. 정확하게는 과세표준을 줄여주는 역할을 한다. 세액공제와 경비처리(비용처리)의 중요한 차이점은 세액공제는 부가가치세액 자체를 줄여준다는 것, 경비처리(비용처리)는 종합소득세 산출 시 과세표준을 줄여주는 역할을 한다는 점이다. 보통 특정 매입 건에 대해서 경비처리(비용처리)와 세액공제가 모두 가능한 매입 건이 있을 수 있고 혹은 경비처리(비용처리)만 가능한 건이 있을 수 있다. 하지만 세액공제만 가능한 경우는 없다.

2) 경비처리 계정과목과 종류

(1) 현금

① 지폐, 주화

② **통화대용증권**: 자기앞수표, 타인발행(당좌)수표, 가계수표, 송금수표, 우편환증서(전신환, 통상환), 대체예금환급증서, 국고환급통지서, 일람출급어음, 국공채만기이자표, 배당금영수증 등

(2) 접대비

거래처 직원에게 지급하는 경조사비, 식대, 골프장, 선물세트, 상품권 등

(3) 복리후생비(보통 우리 회사 직원을 위하여 사용한 모든 것)

① 간식, 음료, 식대, 회식, 의료비, 비상약품, 의복지원, 경조사비(조의금 등), 명절선물세트, 상품권 등
   ✓ 회사 내 업무로 인한 교통비 관련은 제외(여비교통비)

② 급여 지출과 관련한 사항

③ 4대 보험을 납부하는 경우 - 예수금과 함께 건강보험료 회사 부담분을 복리후생비 계정과목을 사용하기도 한다.

(4) 예수금

① 외부에 지출하여야 할 금액을 기업이 거래처나 종업원으로부터 미리 받아 일시적으로 보관하는 금액

② 보통 원천징수 하는 것을 말하며 급여를 지급할 때 4대보험이 여기에 속함.
   ✓ 4대보험은 지급한 달의 다음 달 10일 신고 납부

(5) 급여

직원에게 세금 부분을 원천징수하고 급여를 지급한다. → 보통 4대보험과 근로소득세, 지방소득세를 예수금으로 잡는다. 이때, 적요로 분류해두는 것이 유용하다.

(6) 보험료

① 건강보험료

② 업무용 차량 보험료

③ 건물 화재보험료

[7] 세금과공과

① 영업용 승용차의 자동차세, 교통환경부담금(승용차 취득세는 구입시 부대비용에 포함하므로 주의 - 차량운반구)
② 건물에 대한 재산세, 세대주 주민세
③ 본사 적십자회비, 본사 상공회의소 회비, 영업부 계약서에 첨부할 수입인지
   ✓ 개인이 내는 것은 기부금 처리
④ 임차인 부담 간주임대료 지급(건물소유주에게)
⑤ 영업용인지 확실하지 않은 차량 면허세

[8] 차량유지비

① 유류대, 정기검사비, 월정세차비
② 엔진오일 교체 등(엔진 교체 등 가치가 증가하는 경우라면 차량운반구)

[9] 기타 비용 계정

① **전력비** : 전기 요금(요즘 추세는 전기세를 수도광열비에 포함하지 않고 전력비로 처리)
② **수도광열비** : 수도 요금, 도시가스 요금
③ **가스수도료** : 제조에서 쓰는 수도 요금, 가스 요금 등.
④ **통신비** : 우표, 우편 발송(소포는 운반비), 전화 요금
   ✓ 우체국의 경우 : 일일특급 우편 관련 등은 통신비, 소포 적혀있으면 운반비 처리.
⑤ **운반비** : 소포, 배달비, 발송운임(내가 물품을 보낼 때 사용)
   ✓ 원재료 구입 시에 드는 착불료는 원재료 계정 사용
⑥ **도서인쇄비** : 도서, 명함인쇄대금, 인쇄소에 회사 직인 제작이나 각종 서식 비용, 고무인
⑦ **광고선전비** : 광고에 관련된 비용, 직원채용 광고 게재, 광고 카탈로그
   ✓ 채용광고를 게재하면서 수수료를 지급하면 수수료 비용
⑧ **소모품비** : 금액이 크지 않은 소모품(휴지, 문구, 청소용품, 복사용지 등)
⑨ **수수료비용(지급수수료)** : 이체 수수료, 세콤 관리유지비, 법률자문 수수료, 기장 수수료, 번역비, 청소 용역비 등

3. 경조사 업무

(1) 경조사 업무관리 순서

① 회사의 경조 규정과 선례를 알아둔다.

② 경조 상황을 확인한다(경조내용, 일시, 장소, 연락처 등 소식 인지).

③ 상사에게 보고 및 지시를 받는다(즉시보고, 참여방법확인).

④ 경조사를 처리한다(참석, 축의금, 조의금, 선물, 화환 등).

(2) 경조사 봉투 쓰는법

승진, 취임, 영전 등을 축하하며	• 祝昇進(축승진. 직위가 오를 때) • 祝榮轉(축영전. 더 좋은 자리로 전임을 할 때) • 祝就任(축취임. 맡은자리에 처음으로 일하러 갈 때) • 祝遷任(축천임. 다른 관직이나 임지로 옮길 때) • 祝轉役(축전역. 다른 역종으로 편입될 때)
개업 창립 등을 축하하며	• 祝發展(축발전. 좋은 상태로 나아가라고) • 祝開業(축개업. 영업시작을 축하하며) • 祝盛業(축성업. 사업이 잘되기를 바라며) • 祝繁榮(축번영. 일이 성하게 잘되길 바라며) • 祝創立(축창립. 회사창립을 축하하며) • 祝創設(축창설. 새롭게 시작함을 축하하며) • 祝創刊(축창간. 정기 간행물지를 시작했을 때) • 祝移轉(축이전. 사업장을 옮겼을 때) • 祝開院(축개원. 병원, 학원 등의 설립을 축하하며) • 祝開館(축개관. 도서관, 박물관 등의 설립을 축하하며)
생일을 축하하며	• 祝生日(축생일), 祝生辰(축생신) • 祝壽宴(축수연. 오래 산 것을 축하-환갑, 진갑, 희연 등 다 쓸 수 있다) • 祝華甲(축화갑), 祝回甲(축회갑. 61세를 축하하며) • 祝古稀(축고희. 70세를 축하하며)
약혼, 결혼을 축하하며	• 祝約婚(축약혼), 祝結婚(축결혼), 祝成婚(축성혼), • 祝華婚(축화혼. 결혼을 축하하며)
이사를 축하하며	• 祝入宅(축입택), 祝入住(축입주) • 祝家和萬事成(축가화만사성. 가정이 화목하길 기원하며)

공사나 건축을 축하하며	• 祝起工(축기공. 공사시작을 축하하며), 祝竣工(축준공) • 祝完工(축완공), 祝竣役(축준역. 공사의 완공을 축하하며) • 祝除幕式(축제막식)-동상이나 기념비 등을 완공 기념식
전시나 공연을 축하하며	• 祝展示會(축전시회) • 祝展覽會(축전람회) • 祝演奏會(축연주회), 祝發表會(축발표회), 祝獨唱會(축독창회)
수상을 축하하며	• 祝當選(축당선. 선거나 심사에서 뽑힘을 축하하며) • 祝優勝(축우승), 祝入選(축입선)
위문하며	• 祈快癒(기쾌유), 祈完快(기완쾌)
죽음을 애도하며	• 賻儀(부의), 謹弔(근조), 追慕(추모), 追悼(추도), 哀悼(애도), 弔意(조의), 慰靈(위령)

4. 사무환경 및 비품관리

☑ 신규(2021년) 출제범위

1) 사무용품 및 비품용어

① PC 및 모니터

② 프린터

③ 스캐너

④ 복사기

⑤ 복합기

⑥ 팩시밀리

⑦ 다기능 전화기

⑧ 문서 세단기

⑨ 제본기

⑩ 정수기

⑪ 라벨 프린터기

⑫ 각종소모품(토너, 잉크, 복사용지 등)

⑬ 탕비실 용품

⑭ 각종 가구 및 공구, 청결용품

⑮ 필기구

⑯ 오피스용품(가위, 칼, 접착제, 스템플러, 펀치, 클립, 핀, 자 등)

⑰ 노트, 수첩, 메모지

⑱ 사무용지(라벨지, 코팅지, 복사용지 등)

⑲ 팬시용품(봉투, 카드, 스티커 등)

⑳ 책상정리용품(연필꽂이, 메모명함 꽂이, 서류정리함 등)

㉑ 보드

㉒ 도장용품(스탬프, 인주 등)

2) 사무환경 관리

(1) 쾌적한 사무 환경을 조성한다.

① 업무 수행 시 컨디션을 유지하기 위해 환기를 자주 한다.
  ㄱ. 매일 출근 직후에는 실내 공기 환기를 위하여 외부와 연결되는 창문을 열어 적정시간 동안 환기를 시킨다. 업무 시간 중간에도 주기적으로 환기를 시킨다.
  ㄴ. 대부분 사무 공간은 냉난방 시스템을 갖추고 있어 여름에는 냉방병, 겨울에는 호흡기 질환(감기 등)에 노출되어 있다. 따라서 사원들의 업무 수행을 위한 컨디션 유지를 위하여 반드시 주기적으로 환기를 시켜 적절한 사무 환경을 조성하도록 한다.

② 냉난방 시스템을 적절하게 운용한다.
  ㄱ. 최근 사무 공간은 개별적으로 온도 조절이 가능한 시스템이 구비됨에 따라 출근 직후 실내 공간이 적정 온도인지 확인할 수 있다.
  ㄴ. 사무실에 설치되어 있는 리모컨 또는 유닛의 온도를 수시로 체크하여 여름철에는 섭씨 25~26℃를, 겨울철에는 섭씨 18~20℃의 범위를 넘지 않도록 조절한다.

③ 업무 수행에 적절한 조명 상태를 유지한다.
  ㄱ. 업무 수행을 위하여 적절한 조명은 필수 요소로서, 출근 직후 사무실의 조명을 점등하도록 한다. 다만 회사마다 절전을 위하여 최소 점등 규정이 있을 수 있으므로, 이를 확인하여 정해진 조명을 점등하도록 한다.
  ㄴ. 조명의 전구는 수명이 정해져 있기 때문에 천장을 살펴 수명이 종료된 전구는 교체하도록 한다.

④ 업무 수행에 적절한 소음 상태를 유지한다.
  ㄱ. 소음 유입의 통로인 창과 문의 개폐 상태를 확인한다. 업무 수행을 하는 데 있어 소음은 또 하나의 중요한 환경 요소이다. 환기를 시킬 경우를 제외하면 소음이 유입되지 않도록 한다.

ㄴ. 특히 회의실의 경우, 장소의 특징상 내부 소음과 외부 소음의 차단이 중요하므로 창과 문이 항상 닫혀 있는지 확인한다.

(2) 사무실의 청결을 유지한다.

① 폐휴지 및 먼지 등으로 인한 사무실의 오염을 방지한다.

ㄱ. 매일 출근 직후에는 넘치는 폐휴지통이 있는지 확인한 후 휴지통을 비운다.

ㄴ. 바닥에 폐지가 있는지 확인하여 치운다.

ㄷ. 공기 중에는 항상 먼지가 있으므로 책걸상 및 각종 집기의 먼지를 젖은 수건으로 닦아 청결 상태를 유지한다.

② 각종 집기류를 정리·정돈된 상태로 유지한다.

ㄱ. 각종 도구가 제자리에 있는지 확인한다. 사무실에는 필기구 및 소모품류 등 각종 집기류가 많아 정리되어 있지 않을 경우에 업무 수행에 적합한 컨디션 유지가 어렵기 때문에 매일 수시로 확인한다.

ㄴ. 공용 물품은 모두가 찾기 쉽게 함에 정리하여 정돈 상태를 유지한다.

③ 청결 상태를 확인할 수 있는 기록 카드를 비치하여 수시로 확인한다

사무실의 청소를 외부 업체에 맡기는 경우 청소 완료 후 체크리스트에 반드시 점검 여부를 표시하도록 한다.

(3) 탕비실의 청결 상태가 유지되도록 관리한다.

① 탕비실 내 위생 상태를 수시로 점검한다.

ㄱ. 정수기의 위생 상태를 점검한다.

• 물을 별도의 통으로 공급하는 정수기는 용수의 양을 수시로 확인하여, 부족할 경우 즉시 새로운 용수통으로 교체한다.

• 정수기는 세균에 취약하므로 음수구 하단의 물받이를 항상 확인하여 청결 상태를 유지하도록 한다.

• 정기적인 소독을 위하여 직접 관리하거나 또는 관리 업체로부터 정기 방문을 받아 상시 관리가 되도록 한다.

ㄴ. 냉장고의 위생 상태를 점검한다.

냉장고는 각종 식음료가 보관된 장소로, 보관되어 있는 식품의 유통 기한을 확인하여 부패한 품목은 즉시 폐기 처리하도록 한다.

ㄷ. 전기 포트 및 커피 추출기의 위생 상태를 점검한다.

전기 포트 및 커피 추출 기기들은 사용한 후 바로 세척할 수 있도록 안내문을 부착한다.

② 탕비실 내 탕비용품을 수시로 점검하여 부족한 부분을 구매한다.

ㄱ. 탕비실의 재고를 확인한다.

탕비실은 각종 회의와 접객을 위한 식음료와 용품이 구비되어 있어야 하므로 매일 적정량의 음료와 가벼운 간식류가 구비되어 있도록 재고를 확인한다.

ㄴ. 재고가 없으면 부서 운영비에서 사용한 후 정산하거나, 내부 공급 부서가 있으면 이를 청구하도록 한다.

3) 사무비품 관리

비품 관리는 비품의 구입(요청), 보존, 폐기, 손·망실 처리 등의 업무를 의미한다. 회사 전체의 비품 관리는 일반적으로 총무부에서 관리하며, 각 부서에 배치된 물품은 부서별 담당자가 관리한다. 기업 규모에 따라 총무부에서는 특정한 품목만 집중해서 관리하고, 그 밖의 소모품의 경우 구매 기준이나 관리상 편리성의 기준에 따라 부문별, 사업별, 장소별 등으로 구분하여 관리한다(강석원, 2013).

• **공기구비품**: 구입단가 1백만원 이상, 내용연수 1년 이상, 자산으로 효용가치 있고 감가상각 대상

• **사무용 비품**: 구입단가 1백만원 미만, 내용연수 1년 미만, 감가상각 대상에서 제외, 구입단가가 1백만원 이상 일지라도 내용연수가 1년 이하이고 여러 번 사용하면 소모되는 비품

• **소모품**: 문구용품, 전산기기 소모품, 인쇄물 용지 등 위의 비품 이외에 업무에 필요한 대부분의 물품

[1] 비품 관리의 방법

① **비품 관리 대장에 의한 방법**: 물품의 취득, 변동, 처분에 이르는 각종 정보의 입력과 출력, 각종 통계 및 결산 보고서의 작성 등을 수작업에 의해 관리하는 방법으로, 향후에는 조직에 맞는 전산·시스템으로 변경 유지되어야 할 필요성이 있다.

② **전산 시스템에 의한 방법**: 물품의 취득, 변동, 처분에 이르는 각종 정보의 입력과 출력, 각종 통계 및 결산 보고서의 작성 등은 회사가 구축한 전산 시스템을 이용하여 처리한다. 앞으로 보유비품에 전자 태그(Radio Frequency Identification : RFID)를 부착하여 관리할 경우에는 비품의 개별 정보뿐만 아니라 그동안 수작업으로 이루어져 왔던 재물·조사 등 현장에서 이루어지는 관리·업무가 무선·기반·위에서 실시간으로 처리될 수 있다.

(2) 비품 관리 대장 작성하기

비품 담당자는 아래의 순서에 따라 비품 관리 대장을 비치하고 유지 관리하며, 등재된 비품을 대상으로 비품의 수량 및 상태를 파악한다.

① 담당자는 비품을 취득할 때마다 재무부서와 협조하여 비품별로 기재하여 현황을 관리하여야 한다.

② 담당자는 비품을 취득할 때마다 비품별로 비품 관리 대장에 올려야 한다.

③ 담당자는 비품의 보존 및 실태를 파악하고 유지하여야 한다. 비품 관리 대장을 통해서 등재된 비품의 수량 및 상태를 파악할 수 있다.

4) 간행물 관리

☑ 국가기록원(http://www.archives.go.kr)

(1) 기록물과 기록물이 아닌 것의 구분

기록물은 공공기관이 업무와 관련하여 생산 또는 접수한 모든 형태의 기록정보 자료로 문서·시청각물·대장·카드·도면·간행물·행정박물 등이 있다.

① **전자기록물**: 전자결재시스템을 통해 생산 또는 접수한 기록물

② **종이기록물**: 기존문서, 보고서, 간행물, 도면, 카드, 대장류

③ **시청각기록물**: 비디오테이프, 녹음테이프, CD, 필름 및 사진류

(2) 기록물 정리란?

편철된 기록물을 최종 점검하고 완료하는 행위로서 기록물의 공개여부·접근권한의 재분류, 오편철 여부 파악, 시스템 등록정보와 원본 정보의 일치여부 확인 등을 말한다.

① **정리대상**: 생산·접수를 완결한 기록물철 및 인계대상 기록물철

② **정리시기**

   ㄱ. **정기정리**: 매년 초~2월 말

   ㄴ. 기록물은 1년 단위로 완결하는 것을 원칙으로 하되, 비치활용중인 기록물 및 다년도에 걸쳐 추진되는 업무 관련 기록물(예 진행 중인 소송, 준공중인 사업 등)은 종결되는 연도를 완결시점으로 한다.

   ㄷ. **수시정리**: 업무의 소관부서 변경 시

③ **정리주체**: 정리주체는 업무담당자이며, 기록물관리책임자는 정리 주관, 보유 기록물 현황 관리 등을 수행한다.

표12_ 기록물 관리 체크리스트		
구분	점검항목	이행여부
업무분장 및 역할	기록물관리책임자가 지정되어 있는가?	
생산 및 등록	• 부득이 대면보고가 필요한 경우, 결재를 득한 후 기록물을 등록하였는가? • 주요 회의 개최 시 회의록을 작성하고 등록하여 관리하고 있는가? • 주요 정책이나 사업 수행 시 조사·연구·검토서를 생산·관리하고 있는가? • 시청각기록물을 생산하고 적절한 시점에 등록하고 있는가? • 비밀기록물을 생산하는 경우 비밀보호기간 외에 보존기간을 함께 책정하여 관리하고 있는가?	
분류 및 편철	• 처리과별로 편철기준과 보존기간 책정기준을 마련하여 준수하고 있는가? • 법령 및 표준에서 제시하고 있는 기준과 절차에 따라 기록물을 편철하고 있는가?	
정리	• 기록물 정리업무를 수행할 때, 등록누락 여부를 확인하였는가? • 기록물 정리 시, 실물과 목록을 비교하였는가? • 기록물 정리 시, 등록정보·공개구분 등의 누락이나 변경 사항이 있을 경우 수정하였는가?	
이관	• 이관대상 기록물의 이관연기가 필요한 경우 사전에 기록관담당자와 협의하여 이관연기 신청하였는가? • 비밀기록물의 비밀 보호기간이 만료한 경우 일반문서로 재분류하였는가?	
평가·폐기	• 기록물 평가·폐기는 기록관 주관하에 실시되었는가? • 기록관으로부터 기록물 평가에 대한 의견 요청이 왔을 때, 처리과의 장의 결재를 득하여 기록관으로 송부하였는가?	

(3) 간행물 종류

잡지, 학술지, 신문, 연감, 전자출판물을 포괄하는 모든 종류를 의미한다. 그러나 사보나 학습서, 홍보물, 기타 개인적 자료들은 보통 제외한다.

(4) 간행물 주기

간행물의 주기는 출판물에 따라 다양하다.

번호	등록세부내용			
	등록일자		등록번호	
	간행물명			
	발간부서		발간수량	
	배 부 처		지 면 수	
	규 격		발간예정일	
	등록일자		등록번호	
	간행물명			
	발간부서		발간수량	
	배 부 처		지 면 수	
	규 격		발간예정일	
	등록일자		등록번호	
	간행물명			
	발간부서		발간수량	
	배 부 처		지 면 수	
	규 격		발간예정일	
	등록일자		등록번호	
	간행물명			
	발간부서		발간수량	
	배 부 처		지 면 수	
	규 격		발간예정일	

표13_ 간행물 등록대장

표14_ 간행물 주기		
주기	의미	영어표기
연 1회	1년에 한 차례	Annually
연 2회	1년에 두 차례	Semiannually, Biannually
연 4회	1년에 4차례	Quarterly
연 6회	2개월마다	Bimonthly
연 8회	분기별 2번	Monthly
연 12회	매월	Monthly
연 24회	한 달에 두 번	Semi-monthly
연 26회	2주마다	Biweekly, Fortnightly
연 52회	매주	Weekly
연 104회	1주에 2번	Semi-weekly
다양	매일	Daily

표15_ 간행물 관리대장							
등록 일자	간행 물명	발간 부서	배부처	세부디자인 (CI·SI·BI 등)	지면수	발간 수량	문서 번호

PART.2

경영일반

※ 교재 안에 Authorship가 명시된 것은 그에 따르며, 명시되지 않은 부분(글·그림·표 등)은 모두 개인 작성 및 자료를 사용하였습니다.

경영환경 및 기업형태

CHAPTER 1

1 경영환경(Business environment)

1. 경영환경의 개념

(1) 현대의 기업환경

현대의 기업환경은 변화의 속도가 매우 빠르고 기업의 활동에도 결정적인 영향을 미치고 있다. 또한 기업의 활동은 정치적, 경제적, 법률적, 사회·문화적 환경의 변화에 많은 영향을 받을 뿐만 아니라 경쟁기업, 소비자, 공급자 등에 의해서도 영향을 받게 된다.

① **광의의 기업환경**: 기업에 영향을 주는 모든 요인과 그 모든 요인을 포함한 상황의 전체를 말한다.
② **협의의 기업환경**: 하나의 기업을 둘러싼 제반 환경요인과 조건 또는 상황을 말한다.

(2) 내부환경(Internal environment)과 외부환경(External environment)

① **내부환경**: 조직이 가진 독특한 분위기나 문화를 의미하는 것으로, 조직구성원이 조직의 성격, 가치, 규정, 스타일 및 특성 등을 공유하는 지각의 정도로 구성된다.
② **외부환경**: 조직의 외부에 존재하면서 조직의 의사결정과 전반적인 조직의 활동에 영향을 미치는 환경을 말한다.

2. 기업환경의 특성 및 중요한 요인

(1) 환경적특성

① 환경은 기업의 경영에 절대적인 영향을 미치기 때문에 오늘날 기업의 생존에도 영향을 미친다.
② 기업의 관리자들은 중요한 환경요인들에 관한 자료를 수집하고 분석하는데 많은 시간과 노력을 기울여야 한다.

(2) 기업환경의 중요한 요인 및 배경

① 경영환경이란 기업활동에 직접·간접적으로 관련을 맺고 있는 기업 외부의 상황을 의미하며, 그 중에서도 기업활동에 어떤 영향력을 미칠 힘을 지닌 상황요인이 기업의 경영환경으로 부각된다.

② 경영환경은 기업과 그 경영활동에 매우 광범위한 영향력을 행사한다. 우리들이 기업을 하나의 개방시스템으로 간주한다면, 경영환경은 이러한 기업시스템의 투입(input), 전환과정(transformation process), 그리고 산출(output) 측면에 걸쳐 지대한 영향을 미치고 있다.

③ 대규모 기업의 속출과 그 활동이 인간생활 전반에 미치는 영향력이 증대함에 따라 기업의 사회적 책임이 강조된다.

④ 기업경쟁의 격화와 환경조건이 급변함에 따라서 의사결정을 위한 환경변화의 예측과 대책수립이 곤란해진다.

⑤ 변화하는 환경에 대하여 기업이 전사적 시스템으로 적응해 나갈 수 있어야 하므로 기업 상위시스템으로서의 환경에 대한 이해가 중요해진다.

⑥ 기업이 대량 생산체제에서 각종 오염물질이나 유해물을 다량 배출하게 됨에 따라 환경오염에 대한 인식이 중요하게 되었다.

(3) 기업환경의 분류

기업환경은 일반환경과 과업환경으로 분류되는데, 여기서 일반환경이란 모든 외부환경을 포함하는 것으로 경제적 여건, 문화적 환경, 기술적 환경 등이 있고, 과업환경은 경영활동의 수행에 정기적으로 영향을 미치는 일부분의 환경요소로 주주, 경쟁자, 채권자, 유통업자, 소비자, 매스미디어(Mass media) 등이 있다.

3. 경영환경의 이해관계자(Stakeholder) 특성

(1) 기업의 경영환경과 이해관계자

전통적 기업경영에서 이해관계자는 기업 활동과 직접 관련이 있는 주주, 종업원, 고객, 거래업체 및 금융기관 등을 지칭하여 왔으나, 이해관계자의 개념은 점차 확대되고 있다. 이처럼 점차 확대되고 있는 이해관계자의 범위를 시대적 인식 단계에 따라 크게 세 부류로 나누면 전통적 이해관계자, 새로운 이해관계자, 잠재적 이해관계자로 분류할 수 있다. 전통적인 관점에서는 기업 활동으로부터 얻어지는 소득이나 수익에 관심을 가지는 재무적인 이해관계자(financial stake-holders)에 한정되었지만, 오늘날의 경영환경에서는 일반 대중, 지역사회, 환경단체, 언론, 학계 등의 다양한 분야와 경영환경의 지속가능성에도 관심이 있다.

표1_ 이해관계자 분류 및 전략

		해당이해관계자의 잠재적 위험 가능성	
		높음	낮음
해당이해관계자의 잠재적 협조 가능성	높음	후원형(Supportive) 전략 : 협조하라! (Collaborate)	후원형(Supportive) 전략 : 참여 시켜라! (Involve)
	낮음	비협조적(Non-cooperative) 전략 : 방어하라! (Defend)	한계형(Marginal) 전략 : 관찰하라! (Monitor)

Authorship : "Strategies for Assessing and Managing Organizational Stakeholders", Savage 외, 1991

4. 경영현황 지식

(1) 기업환경과 경영전략

① **과거** : 기업내부의 효율성 제고만으로도 생존과 발전이 가능하다.

② **현재** : 경영전략 필요하다.

(2) 경영전략

급변하는 환경에 효과적으로 대응할 수 있도록 기업이 직면한 외부환경의 기회와 위협을 분석하고, 기업내부의 강점과 약점에 따라 장기적 목표를 달성하려는 경영활동을 의미한다(경쟁우위를 확보한다는 것. 기업의 환경과 밀접한 관계에 있음).

(3) SWOT 분석기법

내부환경의 강점과 약점, 그리고 외부환경의 기회와 위협에 기초하여 경영전략을 수립하는 방식이다.

① **외부환경(외부과업환경＋일반환경)** : 기회, 위협요인

② **기업내부(내부과업환경)** : 강점과 약점 이해

③ 위기에 대처하기 위해 내부의 강점을 활용함 - 안정적 성장전략

④ 약점(Weakness)외부의 기회를 활용하기 위해 내부의 약점을 보완함 - 인재 확보전략

⑤ 내부의 약점 때문에 외부의 위협요인을 극복하기 어려움 - 철수전략

(4) 기업목적과 이익의 본질

영리 조직으로서 기업의 행동원리는 수익성에 기초하고 있으므로 기업의 목적은 1차적으로 이익극대화에 있다.

① **생산이익** : 적은 비용으로 양질의 제품과 서비스를 더욱 효율적으로 생산, 유통함으로써 창출된 이익. 생산 활동을 통해 얻는 이익(Output - Input)

② **창조이익** : 신기술, 신제품, 신시장 개발 등 혁신 활동으로 창출된 초과 이익

(5) 기업성장의 개념

기업이 동일성을 유지하면서, 기업의 규모나 능력을 향상하는 것을 의미한다(자력성장·유도성장, 양적 성장·질적성장).

① **자력성장**: 기업 내부에 축적된 독자적 자본과 기술로 성장
② **유도성장**: 국가정책이나 기업의 인수합병과 같은 외부 요인에 의한 성장
③ **양적성장**: 기업규모나 종업원 수의 증가와 같은 성장
④ **질적성장**: 기술력, 생산성, 수익성의 향상과 같은 성장

(6) 성장전략

※**기업의 다각화**: 다각화(diversification)란 기업이 새로운 사업에 진출하여 성장을 추구하는 전략으로서, 전문화의 반대 개념. 관련다각화와 비관련다각화로 나누어진다.
① **관련다각화**: 기존의 사업과 연관성이 높은 신사업으로 진출하는 것
② **수평적 관련다각화**: 동일 사업에서 신규제품을 도입하는 것
③ **수직적 관련다각화**: 전방 관련다각화(소비자)/후방 관련다각화(공급)
④ **비관련다각화**: 기존의 사업과 연관성이 낮은 새로운 사업에 진출하는 것, 지속적인 성장기회를 노리는 만큼 위험이 높다.

(7) 기업집중의 형태

① **카르텔(cartel)＝기업연합＝담합**: 법적으로 경제적으로 독립성을 유지하면서 협정을 통해 시장에서의 경쟁을 상호 배제하고 이에 따른 경제적 이익을 얻기 위해 결합하는 것이다.
　ㄱ. **구매 카르텔**: 원자재 구매기업 간의 경쟁을 제한하기 위한 협정
　ㄴ. **생산 카르텔**: 동종 기업의 생산량과 특허 이용 등에 관한 협정
　ㄷ. **판매 카르텔**: 판매가격, 판매 수량, 판매 지역에 관한 협정
② **트러스트(trust)＝기업합동＝합병(M&A)**: 법적으로 경제적으로 독립성을 잃고 하나의 기업으로 합동하는 결합방법. 단일 기업으로 합동 되므로 카르텔보다 더욱 강력한 시장지배력과 독점성을 가지며 외부 시장지배 뿐만 아니라 내부의 생산공정 합리화로 생산비가 절약된다.
　ㄱ. **신설합병**: 자발적으로 합동하는 경우
　ㄴ. **흡수합병**: 하나의 기업이 다른 기업의 주식을 매수하여 합동
③ **콘체른(Konzern/concern)**: 법적으로 독립성을 유지하지만 경제적으로는 상호 출자관계에 의해 종속된 기업결합 형태. 대기업이 여러 산업에 속하는 기업을 지배할 목적으로 형성되며 수평적, 수직적으로 다각적으로 결합하기도 한다.
　ㄱ. **생산 콘체른**: 관련 기업들이 생산합리화를 위해 결합한 형태－수직적 결합
　ㄴ. **판매 콘체른**: 판매망 확보와 판매비 절약 등의 목적으로 결합한 형태－수평적 결합

ㄷ. **금융 콘체른** : 장기 대출이나 주식 매입에 의해 기업을 지배하는 형태

5. 기업윤리

☑ References : 기업의 사회적 책임과 이익조정

(1) 기업윤리(business ethics)

기본적으로 윤리란 사람이 지켜야 할 올바른 행위의 규범체계로 사회구성원들의 사회적 행동에 대해 옳고 그름을 판단하게 하는 최소한의 도덕적 기준이 된다. 이때 기업윤리는 기업의 경영의사결정에 있어 정당성 및 그 행위의 옳고 그름을 체계적으로 판단하게 하며, 기업경영에서 발생하는 도덕적 문제들을 해결하거나 최소한 이를 규명하는 역할을 담당한다. 이러한 기업윤리는 모든 사람이 윤리적이라고 인정하는 규범을 따라야만 정당성을 가지기에 다양한 이해관계자와 사회에 이익이나 해를 주게 되는 기업행동의 의사를 결정하는 기준이 된다.

(2) 기업윤리의 중요성

① 기업윤리는 기업의 무절제하고 비윤리적인 방법에 의한 이윤추구 행위를 적절히 규제 혹은 순화시켜 준다. 물론, 어떻게 해서든지 될수록 많은 이윤을 획득하지 않으면 안 된다는 것은 치열한 경쟁 속에서 기업이 살아남기 위한 숙명적 과제이다.

② 기업의 신뢰성과 성장성을 높여준다. 오늘날처럼 정보체계가 발달하고 기업과 사회 간의 상호작용 내지 상호의존성이 심화한 사회에서는, 기업의 성장과 발전은 사회로부터 받게 되는 신뢰도에 크게 의존한다고 볼 수 있다.

③ 사회비용의 증가, 이해관계자 집단의 압력 및 여론의 지탄을 예방한다.

④ 기업윤리는 기업 자체의 존립과 발전의 필요조건이 된다. 기업은 그 능률성과 합리성으로 인해서 사회로부터 경제적 기능을 위임받은 것이다.

⑤ 인적 자원 관리와 생산성 향상의 측면에서도 기업윤리의 중요성을 찾을 수 있다.

⑥ 기업윤리는 기업이 국제적인 윤리신에 대응하고, 국제적인 신뢰수준을 향상해 국제경쟁력을 제고시켜준다.

(3) 21세기 기업의 윤리적 경영

① 사회적 가치창조가 기업의 근본 목적이 되어야 한다.

② 종업원을 비용으로 인식하지 않고 자산으로 인식하는 인간적 기업으로서 기업목적을 복지향상에 두어야 한다.

③ 환경친화적인 기업으로 가꾸어야 한다.

④ 기업의 재무제표, 환경보고서, 윤리감사보고서가 정직하게 만들어져야 한다.

⑤ 시민기업으로서 사회적 책임을 다하는 기업이 되어야 한다.

(4) 기업에 대한 사회적 비판

기업이 제도적으로 형성된 사회적 조직체로 인식되고 거대화됨에 따라 기업과 사회와의 갈등에서 발생한다.

① 미국에서의 사기업에 대한 사회적 비판 내용

ㄱ. 거대기업이 공공의 이익에 반하여 막강한 경제력과 정치력을 행사하고 있다. 경제적 경쟁을 미덕으로 삼고 있는 자유기업체제에 있어 독과점행동에 따른 폐해를 기준으로 한 비판이다.

ㄴ. 거대기업은 자기 보존적이고 무책임한 권력엘리트에 의하여 지배되고 있다. 이는 소유와 경영의 분리를 전제로 한 경영자권력의 증대에 초점을 둔 비판이다. 소유경영자로서 사회적 책임이 요청된다.

ㄷ. 거대기업은 근로자와 소비자를 착취하고 인간성을 박탈하고 있다. 근본적으로 근로자의 상대적 빈곤과 산업화에 따른 노동소외에 기인하고 있다.

ㄹ. 거대기업은 환경과 생활의 질을 파괴하고 있다. 기업의 과잉생산으로 자연자원의 조직적인 고갈화와 미래세대에 대한 약탈, 약소국 자원의 착취, 장기적이며 부차적 효과를 무시한 산출의 극대화, 공해방지를 위한 외부비용의 대중에의 전가, 경제적 가치의 중시에 의한 도덕적·사회적·미적 가치의 무시 등에 기초를 둔 주장이다.

6. 글로벌 경영의 이해

☑ 신규(2021년) 1·2급 → 1급으로 변경 / 출제범위 ★비서1급★

(1) 국제화와 글로벌화

① **국제화(Internationalization)**: 국가 단위로 시장이 구성되었던 상황에서 한 국가에 있던 기업이 다른 국가로 진출하는 것이다.

② **글로벌화(Globalization)**: 전 세계 시장을 하나의 시장으로 보고 통합된 전략을 수립하는 것과 글로벌화된 환경하에서는 국경에 따른 시장구분이 무의미하며 제품, 기술, 서비스 및 인적자원과 자본의 흐름이 자유롭다.

(2) 글로벌화의 촉진요인

① **규모의 경제(economies of scale)**

　ㄱ. 노동집약적인 생산방식에서 자본집약적인 생산방식으로 전환하고 있다.

　ㄴ. 노동비용은 점차 감소하는 반면에 자본비용이 차지하는 비중이 커짐에 따라 규모의 경제도 커졌다.

　ㄷ. 자본집약적인 산업(소비내구재, 자동차, 항공기, 전기, 전자, 철강, 화학산업 등)

② **기술진보**

　ㄱ. 빠른 기술진보와 함께 이를 가능하게 하는 연구개발 투자에 있다.

　ㄴ. 전자, 통신, 컴퓨터, 정밀화학, 의약품제조산업 등에서는 총매출액에서 R&D에 차지하는 비율이 평균적으로 낮게는 7~8%, 높게는 15~30%이다.

　ㄷ. R&D가 많이 투자되는 산업은 국내시장의 수요만으로 많은 연구개발비를 충당하기 힘들다.

　ㄹ. 첨단산업 등에서는 전 세계 시장을 염두에 두고 신제품 개발과 판매를 하여 지속해서 연구개발에 투자할 수 있다.

　ㅁ. 1980년대 후반부터 화학 산업 및 의약품산업에서 글로벌화가 진행되며 많은 기업이 해외 진출하였고, 국제적인 인수합병이 활발히 이루어졌다.

③ **소비자수요의 동질화**

　ㄱ. 각국 소비자의 기호가 점차 동질화되어 가고 있음 - 코카콜라, 펩시콜라, 맥도날드 햄버거 등

　ㄴ. 소비자수요의 동질화를 이루게 하는 요인은 커뮤니케이션의 발전 - 인터넷, facebook, Instagram, Youtube 등

　ㄷ. 이전의 제품수명주기이론과는 맞지 않은 현상을 보인다.

ㄹ. 전 세계적인 구매력(Purchasing power)의 증가 – 글로벌 제품을 구매, 소비할 수 있는 능력을 갖추게 되었다.

④ **무역장벽(Barrier to trade)의 감소**

ㄱ. 무역장벽이 낮아지면서 자본의 이동이 자유로워졌다.

ㄴ. 지적재산권에 대한 보호가 강화되고 기술이전도 자유로워졌다.

(3) 현지화에 대한 필요성

산업과 경쟁이 글로벌화되는 동시에 현지 경영환경에 충실할 필요성이 존재하게 되었다.

① **현지화를 강요하는 요인**

ㄱ. 정치적 위험

ㄴ. 문화적 차이

ㄷ. 무역장벽과 보호무역주의

② **다국적 기업(multinational corporation)** : 두 개 국가 이상에서 현지법인을 운영하는 기업

③ **해외직접투자(foreign direct investment)**

ㄱ. 다른 나라에 투자하여 생산 또는 판매자 회사를 설립하는 것

ㄴ. 다국적기업은 수많은 해외직접투자활동을 통해 각국에 활동거점을 확보한 후 이들 자회사와 본사를 연결

④ **초국적기업(Transnational Corporation)** : 기업 활동의 글로벌화의 진전으로 국가라는 경계를 초월하는 존재로서 초국적기업 혹은 무국적기업(Transnational Corporation)들이 나타나고 있다. 더 이상 순수한 의미의 다국적기업은 존재하지 않고 국가라는 경계를 초월하는 존재로서의 초국적기업 또는 무국적기업(transnational corporation)으로 부르기도 한다.

> **예** Nestle
> - 총 자산과 매출의 대부분이 해외에서 일어남
> - 전체 종업원 중 스위스에서 고용하는 종업원은 극히 일부에 불과함
> - 과연 Nestle가 스위스 기업인가 하는 점에서는 의문을 가질 수밖에 없음

(4) 인터넷 혁명과 글로벌화의 가속화

① **인터넷의 도래로 산업과 경쟁의 글로벌화가 가속화되었다.**

ㄱ. 새로운 사업영역 창출

ㄴ. 기존 기업들의 경쟁우위를 무력화하고 이들 시장을 빠른 속도로 잠식할 수 있게 되었다.

ㄷ. 인터넷의 도래로 소비자와 공급자 간의 힘의 균형이 소비자에게 유리한 방향으로 전환되었다.

② 인터넷의 발달은 기존 기업들과 신생기업들에게 새로운 사업기회와 더불어 글로벌화 기회를 제공하였다.

ㄱ. 기존기업들은 인터넷을 통해 후방과 전방의 물류 흐름을 더욱더 범세계적이고 더욱 효율적으로 수행할 수 있게 되었다.

ㄴ. 신생기업들은 자기 사업아이디어를 범세계적으로 확장할 기회가 증가하였다.

(5) 한국기업의 국제경쟁력

스위스의 국제경영개발원(International Management Development : IMD)

• 한국의 국제 경쟁력은 63개국 중 29위의 위치를 차지하고 있다(2017년 기준).

• 부문별로 한국의 국제경쟁력을 평가하고 있다.

2 기업형태

1) 기업형태의 유형

- **출자자**(자본 제공자)**에 따라**: 공기업(정부, 공공단체) / 사기업(민간) / 공·사 공동기업(정부와 민간이 공동으로)
- **소유와 지배를 중심으로**: 개인기업 / 인적 공동기업 / 자본적 공동기업
- **법률상의 규정에 따라**: 합명회사 / 합자회사 / 유한회사 / 주식회사
- **기업규모의 크기**(자본금, 판매액, 종업원 수 등)**에 따라**: 대기업 / 중기업 / 소기업
- **업종에 따라**: 공업 / 상업 / 광업 / 금융업 등

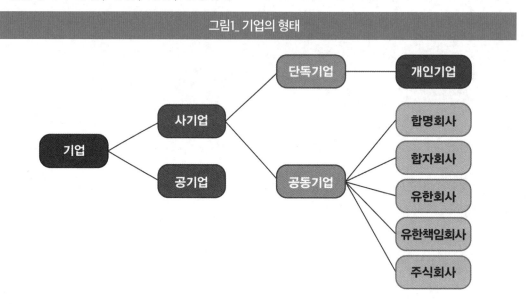

그림1_ 기업의 형태

2) 사기업

(1) 개인기업

한 사람이 단독 출자하고 지배하여 경영상의 모든 위험과 손실을 부담하고 이윤을 독점하는 기업

√ 약국, 도소매상, 음식점, 베이커리 등

① 장점

　ㄱ. 이윤독점

　ㄴ. 기업의 비밀유지가 가능하다.

    ㄷ. 의사결정 신속하고 경영활동이 자유롭다.

    ㄹ. 설립과 폐쇄가 용이하고 이에 따르는 비용이 적다.

    ㅁ. 기업주가 고객, 종업원들과 직접 접촉하기 때문에 보다 효과적인 의사결정과 경영이 가능하다.

② **단점**

    ㄱ. 자본조달에 한계가 있다.

    ㄴ. 개인의 경영능력에 한계가 있다.

    ㄷ. 기업의 부채에 대한 무한 책임을 져야 한다.

    ㄹ. 기업의 존립이 기업주의 운명에 달려 있기 때문에 영속성이 결여된다.

(2) 인적 공동기업

서로 관련이 있는 사람들이 모여서, 인적 협력을 통해 경영하는 공동기업. 조직이 폐쇄적이며, 대중적, 개방적으로 기업자본을 조달하기 어렵다.

① **합명회사(동업)**: 2인 이상의 무한책임 사원이 공동으로 출자하여 각 사원이 회사의 채무에 대하여 연대무한책임을 지는 회사

    ㄱ. 각 사원은 전원이 회사 경영에 참여함

    ㄴ. 사원의 지분양도에는 전 사원의 동의가 필요함

    ㄷ. 개인기업과 같이 소유와 경영이 분리되지 않아 공동경영과 무한책임 부담

    ㄹ. 자본조달과 개인의 경영능력의 한계는 보완됨

② **합자회사**: 출자액의 한도 내에서 채무를 변제할 의무가 있는 유한책임사원과 출자액을 초과한 기업의 채무에 대해서도 변제할 의무가 있는 무한책임사원으로 조직된 기업형태

    ㄱ. **무한책임사원**

      • 경영에 참여하여 채무를 집행할 권리와 의무가 있음

      • 재무출자, 노무출자, 신용출자 가능

      • 지분을 양도하고자 할 때 전사원의 동의 필요

    ㄴ. **유한책임사원**

      • 경영에 침여하지 않고 출지에 따른 이익의 분배만을 받음

      • 재무출자만 가능

      • 지분을 양도하고자 할 때 무한책임사원의 동의만 필요

      • 광범위한 자본 조달(유한책임사원이 있어서 가능함)

      • 지분양도가 쉽지 않고 대중적, 개방적으로 기업자본을 조달할 수는 없음

③ **유한회사** : 출자액을 한도로 하여, 기업채무에 대해 책임을 부담하는 유한책임사원만으로 구성된
회사. 무한책임의 부담을 덜어주면서 회사의 경영에 직접적, 적극적으로 참여할 수 있도록 한다.
  ✓ 유한회사 기관 : 사원총회, 이사, 감사

(3) 자본적 공동기업

사회의 수요증가에 부응하기 위해 다수로부터 거액의 자본을 조달하고 출자자와 경영자의 분리로 전
문경영자가 기업을 관리하는 형태. 상호 간에 인적결합관계가 거의 존재하지 않으며 기업지배보다는
이익배당에 관심을 가진다.

(4) 주식회사

정관에 표시한 기업의 목적을 달성하기 위하여 설립되고 운영되는 법인체(주주총회, 이사회, 감사)
  ✓ 법인체 : 법에 따라 인위적으로 개인과 동등한 권리, 의무 및 권력이 부여된 실체
① **장점**
  ㄱ. 사고팔 수 있으며 법적인 소송 및 계약을 할 수도 있음
  ㄴ. 주식회사는 소유권이 바뀔지라도 법인으로서 계속 존재할 수 있음(영속성)
② **단점**
  ㄱ. 회사 설립절차 복잡
  ㄴ. 거액의 창업비 필요
  ㄷ. 여러 이해관계가 있기 때문에 주요사항, 재무제표 공개의무
  ㄹ. 경영의 비밀유지가 어려움

(5) 유한책임제도

유한책임이란 모든 주주가 기업의 경영 실패에 따른 자본손실을 자신이 출자한 자본의 한도 내에서
만 채무변제의 책임을 부담. 따라서 투자자는 개인기업이나 합명회사의 경우와 같은 무한책임의 부
담 없이 안심하고 투자할 수 있다. 이러한 유한책임제도는 주주의 책임 한계를 출자한도 이내로 제한
함으로써 대량자본을 더욱 쉽게 조달할 수 있도록 한다.

3) 기업의 분류(중소기업·중견기업·대기업)

(1) 기업 분류

우리나라 기업 분류는 '독점규제 및 공정거래에 관한 법률'이나 '중소기업법'에 의하여 상시근로자수, 매출액, 자본금 등에 의해 결정된다. 현재 기준에 의하면 대기업, 중견기업, 중소기업(중기업, 소기업, 소상공인)으로 구분된다. 2017년 기준에 의하면 대기업집단은 상호출자 제한 기업집단의 지정 자산기준이 2016년 9월에 5조 원에서 10조 원으로 상향 조정되어 그 수는 65개에서 31개로 줄어들었다. 기준변경으로 대기업의 기업 수와 인원이 줄었다가 2017년 이후 서서히 늘어 현재기준(2022년 4월) 47개로 소폭 늘어났다.

그림2_ 상호출자제한 기업집단 지정현황

Authorship : 통계청, e나라지표

① 사업적 측면

- ㄱ. **대기업** : 다양한 사업 포트폴리오를 구성하고 있다. 보통 3~4개 정도의 사업부문으로 구성. 그래서 일반적으로는 성과가 좋은 사업부문과 그렇지 않은 사업부문이 공존한다. 사업군이 다양한 만큼 경영환경의 변화가 심하고 이에 민첩하게 대응해야 한다.
- ㄴ. **중소기업** : 단일 또는 소수종목의 전문화된 사업을 수행. 그리하여 경영환경에 따라 성장성에 변화가 심함(때로는 고속성장, 때로는 침체). 단일종목이어서 비교적 경영환경 변화에 적응을 잘한다.

② 조직·인력 측면

　ㄱ. 대기업

- 우수인력 많고 경쟁이 심하며 승진율이 낮으며(40% 내외) 이동에 따른 직무의 변환도 쉽지 않다.
- 체계 있는 인력개발 시스템을 갖추고 있어 다양한 성장기회를 가질 수 있으며 핵심 프로그램은 경쟁이 치열한 편이다.
- 사업별·개인별 구조조정이 활발하고 수시 사업 및 인력구조조정이 있어 성과가 좋지 않은 사업과 고령자와 저성과자 퇴출 가능성이 비교적 크다.
- 관료주의 문화가 심할 수 있으며 수직적·수평적 소통이 원활하지 않을 가능성 크고 시스템 경영(제도, 규정 등)이 이루어지며 CEO나 리더들의 임의적 영향력 상대적 적다.
- 능력. 업적주의 인사시스템 도입·운영된다.

　ㄴ. 중소기업

- 비교적 인원이 많지 않아 경쟁이 심하지 않으며 승진율도 상대적으로 높다(60~70% 수준).
- 인력 변화에 따라 다른 직무로의 변환이 비교적 쉽고 인력개발체계가 미흡하다.
- 실력이 있는 소수의 경우 핵심 프로그램 수혜로 비약적 성장기회 가질 수 있으며 사업이나 개인 단위보다 기업 단위에서 고용의 안정성이 좌우된다.
- 업종이 불황일 때 또는 협력업체 경우 원청회사의 경영여건이 안 좋을 때 타의적 구조조정 가능성 있으며 상대적으로 고령자, 저성과자 상시 퇴출 가능성은 적은 편이다.
- 비교적 자유로운 분위기이며 CEO나 리더들의 영향력 매우 크고 시스템보다 사람에 의존하며 조직정치 가능성 크다.
- 능력. 업적주의 인사시스템 상대적 미흡하다.

그림3_ 중소기업 현황						
전산업기준(1인이상)		2015년	2016년	2017년	2018년
사업체수(개)	전체	5,893,802	6,085,434	6,301,013	6,643,756
	중소기업(비중,%)	5,889,611(99.9)	6,080,914(99.9)	6,296,210(99.9)	6,638,694(99.9)
	대기업(비중,%)	4,191(0.1)	4,520(0.1)	4,803(0.1)	5,062(0.1)
종사자수(개)	전체	19,259,827	19,635,071	20,094,913	20,591,641
	중소기업(비중,%)	16,032,404(83.2)	16,361,595(83.3)	16,689,525(83.1)	17,103,938(83.1)
	대기업(비중,%)	3,227,423(16.8)	3,273,476(16.7)	3,405,388(16.9)	3,487,703(16.9)

Authorship : 통계청 전국사업체조사(경제총조사) 재편·가공

③ 개인의 역할 측면

　ㄱ. **대기업**: 개인의 업무 범위가 비교적 좁고 명확함. 주어지는 업무권한도 제한적이다. 제한된 분야에서 전문성 습득이 용이하며 내부 직무이동을 통하여 범위를 넓혀간다. 다양한 인력개발 시스템을 활용 업무 관련/비관련 지식을 쌓을 수 있다.

　ㄴ. **중소기업**: 개인의 업무범위가 넓고 변화가 심하며, 주어지는 업무 권한도 비교적 큼. 전문성을 확보하려면 스스로 개발해야 하며 자신의 업무 외 다양한 경험이 가능하여 창업에 유리하다.

④ 근로조건

　ㄱ. **대기업**: 높은 임금, 다양한 복리후생제도, 양호한 사무환경

　ㄴ. **중소기업**: 상대적 낮은 임금 수준과 복리후생제도, 사무환경이 상대적으로 열악

⑤ 채용시스템

　ㄱ. **대기업**: 인재상이 설정되어 있고 채용 관련 직무내용과 자격요건을 비교적 알 수 있다. 채용 Tool이 복잡하고 구조화되어 있어서 채용 시 초점은 인성과 직무수행역량을 복합적으로 판단하며, 경력사원을 수시채용하고 신입사원 공채를 통해 필요인력을 확보한다.

　　✓ 서류- 필기(인·적성) - 면접(1차 역량면접, 2차 인성면접)

　ㄴ. **중소기업**: 인재상이 설정되어 있지 않은 회사가 많고 지원 시 직무와 자격요건 내용을 파악하기 어려울 때도 많으며 채용 Tool 상대적으로 단순하고 비체계적이다. 채용 시 초점은 인성중심이며 특히 장기근무 여부를 중요시하는 경우가 많다. 신입사원을 중심으로 수시 채용하는 편이며 대기업에 비해 경력사원 채용이 적은 편이다.

　　✓ 서류- 면접이 많음(일부 필기, 1.2차 면접)

4) 기업의 인수합병

☑ References : 선우석호, M&A 기업합병·매수와 구조재편, 율곡출판사

(1) M&A의 개념

M&A란 Mergers and Acquisitions의 줄임말로 기업의 인수(Acquisitions)와 합병(Mergers)을 뜻한다. 기업의 '인수'란 한 기업이 다른 기업의 주식이나 자산을 취득하면서 경영권을 획득하는 것이며, '합병'이란 두 개 이상의 기업들이 법률적으로나 사실적으로 하나의 기업으로 합쳐지는 것을 말한다. 인수는 어떤 기업이 다른 기업을 사는 것이기 때문에 인수되는 회사가 없어지지 않는다. 반면 합병은 독립적인 두 기업이 하나의 기업으로 합해지는 경우여서 합병하는 두 회사 중 하나는 무조건 사라지게 된다. 합병과 인수는 그 형태에 있어 다소 차이가 있지만 과거의 경영진이 새로운 경영진으로 교체된다는 공통점이 있다. 또한, 이를 위해서는 경영권이 먼저 이동되기 때문에, M&A를 경영권 거래로 폭넓게 정의하기도 한다. 본 학습서에서는 M&A를 폭넓게 해석하기보다는, 더욱 좁은 시각에서 '인수'와 '합병'에 초점을 맞추어 기술하였다.

(2) 인수합병의 목적

① M&A는 외적 성장 전략으로서 활용
② 내적성장이 한계에 부딪힌 경우, M&A를 통해 성장의 한계를 극복
③ 신규 사업 참여에 드는 기간과 투자비용 절감
④ 경영 노하우, 특허 등의 무형자산 또한 M&A의 목적이 될 수 있음

(3) 합병

기업합병이란 둘 이상의 회사가 청산 절차를 거치지 않고 하나의 회사로 합쳐지는 것을 말한다. 합병은 일반적으로 큰 기업이 작은 기업을 흡수하여 그 결과 작은 기업의 존재는 사라지는 흡수합병과, 두 기업이 합병 동의 즉시 해체 후 새로운 기업을 창립하는 신설합병이 있다. 흡수합병과 신설합병으로 구분하는 방법 외에, 합병하는 기업들의 사업성격에 따라 수직적, 수평적, 다각적 합병으로도 분류할 수 있다.

① **수직적 합병** : 생산 공정상 전후 관계에 있는 기업들, 즉 공급자와 제조업자, 제조업자와 판매업자 등 수직관계에 있는 두 회사가 합병하는 경우

② **수평적 합병**：경쟁관계에 있는 두 회사가 합병하는 경우. 수평적 합병은 기업입장에서는 시장지배력을 강화하는 가장 쉬운 수단이지만, 자칫 독과점을 창출할 수 있기 때문에 공정거래위원회 등 독점규제기관의 제한을 받는다.

③ **다각적 합병**：사업의 관련성이 없거나 매우 적은 두 회사가 합병하는 경우.

(4) 인수

기업인수는 인수기업이 주식 또는 자산을 매입하여, 실질적으로 인수대상기업의 기업지배권을 넘겨받는 것을 의미한다. 합병과 달리 인수되는 기업이 없어지지 않는다는 점이 큰 차이점이다. 인수는 주식의 상당분을 인수함으로써 경영권을 취득하는 주식인수와 대부분의 자산을 매입하여 실제적인 기업인수를 행하는 자산인수로 분류할 수 있다. 신생 스타트업의 기업공개가 점점 줄어드는 추세와는 반대로 글로벌 대기업들의 인수합병 규모는 나날이 증가하는 추세다. 회사를 완전 인수해 자회사로 두었음에도 불구하고 모회사가 경영상 간섭을 하지 않고 회사의 운영을 자회사에 일임하는 경우도 늘어나고 있다. 모회사는 돈을 대주는 역할만 하고 기획 및 제품개발 같은 영역은 자회사에서 독립적으로 결정하는 형태이다. 이런 경우는 피인수회사가 자사의 경영적 독립성을 보장받는 조건으로 인수합병을 동의할 때 이루어진다. 대표적으로 Tencent와 Riot Games, The Walt Disney Company와 Pixar Animation Studios, Marvel Entertainment, LLC의 관계가 이에 해당한다. 2019년부터는 여러 국내 대기업들의 M&A 사례를 볼 수 있는데, HDC현대산업개발의 아시아나항공 인수 시도를 거쳐 대한항공이 아시아나 항공을 인수하기 위한 기업결합심사(2022년 5월 기준)가 진행 중이며 배달의 민족은 운영사 우아한형제들이 요기요·배달통 모회사인 독일의 딜리버리히어로에 인수합병됐다(2020년 12월 13일 기준).

표2_ 국내기업 TOP 5 인수							
500대 기업 최근 5년 M&A 금액 톱5							
기업명	건수	5년 합계 금액	연도별 인수 금액				
			2020년	2019년	2018년	2017년	2016년
삼성전자	14	10,115,398	-	241,623	-	9,272,702	601,073
KB금융	2	3,537,050	2,299,541	-	-	-	1,237,509
롯데케미칼	4	2,929,096	6,684	130,912	-	-	2,791,500
CJ제일제당	14	2,892,433	59,894	2,227,424	151,713	312,273	141,128
넷마블	12	2,889,443	1,745,326	137,336	69,855	845,812	91,114

Authorship : CEO스코어

① **주식인수**:가장 일반적인 형태의 인수방법. 경영권을 가질 만큼 주식을 확보하면 되기 때문에, 인수하려는 기업의 대주주와 직거래 방식으로 취득하는 방법도 있고, 공개매수를 통해, 불특정다수의 주주들로부터 대상기업의 주식을 취득하는 방법도 있다.

② **적대적 인수**:인수되는 기업의 이사회가 인수제의를 거부하고 곧바로 방어행위에 들어갈 때, 인수를 포기하지 않고 추진하는 경우를 말한다.

③ **우호적 인수**:표현 그대로, 인수되는 기업의 이사회가 인수에 대해 찬성하는 경우이다.

(5) M&A와 기업지배구조

M&A와 기업지배구조는 밀접한 연관을 가지고 있다. 지배구조가 취약한 기업, 경영진의 횡령이 있다거나 주주가치를 제대로 실현하지 못한다거나 경영진이 현실에 안주하여 성장동력을 잃고 있는 기업, 즉 경영진이 합리적인 의사결정을 내리는데 필요한 감시, 감독이 되지 않는 기업의 경우 주가가 저평가되어 있고, 이에 따라 M&A의 대상이 될 가능성이 커지게 된다. M&A 이후에 경영진을 교체하는 등 일련의 작업이 주주가치를 높이고 기업의 가치를 높일 수 있기 때문에 시장 전체적으로도 긍정적인 효과를 가져온다. 이처럼 M&A는 지배구조를 개선하는 장치의 역할도 하므로 이사회가 경영자를 교체하거나 주주들이 이사 또는 경영자를 교체하는 내부통제장치와 비교되어 외부통제제도(External control system)로서 작동한다고 할 수 있다.

경영관리

CHAPTER 2

1 경영조직관리

1. 경영자 역할의 이해

(1) 경영자와 기업가

계획, 통제활동을 통해 기업의 성장을 끌어나가는 경영자 집단+경영자의 계획에 따라 구체적이며 직접적인 기업활동을 실행하는 종업원 집단

① **경영자**: 기업의 방향을 설정하고 체계적인 조직 활동, 기업목적 달성을 위한 경영활동을 지휘·통제하는 가장 핵심적인 기능을 수행한다.

② **기업가**: 자본을 기업에 투자하고 경영활동을 직접 수행함으로써 그 결과에 대해서도 책임을 부담하는 사람. 자본가인 동시에 직접 경영활동도 담당하는 소유경영자라 볼 수 있다. 위험부담자이며 수익자이기도 하다.

(2) 경영자의 유형과 역할

☑ References : 경영학의 기능

① **소유와 경영의 분리에 따른 경영자**

ㄱ. **소유경영자**(OWNER, 지배주주): 자본가인 출자자가 경영기능도 함께 수행함으로써 실질적으로 기업을 소유, 지배하는 경영자를 말한다. 합명회사, 개인기업에서 쉽게 찾아볼 수 있다.

ㄴ. **주주이면서 이사로 활동하는 경영자**: 주된 관심은 자기자본의 수익성 즉 이기적인 영리추구에 있으며 그에 따라 기업경영도 독단적으로 흐르기쉽다.

ㄷ. **고용경영자**: 기업규모가 확대되고 경영 활동이 복잡해지면서 소유경영자가 혼자의 능력만으로 기업을 경영할 수 없을 때 소유경영자가 자신이 수행하던 경영기능 중 일부를 분담할 경영자를 고용하게 되는데 이를 고용경영자라 한다. 제한적 경영기능만을 수행하게 되며 소유경영자의 대리인으로서 결국 고용경영자의 관심도 소유경영자의 이익 극대화에 있다.

ㄹ. **전문경영자**: 대규모 기업을 효율적으로 경영할 수 있는 각 분야의 전문적이고 과학적인 경험, 지식, 능력을 갖춘 경영자를 말한다. 경영능력에 의해 경영자의 지위를 확보한 것이다. 전문 경영자는 출자를 제외한 관리, 혁신, 위험 부담 기능을 경영활동 전반에 걸쳐 포괄적으로 수행한다.

② **계층에 따른 경영자**

ㄱ. **최고경영층**: 전반적인 경영을 책임지는 경영자.

ㄴ. **중간경영층**: 최고경영층이 의사결정한 경영전략과 목표에 따라 담당 부문의 업무가 실행되도록 관리하는 경영계층, 상하 간의 의사소통을 중계한다.

ㄷ. **하위경영층**: 중간경영층의 지시에 따라 현장에서 작업을 하는 사무원이나 노동자를 직접 지휘·감독하는 경영층으로 현장경영층이라고도 한다.

(3) 경영자의 능력

조직이 목표하는 성과를 달성하기 위해서는 알고 있는 바를 구체적인 행동으로 옮기는 경영자의 능력이 필요하다. 경영자에게 요구되는 많은 능력 중에서 무엇보다 중요한 것은 종업원들이 생산적으로 업무를 수행할 수 있도록 도와주는 능력이다. Robert Katz는 경영자의 필수 능력을 아래 그림과 같이 세 가

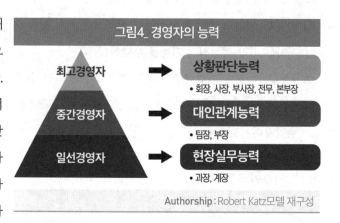

그림4_ 경영자의 능력

최고경영자 ➡ **상황판단능력**
• 회장, 사장, 부사장, 전무, 본부장

중간경영자 ➡ **대인관계능력**
• 팀장, 부장

일선경영자 ➡ **현장실무능력**
• 과장, 계장

Authorship : Robert Katz모델 재구성

지로 구분하여 설명하고 있다. 그는 경영자의 능력을 현장실무능력, 대인관계능력 그리고 상황판단능력으로 구분하였는데, 이 세 가지 능력은 모든 경영자에게 필수적이나 그 상대적 중요도는 경영자의 유형에 따라 달라진다.

① **현장실무능력**: 전문화된 활동을 수행하는데 필요한 능력으로, 특정과업을 성취하기 위해 전문능력과 지식을 활용하는 것을 의미한다. 구체적으로 회계사, 엔지니어, 시장조사자 그리고 컴퓨터 엔지니어들이 행하는 것과 같은 실무적인능력을 의미한다. 이러한 능력은 교육과 훈련을 통해서 획득되는 것으로 위 그림에서 보듯이 일선수준의 경영자들에게 가장 중요하게 요구되는 경영능력이다.

② **대인관계능력**: 경영자가 집단의 일원으로서 조직 내 구성원과 협력하여 일하고 의사소통하는 능력을 의미한다. 대인관계능력은 조직구성원들이 공동의 목표를 달성하기 위해 자발적으로 협동하게 하는 것이다. 경영활동 자체가 상호 간의 관계적 특성을 가지기 때문에 대인관계능력은 모든 계층의 경영자에게 공통으로 요구되지만, 특히 중간경영자에게 더욱 중요시되는 능력이다.

③ **상황판단능력**: 경영자에게는 상황을 폭넓게 이해하고 관계되는 모든 사람에게 도움이 되는 방향으로 문제를 해결해 나가는 능력이 필요한데, 이를 상황판단능력(conceptual skill)이라고 한다. 상황판단능력은 문제를 더 작은 문제로 나누어 그 관계들을 파악하고 이해하여 각 문제가 서로 연결되는 것이 어떤 의미인지를 알아내는 능력이다. 이는 조직 전체의 구성요인이나 다양한 인과관계를 이해할 수 있는 능력이자, 조직의 모든 이해관계와 활동을 조정하고 통합할 수 있는 정신적 능력을 의미한다. 조직위계상 높은 단계의 경영자일수록 장기적인 성과와 관계되는 불명확한 문제들을 주로 다루게 되므로, 위 그림과 같이 상황판단능력은 최고경영자에게 더욱 중요하게 요구되는 능력이다.

2. 경영관리의 기능

전통적인 경영의 개념은 관리과정적 관점에서 이해되어왔다. 경영의 관리과정적 관점은 크게 다섯 가지 단계, 즉 계획, 조직화, 지휘, 조정, 통제가 순환하는 과정이라고 볼 수 있다. 이러한 다섯 가지 관리단계와 그들의 상호관련성은 그림과 같다. 이러한 다섯 가지 관리단계는 각각 독립적으로 이루어지는 것이 아니라, 상호 간에 밀접하게 관련되어 있다. 즉, 이것들이 일체화되어야 관리라는 기능이 이루어지는 것이다. 이를 통틀어 매니지먼트 사이클(management cycle)이라 한다.

그림5_ 경영의 관리기능

Authorship : Robert Katz모델 재구성

① **계획(planning)**: 경영자가 목표를 설정하고 달성하기 위한 행동의 순서와 방법을 결정하는 과정이다.

② **조직화(organizing)**: 조직구성원이 조직의 목표를 달성할 수 있도록 조직의 업무와 권한, 자원들을 배치하고 조정하는 과정이다.

③ **지휘(leading)**: 조직구성원들이 업무를 수행할 때 끊임없는 자극을 주어 동기를 유발하는 과정이다.

④ **조정(coordinating)**: 견해가 대립하는 여러 분야의 조직원들을 원활한 의사소통이 가능하게 해서 공통의 목표를 향해 조화를 이루어 일할 수 있도록 만드는 과정이다.

⑤ **통제(controlling)**: 일의 성과를 측정하고, 초기에 수립된 조직 목표와 실제 결과를 비교하여 필요한 행동을 취하는 과정이다.

3. 경영조직과 유형변화

(1) 조직화의 의의

① **조직화**: 구성원들이 기업의 목표를 효과적으로 달성하기 위하여 수행하여야 할 직무의 내용을 명확하게 편성하는 과정(구성 방법: 직능 / 권한 / 인간관계 / 의사소통 원칙)

② **권한과 책임의 대응원칙**: 권한 원칙에서 권한이 부여되면 이에 따른 책임을 부담하게 되는데 이를 권한과 책임의 대응원칙이라 한다.

(2) 조직구조의 유형: 라인·스탭 / 집권적·분권적 / 공식·비공식 조직

① **사업부제 조직**: 조직구조가 단위적 분화에 의해, 제품별, 지역별, 고객별 등 독립채산제로 독자적 활동을 하는 분권적 조직의 한 형태이다.

② **공식조직**: 일정 목표를 합리적으로 달성하기 위하여 인위적, 의식적으로 형성된 분업체제

③ **비공식조직**: 조직 내에서 일부 구성원들의 개인적 욕구와 집단적 욕구를 충족시키기 위해 자연발생적으로 형성된 조직

(3) 조직형태의 변화

① **전통적 조직**: 기업 환경이 상대적으로 안정적이었던 때에 기업의 외부보다는 내부의 효율성만을 중시한 피라미드식 수직형 조직 구조를 의미(기능별 / 제품별 / 지역별 / 고객별 조직)

　ㄱ. **기능별 조직**: 가장 오래된 전통적 조직의 한 형태로써 기업 활동의 기능적 분화를 통하여 형성된 기본적인 조직구조(직능적 / 요소적 / 과정적 분화)

　ㄴ. **제품별 조직**: 기업의 생산제품이 많을 경우, 그 종류별로 부문화 하여 형성된 조직구조

　ㄷ. **지역별 조직**: 기업의 업무영역이 지리적으로 광범위할 때, 경영활동을 지역별로 구분하여 형성한 조직구조

　ㄹ. **고객별 조직**: 고객의 특성에 따라 구분하여 형성된 조직구조

② **동태적 조직형태** : 환경변화에 적극적으로 대응하며 자율적인 변화를 수행할 수 있는 유연한 조직 구조를 의미(프로젝트/팀/매트릭스 조직)

   ㄱ. **프로젝트 조직** : 특정 사업을 수행하기 위하여 일시적으로 형성되었다가 그 사업이 완료되면 곧 해체되는 동태적 조직 = Task Force Team

   ㄴ. **팀 조직** : 전통적 조직의 과나 부를 대체하는 조직, 지속해서 운영

   ㄷ. **매트릭스 조직** : 전통적인 기능별 조직에 목적에 의한 프로젝트 조직을 결합하여 두 조직형태의 장점을 살리려는 조직 구조

4. 경영전략

☑ 신규(2021년) 출제범위

(1) 경영전략의 정의

기업에 경쟁우위를 제공 유지해 줄 수 있는 주요한 의사결정과정이다. 즉, 경쟁상황에서 어떻게 자신에게 경쟁우위를 가져다줄 수 있는가를 체계적으로 분석하게 하여주는 구체적인 사고방법이다. 기업이 경쟁에서 승리하기 위해서는 구체적인 목표의 설정, 경쟁상황에 대한 이해, 자신과 경쟁자의 경영 자원에 대한 객관적 평가 그리고 효과적인 전략수행이 필수불가결한 요소이다.

(2) 경영전략의 원칙

① **목표(Target)** : 상대의 강한 곳을 피하고 약한 곳을 선택

② **집중(Focus)** : 경쟁자의 힘을 분산시키는 데 역량 집중

③ **선제(Initiative)** : 주도권 장악

④ **공방(Attack & Defense)** : 공격과 방어의 적절한 병행

⑤ **융통성(Flexibility)** : 상황에 따라 유연하게

⑥ **기습(Sudden Attack)** : 상대의 허점을 찾아 힘을 집중

(3) 경영전략의 분석방법

① **전략의 내용과 프로세스**: 전략의 내용에 집중하는 경향은 전략의 수립(formulation)과 실행 (implementation)이라는 이분법의 함정에 빠지기 쉽다. 그러나 실제 기업경영은 전략의 수립과 실행이라는 이분법과 맞지 않는다. 전략의 수립과정에는 실제로 전략을 수행하여야 할 사람들의 의견이 반영되어야 실행가능하고, 올바른 방향의 전략이 수립되는 것이다. 또한 전략의 수립과 시행의 단계 역시 확연히 구분된 것이 아니라, 종종 전략의 수립과 시행은 동시에 이루어지거나 깊은 상호연관성을 갖는다.

② **사업부전략과 기업전략**: 경영전략은 어떠한 수준에서 분석할 것인가에 따라 기업전략과 사업부전략으로 나누어진다. 기업이 성과를 높이기 위해서는 다음 두 가지 요소를 고려해야 한다.

- 첫째, 구체적으로 어떤 사업분야에 들어가서 경쟁을 할 것인가를 정한다.
- 둘째, 그 사업분야에서 구체적으로 어떻게 경쟁해서 수익률을 높일 것인가를 결정한다.

기업전략은 그 기업이 경쟁하는 시장과 산업의 범위를 결정한다. 즉 기업전략은 다각화, 수직적통합 (Vertical integration), 기업인수합병, 해외사업진출과 기존 사업부문에서의 탈퇴와 같은 결정을 의미한다. 이에 반하여 사업부전략은 기업이 각각의 시장에서 경쟁하는 구체적인 방법을 다룬다. 기업이 경쟁에서 이기려면 경쟁대상기업보다 경쟁우위에 설 수 있는 전략이 필요하다. 그 경쟁우위를 확보하고 유지하는 전략이 사업부수준의 경쟁전략이다. 기능별 전략은 기업수준의 전략과 사업부수준의 경쟁전략이 수립된 이후, 각각의 영업활동, 제품기획, 자금조달 등 기능별 분야에서 세부적인 수행방법을 결정한다. 이러한 기능별 전략은 경영전략 분야에서 다루지 않고 각각의 생산, 재무, 마케팅 등의 기능별 학문분야에서 연구한다.

5. 조직문화의 개념

(1) 조직문화의 정의

① 조직문화는 신념, 규범, 관행, 가치관, 원칙이다. 시스템, 언어, 상징, 가정 등도 포함된다.
② 조직문화는 역사, 제품, 시장, 기술, 전략, 직원들의 성향, 경영 스타일 등의 영향을 받는다.
③ 조직문화는 조직이 속해 있는 국가 등 공동체 문화의 영향을 받는다.
④ 조직문화는 조직 생활을 통해 학습되고 공유되며 전수된다.

(2) 조직문화의 구성요소(Mckinsey 7S Model을 중심으로)

7S모형이란 컨설팅 전문 기업인 Mckinsey에서 제시한 조직효과성 분석 모델이다. 분석에 사용되는 7S는 리더십 스타일(style), 관리기술(skill), 전략(strategy), 구조(structure), 제도와 절차(system), 구성원 (staff), 공유가치(shared value)를 뜻한다. 7S모형은 조직효과성 분석에 사용되기 때문에 각각의 요소는 조직문화의 구성요소로 볼 수 있다.

① **리더십 스타일(Style)** : 핵심 경영자가 조직의 목표를 달성하기 위해 행동하는 방법과 조직의 문화 스타일

② **관리기술(Skill)** : 인원 또는 전체 조직으로서의 독특한 능력

③ **전략(Strategy)** : 확인된 목표를 달성하기 위해 기업의 희소자원을 시간상으로 우선순위화한 계획 이다.

④ **구조(Structure)** : 조직단위가 상호 연관된 방식으로 중앙집권적·분권화·네트워크화·매트릭스 화를 의미

⑤ **제도와 절차(System)** : 기업이 어떻게 완수되어야 하는지에 대한 절차, 프로세스 및 재무 시스템을 의미

⑥ **직원(Staff)** : 조직 내 인원의 유형과 수에 대한 정보

⑦ **공유가치(Shared Values)** : Mckinsey 모델을 상호연결하는 핵심가치이며 조직을 나타내고 조직이 믿고 있는 것

(3) 조직문화의 유형(경쟁가치모형을 중심으로)

경쟁가치모형(CVM : Competing Values Model)은 원래 조직 효과성 연구에 활용되는 틀이었다. 그러나 Quinn 등에 의해 발전되고, Quinn & McGrath, Cameron & Quinn 등에 의해 제시되면서 조직문화를 연구하는 분석 틀이자 조직문화를 진단하는 도구로 활용되기도 한다.

표3_ 경쟁가치모형에 따른 조직문화 종류와 특성			
	관계지향문화	혁신지향문화	과업지향문화	위계지향문화
목적 가치	사기(morale), 인적개발 (people development)	혁신, 첨단 서비스 개발 및 제공	수익추구, 조직의 성공	효율성, 지속성 (timeless)
수단 가치	화합, 참여, 의사소통	적응력, 창조성, 민첩성	소비자 중심, 생산성 증대	일관성, 업무 혹은 생산과정 표준화
가정	소속감, 연대감	변화, 성장	과업달성	안정
믿음	조직구성원은 조직 내에서 신뢰, 충성, 멤버십을 느낄 때 적절하게 행동	조직구성원은 자신의 업무 중요성을 인지할 때 적절하게 행동	조직구성원은 명확한 목적과 정확한 성과보상에 따라 적절하게 행동	조직구성원은 공식적이고 명확한 규율과 규칙에 따라 적절하게 행동

Authorship : Quinn & McGrath, Cameron & Quinn 연구내용 정리

(4) 조직문화에 영향을 미치는 요인

① 창업자의 경영이념과 철학

② 조직의 역사와 규모

③ 대체문화의 존재여부

④ 산업문화

⑤ 제품의 수명주기

(5) 조직문화가 조직성과에 미치는 영향

연구에 따라 조직성과에 가장 효과적인 문화 혹은 가장 악영향을 미치는 문화가 조금씩 다르게 나타난다. 그 이유는 연구에서 어떤 조직문화 유형을 따랐는지, 어떤 조직을 대상으로 연구했는지 등이 다르기 때문이다.

① 관계지향 문화와 혁신지향 문화는 조직의 능률성과 효과성 모두에 긍정적인 영향을 미쳐 조직성과로 이어지며 합의문화가 조직몰입과 직무만족 모두에 긍정적 영향을 주어 조직성과로 이어질 수 있다.

② 조직의 재무적 성과에 긍정적인 영향을 미치는 것은 집단문화와 위계문화이고 업무프로세스 개선에는 집단문화와 합리문화, 위계문화가 긍정적인 영향을 주고 합리문화의 영향력이 가장 크다.

③ 위계문화와 집단문화는 학습과 성장 요인에 긍정적인 영향을 미치고, 집단문화의 영향력이 더 크기 때문에 조직구성원에 대한 관계와 팀워크, 원만한 대인관계, 관심, 배려 등이 조직구성원의 학습과 성장 동기로 작용한다.

2 조직행동관리

1. 동기부여

① **욕구이론**: 인간은 자신의 욕구가 충족될 때 동기부여가 된다.

　ㄱ. **욕구 단계설**: Abraham Maslow는 인간의 욕구가 계층을 이루고 있기 때문에, 동기부여 시킬 수 있는 욕구는 단계적으로 나타난다는 욕구 단계설을 제시하였다(생리적, 안전, 소속감과 애정, 존경, 자아실현 욕구).

　ㄴ. **ERG이론**: Clayton Paul Alderfe에 의해 주장된 욕구단계 이론으로서, 욕구단계설의 문제점을 보완하여 현실에 맞게 수정한 이론이다(존재욕구, 관계욕구, 성장욕구).

　ㄷ. **동기 - 위생 이론**: Frederick Herzberg는 욕구단계설을 더욱 발전시켜, 동기 - 위생이론으로 개발하였다. 위생요인(직무환경), 동기요인(직무 내용)

② **의사소통 원칙**: 명료성, 일관성, 적기적시성, 타당성, 관심과 수용의 원칙

　ㄱ. **의사소통 방해요인**: 왜곡, 누락, 정보의 과중, 수용 거부

　ㄴ. **수직적 의사소통**: 조직 내 의사전달이나 정보흐름이 조직 상하계층 간 이루어지는 의사소통

　ㄷ. **수평적 의사소통**: 동등한 부서 간, 동료들 간 이루어지는 소통방식, 상호작용적인 성격

　ㄹ. **대각적 의사소통**: 유사수준의 부서 간, 상이한 수준의 사람들 간의 대각적인 정보흐름 - > 의사소통의 중복이나 부서 간 마찰을 불러일으킬 수 있음

　ㅁ. **비공식적 의사소통**: 공식적 의사소통과 보완 관계

2. 리더십

☑ References : 안전보건공단

[1] 리더십 유형(Quinn의 리더십 유형을 중심으로)

① **인간관계형(human relation model, 동기부여형 리더십)**: 유연성과 조직내부에 초점을 맞추고 있다. 그리고 효과성에 대한 측정지표로 단결, 도덕, 인적자원개발에 중점을 둔다.

② **개방체계형(open system model, 비전제시형 리더십)**: 유연성과 외부에 초점을 두고 있다. 그리고 외부의 지원과 자원획득, 성장 및 준비성을 강조한다.

③ **합리목적형(rational goal model, 목표달성형 리더십)**: 통제와 외부에 초점을 두고 있다. 그리고 유효성에 대한 측정지표로 계획, 목표달성, 생산성, 효율성을 강조한다.

④ **내부과정형**(internal process model, 분석형 리더십) : 통제와 내부에 초점을 두고 있다. 그리고 정보관리의 역할, 커뮤니케이션, 안정성과 통제를 강조한다. 또한 환경의 변화에 적극적으로 대처하기보다는 조직내부의 통합과 안정을 위하여 조직의 현상유지에 더 많은 노력을 기울인다.

(2) 리더십 자질(맥킨지의 유형구분을 중심으로)

① **민첩성**(agile) : 지금까지 기업이 리더의 경험에 따라 방향을 결정하고 거기에 맞춰 성장해왔지만, 앞으로는 타이밍을 놓치지 않는 유연한 의사결정 체계가 필요하다.

② **변혁성**(game changing) : 앞으로는 새로운 게임의 룰을 세우고 창조적 파괴에 나설 수 있는 과감함이 성장을 주도한다. 조직운영의 효율성을 극대화하는 방식으로 성장을 일구는 것은 과거 방식이다.

③ **연결성**(connected) : 외부지향성을 갖추고 일부 고위급의 '제한적' 네트워킹이 아닌, 조직 전체의 광범위한 네트워킹이 필요하다. 필요할 경우 이해관계자는 물론 경쟁자도 포함한 외부 파트너와도 협력해야 한다.

④ **조직체계의 변화** : 지금까지 소수 리더의 권위를 바탕으로 조직을 지휘했다면 앞으로는 구성원 전체의 능력을 극대화하기 위한 지원 · 조율 · 협상에 초점을 맞추라는 조언이다.

⑤ **보편성**(globally effective) : 세대와 지역적 차이를 극복하는 영향력을 발휘해야 혁신적인 기업을 끌어나갈 수 있는 토대가 구축된다.

(3) 최근 리더십 유형

① **슈퍼 리더십**(Super-Leadership) & **셀프 리더십**(Self-Leadership) : 슈퍼 리더란 지시, 통제에 의해서가 아니라 부하가 자신을 스스로 리드할 수 있도록 셀프 리더로 만드는 리더이다. 부하의 주체적 존재를 인정하고 그 역량 발휘를 지원해 자기 부하가 스스로 판단하고 결과를 책임질 수 있도록 부하들을 셀프 리더로 키우는 리더십이다. 셀프 리더십은 자율적 리더십 또는 자기 리더십이라고 한다. 타인이 리더가 아니라 스스로가 자신의 리더가 되어 통제하고 행동하는 것을 말한다.

② **서번트 리더십**(Servant Leadership) : 서번트 리더십이란 개념은 1977년 미국의 경영연구가 Robert K. Greenleaf에 의해 처음으로 제시되었다. 타인을 위한 봉사에 초점을 두고, 종업원과 고객의 커뮤니티를 우선으로 그들의 욕구를 만족시키기 위해 헌신하는 리더십을 뜻한다. 즉, 부하들이 잘 따르는 존경받는 지도자가 되기 위해서는 부하에 대해 인격존중과 헌신적 봉사를 통해 그들 스스로 자기 능력을 발휘하도록 이끌어주는 리더십이다.

> **📢 서번트 리더의 특성적 요소**
>
> ① 경청하는 자세
> ② 공감대 형성의 노력
> ③ 부하들의 고통치유에 대한 관심
> ④ 분명한 인식을 통해 대안 제시
> ⑤ 맹종 아닌 설득에 의한 동반
> ⑥ 폭넓은 사고를 통해 비전 제시
> ⑦ 예리한 통찰력으로 미래예측을 하도록 도움
> ⑧ 청지기적인 태도로 봉사
> ⑨ 부하들의 능력개발에 노력
> ⑩ 조직구성원들 간 공동체 형성에 조력

③ **감성리더십(Emotional - Leadership)** : 리더의 핵심과제로 직원들과 공감대를 형성하는 공감능력이 대두되면서 감성지능(Emotional Intelligence)과 함께 등장한 리더십이다. 사람의 감정을 다루거나 관련 분야에서 특히 선호되는 리더십으로 리더의 역할은 뛰어난 전략가가 아니라 직원이 어떻게 그것을 수행하게 할 것인지, 이를 위해 감성과 감정을 올바른 방향으로 이끌어가는 역량이 더 중요하다는 것이다.

3. 의사소통

(1) 개념

의사소통(communication)은 통상 의사전달 등이라 부르며, 현재 한국 사회에서는 약칭해서 소통이라는 용어가 점점 더 자주 사용되고 있다. 일반적 의미의 의사소통은 의사전달자가 의사수신자의 행위를 변화시키기 위한 목적으로 의미를 전달하는 과정을 뜻한다. 따라서 의사소통은 의사전달자(sender), 의사수신자(receiver), 메시지(message), 매체(media) 등의 기본요소들로 구성된다.

(2) 중요성

조직에서 의사소통은 매우 중요한 요소이다. 조직의 의사소통은 크게 조직 내의 의사소통, 조직과 환경 사이의 의사소통으로 나눌 수 있는데, 성공적인 성과를 위해서 이 두 차원의 의사소통이 모두 중요하다. Skidmore(1990)는 조직에서 의사소통이 중요한 이유를 다음의 세 가지로 들고 있다.

① **효과성** : 조직에서 효과성은 직원 상호 간, 특히 상위직과 하위직 사이에 생각과 감정을 공유하는 데 달려 있다. 쌍방적인 의사소통(two-way communication)은 민주적 과정의 일부이며 바람직한 의사결정을 하고 효과적인 정책을 결정하는 데 필수적이다.

② **효율성** : 효율성은 조직 구성원 간의 의사소통이 공개적이고 개방적일 때 높아진다. 조직 내에서 구성원들이 업무와 관련된 절차, 방법, 사례, 정책, 목적 그리고 자신들이 기대하는 바에 대하여 서로의 생각과 느낌을 공유하는 것은 매우 중요하다.

③ **사기** : 조직의 운영에 있어서 사기는 특히 중요하다. 최고관리층과 조직구성원 간에 의사소통이 잘 되면 훨씬 더 지지적이 되고 기관의 목적을 달성하는 것도 원활하게 된다.

(3) 원칙과 과정

① **원칙** : 효과적인 의사소통을 위한 원칙은 학자들의 접근입장차이로 다양하게 정의되고 있지만 다음과 같은 공통적 요인을 포함한다.

ㄱ. **명료성(clarity)** : 의사소통은 수신자가 그 의미를 정확하게 이해할 수 있도록 해야 한다. 애매한 의사소통은 불신을 초래하는 경향이 있다.

ㄴ. **일관성(consistency)** : 의사소통은 전후의 메시지가 모순되지 않고 일관성을 유지해야 한다. 좋은 의사소통은 좋은 말만 하는 것이 아니라, 적합한 말을 일관되게 하는 데에 있다.

ㄷ. **적시성(timeliness)** : 의사소통은 적절한 시점에서 이루어져야 한다. 시간과 장소에 따라 의사소통 하고자 하는 메시지 내용이 달리 해석될 수 있음은 모든 의사소통 담당자들에게 거듭 환기되고 훈련되어야 할 항목이다.

ㄹ. **배포성(distribution)** : 정보는 정확한 수신자에게 전달되어야 한다. 무관한 수신자를 많이 만들어 내는 의사소통구조를 피하고 관련된 수신자에게는 관련된 메시지가 반드시 전달되는 의사소통 구조의 확립이 필요하다.

ㅁ. **적정성(adequacy)** : 전달된 정보의 양이 너무 많거나 적어 수신자의 이해를 어렵게 하면 안 된다. 따라서 의사소통 담당자들은 정보의 양을 적절하게 조정하여 이해를 제고시켜야 한다.

ㅂ. **관심과 수용(interest & acceptance)** : 의사소통은 수신자가 관심을 갖고 수용적인 태도를 보일 때 가장 효과적으로 이루어질 수 있다. 따라서 수신자의 관심에 부합하는 메시지를 전달하기 위하여 노력할 필요가 있는 것이다.

② **과정** : 의사소통은 세 가지의 과정 즉, 공유, 이해, 그리고 명확화가 있는데, 이를 살펴보면 다음과 같다.

ㄱ. **공유(sharing)**: 메시지를 보내고 받는 과정을 말하는 것으로 언어적으로, 비언어적으로 또는 문서 등의 방법으로 다양하게 이루어지며, 수직적 또는 수평적 통로를 통해 이루어진다. 공유의 과정은 의사소통 공학기술의 발전수준에 의해서도 많은 영향을 받기 때문에, 의사소통 담당자는 총괄적인 기획과정에서 공유의 문제를 진지하게 취급해야 한다.

ㄴ. **이해(understanding)**: 메시지를 이해하는 과정으로 주고받는 말의 내용이 동일함을 의미한다. 만일 양자가 다르다면, 의사소통은 이루어지지 않는 셈이므로 이해의 과정은 메시지를 사실 그대로 들으려는 명확화의 과정에 의해 완전해진다.

ㄷ. **명확화(clarifying)**: 효과적인 의사소통을 하는 데 특히 중요하다. 이는 들은 내용을 정확히 이해하기 위한 질문이나 반복의 과정이다. 명확화는 다른 무엇보다도 민주적 조직문화로부터 많은 영향을 받는다.

(4) 유형

① 제도적 절차에 따른 의사소통 유형

ㄱ. **공식적 의사소통**: 공식적 조직에서 공식적인 수단(공문서, 협조전 등)에 의해 의사가 전달되는 것을 말한다. 공식적 의사소통의 목적은 조직구성원에게 목표, 정책결정, 지시, 이행을 전달하거나 관리자에게 보고하고 의견을 전달하는 데 있다.

ㄴ. **비공식적 의사소통**: 조직의 의사소통체계가 아무리 잘 마련되어 있다 하더라도 그것은 조직구성원들이 필요로 하는 모든 정보를 다 전달하기에는 부족하다. 그래서 항상 비공식적 의사소통(informal communication)을 통해 공식적 의사소통을 보완해 주는 것이며, 이는 조직과 관계없이 비공식 수단(소문, 자신의 판단 등)에 의해 의사가 전달되는 것이다.

표4_ 의사소통의 비교		
구분	공식적 의사소통	비공식적 의사소통
개념	공식조직 내에서 계층제적 경로와 과정을 거쳐 공식적으로 행하여지는 의사소통으로서 고전적 조직론에서 강조	계층제나 공식적인 직책을 떠나 조직구성원 간의 친분·상호신뢰와 현실적인 인간관계 등을 통하여 이루어지는 의사소통
수단	공문서, 협조전 등	소문, 자신의 판단 등
장점	• 상관의 권위유지 • 의사소통의 확실 • 책임소재가 명확	• 전달이 신속하고 적응성이 강함 • 배후사정을 상세히 전달 • 긴장과 소외감 극복 • 관리자에 대한 조언 • 공식적 의사소통을 보완

구분	공식적 의사소통	비공식적 의사소통
단점	• 법규에 근거하므로 의사소통의 신축성이 낮은 수준 • 배후사정을 전달하기가 곤란 • 변동하는 사태에 신속한 적응 곤란	• 책임소재가 불명확 • 의사결정에 활용할 수 없는 전 • 공식적 의사소통을 마비시킴 • 수직적 계층하에서 상관의 권위손상 우려 • 조정·통제가 곤란

Authorship : 한국행정학회

② **상하 간에 따른 의사소통 유형** : 상하 간에 따른 의사소통 유형에는 수직적 의사소통(vertical communication)과 수평적 의사소통(horizontal communication)이 있는데, 전자가 상하 간의 종적 의사전달이지만, 후자는 같은 수준의 횡적 의사전달로서, 이들의 차이점은 아래 표와 같다.

표5_ 수직적 의사소통과 수평적 의사소통의 비교		
수직적 의사소통		수평적 의사소통
상향적	하향적	
보고, 제안제도, 의견조사, 태도조사, 설문조사, 면접, 면담, 고충조사 등	명령, 지시, 지령, 훈령, 구내방송, 게시판 등	회의 , 위원회, 회람

Authorship : 한국행정학회

경영활동

CHAPTER 3

1 기능별 경영활동

1. 마케팅 일반

(1) 마케팅 관리의 개념

① **풀 마케팅** : 소비자를 처음부터 중요시함으로써, 소비자가 자발적으로 그 기업의 제품을 구매하도록 하는 판매방식

② **마케팅 믹스** : 4P(Product, Price, Place, Promotion) + Power, Public relation, People

(2) 마케팅 전략

① **마케팅 전략** : 시장 환경의 변화에 따른 마케팅 부문의 장기적 기본계획을 의미한다(기업 차원의 마케팅 전략/제품차원의 마케팅 전략).

② **기업 차원의 마케팅 전략** : 시장침투, 시장개발, 제품개발, 다양화

③ **시장침투** : 제품에 어떠한 변경도 가하지 않은 채, 현재 목표 구매집단에게 더욱 많이 판매하려는 것으로 기존 시장에서 기존 제품의 판매를 증대시키려는 전략(가격의 인하, 광고의 확대 또는 그 상품을 취급하는 소매상 수 늘리기)

④ **시장개발 전략** : 기존 제품을 더 많이 판매할 새로운 시장을 개척하려는 전략

⑤ **제품개발 전략** : 기존 시장에서 현재의 고객에게 신제품을 공급하는 전략

⑥ **다양화 전략** : 새로운 시장에 신제품을 공급하는 전략

⑦ **제품차원의 마케팅** : 제품수명주기, 목표시장의 인식

⑧ **제품수명주기** : 제품이 신제품으로 시장에 도입된 후 성장 품목이 되었다가 마침내는 사양품목이 되어 시장에서 탈락하게 되기까지의 시간적인 과정을 말한다.

⑨ **시장세분화** : 소비자의 욕구 행동 및 특성 등에 따라 시장을 분류하는 과정을 말한다.

⑩ **표적 마케팅** : 시장 세분화에 초점을 맞춰 제품을 개발하고 판매한다.) ↔ 대중, 매스마케팅

2. 인적자원관리 일반

(1) 인적자원관리의 체계

① **인사 철학**: 인사 관리관을 의미하며 인간에 대한 기본적인 사고방식을 말한다.
② **이론적 인간관**: 종업원을 성숙한 인간으로 보는 새로운 인사 철학

(2) 인력계획과 직무계획

① **인력계획**

ㄱ. **인력계획**: 현재 및 미래의 각 시점에서 기업에 필요한 인원수와 사내외의 공급인력을 예측하고 계획하는 것이다.
ㄴ. **정원 계획 = 정태적 계획**: 현재 시점의 인력계획
ㄷ. **동태적 계획**: 미래 시점의 인력계획

② **직무계획**

ㄱ. **직무분석**: 인적자원을 최적으로 활용하기 위해, 직무내용과 직무환경 및 직무특성에 관한 연구를 과학적으로 실행하는 활동(직무 기술서/직무 명세서)
ㄴ. **직무분류**: 동일 또는 유사한 역할과 능력을 요구하는 직무들을 집단으로 분류하는 것으로 승진, 이동, 교육훈련, 인사고과, 선발 등을 수행하는 기초가 된다.
ㄷ. **직무평가**: 직무분석과 직무분류를 기초로 하여, 직무의 상대적 가치를 체계적으로 결정하는 방법
ㄹ. **직무설계**: 직무의 내용이 기업목적을 효과적으로 달성함과 동시에 개인의 욕구도 충족시킬 수 있도록 설계하려는 활동

3. 경영정보 일반

경영 정보 시스템(Management Information Systems, 줄여서 MIS)은 기업이라는 시스템의 관점에서 경영 시스템의 목표인 이익창출을 위해 다른 하위 시스템을 효율적으로 작용하도록 지원하는 시스템이다. 경영 정보 시스템은 자료를 저장하고, 정보를 생성함으로써 기업 내에서 필요한 지식을 생성하고 축적하며 이를 활용하도록 하는 통합적 컴퓨터 정보시스템이다. 눈에 보이지 않는 지식이지만 이러한 지식의 원천을 형성하는 자료와 정보를 제공하는 기능을 담당한다.

(1) 경영정보시스템의 발전과정

과거의 경영정보시스템은 그 설치나 이용에 있어서 비공식적이었다. 그 후 컴퓨터가 이용되기 시작하면서 다량의 정보가 단시간 내에 처리 요약될 수 있게 되었고, 컴퓨터를 더욱 효과적으로 활용하려한 나머지 정보시스템에 대한 집중적인 연구를 통해 새로운 시스템의 개발 집행에 관심을 갖게 되었으며, 경영정보시스템도 TPS - MIS - DSS - SIS(ES)로 발전하는 과정을 거치게 되었다.

① TPS(Transaction Processing System) : 컴퓨터가 처음으로 도입되었을 때 정보시스템은 주로 경리나 청구서 작성과 같은 몇몇 단순하고 반복적인 활동에 관한 자료만 처리하였다. 새로운 과업을 수행하기 위해 TPS 부서는 경영자들에게 표준화된 보고서를 제공할 필요성이 발생하게 되었으며, 그것이 계기가 되어 마침내 MIS가 등장하게 되었다.

② MIS(Management Information System) : TPS의 성장은 곧 경영자들이 그들 조직의 정보시스템을 더욱 합리적으로 계획하도록 촉구하는 결과를 가져왔으며, 그것은 곧 컴퓨터 기반의 정보시스템(CBIS) 혹은 단순히 새로운 MIS 개념을 등장시키는 결과를 가져왔다. 기능을 확대하게 되면서 MIS라는 새로운 명칭을 갖게 되었다.

③ DSS(Decision Support System) : 마이크로컴퓨터가 보편화되면서 경영자가 자신의 자료 베이스를 만들어 놓은 다음 필요한 정보를 바로 조작해냄으로써 TPS나 MIS 부서로부터의 보고를 기다리지 않아도 될 수 있게 되었는데 그러한 정보시스템을 DSS 시스템이라고 부른다. 물론 MIS가 아직도 통상적인 업무의 통제에 필요한 것은 사실이지만, DSS는 특히 구조화된 자료베이스의 이용까지도 가능케 한다는 점에서 한 단계 더 발전된 시스템이라 할 수 있다.

④ ES(Expert System) : 문제를 진단하고, 그러한 문제를 극복·해결하기 위한 전략을 추천하며, 또 그러한 추천의 타당성을 제시함은 물론 심지어는 갖가지 경험이나 상황을 '학습'까지 시키는 등 소위 인공지능(AI)을 이용한 '새로운 시대'의 정보시스템을 일컫는다.

(2) MIS의 도입목적

① **운영 효율성** : 기업 운영의 효율성을 개선하여 생산성을 증대시킨다.

② **새로운 비즈니스 모델** : 새로운 상품, 서비스, 비즈니스 모델을 창출할 수 있다.

③ **고객 - 공급자 친밀성** : 고객의 요구에 즉각적으로 반응할 수 있고, 잠재적 요구까지 분석해낼 수 있다.

④ **의사결정 지원** : 정보부족으로 인해 단순 예측과 운에 의지하던 의사결정을 더욱 확실하게 할 수 있도록 돕는다.

⑤ **경쟁우위**: 더 싸고 더 좋고 더 빨리 대응할 수 있다.

⑥ **생존**: 기업의 생존에 필수적인 요소가 되기도 한다.

(3) MIS의 주요역할

① **정보제공자로서의 역할**: 의사결정자가 기업의 중요한 의사를 결정하기 전에, IT 부서는 의사결정자가 의사를 직관적으로 결정할 수 있는 명확한 정보를 수집 및 가공하여 전달한다.

② **정보수집 및 해석자로서의 역할**: 기업에 일어나는 대외적인 현상을 통찰력있게 접근하여 해석할 수 있어야 한다.

(4) 경영정보 시스템 보고서 종류

① **엑셀(Excel)**: 엑셀을 사용하여 경영정보시스템 보고서를 작성하는 것은 대부분 회사에서 채택한 전통적인 방법이다.

그림6_ MIS엑셀보고서

Authorship : Fine Report 재구성

② **리포팅 소프트웨어 보고서(Reporting software report)**: 경영정보시스템 보고서는 또한 전문적인 보고서 도구로 준비할 수 있다. 시스템이 동일한 정보를 캡처할 수 있는 경우 데이터를 쉽게 집계하고 필요한 정보를 요약할 수 있다. 보고서를 생성하려면 한 번만 설정하면 되고, 과정은 엑셀보다 훨씬 쉽다.

그림7_ 소프트웨어 보고서

매출 현황 경영정보시스템 보고서

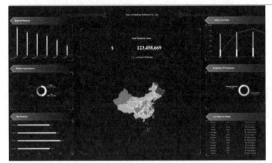

재무 보고서

Profit 보고서

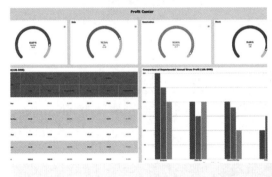

수익 보고서

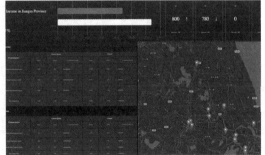

Authorship : Fine Report 재구성

4. 회계 일반

☑ References : 지방자치인재개발원, 금융감독원 자료 재구성

(1) 회계란?

쉽게 정리하면 회계는 돈이 얼마나 있는지 세는 것이고, 재무는 그 돈을 굴리거나 빌리는 것이다.

① 정보 이용자가 합리적인 판단이나 의사 결정을 할 수 있도록 경제적 정보를 식별하고 측정하여 전달하는 과정이다.

② 기업의 경영활동을 측정하여 기록하고 정리한 후, 그 정보를 분석하여 경영활동에 따른 경영 성과와 재무 상태를 파악하고 미래를 계획하고자 하는 것이다.

③ 정보 이용자가 합리적 판단과 경제적 의사 결정을 할 수 있도록 기업 실체에 관한 유용한 정보를 측정하여 전달하는 과정이다.

④ 숫자로 만드는 회사의 돈 정보가 회계다.

(2) 회계의 종류

① 재무회계 - 회사 외부인에게 정보 전달용

② 세무회계 - 국세청 세금 징수용

③ 관리회계 - 경영자, 임직원 의사 결정용

(3) 회계의 반을 끝내는 세 가지

① 증빙

② 계정

③ 회계 기준

(4) 계정

① 어디에 경비를 썼는지 알 수 있는 것. 거래가 발생하면 그에 맞는 계정을 사용해서 재무제표를 정리해야 한다. 계정이란 회사가 돈을 벌고 쓴 것을 직관적으로 설명해주는 정보 단위이다.

　✓ 여비교통비, 급료 및 수당, 단기 금융자산, 매출채권, 미수수익, 재고자산, 선급금, 장기금융자산, 유형자산, 무형자산 등

① **신규계정 만들기** : 해당 부서에서 계정과목 신설 요청 품의 작성 → 부서장 결재 승인 → 회계팀 제출 → 회계팀 실무 담당자가 검토 후 팀장 승인 → 시스템에 계정 신설 → 계정코드와 내용에 맞는 계정명을 신설하면 해당 부서 담당자에게 통보한다.

(5) 재무제표

재무제표는 회사가 설립된 순간부터 현재까지 돈을 벌고 쓴 수많은 거래를 정리해서 재무 상태 및 영업성과를 볼 수 있도록 정리한 '돈' 보고서이다.

(6) 재무제표의 약속

회사 정보를 알고자 하는 사람들이 누구나 볼 수 있도록 회계 기준에 정해진 양식으로 작성해야 한다. '앞으로도 살아남을 것이다' 라는 가정을 하고 작성한다.

(7) 재무제표의 종류

① **재무상태표** : 현재 회사의 자산, 부채, 자본을 통해 재무 상태를 보여준다(회사의 건강 검진표).

② **손익계산서**:1년 동안 회사가 얼마나 벌고 썼는지, 세금은 얼마나 냈는지 등을 통해 영업 성과를 보여 준다(회사의 성적표).

③ **자본변동표**:1년 동안 회사의 재무 상태 중 자본이 변화한 이유를 보여준다. 자본이 이익 때문에 증가했거나 감소했는지, 자기주식을 취득하거나 처분하는 자본 거래 때문에 발생했는지, 배당을 했기 때문인지 등을 알 수 있다.

④ **현금흐름표**:1년 동안 회사에 현금이 얼마나 들어오고 나갔는지를 보여 준다. 기업의 영업활동, 투자활동, 재무 활동을 통한 현금 흐름의 정보를 얻을 수 있다.

(8) 회계등식

① 자산 = 부채 + {자본 + 수익 - 비용}

② 재무상태표 = 부채 + 자본

③ 손익계산서 = 수익 - 비용

④ 자산 = 부채(남의 돈, 외상, 대출) + 자본(내 돈, 주식상장, 초기 자본금)

⑤ 손익계산서(이익) = 수익 - 비용(돈 벌기 위해 쓴 것)

(9) 회계의 순환 과정

회계 시스템에 전표 입력하면 자동 분개 → 전기(회계팀 검토 및 승인하면 장부에 기록) → 수정 전 시산표 작성(각 계정 잔액, 차변·대변 합계 일치 여부 확인) → 수정분개(감가상각, 이자비용 및 수익 인식 등) → 수정 후 시산표 작성 → 장부 마감 → 재무제표 작성

① 거래가 발생했다. 거래를 증명하는 증빙을 잘 챙겨 둔다.

② 전표를 입력한다. 회계 시스템이 자동으로 분개해준다.

③ 전표를 회계팀에 제출하면 회계 담당자는 올바르게 분개되었는지 확인하고 승인한다.

④ 승인되면 분개장부에 분개가 기록되고, 총계정 원장의 각 계정 과목별로 옮겨서 집계하는 전기가 일어난다.

⑤ 1-4 과정이 재무제표가 작성되는 시점까지 반복된다.

⑥ 결산 시기가 되면 수정 전 시산표를 통해 분개와 전기 과정에서 오류가 없는지 검증한다. 그리고 수정분개를 통해 선급 비용처리, 감가상각 등 결산 시점에만 반영하는 내용들을 반영하고 잘못된 부분을 바로 잡는다.

⑦ 수정분개와 수정 전 시산표 금액이 합쳐진 수정 후 시산표를 작성하고 장부를 마감한다.

⑧ 재무상태표와 손익계산서를 만든다.

(10) 분개

거래나 사건을 차변, 대변으로 쪼개어 각각 계정과 금액을 기록해주는 것이다.

① **거래 확인**: 회계에서 인정하는 거래인지 확인해야 한다. 거래는 회사의 재산 상태에 영향을 미쳐야 하고 금액으로 표시할 수 있어야 한다.

② **차변과 대변으로 나눈다**: 분개는 차변(debit)과 대변(credit)으로 나누는 것이다. 양쪽 값은 항상 같아야 한다(대차평균의 원리).

③ **거래에 해당하는 복수의 계정을 파악한다**: 모든 거래에는 원인과 결과가 있기 때문. 이것을 거래의 이중성이라고 한다. 분개하려면 거래가 자산, 부채, 자본, 수익, 비용 중 어디에 속하는 계정인지 파악해야 한다.

④ **계정의 위치를 찾는다.**

5. 재무 기초

☑ 신규(2021년) 출제범위 ★비서1급★

회계와 재무는 다르다. 쉽게 정리하면 회계는 돈이 얼마나 있는지 세는 것이고, 재무는 그 돈을 굴리거나 빌리는 것이다.

(1) 재무관리의 기능

투자결정에 의하여 수익성과 영업위험이 결정되고 자본조달결정에 의하여 재무위험이 결정되며 수익성은 미래 얻게 될 현금흐름의 크기를 결정하고 위험도(영업위험 및 재무위험)는 자본비용의 크기를 결정한다. 그리고 현금흐름과 자본비용의 크기에 의하여 기업가치가 결정된다.

① **투자결정**: 어떤 자산에 어떤 규모로 투자할 것인가(운용): 기업의 미래 수익성을 결정한다

② **자본조달결정**: 필요한 자금을 부채와 자기자본으로 어떻게 배분해서 조달할 것인가: 기업이 부담해야 할 자본비용을 결정한다.

(2) 재무관리의 의의

재무관리는 기업이 필요로 하는 자금을 조달하고, 조달된 자금을 운용하는 것과 관련된 의사결정을 효율적으로 수행할 수 있도록 하기 위한 이론과 기법을 연구하는 학문이다.

(3) 재무관리의 목표

① 이익의 극대화

② 기업가치의 극대화

③ 자기자본가치의 극대화

> 📢 **이익 극대화의 문제점**

- 첫째, 개념이 모호하다. 극대화의 대상인 이익이 단기,장기, 총이익, 주당이익 중 어느 것인지 불분명하다.
- 둘째, 회계처리 방법에 따라 값이 달라질 수 있다. 따라서 기업성과를 객관적으로 측정하기 어렵다.
- 셋째, 화폐의 시간가치를 무시하고 있다. 금액만 동일하면 동일 가치를 갖는 것으로 본다.
- 넷째, 미래의 불확실성(위험)을 무시하고 있다. 미래실현 기대이익의 크기만 고려할 뿐 실현가능성(불확실성)의 차이는 고려하지 않는다.

(4) 화폐의 시간가치와 이자율

화폐는 같은 금액이라도 발생시점에 따라 가치가 달라지기 때문에, 발생시점의 차이에 따른 가치차이를 고려해야 한다. 화폐의 가치가 시간에 따라 달라지는 것은 사람들이 같은 금액이라면 미래의 현금보다 현재의 현금을 선호하는 경향이 있기 때문이다. 이를 유동성선호라고 한다. 유동성선호는 다음으로 인해 발생한다.

- 소비에 대한 시차선호(현재 소비에 대한 선호)
- 실물투자기회의 존재
- 물가상승의 가능성
- 미래의 불확실성

사람들은 미래의 현금보다 현재의 현금을 선호하기 때문에 현재의 현금을 포기해야 하는 경우 그에 대한 대가를 요구한다. 이자율은 현재 금액을 일정기간동안 포기하는 데 대하여 요구하는 대가를 포기하는 현재의 금액에 대한 비율로 나타낸 것을 말한다. 이자율은 발생시점이 서로 다른 화폐의 상대적가치(시간가치)를 평가하는 기준이 된다.

(5) 재무제표의 기초와 이해

기업 등의 경제활동 주체가 특정 시점의 경제적인 상태와 일정 기간 있었던 경제적 활동을 일정한 형식에 맞추어 작성한 표이다. 기업의 경영상태를 담았기 때문에 아무나 볼 수 없는 건 아닐까 생각할 수 있지만 재무제표는 간단하게 언제 어디서나 '전자공시시스템(DART·Data Analysis, Retrieval and Transfer System)' 사이트를 통해서 조회할 수 있다. DART는 회원가입이나 별도의 인증절차 없이 재무제표와 각종 기업의 중요 소식들을 볼 수 있고 모바일 중심 시대에 맞게 모바일웹도 구축돼 있어 스마트폰으로도 쉽게 이용할 수 있다. 재무제표는 단순히 이번 분기의 매출과 영업이익만 보는 목적이 아니기 때문에 재무제표를 볼 때는 재무제표 구성항목의 상호 연관성을 고려한 유기적인 분석이 필수적이다.

(6) 재무제표의 종류와 특징

재무제표는 양적 정보를 주고 제공하는 재무상태표, 포괄손익계산서, 자본변동표, 현금흐름표와 이와 관련된 보충정보를 제공하는 주석 등 총 다섯 가지로 구성된다.

① **재무상태표**: 특정 시점 현재 기업의 재무상태를 나타낸다. 회사가 가진 재산은 얼마고 빚(부채)은 얼마나 있는지 확인할 수 있다.

② **포괄손익계산서**: 일정 기간 얼마나 벌었고 얼마나 썼는지를 알 수 있는 표. 매출과 순이익 산출 과정 등이 궁금할 때 활용할 수 있다.

③ **자본변동표**: 회사를 실제로 소유하는 주주들의 지분구성 내역 변동을 나타내는 표. 배당, 증자 등 일정 기간 자본의 각 항목(자본금, 이익잉여금 등)의 변동내역을 확인할 수 있다.

④ **현금흐름표**: 일정 기간 현금이 어떻게 조달되고 사용되었는지 알 수 있도록 현금흐름 정보를 영업, 투자, 재무활동으로 구분해 표시한다.

⑤ **주석**: 기업의 회계정책, 재무제표 작성근거, 본문에 표시되지 않는 질적 정보 등 재무제표 이해에 필요한 보충 정보를 상세히 제공한다.

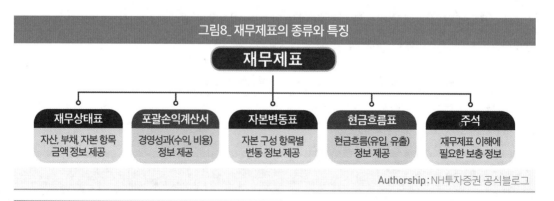

그림8_재무제표의 종류와 특징

2 시사경제

1. 실생활 중심 경제

시사경제 범위가 넓어 시험대비에 어려움이 있지만 2020년 경제 관련 핫 키워드를 중심으로 경제 용어를 알아보도록 한다(비서자격시험 출제기준 기술의견 참조).

(1) 경제의 기본개념

사전적 의미로 경제란 재화를 생산하고 소비하는 인간 행위이다. 경제상식이란 돈을 지키기 위해 반드시 알아두어야 하는 것이며 경제상식은 매일같이 겪게 되는 일상적인 경제활동의 원리를 들여다보는 것이다. 경제의 시작은 재화인데, 재화란 결국 돈을 의미하고, 돈의 출생지는 지폐와 동전에 적혀 있는 '한국은행'에서 발행을 하게 되며 이곳에서 기준금리를 정하게 된다. 그래서 이 기준금리를 통해 시중은행과 정부에서 각각 돈을 빌리게 되고 그 돈으로 각자 사업을 하게 되는 것이 경제의 최초의 흐름이라고 볼 수 있다.

- 기준금리 상승=돈을 빌리기 어려움=소비활동 자제
- 기준금리 하락=돈을 빌리기 용이함=소비활동 왕성
- 환율 상승=수출 금액 적어짐=원화 평가절하=물건의 가격 상승
- 환율 하락=수출 금액 커짐=원화 평가절상=해외여행 가서 물건 사기 용이

또한 경제란 GDP인데, GDP는 총생산을 의미한다. 따라서 다음과 같은 공식이 만들어진다.

📢 **경제=GDP**

- 경제=GDP=C+I+G+netEx
- **C**: Consumption, 소비
- **I**: Investment, 투자
- **G**: Government expenditure, 정부지출
- **netEx**: net Export, 순수출(수출-수입)

경제성장률이란 GDP 증가율을 의미하며 GDP 규모가 전년에 비해서 얼마나 증가했는지, 즉, 우리나라의 총생산 규모가 얼마나 증가했는지를 알려주는 수치라는 것을 알 수 있다.

① **소비 상승**:가장 중요한 변수는 소득이다. 소득이 증가하면 소비가 늘어나기 때문인데 소득은 고용이 증가할 때 소득도 증가하게 된다. 10명이 있는데, 그중 5명만 일하다가 3명이 추가로 일자리를 구했다고 하면 10명의 평균 소득이 늘어나게 돼서 이 상황이 고용이 늘어나면 소득이 늘어난 상황으로 볼 수 있다.

② **고용 증가**:투자가 늘어날 때 고용은 증가한다. 기업을 운영하는 사람이 옆 건물에 사업을 확장한다고 가정하면 그것이 투자이고, 사업을 확장하면 일할 직원이 필요해져서 사람을 구하게 되는데 그것이 고용이다.

③ **환율**:한 나라의 화폐와 외국 화폐와의 교환 비율을 환율이라고 한다. 예를 들어 미국 돈 1달러를 받으려면 한국 돈 얼마와 바꿔야 하는지에 대한 교환 비율이 환율이다.

    √ 환율의 상승＝원화의 가치 하락＝원화 절하

(2) 경제의 3대 주체

'가계, 기업, 정부'

(3) 실생활 중심 경제키워드(출처:현대경제연구원2022년 10대 경제 키워드 추가)

> ☑ References:연합인포맥스, pmg지식엔진연구소, 전자신문, 그린포스트코리아, 현대경제연구원

① **비대칭회복(Asymmetric Recovery)**:2022년 세계 경제의 회복 기조는 지속될 예상이나, 기저효과의 부재, 방역 상황의 악화 및 개선의 반복으로 완만한 개선을 보일 가능성이 높아서 코로나 이전의 성장 추세로의 안착이 어렵다고 보는 전망을 뜻한다.

② **숏폼 콘텐츠(Short form content)**:글자 그대로 짧은 길이의 영상을 의미하며, 몇 초 이내의 영상부터 10분 이내의 영상까지 그 종류가 다양하다. 짧은 시간 내에 직접적인 스토리 구성을 이루고 있다. 숏폼 콘텐츠는 TV보다 모바일 기기가 익숙한 Z세대(1990년대 중반~2000년대 초반에 걸쳐 태어난 세대)가 콘텐츠 주 소비자로 자리 잡으면서 활발히 소비되고 있다. 한편, 숏폼 콘텐츠는 TikTok, Youtube, Netflix 등 OTT(Over the top) 서비스를 중심으로 주류로 떠올랐다.

③ **스마트 리빙(Smart living)**:활동적 노후생활을 지원하는 사물인터넷(IoT) 서비스를 의미한다. 유럽연합(EU)의 각 기관이 참여한 IOT 연합조직인 유럽 사물인터넷 혁신연합(AIOTI)이 주도하고 있다. 국내에서는 하이테크 기반 고령사회 대응 전략으로 노인복지 차원에서 부처별로 각기 추진되고 있으며, 보건ㆍ의료 서비스 중심 사업들이 주류를 이루고 있다.

④ **피크 시대(decade of peak)**: '정점의 시대'라는 뜻으로 미국 투자은행 BOA메릴린치가 2020년 경제 전망 보고서에서 사용한 용어다. BOA메릴린치는 '2020년대는 정점의 시대'라고 진단, 글로벌 경제가 총수요 위축으로 산업의 성장세가 꺾이는 피크쇼크를 맞이할 것으로 내다봤다. 피크쇼크의 징후는 인구나 원유 등 에너지, 자동차 등 경제와 사회 전방위에 걸쳐 나타나며 향후 10년을 바꿀 변곡점으로 작용할 수 있다. 한 예로 자동차와 원유의 수요는 이미 정점에 이르고 있는데 원유는 대체 에너지의 급격한 발전으로 향후 수요가 멈출 것으로 예상됐다. 원유를 에너지원으로 하는 자동차도 전기차로 대체는 현상이 대표적이다.

⑤ **임팩트 기부(Impact Donation)**: 클라우드 펀딩(Crowdfunding) 중 기부형 클라우드 펀딩을 기반으로 진화한 것으로, 모금액을 전달하고 수요자의 목적(창업 및 기업운영)을 성취하면 유사한 목적을 가진 다른 수요자에게 재기부하도록 이어주는 형태로 발전한다.

⑥ **쌍둥이 적자(twin deficit) = 경상수지 적자 + 재정수지 적자**: 연준의 통화정책 정상화가 본격화되면 ECB를 비롯한 다른 선진국 중앙은행들의 정책금리 또한 인상될 전망인데, 만약 신흥, 개도국의 경기 국면이 침체 국면일 경우 해당 국가는 정책금리를 인상할 여력이 부족하게 되고 기축통화국인 미국과의 금리 격차 축소로 인해 글로벌 유동성의 이탈 현상이 나타날 수 있음→금융, 외환 시장의 변동성 증가 & 신용경색 or 디폴트 가능성이 높아진다는 의미이다.

⑦ **디지털 치료제(Digital therapeutics)**: 약물은 아니지만, 의약품과 같이 질병을 치료하고 건강을 향상시킬 수 있는 소프트웨어(SW)를 의미한다. 애플리케이션, 게임, 가상현실(VR) 등이 활용되고 있다. 다른 치료제처럼 임상시험을 통해 효과를 확인하고 미국식품의약국(FDA) 심사를 통과해야 한다. 개발에 드는 시간과 비용이 기존 신약에 비해 크게 절감된다는 장점이 있다. 의약품과 달리 독성이나 부작용도 거의 없다. 저렴한 비용으로 동등하거나 더 뛰어난 치료 효과를 제공할 수 있다. 치료제 복제 비용이 제로에 가깝기 때문에 시장 전망이 상당히 밝다.

⑧ **그린오션(Green Ocean)**: 경쟁 포화 상태의 시장이 '레드오션', 레드오션에서 벗어나 새로운 시장을 개척하는 것이 '블루오션'이라면, '그린오션'은 친환경에 핵심 가치를 둔 신경영 패러다임이다. 전 세계적으로 환경오염이 급속화 하면서 최근 떠오르는 트렌드로 산업 전반에서 미래 세대를 위한 지속 가능한 발전을 모색하고 있는 전반적인 움직임으로 볼 수 있다. 종이 쓰레기를 줄이고 산림자원을 보호하기 위한 모바일 영수증, 새벽 배송으로 낭비되는 포장재를 줄이기 위해 종이테이프로 바꾼 사례, 생분해성 친환경 비닐봉지 사용 등이 주변에서 찾아볼 수 있는 대표적인 사례다.

⑨ **ESG(Environment·Social·Governance)** : 환경(Environment)·사회(Social)·지배구조 (Governance)의 약자로 기업의 사회적, 윤리적 가치를 반영하는 비재무적 요소를 의미한다. SK E&S는 전북 새만금에 수상 태양광 사업을 추진하고, 에쓰오일은 개발도상국 주민을 위해 정수 시스템을 구축·관리하는 스타트업 '글로리엔텍'에 투자하고 있다.

⑩ **리포지셔닝(repositioning)** : 소비자 욕구와 경쟁 환경 변화에 따라 기존 제품이 갖고 있던 포지션 을 분석해 새롭게 조정하는 활동을 말한다. 최근 리포지셔닝이 언급되는 것은 빠르게 바뀌는 '소 비 트렌드' 때문이다. 실제로 유행이 빠르게 바뀌고 이에 민감한 10~30대가 시장을 이끌고 있다. 이 때문에 기업은 리스크를 감수하고 신제품을 개발하기보다 기존 제품을 재배치하는 것을 선호 한다.

⑪ **욜드(Yold)** : 'young old'의 줄임말로 65세에서 75세 사이의 세대를 통칭한다. 영어 그대로 '젊은 노인'이라는 뜻의 이 단어는 최근 들어 새로운 시대상을 반영하는 일상화된 용어로 정착됐다. 이 용어는 최근 영국 이코노미스트가 펴낸 '2020년의 세계 경제 대전망'에서 비중 있게 다뤄졌다. 더 건강하고 부유하며 이들 세대의 선택이 각종 서비스 분야와 금융시장, 유통 트렌드까지 뒤흔들 수 있다고 정의한다.

⑫ **네온스완(Neon Swan)** : 스스로 빛을 내는 백조를 뜻하는 말로 상식적으로 절대 일어날 것 같지 않 은 위협이나 불가능한 상황을 뜻한다. 최근 코로나19로 인한 경제 상황에 대해 정부가 네온스완 을 예측한 바 있다.

⑬ **온택트(Ontact)** : 비대면을 일컫는 '언택트(Untact)'에 온라인을 통한 외부와의 '연결(On)'을 더한 개념으로 비대면에 지친 이들이 온라인으로 외부와의 연결을 도모하는 현상이다. 2020년 이후 코로나19 확산이 장기화하면서 등장한 새로운 흐름이다. 코로나19 이전에는 사람을 대면하지 않 고 물건을 사고파는 유통 부문 정도였지만, 코로나19 이후에는 사회 전반에서 '언택트'를 넘어 '온 택트'가 새로운 흐름으로 발전하고 있다. 온택트의 대표적인 사례로는 드라이브 스루를 이용한 서 비스와 온라인을 통한 전시회·공연의 증가, 재택근무로 인한 화상회의, 온라인 개학에 따른 교육 분야의 비대면 학습 이용자 증가 등을 들 수 있다.

⑭ **멘탈 헬스케어(Mental Healthcare)** : 웨어러블(Wearable) 기술 등을 활용해 우울증 치료 및 심리안 정 등 정신건강을 돕는 것을 의미한다. 웨어러블 기기는 위치, 이동 거리 외에도 신체 움직임, 수 면의 질, 소모 칼로리, 심박수, 뇌파 등과 같은 데이터를 수집하면서 정신건강 관리의 도구로 활용 되기 시작했다.

⑮ **탄소 발자국(Carbon Footprint)** : 2006년 영국 의회 과학기술처에서 최초 제안한 것으로 제품을 생산할 때 발생하는 이산화탄소의 총량을 탄소 발자국으로 표시하는 데에서 유래했다. 지구온난화 등의 원인 중 하나로 제시되는 이산화탄소의 발생량을 감소시키는 취지로 일상생활에서 사용하는 연료, 전기, 용품 등을 모두 포함하는 개념으로 사용된다. 2020년 5월 20일, 쿠팡과 CJ대한통운이 수소화물차를 도입해 '탄소 발자국'을 줄이겠다고 선언했으며, 앞서 2020년 4월에는 GS칼텍스가 연료 교체 작업을 통해 탄소 발자국을 줄이겠다고 밝혔다. 또한, 삼성전자는 탄소 발자국 인증을 받았다는 소식이 전해졌고, 한국철도는 강릉선 KTX가 탄소 발자국 인증을 획득했다고 발표했다.

⑯ **팬데믹(Pandemic)** : 전염병 혹은 감염병이 세계적으로 유행하는 상태. 세계보건기구(WHO, World Health Organization)의 전염병 경보 단계 중 최고 위험 등급을 뜻한다.

⑰ **코뿔소(Rhino)**[1] : 중국의 구조적 문제점, 최근 헝다 그룹 사태로 대표되는 중국의 부동산 시장 리스크는 현실화 가능성이 커지고 있지만 중국 금융시장의 개방도가 낮아 부동산 버블 붕괴 시 국제 금융시장에 미치는 영향력은 제한적일 전망. 다만 차이나 리스크 심화로 인한 중국 경제의 경기 침체 시 대중 의존도가 높은 한국 경제는 충격을 받을 우려가 있다는 의미이다.

⑱ **엔데믹(Endemic)** : 특정 지역의 주민들 사이에서 주기적으로 발생하는 풍토병을 가리킨다. 즉, 감염병이 특정지역이나 사람(demos)에 한정된(en-) 경우를 가리킨다. 엔데믹은 한정된 지역에서 주기적으로 발생하는 감염병이기 때문에 감염자 수가 어느정도 예측이 가능하다. 예컨대 동남아시아·남미·아프리카 등에서 많이 발생하는 말라리아나 뎅기열 등이 이에 속한다.

⑲ **인포데믹스(Infodemics)** : 정보(information)와 전염병(epidemics)의 합성어로, 정보 확산으로 인한 부작용으로 추측이나 뜬소문이 덧붙여진 부정확한 정보가 인터넷이나 휴대전화를 통해 전염병처럼 빠르게 전파됨으로써 개인의 사생활 침해는 물론 경제, 정치, 안보 등에 치명적인 영향을 미치는 것을 의미한다.

⑳ **팬슈머(Fansumer)** : 팬슈머는 팬(Fan)과 컨슈머(Consumer)를 합친 신조어다. 팬들이 직접 투자와 제조 과정에 참여해 상품이나 브랜드를 키워내는 소비자를 뜻한다. 팬슈머는 생산 과정에 참여해 브랜드를 키웠다는 경험에 즐거움을 느끼고 소비에 참여한다. 최근에는 연예인이나 캐릭터 등 이미 유통 중인 상품과 콘텐츠를 다량으로 소비할 뿐만 아니라 직접 제품을 기획하고 제작에 참여하는 소비자가 늘어났다.

---

1) 세 마리 회색코뿔소(Grey Rhino):1 부동산 버블, 2 그림자 금융, 3 지방정부 부채

㉑ **키테넌트(Key Tenant)**: 상가나 쇼핑몰에 고객을 끌어 모으는 핵심 점포를 뜻하는 말로, '앵커 테넌트(anchor tenant)'라고도 한다. 키테넌트의 존재 여부는 상권의 유동인구를 좌우할 정도로 그 중요성이 커, 키테넌트 상점을 쇼핑몰로 입점시키기 위한 경쟁도 치열하다.

㉒ **덤벨경제(Dumbbell Economy)**: 덤벨 경제(Dumbbell economy)란 건강 및 체력 관리를 위한 지출이 증가하는 현상을 일컫는다. '워라밸'(Work and Life Balance) 열풍에 따른 삶의 질을 추구하는 풍조가 확산하면서 주목받았다.

㉓ **스마트팩토리(Smart Factory)**: 설계·개발, 제조 및 유통·물류 등 생산과정에 디지털 자동화 솔루션이 결합한 정보통신기술(ICT)을 적용하여 생산성, 품질, 고객만족도를 향상하는 지능형 생산공장을 의미한다. 공장 내 설비와 기계에 사물인터넷(IoT)을 설치하여 공정 데이터를 실시간으로 수집하고, 이를 분석해 목적된 바에 따라 스스로 제어할 수 있는 공장을 말한다. 최근 가볍고 유연한 생산체계가 요구됨에 따라, 제조업 혁신 방안으로서 부각되고 있다.

㉔ **노더스트족(No-dust族)**: 부정을 뜻하는 노(no)와 먼지를 뜻하는 더스트(dust)의 합성어로, 조금의 미세먼지도 허용하지 않겠다는 뜻이다. 이는 연일 짙어지는 미세먼지 농도에 외출을 삼가거나 꺼리는 사람들을 가리킨다.

㉕ **메뉴 심리학(Menu Psychology)**: 음식을 주문하기 위해 메뉴판을 받아든 사람은 항상 무엇을 먹을 것인지 선택해야 하는 기로에 서게 되는데, 메뉴 심리학은 고객의 그런 갈등 상황을 겨냥한 마케팅이다. 메뉴 심리학으로는 음식의 메뉴판 위치를 들 수 있다. 팔고자 하는 음식을 비싼 음식에 붙여서 배치하는 식으로, 상대적으로 저렴한 가격 때문에 손님들이 선택할 가능성이 높기 때문이다. 소비자가 기억하기 쉽도록 메뉴 이름을 독특하게 짓는 메뉴 네이밍(Naming)도 메뉴 심리학의 일종이다.

㉖ **번아웃 신드롬(Burnout Syndrom)**: 일에 몰두하던 사람이 극도의 피로감으로 인해 무기력해지는 증상을 일컫는다. 노동·생산·복지 같은 사회적 관계를 다루는 경영학·사회학·사회복지학에서 현대 사회의 병리적 징후를 표현하는 용어로 사용되고 있다.

㉗ **가스라이팅(Gas-lighting)**: 거부, 반박, 전환, 경시, 망각, 부인 등 타인의 심리나 상황을 교묘하게 조작해 그 사람이 현실감과 판단력을 잃게 만들고, 이로써 타인에 대한 통제능력을 행사하는 것을 말한다.

㉘ **ASMR(자율 감각 쾌락 반응)**: 자율 감각 쾌락 반응(Autonomous Sensory Meridian Response, ASMR)은 주로 청각을 중심으로 하는 시각적, 청각적, 촉각적, 후각적, 혹은 인지적 자극에 반응하여 나타나는, 형언하기 어려운 심리적 안정감이나 쾌감 따위의 감각적 경험을 일컫는 말이다.

㉙ **베이퍼웨어(Vaporware)** : 하드웨어, 소프트웨어 분야에서 아직 개발되지 않은 가상제품을 의미한다. 글자 그대로 '증기 제품'이란 뜻을 가지고 있고 고객들이 경쟁회사 제품을 사는 시기를 늦추는 데 영향력을 행사하기 위해 공식적으로 발표하거나, 어떠한 이유에서든 배송이 지연되고 있는 소프트웨어 또는 하드웨어를 지칭하는 말이다.

㉚ **고슴도치 딜레마(Hedgehog's dilemma)** : 인간관계에 있어 서로의 친밀함을 원하면서도 동시에 적당한 거리를 두고 싶어하는 욕구가 공존하는 모순적인 심리상태를 의미한다. 인간관계에서 애착의 형성이 쉽지 않다는 것을 나타내는 용어다. 최근 1인 가족의 출현은 인간관계를 맺는 것 자체에 대한 두려움, 타인과의 적당한 심리적 거리를 유지하는 것의 어려움을 반영하는 현상으로 볼 수 있다.

㉛ **백케이션(Vaxication)** : 세계 각국이 사람들에게 백신을 공급하기 시작하면서 사람들은 다시금 코로나19 대유행 이전의 자유로운 삶이 되돌아오리라는 희망과 함께 떠오른 신조어이다. 백신 Vaccine과 휴가Vacation의 합성어인 Vaxication.

(4) 시사경제·금융용어

① **다크이코노미 (Dark Economy)** : 코로나19 팬데믹 이후 매장에서 손님을 받는 방식의 오프라인 운영보다 온라인 주문에 집중하는 비즈니스 형태가 증가하면서 등장한 신조어이다.

② **베케플레이션 (vacaflation)** : 코로나19가 잦아들면서 여행 수요가 폭증했으나 그동안 축소돼 있던 여행 인프라가 이 수요를 따라가지 못하면서 항공권, 숙박비, 외식비 등 휴가 관련 비용이 급등한 현상을 말한다.

③ **펫셔리 (Petxury)** : '펫(Pet)'과 고급스럽고 호화롭다는 뜻의 '럭셔리(Luxury)'를 합친 말로, 반려동물과 관련된 시장에서 고급화된 서비스를 일컫는다.

④ **런치플레이션(lunchflation)** : 물가 상승으로 직장인들의 점심값 지출이 늘어난 상황을 일컫는다. 코로나19로 재택근무를 하던 직장인들이 다시 출근하게 됐는데 이전보다 점심값이 비싸지면서 부담을 느끼게 됐고, 이에 도시락을 싸 오거나 상대적으로 저렴한 메뉴를 선택하는 직장인들이 증가했다.

⑤ **핀플루언서(Finfluence)** : 'Finance(금융)'와 'Influencer(인플루언서)'를 합친 말로, 유튜브나 각종 SNS 등 소셜미디어를 통해 주식 거래, 주택 거래와 같은 금융 관련 정보를 제공하는 사람을 뜻한다.

⑥ **라스트핏 이코노미(Last Fit Economy)** : 라스트핏(Last Fit)의 원래 의미는 사형수가 사형 집행장까지 걸어가는 마지막 길 '라스트 마일(Last Mile)'에서 유래했다. 라스트핏이 경제라는 뜻의 이코노미(Economy)와 결합해 라스트핏 이코노미라는 의미가 파생됐다. '상품이 고객들에게 전달되는 마지막 배송 접점'이라는 의미로 널리 통용되기 시작한 것이다. 유통 업계가 빠르고 저렴한 것을 뛰어넘어 고객의 마지막 접점까지 만족스럽게 하려는 노력의 결과물이 바로 이 라스트핏 이코노미의 대표적인 사례들이다. 코로나19 여파로 사회적 거리 두기가 주요 화두로 떠오른 올해 라스트핏 이코노미와 관련된 산업 분야가 비약적으로 발전할 것이라는 전망이 나온다.

⑦ **테일러 준칙(Taylor's rule)** : 기준금리를 결정하면서 인플레이션갭(실제 인플레이션과 목표 인플레이션의 차이)과 GDP갭(실제 경제성장률과 잠재 경제성장률의 차이)을 고려하여 계산하는 것을 의미한다.

⑧ **데이터거래소** : 공급자가 데이터를 등록하면 수요자가 등록된 데이터를 검색해 구매할 수 있는 플랫폼으로 데이터 상품에 대한 관리와 검색, 거래, 분석 등 중개 과정에 필요한 서비스를 지원한다. 데이터 공급자는 공익이나 금전적인 보상 등 다양한 목적으로 생산, 수집, 분석, 가공한 데이터를 구매 의사가 있는 수요자에게 제공한다. 수요자는 이를 기반으로 새로운 서비스나 사업에 진출하거나, 각종 연구 개발을 위해 데이터를 구매한다. 정부는 금융 분야 빅데이터 인프라 구축 방안의 하나로 금융 분야 데이터 거래소 구축을 2020년 3월부터 시범 운영하고 있다.

⑨ **앰비슈머(Ambisumer)** : 앰비슈머란 양면성(ambivalent)과 소비자(consumer)의 합성어이다. 앰비슈머는 이중잣대를 가진 소비자들로 가치관에 우선순위에 있는 것에는 돈을 아끼지 않지만, 후순위에 있는 것에는 최대한 돈을 아낀다. 이들은 가성비를 추구하는 동시에 중요하다고 생각하는 가치에는 아낌없이 투자한다. 모든 소비에 돈을 아끼는 것이 아니라 개인적인 개성과 선호도를 중시한다.

⑩ **금융노마드** : 금융(Finance)과 유목민(Nomad)의 합성어로 금리와 자산 관리 서비스 등 혜택에 따라 수시로 거래 금융기관을 옮겨 다니는 금융소비자를 말한다. 2019년 10월 30일 오픈뱅킹이 시행되면서 금융노마드 등장은 가속화됐다. 오픈뱅킹으로 하나의 앱에서 여러 은행의 입출금 이체, 잔액·거래내역 조회 등의 업무를 할 수 있어 금융소비자는 더 이상 여러 은행의 계좌를 관리하기 위해 여러 개의 앱을 이용해야 할 이유가 없어졌다.

⑪ **ESG 채권** : ESG 채권은 환경(Environment)·사회(Society)·지배구조(Governance)를 개선하기 위한 자금을 조달하기 위해 발행하는 채권이다. 기후변화·재생에너지 등 친환경 프로젝트와 인프라 사업의 자금조달을 위해 발행하는 그린본드가 대표적이며, 일자리 창출, 주택 공급, 중소기업 지원 등 사회문제 해결을 위해 발행하는 소셜본드도 한 종류이다.

⑫ **서킷 브레이커(Circuit Breaker)** : 주식시장에서 주가가 급등 또는 급락하는 경우 주식매매를 일시 정지하는 제도. 1987년 10월 미국에서 사상 최악의 주가 대폭락 사태인 블랙먼데이 이후 주식시장의 붕괴를 막기 위해 처음 도입된 제도이다. 과열된 회로를 차단한다는 의미로 투자자들에게 잠시 숨 돌릴 틈을 줘 이성을 되찾아 매매에 참여하라는 취지가 담겨있다. 2020년 3월 코로나19의 영향으로 코스피, 코스닥 지수 모두 큰 폭으로 하락했고, 이에 두 차례의 서킷브레이커가 발동되었다.

⑬ **코요테 모멘트(Coyote Moment)** : 코요테가 먹잇감을 쫓는데 정신이 팔려 낭떠러지 쪽으로 뛰어가다 문뜩 정신을 차려 아래를 보면 허공에 떠 있고, 이를 알아차리는 순간 추락하는 것을 일컫는다. 증권시장에서는 증시의 갑작스러운 붕괴를 표현할 때 코요테 모멘트라는 용어를 사용한다. 2020년 대표적인 경제 비관론자로 꼽히는 스티븐 로치(Stephen Roach) 예일대 교수가 코로나19 쇼크가 전형적인 코요테 모멘트가 됐다며 향후 경기 침체를 전망한 바 있다.

⑭ **보복소비(報復消費)** : 질병이나 재난 등의 외부요인에 의해 억눌렸던 소비가 보상심리에 따라 한꺼번에 분출되는 현상을 뜻한다. 2020년 코로나19의 확산으로 소비가 급감했다가 전염병의 확산세가 꺾이면서 소비 폭발로 이어졌으며 특히 코로나19의 발상지였던 중국에서 이 현상이 뚜렷하게 나타났다. 보복 소비에 대해서는 강제적 소비 중단이 소비 폭발로 연결돼 실물경제가 신속하게 회복될 수 있다는 전망과 함께, 소비자들이 갑자기 매장에 몰리면서 2차 팬데믹이 일어날 수 있다고 우려한다.

⑮ **더블 딥(Double Dip)** : 경기침체 후 회복기에 접어들다가 다시 침체에 빠지는 이중침체 현상을 가리키는 경제용어다. 두 번이라는 뜻의 'double'과 급강하다는 뜻의 'dip'의 합성어다. 경제성장률의 진행 모습이 알파벳 W자를 닮았다고 하여 'W자형 경기 침체'라고도 한다.

⑯ **블랙 스완(Black-Swan)** : 도저히 일어나지 않을 것 같았던 충격적 사건을 가리킨다. 과거 경험으로는 예측하기가 거의 불가능하지만 일단 발생하면 엄청난 파장을 가져오는 사건을 말한다. 월가 투자전문가인 나심 니콜라스 탈레브가 그의 저서 '검은 백조(The black swan)'를 통해 서브프라임 모기지(mortgage) 사태를 예언하면서 두루 쓰이게 되었다.

⑰ **연착륙(Mind Recession)** : 한국 경제의 2022년 경기 흐름은 상반기까지 일시적으로 경기 회복세가 약화되는 연착륙(soft landing) 또는 소프트패치(soft patch)의 가능성이 있음. 국내 방역 상황, 수출 경기 회복 속도에 따라 전반적인 경제 상황의 부진정도와 지속 기간이 결정될 전망을 의미한다.

⑱ **다크코인(Dark Coin)** : 거래의 익명성을 보장하고 프라이버시를 강화한 암호화폐로, 혁신적이라는 평가와 범죄에 악용될 수 있다는 평가를 동시에 받고 있다. 기존의 암호화폐는 거래내역을 블록체인 네트워크에서 공개하지만, 다크코인은 거래내역 정보를 드러내지 않아 다크웹을 통해 자금세탁, 마약 거래 등의 범죄에 사용될 수 있기 때문이다.

⑲ **무인경제(無人經濟)** : 인간의 노동력이 아닌 AI(인공지능), IoT(사물인터넷), 로봇 등이 제조업이나 서비스업 등에 차용된 시스템을 이른다. 최근 셀프 주유소, 무인 빨래방, 스마트 택배, 자동판매기, 코인 노래방 등 일상생활에서는 물론 운수업계(완전 자율주행차), 공장 생산 라인, 금융업계 등에서 활발한 무인화가 진행되고 있다. 특히 일부 은행에서는 은행 직원을 통하지 않고도 화상통화나 손바닥 정맥 인식을 통해 본인 확인을 하고 계좌 개설과 상품 가입을 할 수 있는 서비스가 시행되고 있다.

⑳ **오픈뱅킹(Open Banking)** : 은행의 송금·결제망을 표준화시키고 개방해서 하나의 애플리케이션으로 모든 은행의 계좌 조회, 결제, 송금 등의 금융 서비스가 이뤄지는 계좌를 조회하고 송금할 수 있는 서비스를 말한다. 2019년 10월 30일부터 시범 운영을 시작했고, 같은 해 12월 18일 정식 가동됐다. 은행권 공동 인프라. "공동결제시스템"이라고도 한다.

㉑ **뉴노멀(New Normal)** : 시대변화에 따라 새롭게 부상하는 표준으로, 경제 위기 이후 5~10년간의 세계경제를 특징짓는 현상. 과거에 대해 반성하고 새로운 질서를 모색하는 시점에 등장한다. 저성장, 저소비, 높은 실업률, 고위험, 규제강화, 미 경제 역할 축소 등이 2008 글로벌 경제위기 이후 세계경제에 나타날 뉴노멀로 논의되고 있다. 과거 사례로는 대공황 이후 정부역할 증대, 1980년대 이후 규제완화, IT기술 발달이 초래한 금융혁신 등이 대표적인 노멀의 변화로 꼽힌다.

㉒ **구독경제(Subscription Economy)** : 소비자가 기업의 회원으로 가입하고 매달 일정 금액을 지불하면 정기적으로 물건을 배송받거나 서비스를 이용하는 경제 모델이다. 과거 신문이나 잡지에 한정되어있던 서비스가 최근에는 고가의 자동차와 명품 의류 같은 물건뿐만 아니라 식음료 서비스까지 다양한 분야로 월정액 서비스가 확대되고 있다. 구독경제는 무제한 스트리밍 영상을 제공하는 넷플릭스의 성공 이후 다른 분야로 확산하고 있다. 이 같은 '넷플릭스 모델'은 헬스클럽과 병원 등 건강·의료 영역까지 퍼지고 있다. 옷이나 화장품, 생활용품 분야에서는 '정기배송 모델'이 각광받고 있다.

㉓ **헥시트(HK Exit)** : 2019년 3월 '범죄인 인도법'에 반발해 시작된 홍콩시위가 격화됨에 따라 불안을 느낀 외국인 자본이 홍콩 금융시장에서 이탈하는 현상을 뜻한다. '홍콩(HK)과 퇴장(Exit)'을 합쳐 만든 신조어이다.

㉔ **디지털稅(Digital Tax)**: 구글, 아마존, 페이스북 등 정보기술(IT) 기업의 자국 내 디지털 매출에 법인세와 별도로 부과하는 세금을 말한다.

㉕ **경제고통지수(economic misery index)[2]**: 2021년 최근 10년 내 가장 높은 수준을 기록함 한국의 2021년 경제고통지수는 약 6.0p로 추정, 이는 2011년 7.4p 이후 가장 높은 값을 기록했다.

㉖ **시큐리티토큰 (security token)**: 주식, 채권, 부동산 등의 자산에 대한 가치를 디지털 토큰과 연계한 가상자산으로, 증권형 토큰이라고도 부른다. 이자·배당 등 미래의 수익, 실물 자산 등에 대한 지분 권리가 인정되는 것이 특징이다. 시큐리티 토큰의 예로는 부동산수익증권(DAB; Digital Asset Backed Securities, 신탁사가 위탁받은 자산을 기초로 발행한 수익증권을 블록체인 기술로 디지털화한 토큰)이 대표적이다

㉗ **그리드플레이션(Greed inflation)**: 탐욕(greed)과 물가 상승(inflation)의 합성어로, 대기업들이 탐욕으로 상품·서비스 가격을 과도하게 올려 물가 상승을 가중한다는 의미이다. 2022년 미국의 물가가 40여 년 만에 최악의 수준으로 치솟자 집권 여당인 민주당 일각에서 대기업의 탐욕이 인플레이션에 큰 영향을 미쳤다고 지적하며 해당 용어가 거론되고 있다.

㉘ **서비타이제이션 (Servitization)**: 제품과 서비스의 융합을 통해 새로운 가치와 경쟁력을 창출해내는 새로운 비즈니스 유형으로, 제품의 서비스화(Product Servitization) 및 서비스의 제품화(Service Productization)를 포괄하는 개념이다.

㉙ **빅스텝-자이언트스텝 (big step·giant step)**: 미국 연방준비제도(Fed)가 물가 조정을 위해 기준금리를 0.5%포인트 인상하는 것을 빅스텝, 0.75%포인트 인상하는 것을 자이언트 스텝이라고 한다.

㉚ **비관측경제(NOE·Non-observed Economy)**: 국내총생산(GDP) 추계 시 기초자료와 행정자료가 없어 누락된 경제활동으로, 지하경제나 은닉경제처럼 문제 영역에 속하는 활동으로 인해 발생한다. 여기서 지하경제(Underground Economy)란 갖가지 정부의 규제를 회피해서 보고되지 않는 경제활동으로, ▷마약·매춘·도박 등의 범죄행위 ▷외환관리법을 위반하는 행위 ▷불법노동 ▷치외법권에 의해 비과세 대상이 되는 경제활동 등을 원천으로 하는 자금으로 구성된다.

㉛ **세계국채지수 (World Government Bond Index)**: 세계 3대 채권지수 중 하나로, 영국 런던증권거래소(LSE) 파이낸셜타임스 스톡익스체인지(FTSE) 러셀이 발표한다. 발행 잔액 500억 달러 이상, 신용등급 S&P 기준 A- 이싱, 외국인 투자자 시장 접근성 등 일정 요건을 갖춰야 편입될 수 있다. 우리나라는 정성 조건인 외국인 투자자의 시장접근성 요건을 충족하지 못해 WGBI에 편입되어 있지 않다.

2) 경제고통지수 = 실업률 + 소비자물가상승률→해당 값이 상승하면 가계의 실질 구매력 위축→서민체감경기 악화

PART.3

★ 2021년 변경내용(30% 이상 추가, 변경, 삭제 됨)

· 범위추가
[비즈니스 기본단어] [거래, 회계.인사조직용어] [기타 비즈니스영문서]
[상황별 영문서내용파악] [영문서작성] [비서영어회화업무]

· 내용변경
[봉투수발신 및 우편처리방법] 우편→내용 구체화, [영문서수발신처리]회의→영문서
수발신

· 범위삭제
[영문구두법] [영문첨삭법] [어휘문법] [영문첨삭법] [국가번호] [세계공통알파벳코드]

사무영어

※ 교재 안에 Authorship가 명시된 것은 그에 따르며, 명시되지 않은 부분(글·그림·표 등)은 모두 개인 작성 및 자료를 사용하였습니다.

비즈니스 용어 및 문법

CHAPTER 1

1 비즈니스 용어

1. 비즈니스 기본 단어 및 약어

☑ 신규(2021년) 출제범위

(1) 비즈니스 기본단어

Accept	수락하다. 받아들이다.
Acknowledge	인정하다. 감사하다. 통지하다.
Advice	조언, 충고
Agenda	업무내용 정리 항목
Agile	기민, 민첩
Agree	동의하다(= come around)
Amount	금액, 합계액, 합계가 되다.
Article	물품, 상품, 소책자
Asset	자산
Assign	업무나눔
Book	예약하다. 장부, 장부에 기입하다.
Business	사업, 거래
Business trip	출장
Claim	클레임, 배상청구액, 배상청구하다.
Condition	조건, 사정, 상태
Confirm	확인하다.
Consensus	(동료들과)동의를 구한일
Contract	계약, 계약하다, 계약서
Corporate	협력하다. 협조하다.
Customer	고객, 손님
Discontinue	중단되다.
Electronic finance	전자금융
Enclose	동봉하다.
Expense	비용
Entrepreneur	사업가

Favor	호의, 은혜, 은혜를 베풀다.
Fix	최종의사결정을 짓다
Furnish	제공하다. 보내다.
Goods	상품
Increase	증가, 상승, 증가하다. 상승하다.
Issue	(비즈니스)논점, 중요 포인트
Interest	이자, 관심, 관심을 끌다.
Line	업종, 상품 거래망
Milestone	업무진척도
Manufacture	제조, 제품, 제조하다.
Market	시장, 시황, 시세, 판로
Offer	청약, 신청, 판매 제의하다.
Open	개설하다, 신설하다.
Order	주문, 주문서, 주문하다.
Origin	원산지, 기원, 원인
Package	포장, 소포, 포장하다.
Payment	지급, 지급금액, 결제
Pending	보류
Profit margin	이윤의 폭
Quantity	수량
Quotation	견적, 시세, 견적서
Sale	판매, 대매출
Scheme	업무상 계획
Stakeholder	이해관계자
Statement	명세서, 계산서
Stock	재고, 주식
Task	임무

(2) 약어

a/c. (account)	계정
ASAP (as soon as possible)	가능한 빨리
AKA(Also Knows As.)	다른 이름으로는
Attn (attention)	주의
Bldg.(building)	빌딩
BRB(Be Right Back.)	바로 돌아오겠습니다.
BTW(By The Way.)	그런데
CEO(chief executive officer)	최고경영자

CFO(chief financial officer)	최고재무책임자
COO(chief operating officer)	최고운영책임자
CTO(chief technology officer)	최고기술책임자
c/o(care of, carried over)	관리,이월
Corp.(corporation)	법인
Dept(department)	부서
EOD(End Of the Day)	마감일
ETA(estimated time of arrival)	예상도착시간
ETD(estimated time of departure)	예상출발시간
FY(fiscal year)	회계연도
FYI(for your information)	참고용
Inc.(Incorporated)	법인
KPI (Key Performance Indicator)	중요업무평가지표
N/A(not applicable)	해당없음
NP(No Problem.)	문제없음
OOO(Out Of Office.)	저는 사무실 외부에 있습니다.
Pls(Please)	제발
ROI(Return on Investment)	투자 수익률
RSVP(French for'respond, if you please)	원하는 경우 프랑스어로 응답
St.(street)	거리
TBA(to be announced)	예정
TBC(to be confirmed)	확인예정
w/(with)	포함
w/o(without)	없음
wk(week)	주
WIP	진행중

2. 거래, 회계, 인사·조직 용어

☑ 신규(2021년) 출제범위

(1) 거래 용어

Price list	가격표	Commission	수수료
Sample	견본	Acceptance	승낙
Price quotation	견적서	Letter of credit (L/C)	신용장
Tariffs	관세	Credit inquiry	신용조회
Sales contract	계약조건	Bill	어음
Termination	계약해제	Mail transfer	우편환
Warranty	담보	Carriage	운송
Due date	만기일	Freight	운임
Sales contract	매매계약서	Interest	이자
Purchase order (P/O)	매입서	Bid	입찰
Specification	명세서	Inventory	재고
Returns	반송품	Stock sale	재고매매
Date of issue	발행일	Order	주문
Delivery charge	배송료	Delay	지연
Guarantee	보증	Customs clearance	통관
Deposit	보증금	Patent	특허권
Shipment	선적	Breakage	파손
Payment in advance	선지급	Packing list	포장명세서
Remittance	송금	Reimbursement	환불
Invoice	송장	Exchange rate	환율

(2) 회계 용어

Accounting	회계	Cash flow	현금흐름
Audit	감사	Bookkeeping	기장(부기)
Budget	예산	Financial statement	재무제표
Cost	비용	Annual report	연차보고서
Asset	자산	Balance sheet(B/S)	대차대조표
Capital	자본	Income statement	손익계산서
Dividend	배당금	Break-even point	손익분기점
Borrowings	차입금	Fiscal year	회계연도

(3) 인사 · 조직 용어

① 조직 용어

Organization	조직	International Dept	무역부
Reorganization	조직개편	Accounting Team	회계팀
Office of President	사장실	Public Relations Team	홍보팀
Headquarters	본사	Department of System Integration	시스템사업부
Regional headquarters	지역본부	Marketing Team	마케팅팀
Branch	지점	Sales Team	영업팀
Representative office	사무소	Quality Control Team	QC팀
Division	사업부	Purchasing Team	구매팀
Department	과	Manufacturing Team	제작팀
Domestic sales department	국내영업부	Secretariat	비서실
Overseas sales department	해외영업부	Customer support department	고객지원부
Planning Team	기획팀	Human recources department	인력개발부(인사부)
General Affairs Team	총무팀	Research & D Team	연구개발팀
Finance Team	재무팀	IT Team	전산팀
Logistics	물류팀		

② 고용 용어

Social insurance	사회보험(4대보험)	Transfer	이동
Full - time employees	정규직	Secondment	파견
Contract employees	계약직	Turnover	이직
Part - time employees	시간제 근로	Resignation	사직
Temporary employees	임시직	Retirement	정년퇴직
Outsourcing	파견직	Layoff/redundancy	해고
Probation period	견습 기간		

③ 평가, 보상 및 훈련 용어

Performance appraisal/ Performance evaluation	인사평가	Employee benefit	복리후생
Annual salary	연봉	On - the - Job Training (OJT)	현장직무훈련
Salary negotiation	연봉협상	Off - the - Job Training (Off JT)	외부훈련
Promotion	승진	Wage	시급
Bonus	상여금	Minimum wage	최저임금

④ 영문 직함명

Chairman/CEO	회장	Deputy Manager	과장대리
Vice Chairman	부회장	Assistant Manager	대리/주임
President/CEO	사장	Chief	계장
President/CEO	대표이사	Staff	사원
Vice President	부사장	Sales Clerk	판매사원
Branch Office President	지사장	Hired	용역
Senior Managing Director	전무이사	R&D Manager	연구개발실장
Managing Director	전무	Research Engineer/ Research Fellow	연구원
Managing Director	상무이사/상무	Senior Research Engineer/ Senior Engineer	선임연구원
Outside Director	사외이사	Lead Researcher/ Senior Researcher	책임연구원
Director	이사/이사대우	Principal Research Engineer	수석연구원
Executive Advisor	상임고문	Associate Research Engineer	전임연구원
Technical Advisor/ Technical Consultant	기술고문	Assistant Research Engineer	주임연구원
Advisor	고문/자문	Engineer	기사
Auditor General	감사	Production Director	공장장
Head Manager Director	본부장	Plant Manager/ Product Manager	공장장
General Manager/ Section Chief/CFA	실장	Director	(사무)국장/ 관장/소장
General Manager/ Department Manager	부장	Chief Editor/ Editor-in-Chief	편집장
Deputy General Manager/ senior Manager	차장	Deputy Chief of Medical Clinic	부원장
Team Manager(Team Leader)	팀장	Director	사무국장
Manager	과장	Research Fellow	전문위원

(4) 사무기기 및 사무용품 용어

☑ 신규(2021년) 출제범위

Office equipment	사무기기	Stapler	스테이플러
Water purifier	정수기	Pencil sharpener	연필깎이
Photocopier	복사기	Cutter/cutter knife	커터칼
Scrap paper	이면지	Envelope	편지 봉투
Bookshelf	책	Catalog envelope	서류 봉투
Glue stick	딱풀	Mailer envelope	우편 봉투
Eraser/rubber(영국)	지우개	Sticky note	포스트잇
Correction fluid	수정액	Bulldog clip	사무용 집게
Correction tape	수정테이프	Highlighter	형광펜
Laptop	노트북	Pushpin	압정
Clipboard	클립보드	Used paper	이면지
Rubber stamp	서류에 날짜/ 기관명 찍는데 쓰는 도장	Copy machine	복사기
Scissors	가위	Wastebasket/trash can/ trash bin/waste bin	쓰레기통
Calculator	계산기		

2 영문법

1. 영문법의 정확성

(1) 명사(Noun) 영어문법

① 관사＝명사의 구분

- 정관사 the
- 부정관사 a(n)
- 무관사(관사 ×)

관사는 명사에 '특징'을 주는 기능을 한다. 예를 들어, 회사에는 수많은 책상(desk)이 있는데, '일반적인 책상'을 말한다면 a desk, 특정한 책상을 지칭한다면 the desk로 나누어 볼 수 있다. 그리고 관사가 없는 경우는 이미 그 명사 자체가 고유한 특징을 가지기에 따로 특징을 줄 필요가 없는 경우이며 주로 '이름, 고유지명'일 때 관사를 쓰지 않는다.

② 대명사(pronoun)＝명사를 다시 쓰지 않을 때: 대명사는 말 그대로 명사를 '대신'하는 개념이다. 하나의 명사를 썼는데 계속 이 명사를 쓰다보면 글이 지루하고 복잡해지기에 이를 쉽게 말하기 위해 it이나 them 등의 대명사를 쓴다.

③ 동명사(gerund)＝행위를 명사처럼 표현할 때: 보통 명사는 사람이나 사물에 대한 명칭을 의미한다. 하지만 이외에도 어떠한 행위, 행동 역시 명사처럼 사용하고 싶을 때가 사용한다. 예를 들어, 일을 하다보니 '일하는 것이 행복하다' 라고 말하고 싶어지는데 동사는~다 로 끝나서 명사처럼 되지가 않아서 이때~하는 것으로 만들면 명사처럼 이용할 수 있는데 이게 바로 동명사이다.

④ 형용사(adjective)＝명사를 더 제한하는 역할: 관사로 명사를 구별해보았지만, 명사가 워낙 다양하기 때문에 이를 더 제한해야 할 필요성이 있는데 다양한 형용사들을 통해 명사들의 특징을 나타내어 명사 간 차이를 잘 보여줄 수 있다.

⑤ 전치사(preposition)＝명사 간 관계를 통해 특징을 나타낼 때: 예를 들어, 방 안에 비서가 있는데, 비서는 사람이라 '사람'이란 명사의 특징은 방 안에 있는 것이다. 하지만 그런 형용사는 없기 때문에 전치사를 사용한다. 이때 "in"이란 전치사를 이용하면 "the secretary in a room" 이라고 이 특징을 보여줄 수 있다.

⑥ 관계대명사(Relative pronoun) = 명사의 행위적 특징을 나타낼 때 : 행위 (문법적으로는 문장 - 절)적 특성을 묘사하기 위한 것인데, "임비서가 저녁을 먹는다"고 가정했을 때 'who ate the dinner~' 에서 who라는 관계대명사를 통해 이러한 특정을 보여줄 수 있다.

⑦ 분사(participles) = 명사의 행위적 특성을 간략하게 나타낼 때 : 관계대명사를 계속 쓰면 문장이 길 어지는데 그때 사용하는 것이 분사이다. 위에 임비서가 저녁을 먹는 상황을 현재분사를 이용해보 자면 '임비서 eating the dinner' 라고 쓸 수 있다.

(2) 동사(Verb)관련 영어문법

① 시제와 상 = 행위를 구체적으로 표현할 때

ㄱ. 사람 및 사물의 행동을 표현하기 위해 동사가 쓰인다. 행위를 표현하다 보니 과거에 한 행동도 있 고, 현재도 있고, 미래에 약속한 행동을 표현하기 위해 시제(tense)의 개념을 사용한다. 포인트는 과거 - 현재는 동사의 변화(굴절)로 표현하는 것인데, 예를 들어 과거는 ed, 현재는 - s 등의 형태이 다. 하지만 미래는 동사의 형태변화가 아닌 조동사 will을 사용한다.

ㄴ. 상(aspect)은 "완료 - 진행"을 나타내는 개념이다. 행동을 표현하는데 계속 진행되고 있는 것도 있 고, 아니면 이미 완료된 행동도 있어서 이를 ing/ed 로 표현하자고 약속한 것이 상의 개념이다.

② 자동사/타동사(Intransitive/Passive) = 목적어 있어 - 없어?

ㄱ. 시제와 상을 이용해서 행위 자체의 특성들을 잘 나타내게 되는데 행위를 하다보니 그 자체의 행 위만 하는 것이 있고, 어떤 사물을 다루는 행위를 하는 것이 있어서 이를 구분하기 위해 자동사/ 타동사의 개념을 사용해야 한다.

ㄴ. 목적어의 영어표현은 object. 이는 하나의 "대상"정도로 해석이 되는 것을 말하며 어떤 행위의 대 상이 되는 것을 표현하는 것이다.

③ 조동사(auxiliary verb) = 동사의 의미를 풍부하게 나타낼 때 : 조동사는 말 그대로 동사를 "도와주 는" 역할을 하는 것이며, 동사 자체로 표현하기 어려운 의미들까지 표현할 수 있도록 만들어주는 것이다. 예를 들어 can은 '~을 할 수 있다'라는 의미를 더해주고, should 는 '~을 해야한다'라는 의무성을 더해준다.

④ to 부정사 = 시제가 없다는 것 : to 부정사는 동사에 to를 붙여서 사용하는 개념인데 이때 "부정" 이 라는 단어가 나타내는 의미는 두 가지가 있다.

• 명사편에 나온 부정관사는 indefinite article 이라 하여 정할 수 (definite) + 없다(in)라는 것으로 명사의 어떠한 범주를 구체적으로 정할 수 없다는 것.

- 이와 달리 to 부정사에서 부정은 시제가(finitive) + 없다(in)는 것으로 현재, 과거, 미래 등 구체적인 시간을 표현하는 내용이 없다는 것.

예를 들어, I have a plan to visit my boss 라고 했을 때 과거를 나타내는 ed, 현재를 나타내는 - s, 미래를 나타내는 will 등의 표현이 없다. 시제가 없다는 것은 불확실한 행위를 나타내는데. I want to be a secretary 라는 문장에서 "비서가 되는 것"이라는 내용은 아직 확실하지 않고, 위에서 언급한 상사를 만나려는 것 역시 아직은 확실하지 않다. 하지만 To study is important 라는 문장을 본다면 "공부하는 것이 중요하다" 공부하는 것이 실제로 과거-현재-미래에 발생하는 확실한 일은 아니지만 공부하는 것을 말하는 것일 뿐 확실한 무엇을 말한 것이 아니다. 즉, 확실성은 어떠한 시간(과거-현재-미래)에 확실하게 발생한(할) 것들을 의미한다고 생각하면 쉬우며 이러한 것이 아니라면 불확실하다고 생각하면 된다.

⑤ 능동태/수동태(Active/passive) = 형태가 아닌 목소리(voice)

- 능동태는 우리가 기본적으로 알고 있는 동사
- 이와 달리 be + pp 형태를 가지는 것을 수동태

핵심은 능동'태', 수동'태'라고 해서 형태가 핵심이 아니라 목소리(voice)가 핵심이다. 목소리는 쉽게 말해 행동의 주체성이며, 능동태는 문장 내에서 행위의 주체자가 명확히 드러나는 것이고 수동태는 주체자가 소극적으로, 즉, 명확히 드러나지 않을 때를 말한다.

- 수동태를 사용하는 이유는 "행위자를 숨길 때 혹은 행위자를 잘 모를 때"

예를 들어 "I hit 임비서" 란 문장을 보면 hit 이란 행위의 주체자가 명확하게 드러난다(능동태). 이를 수동태로 바꾸면 "임비서 is hit" (hit의 과거형도 hit) 로 쓸 수 있다. 물론 by me 쓸 수 있지만 생략될 수 있으며, 이때 hit 의 주체가 명확하게 드러나지 않는다. 즉 어떠한 행동의 주체자가 자신을 숨기고 싶을 때나 어떠한 행위의 주체자가 명확하게 드러나지 않을 때 수동태를 사용한다.

영문서 지원업무
CHAPTER 2

1 영문서 구성 내용 및 형식

1. 비즈니스레터 구성요소 및 스타일

☑ 신규(2021년) 출제범위

(1) 제목(Subject)

한 가지 주제에 대해 여러 번 서신이 오고 간 경우 굳이 제목을 붙여줄 필요는 없지만, 사업 제안이나 요청사항, 불만 제기 같은 경우, 제목을 붙여 주면 상대방이 대략적인 내용을 먼저 파악하는 데 도움이 된다. 제목은 볼드체로 표시하는 것이 좋다.

> 📧 **Request for product information**(제품 정보 요청)

(2) ~에게/~께

① **Dear Mr. Bang, (받는 사람 성)** : 받는 사람이 남성일 경우

② **Dear Ms. Lim, (받는 사람 성)** : 받는 사람이 여성일 경우

　✓ Mrs.를 쓰기도 하지만 상대방의 결혼 여부를 알기도 어렵고, 굳이 구분해서 쓸 필요도 없기 때문에 미혼/기혼 여성에게 공통으로 붙일 수 있는 Ms.를 쓰는 것이 일반적.

③ **Dear Sir/Madam, Dear person in charge, :** 받는 사람이 누구인지 모르는 경우

　ㄱ. 받는 이의 이름 철자를 틀리거나 남녀를 혼동하는 것은 큰 실례이다. 정확한 성별과 이름 철자를 확인해야 한다.

　ㄴ. 서로 통화를 한 적이 있어 익숙한 사이이거나, 이 전에 메일을 주고받았을 때 상대방이 맨 아래 사인에 본인의 이름(given name)만 적었다면, 'Dear Lexley' 처럼 이름(given name)만 써도 된다.

　ㄷ. 이름 뒤에 콤마( )를 꼭 붙여준다.

　ㄹ. Full name은 가급적 쓰지 않는다.

예
- Dear Lexley Lim (X)
- Dear, Lexley (O)
- Dear, Ms. Lim (O)

(3) 안녕하세요(첫인사)

우리나라에서는 '안녕하세요'로 시작하는 경우가 많지만, 영문 비즈니스레터에서 생략하는 경우가 일반적이다.

(4) 본문

'안녕하세요'도 안 썼는데 본문을 어떻게 시작하나 난감할 수 있는데, 본문은 3~4문단으로 나누어 쓰는 것이 좋다.

① **첫 문단**

ㄱ. 이 메일을 왜 쓰고 있는지 간략하게 쓴다. 제목을 조금 더 길게 쓴다고 생각하면 된다.

예
- I am contacting you for ***.
- I would like to confirm the main points we discussed at first meeting.

ㄴ. 상대방이 나에 대해 모르는 경우 간략한 소개를 쓰는 것도 무방하다.

예
- I am *** from *** company in Korea.
- We are a *** company named ***.

ㄷ. 상대방이 보낸 메일의 답장을 쓰는 경우는 감사 인사를 쓰기도 한다.

예 Thank you for contacting us.

② **중간 문단**: 전달하고자 하는 메시지의 좀 더 구체적인 내용을 기술한다. 비즈니스 협력을 제안하는 경우, 우리 회사에 대해 좀 더 설명하고 구체적인 방안에 관해 기술할 수 있으며, 추가 요청 사항이 있다면 그 아래 문단에 쓴다.

③ **마지막 문단**: "답장 기다리겠습니다", "문의사항 있으시면 연락 주십시오." 등 간단한 끝인사를 쓴다.

예
- We look forward to hearing from you and discussing about our possible business.
- If you require more information, please contact us.

(5) ~로부터…

"From ooo" 라고는 절대 쓰지 않는다.

① Sincerely, Sincerely yours, Yours sincerely, 이 세 개가 가장 무난하게 쓰인다.

② Yours faithfully, 는 더 형식적인 경우 사용한다.

③ Regards, 는 어느 정도 친분이 있는 경우에 사용한다.

④ 콤마(,) 붙이는 것을 잊지 않으며, 이름은 그 아랫줄에, 직책이 있다면 한 줄 더 아래에 쓰는 것이 일반적이다.

> 예 · Sincerely yours,
> · Lexley Lim,
> · Secretary

표1_ 비즈니스레터 예시

Business Letter Format

Your Street Address Your City, State Zip Date	Heading
First and Last Name of the Person to whom you are writing Their Street Address City, ST Zip	Inside Address
Dear Mr./Ms. Full Name :	Salutation
Body	
Sincerely yours, Lexley Lim, Secretary	Signature

(6) 자주 쓰는 표현

- Please~, and we will : ~해 주시면, ~하겠습니다
- We would ask you to : 해 주시기 바랍니다
- How are you (doing)? Hope you are doing well. : 어떻게 지내시나요? 잘 지내고 계시길 바랍니다.
- How have you been? Hope everything is fine/good. : 그동안 잘 지내셨어요? 모든 일이 잘되길 바랍니다.
- Thank you for your prompt reply. : 빠른 회신 감사드립니다.
- We appreciate your interest. : 당신의 관심에 감사드립니다.
- Thank you for contacting me. : 연락해주셔서 감사합니다.
- Thank you for the offer. : 제안 감사드립니다.
- Sorry that it's taken me so long to write. : 답장이 늦어 죄송합니다.
- I am writing to enquire about ⋯ /I am writing to⋯ : ⋯ 때문에 연락드립니다.
- I am writing to confirm our schedule. : 일정을 체크하기 위해 보냅니다.
- I am writing to make a reservation. : 예약을 하기 위해 메일 드립니다.
- I'm writing to confirm my booking. : 제 예약 정보를 확인하고자 연락드립니다.
- I would appreciate it if you could reply me as soon as possible. : 가능한 빨리 회신 부탁드립니다.
- I am afraid to say I will not be able to attend the conference. : 컨퍼런스에 참여 못할 것 같습니다.
- I'm attaching our business plan. : 사업계획안 첨부드립니다.
- Please check the attached file. : 첨부파일 확인해주세요.
- I am sending you the brochure as an attachment. : 브로슈어를 첨부하여 송부드립니다.
- Could you send it again in~ ~format? : ~ ~파일 형식으로 다시 보내주시겠어요?
- Please find the attached file you requested. : 요청하신 파일 첨부하였습니다.
- Thank you for your cooperation. : 당신의 협조에 감사드립니다.
- Thank you for your consideration. : 당신의 숙고에 감사드립니다.
- I look forward to hearing from you. : 연락 기다리겠습니다.
- Please feel free to contact me if you have any question. : 문의사항 있으시면 언제든 연락주세요.
- Let's keep in touch. : 계속 연락합시다.
- Much to our regret : 몹시 유감스럽게도
- Taking this opportunity : 이것을 계기로 하여

- In the future : 앞으로는
- As you can imagine : 알고 계시겠지만
- Please state : 명기해(표시해, 표시해) 주십시오
- We are writing 서신을 드립니다 // = We are writing to you to open an account with you. : 귀사와 거래를 개설하고 싶어 이 서신을 드립니다.

2. 봉투 수·발신 및 우편처리 방법

☑ 신규(2021년) 출제범위

(1) 국제우편 봉투형식 (미국 → 미국 외국 간 예시. 미국 내에서는 약간 다른 규정 적용)

- 영어로 기재하는 것을 원칙으로 하나 해당 국가 언어로 기입하여도 무방함. 단, 마지막 줄 국가명은 영문으로 기입해야 한다.
- 유성펜이나 볼펜으로 정확한 주소를 깔끔하게 모두 대문자로 기재한다.
- 주소는 가능하다면 5줄을 넘기지 않는다.
- 콤마 또는 점등의 구두점을 사용하지 않는다.
- 가장 마지막 줄은 오롯이 국가명을 약자 없이 Full Country Name을 작성한다(국가명 약자 사용 지양).
- 북한도 국가 영문명에 Korea가 들어가기 때문에 REPUBLIC OF KOREA 라고 명시 권장한다 (SOUTH KOREA라고 해도 무방).
- 국가명에 밑줄 긋지 않는다.
- 우편번호를 국가명 옆에 쓰거나 아래에 작성하지 않는다.

① 서식

　ㄱ. **두께** : 5mm 이내

　ㄴ. **무게** : 20g 이내

　ㄷ. **형태** : 직사각형이어야 한다. 다만, 길이는 폭의 1.4배 이상이어야 한다.

　ㄹ. **크기** : 최소 90mm×140mm (허용오차 2mm), 최대 120mm×235mm (허용오차 2mm)

그림1_ 국제우편 봉투서식

(발송인)

LEXLEY LIM

135 MAGNONIA ST

HEMPSTEAD NY 42450

USA

AIR MAIL

PAR AVION

(수취인)

BREAD BANG

212-303, 762, JUNGBU-DAERO,

YONGIN-SI, 54985

REPUBLIC OF KOREA

(발송인)

LEXLEY LIM

135 MAGNONIA ST

HEMPSTEAD NY 42450

USA

AIR MAIL

PAR AVION

(수취인)

용인특례시 중부대로 762번지

212동 303호

BREAD BANG(귀하)

(우)54985

SOUTH KOREA

---

② 받는사람이 친구나 지인인 경우

받는 사람 이름	LEXLEY LIM
도로명 주소(아파트 호수 포함)	135 MAGNONIA ST
도시명, 주(두자리 약자), 우편번호	HEMPSTEAD NY 42450

③ 받는사람이 회사나 기관일 경우

받는 사람 이름	BREAD BANG
상호명	WITH_U IDEAL
도로명 주소(Suite/Unit 번호 포함)	1401 MAIN ST
도시명, 주(두자리 약자), 우편번호	THANKYOU CHURCH VA 22842

(2) 우편물의 종류와 외부표시사항

① **항공** : 국내항공우편의 특수취급이 거의 모든 나라에서 사라진 관계로, 항공우편이라고 하면 이제는 거의 국제항공우편이 된다. 일부 국가에서는 CD, DVD, Blu-ray 같은 광기록매체에 대해서도 인쇄물에 준하는 별도의 요금을 만들어 놓은 곳도 있다.

표2_ 항공우편의 명칭과 영어표기	
명칭	영어표기
(공통기재)	AIR MAIL
항공서장	LETTERS
항공소형포장물	SMALL PACKET
항공서간(항공송달물)	AIRGRAM
항공엽서	AIR POSTCARD
인쇄물	PRINTED MATTERS
점자우편물	영어표기는 따로 없고, 점자우편물 스티커
우편낭배달우편물	MAILBAG

② **선편(배)**

표3_ 선편의 명칭과 영어표기	
명칭	영어표기
(공통기재)	SURFACE MAIL
선편서장	LETTERS
선편엽서	SURFACE POSTCARD
인쇄물	PRINTED MATTERS
점자우편물	영어표기는 따로 없고, 점자우편물 스티커 부착
우편낭배달우편물	MAILBAG

③ 부가서비스

표4_ 기타 부가서비스	
명칭	영어표기
등기	registered mail
배달통지	advice of delivery
보험	INSURED(PARCEL)
국제특급	EMS

④ **국제우편의 분류**

ㄱ. 국제우편은 첫 번째 알파벳을 따 분류되어 E, R, C, L의 네 가지 종류로 구분된다.

ㄴ. 국제등기 E는 EMS에 붙이는 부분으로 가장 빠르게 배달해야 하는 항목이고 EMS는 다른 국제등기하곤 다르게 토요일에도 우체국에서 배달하는 국제특송이다.

ㄷ. 국제등기 R은 국제등기로서 일단 배달국에 도착하면 배달하는 것이 아니라 하루 정도 전산 등록하느라 늦어진다. 그리고 토요일에 배달하지는 않는다.

ㄹ. 국제등기 C는 국제등기화물(소포)이다. 국제우편물류센터에서 전산등록을 다 하고 오는 것이고 국내 택배랑 별 차이는 없다.

ㅁ. 국제등기 L은 국내에 준등기에 준하는 것으로 배달추적은 가능하나 어디까지나 준등기처럼 "우편함 투함"내지는 우편함 투함이 여의치 않을 경우 문 앞에 두고 가는 국제 등기이다.

3. 이메일(e-mail)

(1) 이메일의 형식

이메일에는 우리말 메일과는 다른 형식이 있다. 이메일의 특성은 산난하고 신속하나는 부분이 있지만 최소한의 형식은 지키는 것이 좋다.

① TO에는 받는 사람의 이메일 주소를 쓴다.

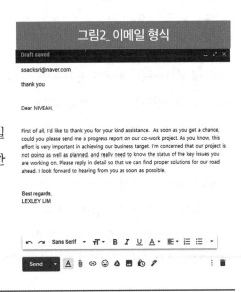

그림2_ 이메일 형식

② CC는 Carbon Copy의 약자이다. A에게 보낸 메일을 다양한 사람에게 동시에 보내는 기능이다. A에게 보내는 메일의 Cc에 다른사람 주소를 세미콜론(;)이나 쉼표로 분리하여 쓰면 지정한 모두가 받는다. Bcc(숨은참조) 기능과 달리 수신인이 누구인지 서로 알 수 있다.

③ Bcc는 Blind Carbon Copy의 약자이다. 이메일이 참조되었다는 것을 받는 사람에 알리지 않고 싶을 때 사용한다. 원래의 수신자는 그 메일을 다른 누가 또 받았는지 알 수 없다.

④ Subject는 이메일의 제목에 해당한다. 이메일의 제목은 막연한 것보다 제목만 읽고도 이메일의 내용을 짐작할 수 있도록 구체적으로 쓴다.

⑤ Greeting은 인사말이다. Dear+Mr.(Ms.)형태가 기본이지만 친한 사이라면 경칭을 생략하고 이름으로 시작해도 무난하다. 업무용에서는 Dear Sir/Madam도 자주 쓰인다. 성별을 모르면 풀네임을 쓰는 것이 무방하다.

⑥ Body는 본문이다. 특별한 규칙이나 형식이 없지만 가장 중요한 것은 신속과 간결함이므로 최대한 간단명료하게 쓴다.

⑦ Closing은 마무리이다. 일반적으로는 위쪽의 비즈니스레터에서 사용했던 문구를 사용하면 된다.

⑧ Signature은 이메일의 마지막에 쓰는 것으로, 보내는 사람의 이름이나 연락처, 기타 관련 데이터를 첨부하는 서명이다. 필요에 따라 소속부서나 기관, 전화번호, 이메일주소, 홈페이지, SNS 주소를 추가한다.

4. 사내연락문

☑ 신규(2021년) 출제범위

☑ References : NCS

조직 내 인트라넷의 발달로 전자게시판이나 전자우편의 사용으로 사내연락문의 사용 빈도수는 현격히 줄어들었으나, 특별한 사안에 대해서는 여전히 사용되고 있어 사내연락문의 형식에 대해 파악해 둘 필요가 있다. 사내연락문 (Memorandum)은 회사 내 동료나 같은 부서원 혹은 팀원들과의 의사소통을 위해 사용하는 문서이다. 그 구성은 팩스표지와 비슷하며, 다양한 형식의 포맷으로 사용되고 있다.

그림3_ 사내연락문

Authorship : NCS

다른 영문서 서식과 마찬가지로 레터헤드(letter head)를 사용할 수도, 사용하지 않을 수도 있다.

5. 팩스

(1) Fax 커버의 레이아웃

① Letterhead : 회사명, 주소, Fax번호

② 수신자 TO : 이름, 부서, 사명, Fax번호

③ 발신자 From : 이름, 부서, 사명, Fax번호

④ 날짜 Date

⑤ 제목 Subject

⑥ 송신매수 Number of Pages (Including the sheet)

⑦ 메시지 Message

⑧ 맺음말 Closing

⑨ 서명 signature

그림4_ Fax 커버 페이지 샘플

WITH_U IDEAL
212-303, 762, JUNGBU-DAERO, YONGIN-SI
Phone:031-284-1234, Fax:031-284-1004

FAX TRANSMISSION

To:DONGBACK Industry Co.
Fax:(031) 2014-0714

Attn:Mr. Yun Jae
Manager

From:International Trade Dept.
Su Ha
Export Dept.
Fax:02-2016-1010

Date:Sep 1, 2021

Subject:Order No. 203

No. of pages including this page:3

Please contact us if this transmission is illegible or incomplete.

I am pleased to inform you that Mr. Bang has been promoted to Vice President of Marketing. You are cordially invited to attend a banquet to celebrate this occasion.

6. 기타 비즈니스 영문서

✓ 신규(2021년) 출제범위

(1) 영문이력서(Resume/CV)

① Resume의 구성

ㄱ. **머리말**(Heading) : 영문이력서에는 제일 처음에 가장 중요한 인적정보를 적는다. 일반적으로 주소, 전화번호, 이메일주소, 연락처 등의 기본정보를 적고, 생년월일과 남자인지 여자인지, 결혼유무, 국적 등도 필요하다. 중요한 사항은 영문이력서는 사진을 이력서에 포함하지 않는다(중요).

ㄴ. **목적**(Objective) : 지원하는 포지션을 적는다. 구체적이면 구체적일수록 좋고, 포지션에 따른 본인이 보유한 기술들, 희망하는 분야(부서)등을 상세히 적는다.

ㄷ. **교육**(Education) : 학력, 학교의 이름, 어느 도시에 있는지, 어느 주, 혹은 어느 시인지, 국가 등의 정보를 적는다. 학사, 석사, 박사 등의 내용과 졸업일, 직종과 관련된 수업 등도 적고, 부전공과, 단기 프로그램, 인증서, 어학연수 등의 정보를 상세히 적는다. 고등학교 정보도 적으면 좋다.

ㄹ. **경험**(Experience) : 직장에서 인턴으로 활동했던 내용들, 학교에서 봉사활동이나 동아리에서 회장 등으로 일했던 경험을 상세히 적는다. 타이틀, 단체의 이름, 지역, 참여날짜 및 자신의 활동내역, 입증할 수 있는 성과 등을 작성하는데 최신정보를 제일 상단에 쓰고 최근 5년간의 정보를 먼저 적어야 한다.

ㅁ. **추가정보**(Other Sections) : 본인만의 독특한 능력, 취미, 저널에 발표한 내용, 출판서적 등이 있다면 이곳에 작성한다. 여행 이력이 독특하다면, 그러한 정보도 도움이 될 수 있으며 본인만이 가지고 있는 장점 중에서 남들에게 없는 것들을 적는다.

그림5_ Resume 예시

Lexley LIM

Job Objective: Sales

Personal Profile

Date of Birth: Sep.01.1987 / Female
E-mail : my07141010@gmail.com
Tel :
Marital Status: Married
Experience Period: 10years 6months
Expected Salary: Negotiable

Qualification

- Strong interpersonal and teamwork skills
  Able to work well both independently as well as in a team
- Able to set and **achieve high personal goals proven self-starter**; able to complete project on time
- Strong organizational and follow-through skills

Work Experience

** O***   2018.11 ~ 2021.2

- **Public institutions Sales manager**
- Established public institutions resellers
- Managed public institutions distributor
- Increased by 355% compared to the last year.

** A***   2017.10 ~ 2018.10

- Launched new security solution
- Established Sole distributor and resellers
- Managed Established Sole distributor and resellers

** M****   2015.1 ~ 2017.09

- Developed/Maintained MS Middleware with C++
- Developed/Maintained MS Middleware with C++
- Developed TCP Socket programming (Active X) with C++ and (.NET)
- Received praise from clients, achieved customer satisfaction of Design and Function

Education/Training

Seoul National Institute of Technology   2010.03 ~ 2015.02
Bachelor's degree in Science
    (Major: Computer Engineering)

② **영문커버레터 (Authorship : 뉴질랜드 정부 사이트 CareerNZ) :** 커버레터는 CV(이력서)와 다르게 줄글로 자신을 소개하고 고용주에게 어필하는 레터. 한 마디로 짧은 편지를 의미하며 자기소개서라고 생각하면 되고, 편지형태로 작성한다고 생각하면 쉽다.

그림6_ 영문커버레터

[Your name Your address]

[Date] 지원 날짜
[Recipient's name 모를 경우 생략 가능. 하지만 인사담당자의 이름 아는 게 더 유리하다.]

Position 그 사람의 직위
Company 회사
Address] 회사주소
Dear [+받는 사람의 이름 모를 경우는 Sir/Madam]

Re : [name of position/vacancy - including vacancy number if applicable]
Re : 라고 쓴 후 지원하는 직위의 이름을 씀. 만약 웹사이트에 번호로 나와 있는 경우라면 그 부분도 작성한다.

[Say why you want the job and briefly outline relevant skills, experience and qualification. Make sure these match you to what is asked for by the employer. If you can, say what you know about the company and why you wish to work for them.]
왜 이 직업을 하고 싶은지 간략히 적고, 관련 스킬과 경험, 자격요건(자격증, 학력 등)을 씀. 그리고 이게 고용주가 원하는 것과 매치하는지 확실히 어필함. 만약 할 수 있다면 회사에 대해 아는 것과 왜 여러분이 그 회사를 위해 일하고 싶은지 쓴다.

[Finish by referring the reader to your CV for more detail about your skills, experience and training. State your availability in case the employer has questions about your application]
CV를 읽는 사람(고용담당자)에게 여러분의 스킬, 경험 등에 대해 언급하면서 끝내기. 그리고 만약 고용주가 질문을 할 경우 답변할 수 있다는 것도 언급한다.

I look forward to the opportunity of meeting you in person and discussing this role.

Yours sincerely [받는 사람 즉 고용담당자의 이름을 아는 경우]
or
Yours faithfully [모르는 경우]

[이름]

③ 영문출장증명서

ㄱ. Name in Full : 반드시 여권 상의 성명과 동일해야 한다.

ㄴ. Visiting Company : 방문하는 회사의 이름 , 주소 , 연락처

ㄷ. Duration : 출장 기간 기재

ㄹ. Sign of the Person who issued this document : 발행인의 자필 서명

그림7_ 영문 출장증명서

```
┌─────────────────────────────────────┐
│         회사 레터지  사용             │
│  (회사로고 / 영문주소/ 전화번호 / 팩스번호) │
└─────────────────────────────────────┘
```

The Consular Section   Date :
Embassy of (영문국가명) in seoul

TRAVEL ORDER

Name in Full   :

Date of birth   :

Passport Number   :

Position   :

Purpose of Travel   :

Visiting Company   :

Duration   :

본 출장 증명서 사본은 참고용 입니다 .
양식이 정해져 있지않으며 , 해당 사항만 빠짐없이 포함되어야 합니다

The above person is to certify that following staff is to official business trip to
(영문국가명) for the purpose of listed

Sign of the Person who issued this document :

회사 명판or 직인 날인

④ 그 밖의 영문서

그림8_ 영문위임장

『Letter of Authorization』

I, LEXLEY LIM.

Passport No. _____ hereby authorize below mentioned person to
여권 번호 _____는 아래에 언급 된 사람에게 다음을 승인합니다.

Apply/Collect the Visa at the Embassy of the Republic of Korea on my behalf.
본인을 대신하여 대한민국 대사관에서 비자를 신청 / 수령합니다.

Name of Authorized Person: _____
승인 된 사람의 이름

National ID Card No: _____
주민등록번호

Signature of Authorized Person _____
승인된 사람의 서명

Date of Authorization: _____
승인날짜

_____
Signature of Applicant
지원자서명

To: Visa Officer
Embassy of The Republic of Korea
CHINA

그림9_ 영문 초청장

사무영어

Korea Auto Salvage Association↓
#806, RUBENS Officetel. 104-10, Sangsu-dong. Mapo-gu. Seoul, Korea.
TEL +82-2-000-0625, FAX +82-2-000-0622, E-MAIL bread@sy.or.kr.

↵

↵

INVITATION(초청장)↓

15th June, 2020   (작성일 日/月/年 순서로).

We are pleased to invite the under-mentioned person to Korea for business meeting with us. We expect this person's visit will be very efficient to build a successful business.

Name : LEXLEY (초청 대상자 성명 기재).

Date of Birth : 1th Sep., 1987 출생 년월일 (일/월/년 순서로 작성).

Sex : Female 성별.

Company & Position : WITE U IDEAL Co., Ltd. / Director 직위.

Purpose of Visit : Business   방문목적.

Sincerely,.

(Signature) _____.

(초청장 발급인) (서명 또는 싸인이 있으시면 날인).

Mr. K. H. Bang (이사급 이상 성명)↓

Chief Executive Officer (직위).

SY (회사명).

ㄱ. **안내장**(Announcement) : 공식적인 행사나 비공식적 행사를 안내장을 통해 배포할 수 있다.

ㄴ. **회의록**(Minutes) : 회의에서 이루어진 내용을 작성하여 보관하는 문서이다.

ㄷ. **팩스커버**(Fax Cover) : 팩스를 보낼 경우 격식이 필요할 때 사용하는 문서이다.

2 영문서 내용 이해

1. 상황별 영문서 내용파악과 작성 예문

☑ 신규(2021년) 출제범위

① **감사 표현 (Thank you for ~)** : 다소 격식을 갖추어 감사를 표현할 때는 I appreciate나 I'd like to convey my personal thanks to, I'm truly grateful for 등을 사용해도 좋다.

- Thank you for the quick reply to my inquiry. : 제 문의에 신속하게 답변해주셔서 감사합니다.
- Thank you for the efforts you put into organizing the conference. : 컨퍼런스를 준비하는데 애써 주셔서 감사합니다.

② **사과할 때 (We apologize for ~)** : 격식을 갖추어 사과할 때 가장 많이 사용하는 표현이다. 참고로 '~하지 못해서' 사과할 때는 I apologize for not -ing라고 사용한다. 이외에 I'm sorry for, I feel sorry about, Please accept our apologize for 등도 사용된다.

- We apologize for shipping the wrong items. : 잘못된 품목을 보내드린 것에 대하여 사과드립니다.
- Sorry for the delayed reply. /My apologies for the late response. : 답변(답신)이 늦어 죄송합니다.

③ **문의할 때 (I'm writing to inquire about ~)** : 상품이나 행사, 배송이나 가격 등에 대해 문의할 때 가장 많이 사용하는 동사가 inquire이다. 가능성 여부를 문의할 때는 inquiring about the possibility of를 쓰면 된다. 참고로 request는 문의 후 구체적인 정보나 자료를 요청할 때 주로 사용한다.

- I'm writing to inquire about your loan program. : 귀사의 대출 프로그램에 대해 문의하고자 메일을 씁니다.
- I'm writing to inquire about your new packaging methods. : 귀사의 새로운 포장법에 대해 문의하고자 메일을 씁니다.

④ **주문하기 (With reference to ~, I would like to order ~)** : 주문할 때는 I would like to order라고 주문의사를 직접적으로 밝혀도 좋지만, 주문과 관련된 catalog number나 item number를 함께 표시하는 것이 시간을 절약하고 혼동을 막는 데 도움이 된다. With reference to는 구체적인 제품 번호나 관련 자료를 언급할 때 유용하게 사용할 수 있는 표현이다.

- With reference to your mail order catalog, I would like to order the following items. : 귀사의 우편주문 카탈로그를 보고, 다음 품목들을 주문하고자 합니다.
- With reference to your online special offer, I would like to order "Secretary's office supplies." : 귀사의 인터넷 특별판매를 보고, "비서실 용품"을 주문하고자 합니다.

⑤ **상황확인(Please check on the status of~)** : 주문이나 배송의 진행 상황을 확인 요청할 때 주로 사용하는 표현이다.

- Please check on the status of my recent order. : 최근 주문처리 상황을 확인해주시기 바랍니다.
- Please check on the status of the order, #223 : 주문번호 223의 처리상황을 확인해주시기 바랍니다.

⑥ **가능성 타진(Would it be possible to~?)**

- Would it be possible to change the terms of our contract? : 우리의 계약조건을 변경할 수 있을까요?
- Would it be possible to return the items if I'm not satisfied with them? : 제품이 마음에 들지 않을 경우 반환할 수 있을까요?

⑦ **거절(We regret to inform you that~)** : 거절하거나 안 좋은 소식을 전할 때는 주로 We regret 또는 We are sorry to로 문장을 시작하며 뒤에 tell, inform, advise 등의 동사를 사용한다. that 뒤에는 not possible, be unable to, cannot 등의 부정인 표현이 주로 나온다는 것도 함께 기억한다.

- We regret to inform you that we are unable to fill your order as requested. : 요청하신 주문에 응할 수 없음을 알려드리게 되어 유감입니다.

⑧ **제안에 대한 회신(After reviewing your proposal, we've decided~)** : 상대가 보낸 proposal이나 offer, idea, plan 등의 다양한 메일에 대해 회신할 때 유용하게 사용할 수 있는 표현이다. 비슷한 표현으로는 After looking over, After further investigation of 등이 있다.

- After reviewing your proposal, we've decided to further investigate the feasibility of the project. : 귀하의 제안을 검토한 결과, 프로젝트의 실현가능성을 조금 더 조사하기로 결정했습니다.
- After reviewing your proposal, we've decided to postpone making any decision. : 귀하의 제안을 검토한 결과, 결정을 연기하기로 결정했습니다.

⑨ **협상근거 제시(We found out that~)** : 협상을 할 때 제시한 조건의 근거를 밝히는 표현이지만, 객관적인 사실이나 상황을 지적할 때도 자주 사용한다. 뒤이어 이유를 밝히거나 근거를 제시할 때는 because of 또는 take ... into consideration을 사용하면 된다.

- We found out that your projects have serious defects. : 우리는 귀사의 제품들에 심각한 결함이 있음을 알게 되었습니다.

⑩ **불만표시(I am writing to complain about~)** : 이밖에 I find it difficult to understand도 불만을 표현할 때 자주 사용하는 표현이다. 불만사항이 이미 수차례 있었음을 표현하려면 This is not the first time that 이라고 하면 된다.

- I'm writing to complain about one of your employees' behaviors last week. : 지난주 귀사의 한 직원의 행동에 대해 항의하고자 메일을 씁니다.

- I'm writing to complain about the way you handled the COEX IT World Convention. : 귀사의 COEX IT 월드 컨벤션 진행방식에 대해 항의하고자 메일을 씁니다.

⑪ **해명 (We have been forced to~, owing to~)** : 불가피한 일을 해명해야할 때 사용하기 좋은 표현이다. 이때는 상황만 알리기보다는 owing to 또는 because를 붙여 이유까지 밝히는 편이 좋다. "We had no choice but to 또는 We couldn't help but to" 등을 사용해도 비슷한 의미가 된다.

- We've been forced to shut down our business, owing to the severe downturn in our economy. : 심각한 경제침체로 인해, 우리는 사업을 접을 수밖에 없었습니다.

⑫ **항의 반박 (We are sorry to hear that~, but our records show that~)** : 상대가 부당한 항의를 할 때는 우선 공감의 뜻을 표한 후, 확고한 증거를 제시해 항의를 반박하는 것이 좋다. 이밖에도 반박의 근거를 제시하기에 유용한 표현으로는 upon investigation이나 As you can see from the attached 등이 있다.

- We are sorry to hear that you haven't received replacement parts, but our records show that they were sent at the end of last month. : 교체 부품을 받지 못하셨다니 유감입니다만, 저희 기록에 의하면 부품들은 지난달 말에 발송되었습니다.

⑬ **독촉 (This is a reminder to inform you that~)** : Please accept this reminder that 도 비슷하게 쓰이는 표현이다.

- This is a reminder to inform you that this is your last chance to make good on the payment. : 이번이 결제약속을 이행할 수 있는 마지막 기회임을 알리는 독촉장입니다.

- I standby for your response. : 당신의 답장을 기다리겠습니다.

⑭ **이메일 주소 확인 및 체크**

- Please reply to the following address. : 답장은 아래의 주소로 보내주세요.

- Could you send your reply to both addresses? : 답장은 이메일 주소 두 곳으로 모두 보내주시겠습니까?

- Can you send your e-mail to a different address, please? : 이메일을 다른 주소로 보내 주시겠습니까?

- I sent you an e-mail but it got returned. : 이메일을 보냈는데 되돌아왔어요.

- Please reply to all : 답장은 모두에게 보내주세요.

- Copy me on the e-mail : 함께 받는이로 저한테도 이메일 보내주세요.

- If you need to contact us, simply to this massage : 저희에게 연락할 일이 있으면 이 이메일에 대한 답변 형태로 보내 주시면 됩니다.

• Here's my new e-mail address. : 새로 바뀐 제 이메일 주소입니다.

• I am closing my e-mail account : 기존 이메일 계정은 더 이상 사용하지 않을 것입니다.

3 영문서 수·발신 처리

☑ Authorship : NCS

1. 영문서 수신 및 전달

(1) 비즈니스 레터 전달하기

① 레터 오프너(혹은 가위)를 이용하여 편지 봉투를 연다.

봉투 안의 편지가 훼손되지 않도록 유의하여 열도록 한다.

② 비즈니스 레터의 수신인을 확인한다.

ㄱ. **수신인 주소란의 수신인을 확인한다** : 서두 인사말(Dear~) 윗부분에 있는 주소지 부분에 기입된
수신인이 누구인지 확인한다. 'Dear Mr. Bang,"Dear Mr. Lim,'등의 서두 인사말로는 정확히 수신
인이 누구인지 알 수 없으므로 수신인 주소에 명시되어 있는 이름을 확인하도록 한다.

ㄴ. **서두 인사말의 이름을 확인한다** : 수신인 주소란의 수신인과 서두 인사말에 명시된 수신인의 성
(family name)이 같은지 다시 확인한다.

③ 비즈니스 레터의 발신인을 확인한다.

ㄱ. **발신인 주소를 기입한 경우** : 서문 부분에 두 개의 주소란이 있는 것을 확인할 수 있다. 그 중 첫 번
째 주소가 기입된 부분이 발신인에 대한 것이며 두 번째 주소가 기입된 것이 수신인에 대한 것임
을 알고, 발신인의 정보를 확인한다.

ㄴ. **발신인 주소를 기입하지 않은 경우** : 발신인의 주소를 특별히 기입하지 않은 경우는 인쇄 서두(레
터헤드)에 기입된 정보를 확인하고, 비즈니스 레터의 마지막 부분에 있는 서명 아래의 발신자 이
름과 직위, 소속 등이 기입되어 있는 것을 보고 확인한다.

④ **동봉물 여부를 확인한다.**

　ㄱ. **동봉된 문서가 없는 경우** : 봉투를 열었을 때 동봉된 문서가 없는 경우 비즈니스 레터의 결문 부분에 Enclosure의 기입이 없는지 다시 확인한다.

　ㄴ. **동봉된 문서가 있는 경우** : 편지의 하단에 'Enclosure(s)'가 기입되어 있다면 비즈니스 레터와 함께 동봉물도 함께 수신인에게 전달될 수 있도록 한다. 또한 명시된 Enclosure의 내용이 맞는지 확인한다.

⑤ **비즈니스 레터에 명시된 수신인에게 전달한다.**

(2) 팩스 문서 전달하기

① **팩시밀리에서 수신한 문서의 판독 상태를 확인한다.**

　ㄱ. **판독이 가능한 경우** : 수신한 팩스 문서가 모두 판독이 가능하다고 판단되면 다음 수행으로 넘어간다.

　ㄴ. **판독이 어려운 부분의 낱장이 발견된 경우** : 수신된 팩스 문서가 너무 흐리거나 너무 어두울 경우 팩스 발신인에게 연락하여 팩스를 다시 보내 달라고 요청한다. 이때 발신인의 연락처는 팩스 커버의 인쇄 서두(letterhead)부분에 기재되어 있는 연락처나 'FROM'에 기재되어 있는 발신인의 연락처를 보고 연락한다.

② **수신한 문서의 총매수를 확인한다.**

　ㄱ. 팩시밀리에서 수신한 문서의 첫 페이지를 확인한다.

　ㄴ. 팩스 표지에 쓰여 있는 총매수와 팩스로 받은 문서의 총 매수가 동일한지 확인한다.

③ **팩스 문서의 수신인을 확인하여 전달한다.**

　ㄱ. **수신인이 1명일 경우** : 팩스 표지의 'TO'에 한 명만 기재되어 있을 경우이며 받은 팩스 문서를 명시되어 있는 수신인에게 전달한다.

　ㄴ. **수신인이 2명 이상일 경우** : 팩스 표지의 'TO'에 한 명 이상이 적혀 있을 수 있으며, 'TO' 외에 'cc'로 하여 참고로 봐야 할 사람도 기재되어 있는 경우가 있다. 이 경우 수신인의 수만큼 복사하여 팩스 표지에 기재되어 있는 수신인 모두가 전달받을 수 있도록 한다.

(3) 사내연락문 전달하기

① 사내연락문과 함께 받은 문서도 있는지 확인한다.

사내연락문 표지와 함께 동봉된 문서가 있으면 누락 없이 모든 페이지의 문서가 회람될 수 있도록 유의한다.

② 사내연락문의 발신인과 수신인을 확인한다.

ㄱ. **사내연락문의 발신인을 확인한다** : 사내연락문을 받아 볼 수신인에게 전달할 때 누구에게서 온 연락문인지 알리며 전달하는 것이 효과적이므로 발신인도 주의 깊게 확인한다.

ㄴ. **사내연락문의 수신인을 확인한다** : 'TO'와 'cc'에 있는 수신인 목록을 확인한다.

③ 수신인에게 사내연락문을 전달한다.

ㄱ. **수신인이 동일 부서원이거나 팀원일 경우** : 사내연락문의 수신인 명단이 동일 부서원이거나 팀원일 경우 받은 문서의 명단 옆에 서명하게 하여 회람된 것을 확인할 수 있다.

ㄴ. **수신인의 소속 부서나 팀이 다를 경우** : 사내연락문 수신인의 부서나 팀이 다를 경우 부서별, 팀별의 수만큼 복사 후 전달하여 각각의 부서와 팀 안에서 회람될 수 있도록 한다.

비서 영어회화 업무

CHAPTER 3

1 전화응대

- 대면 때의 대화보다 주의해서, 상대가 알아듣기 쉽도록 또렷하고 적당한 스피드로 이야기한다.

- 슬랭은 물론이고, [OK], [No problem]과 같이 빗나간 표현을 피하고 [Certainly], [Very well], [All right] 등 정중한 말을 고른다.

- [uh huh], [um] 등 단어와 단어 사이를 벌리기 위한 소리(filler)나 [like], [you know] 등을 사용하는 버릇이 있는 경우는, 그것들을 사용하지 않도록 평소 트레이닝한다.

- 긍정적인 말투에 유의한다. 예를 들어 모르는 것을 묻는 경우 [I don't know]라며 대화를 멈추지 말고, [Let me find out about that for you] 등이라고 대답해 상대의 기대에 부응하도록 노력한다.

(1) 응대인사(수발신)

☑ 신규(2021년) 출제범위

- Introducing yourself : 소개하기
- Good morning/afternoon/evening LIM speaking : 안녕하세요, LIM입니다.
- How can I help you today ? : 어떻게 도와드릴까요?(소개 후 말하기)

(2) 용건파악

☑ 신규(2021년) 출제범위

- Asking for someone : 누구에게 용건이 있는지 문의하기
- Could I speak to … ? : 제가 …와 통화가 가능할까요?
- How to reply when someone is not available : 상대방(통화 희망자) 부재시 어떻게 답하나요?
- I'm afraid, LIM is not available at the moment : 죄송합니다, LIM씨는 현재 부재중 입니다.
- The line is busy : 통화/용무 중입니다.
- Taking a message : 용건 남기기

- Can I take a message? : 용건을 남겨주시겠어요?

- Making the person hold : 상대방에게 기다려 달라고 요구하기

- I'll put you through/ I will transfer you call to … : 연결해드리겠습니다/전화를 … 에 넘겨드리겠습니다.

- Can you hold the line ? can you hold on for a moment ? : 잠시만 기다려주시겠습니까?

(3) 메시지 전달

① 메시지를 받아들일 때

- May I take a message? : 메시지 남겨드릴까요?

- Would you like to leave a message? : 메시지 남겨드릴까요?

- Are there any messages? : 메시지가 있나요?

- Can you spell your name please? : 성함을 불러주시겠습니까?

- Your number is 1234 – 5678. : 당신의 번호는 1234 – 5678이군요.

- I'm tell him that you called. : 전화 왔었다고 전해 드리겠습니다.

② 부재중인 상대에게 메시지를 남길 때

- Can I have a message? : 메시지 좀 남겨주세요.

- Please tell him to call me back. : 그에게 돌아오면 내게 전화해달라고 전해주십시오.

- Please tell him that Ms. LEXLEY called. : 그가 돌아오면 LEXLEY에게서 전화왔었다고 전해주십시오.

- I'll call back in 15 minutes. : 15분후 다시 전화하겠습니다.

- Would you ask her to call me as soon as the gets back? : 그녀에게 돌아오는 대로 내게 전화해달라고 전해주시겠어요?

- Please let him call me back as soon as possible. : 돌아오는 대로 즉시 전화해달라고 전해주십시오.

- Please have him return my call at 1234 – 5678. : 그에게 1234 – 5678로 전화해달라고 전해주십시오.

- It's an emergency. : 긴급한 일입니다.

(4) 전화 연결

① 바꿔줄 때(잠시만 기다리세요.)

- One moment, please.

- Just a moment, please.

- Hold on, please.

② 바꿔줄 때(다른 표현)

- I'll transfer your call. : 교환해 드리겠습니다.

- I'll connect you to him. : 그에게 연결하겠습니다.

- I'll get someone who can speak English well. : 영어를 잘하는 누군가를 바꿔주겠습니다.

- Can you hold, please? : 잠시만 끊지 말고 기다리시겠습니까?

- I'll transfer you. Please don't hang up. : 교환해 드리겠습니다. 끊지말고 기다리세요.

(5) 상황별 응대(부재, 출장, 다른 전화 등)

- I'm sorry but he's not here now. : 죄송합니다만, 그는 지금 안계십니다.

- He's at the meeting./He has a visitor. : 지금 회의중이십니다./손님과 함께 계십니다.

- I think he went to the restroom now. He'll be back soon. : 화장실에 잠시 계신 모양입니다.
  곧 돌아오실겁니다.

- He's just stepped out. : 방금 나가셨습니다.

- He's out sick today. : 오늘 아파서 갔습니다.

- Nobody is here./No one is here. : 여기 아무도 없습니다.

- He's away on a business trip this week. : 그는 이번주에 사업차 출장중입니다.

- He's on the other line./His line is busy./He is on another phone now. : 그는 지금 다른 전화를
  받고 있습니다.

- He is very busy. Could you call back ten minutes later? : 그는 지금 몹시 바쁩니다. 10분 뒤에 다시
  전화하시겠습니까?

- Nobody answers the phone right now. : 아무도 전화를 받지 않습니다.

(6) 자동응답기 전화영어

✅ 신규(2021년) 출제범위

- Hello, this is Lexley of [회사 이름]. I'm currently unable to take your call. Please leave your
  name, phone number, and a brief message, and I will contact you as soon as possible. Thanks
  you. : 여보세요, [회사 이름]의 Lexley입니다. 지금 전화를 받을 수가 없습니다. 이름, 전화번호,
  메시지를 남겨주시면 가능한 한 빨리 전화드리겠습니다.

- Hello, you have reached the office of Lexley, I will be out of my office starting on 19th Apr and will be returning on 27th June. You can call me when I return or leave a brief message. If this an emergency I can be reached on my cell, which is 000-0000 : 여보세요, Lexley입니다. 4월 19일부터 6월 27일까지 부재중입니다. 나중에 전화를 주시거나, 메시지를 남겨주세요. 급하신 경우, 000-0000로 전화해 주세요.

(7) 추가 사항

☑ 신규(2021년) 출제범위

- Could you spell that for me, please? : 철자를 말씀해 주시겠습니까?
- Thank you for calling [회사 이름]. Have a great day. : [회사 이름]로 전화해 주셔서 감사드립니다. 좋은 하루되시길 바랍니다.
- Thank you very much. Have a good day. : 정말로 감사드립니다, 좋은 하루 보내세요.
- I'm afraid your voice seems to be breaking up. Can you hear me? : 죄송합니다만, 목소리가 끊겨서 들립니다. 제 목소리 들리시나요?
- I am sorry, I didn't catch that. Could you repeat that again, please? : 죄송해요, 못 들었습니다. 다시 한 번 말씀해 주시겠습니까?
- Could you repeat that, please? : 다시 한 번 부탁드리겠습니다.
- I'm sorry, you have the wrong number : 죄송합니다, 전화를 잘못 거셨습니다.

2 내방객 응대

(1) 내방객 맞이

☑ 신규(2021년) 출제범위

① Hello, I'm Lexley. So pleased to meet you. : Lexley 입니다. 만나서 반가워요.

② **상사가 통화 중/미팅 중이어서 잠시 기다려야 하는 경우**

· Would you like to take a seat? : 앉으시겠어요?

③ **방문객 기록부에 서명 요청하기**

· Could I ask you to sign the visitor's book, please? : 방문기록부에 서명 부탁드려도 될까요?

(2) 약속확인 또는 용건파악

· May I help you? = May I ask what your business is? = What did you come for? : 어떻게 오셨습니까?

· Who would you like to see? : 어느분을 찾으십니까?

· Do you have an appointment with her? : 약속하고 오셨습니까?

· What company are you from? = May I have your company's name? : 어느 회사에서 오셨나요?

(3) 안내

· This way, please : 안내해 드리겠습니다. 이쪽입니다.

· I'll show you the way = I'll take you there = Let me show you the way : 안내해 드리겠습니다

· Would you come with me? = Come with me : 저와 같이 가시죠.

· Would you come this way? = Come this way : 이쪽으로 오시죠.

· It's on the third floor : (찾으시는 곳은) 3층에 있습니다.

· It's the third door : (찾으시는 곳은) 세번째 방입니다.

· It's the next door : (찾으시는 곳은) 이 옆방입니다.

· Please walk up the stairs to the second floor : 2층까지 계단으로 올라가십시오.

· His room is the first one to your right : 그의 방은 오른편으로 첫 번째 방입니다.

(4) 접대

① 코트나 노트북 가방 등을 들고 계실 경우

- Can I take your coat/baggage? : 코트/가방 맡기시겠어요?

② 음료 마실지 여쭤볼 때

- Can I bring you something to drink?/Would you like something to drink? : 마실 음료를 드릴까요?/어떤 음료로 하시겠습니까?

- Would you like to drink coffee or tea? : 커피나 티 드릴까요?

③ 간단한 다과 등 드실지 여쭤볼 때

- Would you like to something to eat? : 뭐 좀 드시겠습니까?

(5) 배웅

① 가실 때 택시 잡아드릴지 물을 때

- Shall I call a taxi? : 택시 잡아드릴까요?

(6) 상황별 응대

- He'll be with you soon. : 곧 그사람이 올겁니다. = He'll be coming in a minute.

- She has another visitor now. : 지금 다른 손님과 같이 있습니다. = She is with somebody.

- He isn't in now. : 지금 부재중입니다.

- He has just stepped out. : 방금 나갔습니다.

- Would you come back later? : 나중에 다시 오시겠습니까?

3 일정에 따른 예약

1. 교통수단 예약

☑ 신규(2021년) 출제범위

(1) 항공

- I'd like to book a flight to New York : 뉴욕행 비행기를 예약하고 싶어요.
- One-way, or round-trip? : 편도인가요? 왕복인가요?
- Which class would you like? : 좌석등급은 무엇으로 하시겠어요?
- Economy, please. : 일반석으로 부탁해요.
- I'd like to confirm my reservation. : 예약을 확인하고 싶어요.
- Your reservation is confirmed. : 예약이 확인됐습니다.
- I'd like to change my reservation. : 예약을 변경하고 싶어요.
- I'd like to change my flight. : 다른 비행기로 변경하고 싶어요.
- Is there a non-stop flight? : 논스톱편이 있나요?
- How long is the layover? : 경유지에서는 얼마나 기다려야 해요?
- Please give me an open ticket for my return flight. : 귀국행은 오픈티켓으로 해 주세요.
- I'd like to pre-order my in-flight meals. : 미리 기내식을 지정하고 싶습니다.
- What time does the first flight leave? : 첫 비행기는 몇 시에 출발해요?
- What is the arrival time? : 도착시간은 언제에요?
- Please put me on the waiting list. : 대기자 명단에 올려주세요.
- How many are on the waiting list now? : 현재 대기자는 몇 명이에요?
- How much is the fare? : 요금이 얼마죠?
- Does the price include fuel surcharges? : 유류세가 포함된 가격이에요?
- How much is the fare for a baby? : 아기는 요금이 얼마에요?
- It's 10% percent of an adult fare. : 성인 요금의 십퍼센트 내야합니다.
- Is there a cheaper ticket? : 더 저렴한 티켓이 있나요?
- How much is a round ticket? : 왕복 티켓은 얼마죠?
- I'd like to fly to Sydney. : 시드니에 가고 싶습니다.
- I need to make a reservation. : 예약하고 싶습니다.

- I'd like to book a flight to Seoul, Korea. : 서울로 가는 비행기를 예약하고 싶습니다.

- I'd like to reserve a seat on OOO Flight OOO : OOO편 비행기를 예약하고 싶습니다.

- I'd like to fly out on the 5th. : 5일 날 가고 싶습니다.

- Do you have a flight to Chicago May 9th? : 5월 9일 시카고행 항공편이 있나요?

- What time does the first flight leave? : 첫 비행기는 몇 시에 출발하나요?

- What time is the next flight to OOO? : OOO의 다음 비행은 몇 시 인가요?

- Do you have a seat on that flight? : 그 비행기에 빈 좌석이 있나요?

- Do you want to fly first class or economy? : 1등석입니까? 일반석입니까?

- Economy, please. : 일반석으로 주세요.

- I'd like a one way ticket. : 편도로 할게요.

- I'd like a round trip. : 왕복으로 할게요.

- I would like a window seat. : 창문측 좌석을 원합니다.

- I would like to get a seat. : 통로측 좌석을 부탁해요.

- I'd like to confirm my reservation. : 예약을 재 확인 하고 싶어요.

- I need to cancel my flight. : 비행기를 취소해야겠어요.

- How much is the fare? : 요금이 얼마입니까?

(2) 택시

① 전화로 택시를 부를 때

- I'd like to order a taxi… : 택시를 부르고 싶습니다

- Could you send a taxi to…? : ~로 택시를 보내주시겠습니까?

- May I have a taxi at…? : ~에서 택시를 탈 수 있을까요?

- Could I book a taxi…? : 택시를 예약할 수 있을까요?

- I'd like a taxi immediately/as soon as possible please. : 최대한 빨리 택시를 타고 싶은데요.

② 택시 위치 확인하기

- Can you make sure one arrives as soon as possible? : 가급적 빨리 택시 한 대가 올 수 있도록 해주시겠습니까?

- Hello, my name is Ms. Lim. I ordered a taxi for 8p.m. at Seocho-Dong. It's 8:15 now. **Could you check what has happened please?** : 안녕하세요, 제 이름은 Ms. Lim입니다. 저녁 8시 서초동에서 택시를 예약했습니다. 지금 8:15분입니다. 무슨 일인지 좀 확인해주세요.

③ 택시 요금을 물어볼 때

- How much is the fare please? : 요금이 얼마인가요?
- How much should I pay? : 얼마를 지불하면 되나요?

(3) 기타(버스, 기차)

- What time's the next bus to …? : … 으로 가는 다음 버스는 몇 시 입니까?
- What time's the next train to …? : … 로 가는 다음 기차는 몇 시 입니까?
- Can I buy a ticket on the bus? : 버스 안에서 표를 살 수 있습니까?
- Can I buy a ticket on the train? : 기차 안에서 표를 살 수 있습니까?
- How much is a … to London?   : 런던으로 가는 … 는 얼마입니까?
- I'd like a … to Bristol : 브리스톨로 가는 … 를 원합니다
- Are there any reductions for off-peak travel? : 한산한 때 이용하는 교통편은 할인됩니까?
- I'd like a return to …, coming back on Sunday : 일요일날 돌아오는 … 행 왕복티켓을 원합니다
- Can I have a timetable, please? : 운행 시간표를 얻을 수 있을까요?
- How often do the buses run to …? : … 행 버스는 얼마나 자주 운행 됩니까?
- How often do the trains run to …? : … 행 기차는 얼마나 자주 운행 됩니까?

2. 식당·호텔 예약

(1) 식당예약

① 예약가능 여부 확인하기

- Can we make a reservation? : 예약할 수 있나요?
- Do you take reservations? : 예약 받으시나요?
- I'd like to make a reservation for four : 4명 예약하고 싶어요.
- I'd like a table for five : 5명 예약해주세요.
- Can I make a reservation for 6pm? : 오후 6시로 예약할 수 있나요?

② 원하는 자리 확인하기

- Please reserve a table with a view : 전망이 보이는 자리로 예약해주세요.
- Would you please reserve a quiet seat? : 조용한 자리로 잡아주시겠어요?

- Can we have a table by the window? : 창가 쪽 자리가 있을까요?

③ 예약확인하기

- I'd like to confirm my reservation : 예약을 확인하고 싶습니다.
- I'm calling to confirm my reservation : 예약 확인 차 연락드렸어요.

④ 변경 및 추가하기

- I'd like to add two more people to my party : 일행에 2명 더 추가하고 싶어요.
- I'd like to change my reservation date : 예약 날짜를 변경하고 싶은데요.
- I'm afraid I'll have to cancel my reservation : 죄송한데 예약을 취소해야 할 것 같아요.
- I think we'll be half an hour late. Is that all right? : 30분 정도 늦을 것 같아요, 괜찮나요?
- Can I postpone my reservation? : 예약 시간을 좀 미룰 수 있을까요?

(2) 호텔예약

① 빈 방을 확인하기

- Do you have any vacancies? : 빈 방이 있습니까?
- From what date : 무슨 날짜 부터요?
- For how many nights? : 몇 박 동안?
- One night : 1박
- Two nights : 2박
- A week : 1주일
- I'd like a … : …를 원합니다.
- single room : 1인실
- double room : 2인실 더블 침대
- twin room : 2인실 싱글 침대
- triple room : 3인실
- suite : 스위트 룸
- I'd like a room with … : … 이 있는 방을 원합니다.
- an en-suite bathroom : 방안 욕실
- half board : 1박 2식
- full board : 1박 3식
- Could we have an extra bed? : 여분의 침대를 제공받을수 있나요?

② 부대시설에 대해 물어보기

- Does the room have … ? : 방 안에 … 이 있습니까?

- internet access : 인터넷 연결

- Is there a … ? : 거기에 … 이 있습니까?

- Do you allow pets? : 반려동물이 가능합니까?

- Do you have wheelchair access? : 휠체어가 들어 갈 수 있습니까?

- Do you have a car park? : 주차장이 있습니까?

- The room has a shared bathroom : 그 방은 공동 욕실을 가지고 있습니다.

③ 약정에 대해 이야기하기

- What's the price per night? : 1박에 얼마입니까?

- Is breakfast included? : 아침이 포함됩니까?

- That's a bit more than I wanted to pay : 그 방은 제 생각보다 비쌉니다.

- Can you offer me any discount? : 조금 깎아 주시겠어요?

- Have you got anything … ? : … 다른 어떤 것이 있습니까?

- Could I see the room? : 그 방을 볼 수 있을까요?

④ 예약하기

- OK, I'll take it : 좋아요. 그 방을 하겠습니다.

- I'd like to make a reservation : 예약을 하고 싶은데요.

- Can I take your … ? : 당신의 … 를 받을 수 있을까요?

⑤ 추가

- Vacancies : 빈방 있음

- No vacancies : 빈방 없음

3. 예약관련 지식

(1) 호텔

① 객실 타입

- single room : 1인실이고 보통 풀 사이즈 베드(더블베드)가 제공된다.

- double room : 2인실이고 두 명이 사용할 수 있는 공간과 더블 베드(풀 사이즈 베드) 또는 퀸사이즈 베드가 제공된다.

- twin room : 트윈 룸은 두 명을 위한 공간과 두 개의 트윈/싱글베드가 제공된다.

- triple room : 3인실. 주로 더블베드와 싱글베드가 제공되지만, 이 외에 다른 콤비네이션의 침대가 제공되기도 한다.

- suite : 일반 호텔 객실보다 더 넓은 객실. 고급 호텔의 스위트에는 심지어 방이 여러개 마련되어 있기도 하다. 스위트에는 호텔 특실(executive suite) 또는 가족 특실(family suite) 등이 있다.

- connecting rooms : 두 개의 룸이 작은 통로나 문을 통해 연결된 방이라는 뜻. 단체 투숙객이나 가족들의 경우 이 커넥팅 룸을 요구할 수도 있다.

- adjoining rooms : 방이 나란히 붙어있으나, 커넥팅 룸처럼 내부가 연결되지 않은 인접 객실을 말한다.

② 침대 타입(미국표준사이즈)

- single bed/twin bed(약 39 x 74 inch) : 트윈 베드는 사이즈가 가장 작은 1인용 침대이다. 싱글베드.

- full-size bed(약 54 x 74 inch) : 오늘날 풀 사이즈 베드는 주로 한 사람을 위한 침대이지만 두 사람이 자기에도 충분한 사이즈이다.

- queen-size bed(약 60 x 80 inch) : 퀸 사이즈 베드는 풀 베드보다 커서 주로 성인 두 명이 함께 쓰는 용이다.

- king-size bed(약 76 x 80 inch) : 킹 사이즈 베드는 가장 사이즈가 큰 침대이고 두 명이서 아주 넓은 공간을 사용할 수 있다.

③ 객실에 포함된 서비스

- amenities : "features(포함된 서비스)"를 이르는 또 다른 단어. 주로 호텔 비즈니스 안에서 쓰이는 용어이다.

- AC : Air conditioning의 준말이며 날씨가 더울 때 객실을 시원하게 유지해주는 에어컨을 가리키는 말이다.

- heating : 날씨가 추울 때 객실을 따뜻하게 유지해주는 히터이다.

- bathroom : 변기와 세면대, 샤워실이 있는 공간, 즉 욕실을 가리킨다. 대부분의 호텔 객실에는 이 욕실이 포함되어 있다.

- internet access : 호텔에 인터넷 서비스가 제공된다는 것은, 객실 안에서도 투숙객이 인터넷을 사용할 수 있다. 무료 또는 유료 와이파이가 제공되는 경우 호텔 측에서 필요한 비밀번호를 알려준다.

- wireless printing : 게스트가 본인 컴퓨터로 작업한 문서를 호텔의 프린터기로 무선 연결하여 인쇄할 수 있는 서비스이다.

- fan : 객실을 시원하게 유지하기 위해 천장에 선풍기가 달려있거나 일반 전기 선풍기가 제공되는 방도 있다.
- balcony : 객실과 연결되어 울타리 따위로 막아놓은 룸의 바깥 공간을 일컫는 말입니다. 발코니는 보통 1층보다는 2층 룸부터 제공된다.
- patio : 자갈돌 등이 깔린 바닥에 외부 테이블과 의자가 마련된 공간이다.
- smoke-free : 이 사인이 있으면 객실 내부에 금연이라는 뜻. Smoking과 non-smoking 또한 금연 허용 여부를 알려주는 용어이다.

④ 객실 예약 시

- booking a room : reserving a room과 같은 표현.
- making a reservation : 투숙객들이 호텔에서 묵고 싶을 때 예약하는 행위를 일컫는다(make a reservation = book a room).
- vacancy : 빈 방이 있다는 말이다. 만약 "No Vacancy"라는 사인이 걸렸다면 예약이 다 차서 더 이상 제공할 수 있는 방이 없다는 말이다.
- credit card : 대부분의 호텔은 투숙객들이 방을 예약하려 할 때 그들의 신용 카드 번호와 만료 날짜 (expiration date), 보안 코드(security code-카드 뒷면 3자리 숫자)를 요구한다.
- conference/convention : 여러 호텔이 컨퍼런스나 컨벤션 장소를 대여해 주기도 하는데, 컨퍼런스는 주로 연회(banquet), 스피치가 포함된 매우 격식을 차린 저녁 식사 등을 의미한다.
- wedding party : 호텔 예식을 하고, 때문에 여러 하객들이 호텔에 투숙해야 할 때, 호텔은 하객들을 대상으로 할인 서비스를 제공한다. 결혼식 하객들이 호텔에 연락할 때는 결혼식 참석을 위해 투숙하는 것이라고 분명히 밝혀야 할인 서비스를 받을 수 있다.

(2) 항공

- Rete of Exchange(ROE)(환율) : NUC를 현지 통화로 그리고 현지 통화를 NUC로 환산할 때 적용하는 환율. ROE는 일주일 단위로 조정.
- Recorde Locator(PNR/예약번호) : 예약 시스템에 의해 만들어진 6자리 영문/숫자 조합 예약 번호, 예약 관련 메시지를 조회할 수 있는 키 역할.
- 코드쉐어(Code Share) : 두개의 동맹 항공사끼리 공동운항 좌석으로 판매하는 것으로 항공기 1대로 여러 항공사가 이용하는 것.
- AP(Advance Purchase) : 출발일을 기준으로 한 항공권 구매 시한
- Cabin Class : 실제 항공편에 설치 운영되는 등급(First, Prestige, Economy Class)

- 원웨이(Oneway) : 편도 티켓을 의미
- 라운드트립(Roundtrip) : 왕복 티켓
- 오픈티켓(Open Ticket) : 귀국날짜를 정하지 않은 상태로 예약한 항공권이며 유효기간내 원하는 날짜에 귀국이 가능하지만 보통 가격이 비싸다.
- 오픈조(Open jaw) : 출국편의 목적지와 귀국편의 출발지가 다른 항공권
- F/B(Fare Basis) : 운임의 종류를 나타내는 Code이며, ATPCO에서는 Fare Class Code(FCC)라고 함
- HIP(Higher Intermediate Point) : 중간높은 운임 ; 여정에서 출발지 - 목적지 운임보다 더 높은 출발지 - 중간지점 또는 중각지점 - 중간지점, 중간지점 - 목적지간의운임이 있으면 높은 운임만큼 올려 적용하는 것
- R/I(reissue) : 항공권 재발행 Revalidation으로 처리할 수 없는 항공권 상의 변경으로 항공권을 재발행하는 것(예 : 항공사, 목적지, Cabin class 변경 등)
- RT(Round Trip) : 왕복 여정 ; 출발지에서 출발지로 다시 돌아오는 여정으로 Outbound 여정과 Inbound 여정의 운임이 동일한 여정
- S/O(Stopover) : 도중 체류 ; 승객이 중간 지점에 도착 후 24시간 이후에 출발하도록 되어 있는 경우(운임의 종류에 따라서 도중 체류가 불가한 경우도 있음)
- Surcharge : 운임과는 별도로 징수되는 추가 금액(유류할증료, Y - PLUS Surcharge 등이 있음)
- Transfer : 환승 ; 승객이 한 항공사에서 동일 항공사로 또는 다른 항공사로 항공편을 변경하는 것이다.
- 오버부킹(Over Booking) : 실제 좌석수보다 많은 예약을 받은 경우 이며 보통 예약취소 등을 대비하여 오버부킹을 받는다. 만석이 되는 경우 항공사 규정에 따라서 승급이 가능하다.
- 노쇼(No Show) : 항공권 예약 후 예약 취소를 알리지 않고 탑승 하지 않은 경우이며 노쇼의 경우 벌금(위약금)이 부과된다.

4. 일정계획 및 조율

☑ 신규(2021년) 출제범위
☑ Authorship : NCS 재구성

(1) 일정을 변경해야 할 때 기본 영어회화 표현

① 일정변경
- I'm sorry something has come up. : 죄송합니다만 일이 좀 생겼습니다.

- The meeting lasted longer than I expected. : 회의가 제 생각보다 길어졌습니다.
- One of our clients brought forward our appointment./One of our clients moved up our appointment. : 고객분이 약속된 일정을 당기셨습니다.
- I wanted to ask you if we could meet a bit earlier?/Can we meet a bit earlier? : 혹시 우리가 조금만 일찍 만날 수 있을까요?
- I wanted to ask you if we could meet a bit later?/Can we meet a bit later? : 혹시 우리가 조금만 늦게 만날 수 있을까요?
- I was wondering if we could reschedule our appointment./Can we reschedule our appointment? : 우리의 약속을 재조정할 수 있을지 알고 싶습니다.

② 조율 할 때 대화표현

> [Mr. Johnston의 비서 Lexley가 Mr. Miller의 비서에게 전화를 걸어서 상사의 약속 일정을 조율하기 위한 통화를 하는 상황이다.

ㄱ. 상대에게 전화를 건다.

"This is ○○○ of ○○○'s office."와 같이 자신을 밝히고, 상대편 담당자 또는 비서와 통화 연결을 요청한다.

ㄴ. 통화의 목적을 밝힌다.

"I am calling to reschedule the appointment." 또는 "I am calling because I need to reschedule the appointment."와 같이 말한다.

✓ 가능하면 일정을 변경하는 이유를 밝힌다. 지나치게 사적인 이유까지 세세히 말할 필요는 없지만 아래와 같이 필요 지식에서 학습한 범위 내에서 변경 이유를 밝히는 것이 비즈니스 매너이다.

- I'm sorry something has come up. : 죄송합니다만 일이 좀 생겼습니다.
- The meeting lasted longer than I expected. : 회의가 제 생각보다 길어졌습니다.
- One of our clients brought forward our appointment./One of our clients moved up our appointment. : 고객 분이 약속된 일정을 당기셨습니다.

ㄷ. 일정을 조율한다.

ㄹ. 조율된 일정을 확인한다.

ㅁ. 인사를 하고 대화를 끝낸다.

지시와 보고

CHAPTER 4

1 지시받기와 보고하기

(1) 전달 사항 확인하기

들은 내용을 다시 확인할 때는 "Did you say~?" 라는 구문을 사용해서 표현할 수 있다. 또는 "Let me confirm~", "Let me double-check~" 등의 표현을 써서 표현할 수도 있다.

- Did you say we're going to have a meeting at one o'clock tomorrow? : 내일 1시에 회의가 있다고 말씀하셨어요?
- Let me double-check the deadline for this report. : 보고서 기한을 재확인 하겠습니다.
- I'd like to confirm the day and the time for the next conference. : 다음 회의 시간과 날짜를 확인하고 싶습니다.

(2) 잘 이해했는지 확인하기

자신이 지시한 내용에 대해서 상대가 제대로 이해했는지 확인할 때에는 "Did you get that?" 이라는 표현을 자주 사용한다. 이 경우 get 은 '알아듣다', 이해하다' 라는 의미이다.

- Did you get that? : 이해하셨나요?/아시겠어요?
- Do you follow me? : 제가 한 말 이해하시겠어요?
- Any questions? : 질문 있나요?

(3) 이해했는지 답하기

"Did you get that?" 이라고 물었을 때 이해했다면 "I got it." 이라고 대답하며, 잘 모르겠다면 "Not really."라고 하거나 다시 말해달라고 부탁하는 것이 좋다.

- I got you. : 이해했습니다./알겠어요.
- I think I've got it. : 이해된 것 같아요.
- Could you repeat that? : 다시 말씀해 주시겠어요?

(4) 문제상황 보고

- the root cause of the problem : 문제의 근본원인
- because we lack time/experience/resources : 시간/경험/자원이 부족하기 때문에
- It will be hard to finish it on time. : 정시에 끝내기가 어려울 것이다.
- It's complicated to satisfy both parties. : 양측 모두를 만족시키는 것은 복잡합니다.

(5) 문제 해결

- identify problems : 문제파악
- seek a way/the right person : 방법/적합한 사람 찾기
- come up with a solution : 해결책 마련

(6) 기타표현

- Decide on how to deal with it.We are organizing and reviewing the proposition of your opinion. : 대표님의 의견을 정리 및 검토하고 있습니다.
- We are reviewing the materials you requested. : 요청하신 내용의 자료를 검토하는 중입니다.
- It will take about three days to review the material. : 자료를 검토하는 데 3일 정도 걸릴 것 같습니다.
- Placing priority on this project, we are collecting relevant materials. : 이번 프로젝트를 최우선시 하여 관련자료 수집 중입니다.
- I will get back to you as soon as the review is over. : 검토가 끝나는대로 말씀드리도록 하겠습니다.

2 영어회화 표현

(1) 지시사항에 대해서 이해했을 경우

- 상사– **Did you get it?** 이해했나요?
- 비서– **Yes, I got it. Leave it to me.** 네, 알겠습니다. 제게 맡겨주세요.

(2) 지시사항에 대해서 이해하지 못 했을 경우

- 상사– **Do you follow me?** 내 말 이해하고 있나요?
- 비서– **No, not really.** 죄송합니다. 사실은 이해가 안갑니다.

PART.4

★ 01년 변경내용(30% 이상 추가, 변경, 삭제 됨)

- **범위추가**

[공문서의작성], [문서의결재], [각종문서작성], [편지병합], [프레젠테이션활용], [정보분석 및 이해]

- **내용변경**

[공문서의 작성] 문서작성→공문서의 작성, [전자결재시스템]전자결재시스템 관리방법 →전자결재시스템, [어플리케이션활용]어플리케이션사용법→어플리케이션활용

- **범위삭제**

[컴퓨터데이터베이스지식], [내방객카드관리], [클라우드서비스], [컴퓨터바이러스진단방지법], [사내전산프로그램지식]

사무정보관리

사무정보관리

1 문서작성

1. 문서작성의 기본

1) 문서의 형식·구성요소

(1) 문서의 기능

☑ References : 행정안전부, 2012

문서란 문자나 기호로 표시하고 기록한 것으로 사람의 생각, 사고방식, 지식 및 사물의 상태, 관계 등을 표현할 수 있다.

① 대화로 불충분한 의사소통을 문자, 숫자, 기호 등을 활용하여 구체적으로 기록하는 기능
② 업무 지시, 연락, 계약 체결, 의견 기록, 요구나 의뢰, 결정이나 승인 등의 의사 전달 기능
③ 판정 처리, 계획·실적의 비교·조회, 업무 사항 분류 등 의사 보존 기능
④ 참고 자료나 증거 자료로 제공되어 정보 제공 수단으로 활용하여 행정 활동을 지원하는 기능
⑤ 작성 - 결재 - 협조과정을 통해 조직 내의 업무를 연결하거나 조정하는 기능

(2) 문서의 구성 요소

☑ References : 도윤경, 2005

문서는 아래 표와 같이 두문, 본문, 결문으로 구성되며, 반드시 포함되어야 하는 주요소와 필요한 경우에만 선택해서 사용하는 부요소로 구성된다.

(3) 문서의 표기원칙

① 용지의 규격

ㄱ. 용지의 규격은 문서의 작성·처리·보관
·보존에 있어서 매우 중요한 사항 중의
하나이며, 문서의 규격을 표준화함으로
써 문서의 작성·분류·편철·보관·보존
이 용이해지는 것이다.

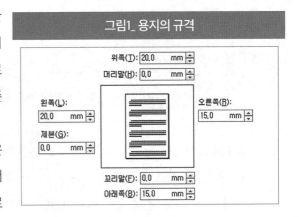

그림1_ 용지의 규격

ㄴ. 문서작성에 쓰이는 용지의 기본규격은
도면, 증표류 기타 특별한 형식의 문서
를 제외하고는 가로 210mm, 세로
297mm(A4용지)로 한다.

ㄷ. 문서는 용지의 위로부터 20mm, 왼쪽으로부터 20mm, 오른쪽 및 아래로부터 각각 15mm의 여
백(혹은 오른쪽이 20mm)을 두어야 한다.

② 문서의 용어표기

ㄱ. **글자** : 문서는 어문 규범에 맞게 한글로 작성하되, 쉽고 간명하게 표현하고, 뜻을 정확하게 전달하
기 위하여 필요한 경우에는 괄호 안에 한자나 그 밖의 외국어를 쓸 수 있으며, 특별한 사유가 있
는 경우를 제외하고는 가로로 쓴다.

ㄴ. **숫자** : 특별한 사유가 있는 경우를 제외하고 아라비아 숫자로 쓴다.

ㄷ. **연호** : 서기연호를 쓰되, "서기"는 표시하지 않는다.

ㄹ. **날짜** : 숫자로 표기하되 년, 월, 일의 글자는 생략하고 그 자리에 온점을 찍어 표시한다. 01. 9. 01.

ㅁ. **시분** : 시각제에 따라 숫자로 표기하되, 시·분의 글자는 생략하고 그사이에 쌍점(:)을 찍어 구분한
다. 오후 2시 58분→14 : 58

ㅂ. **용지의 색** : 흰색

ㅅ. **글자의 색** : 검은색 또는 푸른색

✓ 다만, 도표의 작성이나 수정·주의환기 등 특별한 표시를 할 때는 다른 색을 사용할 수 있다. 그러나,
황색 계통이나 보라색·담홍색 등은 복사 및 모사전송에 의한 분서발송 시 글사가 살 나타나시 낳아
사용하지 않는 것이 좋다.

ㅇ. **금액의 표시** : 유가증권 및 문서에 금액을 표시할 때에는 다음과 같이 한다.

✓ 금16,793원(금일만육천칠백구십삼원)

ㅈ. **첨부물의 표시**

    √ 본문이 끝난 다음 줄에 붙임의 표시를 하고 첨부물의 명칭과 수량을 쓴다.

    √ 첨부물이 가지 이상인 때에는 항목을 구분하여 표시한다.

> **예** • 첨부×1. *○○○계획서 1부.
> • ○○○서류 1부.×끝.
> • ×표시는 한글 1자(타), *표시는 숫자 1자(1타)를 띄움

ㅊ. **홍보물 표시** : 문서에 로고·상징·마크 또는 홍보문구 등을 표시한다. 기안문 및 시행문에는 가능한 한 기관의 로고·상징·마크 또는 홍보문구 등을 표시하여 기관의 이미지를 높일 수 있도록 하여야 한다. 로고는 왼쪽 상단(cm×cm 범위 내에서 시작 부분은 왼쪽 기본선이며, 높이 부분은 기관명임)에, 상징은 오른쪽 상단(cm×cm 범위 내에서 끝나는 부분은 오른쪽 한계선이며, 높이 부분은 기관명임)에, 홍보문구는 기관명 바로 위에 표시한다.

(4) 문서 작성의 기본 원칙

① **정확성** : 사무문서는 그 자체가 중요한 증거가 되거나 수신자의 의사결정과 행동에 영향을 미치므로 정확성이 요구된다.

    ㄱ. 자료를 완전히 갖추어야 한다. 불완전한 자료로서 작성된 문서에서 정확성을 기대할 수 없다.

    ㄴ. 표기법을 정확히 해야 한다. 문자, 언어를 정확히 사용함은 물론 문법상, 관습상의 잘못이 없도록 주의할 필요가 있다.

    ㄷ. 작성이 합리적이어야 한다.

    ㄹ. 공문서의 경우 6하 원칙에 의해 전달할 내용을 정확하게 작성한다.

② **적절한 표현** : 이해하기 쉬운 글자, 용어, 문맥을 선택한다. 이해하기 쉬운 문서를 작성하기 위한 요령은 다음과 같다.

    ㄱ. 긍정문으로 작성한다.

    ㄴ. 간결체로 쓴다.

    ㄷ. 한자는 상용한자의 범위 내에서 사용한다.

    ㄹ. 문장은 짧고 간결하게 쓴다.

    ㅁ. 행을 적당하게 나눈다.

    ㅂ. 한 번 읽어서 내용의 취지를 이해할 수 있도록 간단한 표제를 붙인다.

    ㅅ. 문제점 및 결론을 먼저 쓴다.

③ **신속성**: 신속히 작성하려면 표준화되어야 한다. 기업체의 일상 업무는 동일 업무의 반복이므로, 표준적인 예문을 준비해 두고 활용하면 노력과 시간을 절약할 수 있다. 이를 위해서는 표준 예문, 상례문, 패러그래프 시스템(paragraph system)을 활용하고 반복적인 문서는 워드 프로세서를 이용하면 상당한 도움이 된다.

④ **용이성**: 문서는 처리되기 위한 것이다. 기입을 용이하게 하고, 파일링에 편리하도록 양식에 충분한 배려를 하여야 한다. 대외용 서한, 영구보존 문서 등에는 조잡하지 않은 용지를 써야 하며 용도에 따라 용지를 선택해야 한다.

⑤ **경제성**: 기업의 경제활동을 위한 문서 작성 비용은 되도록 최소화한다. 경비 절감에 초점을 두고 워드 프로세서와 같은 기기를 이용하며 기존 문서를 활용하는 등 적은 노력으로 큰 효과를 올릴 수 있는 문서 작성 방법을 고안해야 한다.

2. 문서의 종류

1) 작성 주체(목적)에 따른 분류

☑ References : 한국직업능력개발원, 2017

(1) 공문서 신규(2021년) 출제범위

공문서란 행정 기관에서 공무상 작성하거나 시행하는 문서와 행정 기관이 접수한 모든 문서를 말한다. 「행정 업무의 효율적 운영에 관한 규정」제3조 제1호에서는 "공문서란 행정 기관에서 공무상 작성하거나 시행하는 문서와 행정 기관이 접수 한 모든 문서를 말한다."라고 정의하고 있다. 공문서에는 일반적인 문서는 물론 도면, 사진, 디스크, 테이프, 도표, 필름, 슬라이드, 전자 문서 등의 특수 매체 기록이 포함된다.

> 📢 **출력한 민원문서를 공문서로 보는 경우**
>
> 토지(임야)대장 등본, 주민등록표등본(초 본), 병적증명서, 출입국 사실증명, 국민기초생활수급자 증명서, 장애인증명서, 사법 시험 합격증명(확인)서, 지방세세목별과세(납세)증명서 등

그림2_ 공문서의 예시

행 정 기 관 명

수신자   (   )
(경유)
제목
본 서식은 표제부입니다.
본문 내용은 본문부(별도화일)를 이용하시기 바랍니다.

본문 내용에 대한 의견이 있는 경우에만 아래에 기재합니다.
1. 의견내용
2. 의견을 표시한 자의 소속, 직위(직급) 및 성명

발 신 명 의 인

기안자(직위/직급)   서명   검토자(직위/직급) 서명   결재권자 (직위/직급)   서명
협조자(직위/직급)   서명
시행   처리과명-일련번호 (시행일자)   접수   처리과명-일련번호 (접수일자)

우   주소   / 홈페이지 주소
전화 ( )   전송 ( )   / 공무원의 공식 전자우편주소 / 공개구분

Authorship : 공무원닷컴, 0muwon.com

(2) 사문서

✓ References : 행정안전부, 2012

사문서란 개인의 사적인 목적을 위해 작성된 문서로 권리, 의무 또는 사실 증명에 관한 문서를 말하며, 추천장, 안내장, 소개장 등이 있다. 각종 신청서, 증명서, 진정서 등과 같이 행정 기관에 제출하여 접수된 것은 공문서로 취급된다.

2) 유통 대상에 따른 분류

(1) 유통되지 않는 문서

조직 내부적으로 계획 수립, 처리 방침 결정, 업무 보고 및 소관 사항 검토 등의 작업을 수행하기 위하여 결재받는 문서를 의미한다. 협조 문서, 통보 문서, 품의문서, 업무 보고서, 회의록, 기록서, 보고 서류, 청원서, 사내 장표, 규칙, 규정, 그 외 경영 자료 등의 문서가 포함된다.

(2) 유통 대상 문서

해당 기관 또는 기업 내부에서 상호 협조나 보고 또는 통지를 위하여 수신·발신하는 대내 문서와 해당 기관 또는 기업 이외에 다른 기관이나 기업 등에 수신·발신하는 대외 문서가 이에 해당한다. 예를 들면 왕복 문서, 광고 문서, 주문서, 견적서 등의 전표·거래 관계의 계약서 등이 여기에 포함된다.

3) 문서의 형태에 따른 분류

(1) 장표

장표란 일정한 양식에 필요한 사항을 쉽게 기입할 수 있도록 인쇄된 사무 문서를 말한다. 주로 정형적인 업무에 많이 쓰이는 문서로 전표, 장부, 표·그림 등이 있다.

(2) 일반문서

일반 문서는 장표처럼 양식이 일정하지 않은 사무 문서로, 일반적으로 비정형 업무에 이용되기 때문에 편지 형식으로 이루어진다. 일반 문서에는 사외 왕복 문서, 사내 왕복 문서, 전보, 광고문서 등이 있다.

(3) 특수문서

기업의 정관, 규칙, 회의록 등을 특수 문서로 분류할 수 있다.

그림3_ 정관

한국보건사회연구원정관

전문개정 1999.04.14
전문개정 1999.07.30
개정 1999.11.06
개정 2005.08.10
개정 2005.09.29

개정 2006.09.26
개정 2009.11.03
개정 2009.12.31
개정 2012.07.26

제1조(명칭)
이 법인은 한국보건사회연구원(이하 '연구원'이라 한다)이라 한다. (영문으로는 Korea Institute for Health and Social Affairs (약칭) KIHASA로 표기한다.)

제2조(목적)
연구원은 국민 보건·의료·국민연금·건강보험·사회복지 및 사회정책과 관련된 제부문의 정책과제를 현실적이고 체계적으로 조사·연구 및 분석하고 주요 정책과제에 대한 국민의 의견수렴과 이해증진을 위한 활동을 수행함으로써 국가의 장·단기 보건복지정책 수립에 이바지함을 목적으로 한다.

제3조(사무소) 연구원은 그 주된 사무소를 서울특별시에 두고 필요한 경우 국내외에 분사무소 또는 현지법인을 둘 수 있다.

제4조(사업)
연구원은 제2조의 규정에 의한 목적을 달성하기 위하여 다음 각호의 사업을 행한다.
1. 보건의료·국민연금·의료보험·사회복지·인구 및 사회문제에 관한 제도 평가 및 정책개발
2. 보건의료·사회복지 분야의 정책수립 및 개발을 위한 국가 기초통계자료의 생산
3. 보건의료·사회복지 분야의 중장기 발전계획 수립
4. 보건의료·사회복지 분야 정부의 주요 정책위원회 지원
5. 보건의료·사회복지 주요 정책과제에 대한 국민 여론 수렴
6. 보건의료·사회복지 관련 국내외 전문기관과의 기술 정보교류, 공동연구 및 이에 대한 지원
7. 정부,국내외 공공기관 및 민간단체로 부터의 공익성이 있는 연구용역의 수탁
8. 보건의료·사회복지에 관한 교육, 연수 및 홍보
9. 제1호 내지 제8호의 부대사업 및 기타 연구원의 목적달성을 위해 필요한 사업

Authorship : 한국보건사회연구원

그림4_ 규칙

행정규칙

신뢰할 주 있는 법제처
국가법령정보센터

| 본문 | 제정·개정이유 | 연혁 | 첨부파일 | 법령체계도 | 법령비교 |

법령주소복사 | 화면내검색

지방별정직공무원 인사운영지침

[시행 2017. 7. 26.] [행정안전부예규 제1호, 2017. 7. 26., 타법개정]

행정안전부(지방인사제도과), 02-2100-3866

1. 목적

○ 이 지침은 지방별정직공무원 인사제도의 효율적 운영을 위한 적용기준과 방법 및 처리절차 등 「지방별정직공무원 인사규정」 (이하 "영"이라 함) 등 인사관계 법령에서 위임한 사항 및 동 법령의 시행에 관하여 필요한 사항을 정함을 목적으로 함

2. 지방별정직공무원의 구분

○ 「지방공무원법(이하 "법"이라 함)」 제2조제3항제2호에 따라 비서관·비서 등 보좌업무 등을 수행하거나 특정한 업무수행을 위하여 법령에서 별정직으로 지정하는 공무원

- 비서관·비서, 시·도 정무부시장·부지사, 의회전문위원, 국제관계대사 등

3. 법 적용범위

○ 법 제31조(결격사유), 제5장(보수), 제6장(복무), 제10장(능률) 및 제61조(당연퇴직)

★ 예외적으로, 고충처리(법 제67조의3) 및 징계제도(법 제73조의3) 적용 가능

Authorship : 국가법령정보센터

(4) 기업 문서의 기능에 따른 분류

☑ References : 유희숙, 2014

기업 문서를 기능에 의해 분류하면 다음과 같이 경영 문서, 계약 문서, 업무 문서, 일반 문서로 구분할 수 있다.

① **경영문서** : 기업 경영에 중요한 문서로 설립, 사업 등으로 구분할 수 있다.

② **계약문서** : 계약 문서는 같이 생산, 영업, 관리 계약서로 분류할 수 있다.

③ **업무문서** : 생산 문서, 영업 문서, 관리문서로 구분할 수 있다.

④ **일반문서** : 업무 특성과는 무관하게 어느 부서에서나 공통으로 사용하는 문서를 의미하며, 보고서, 제안서, 기획서, 조사서 등이 여기에 해당한다.

(5) 처리 단계에 따른 분류

① **접수 문서 - 배포 문서 - 작성 문서 - 합의 문서 - 완결 문서 - 시행 문서**

ㄱ. **접수문서** : 외부로부터 접수된 문서

ㄴ. **배포문서** : 접수 문서를 문서과가 배포 절차에 따라 처리과로 배포하는 문서

ㄷ. **작성문서** : 결재권자의 결재를 받기 위해 작성 서식에 따라 초안을 기재한 문서

ㄹ. **합의문서** : 작성 문서 내용과 관계된 타 부서의 협조를 얻기 위해 합의하는 문서

ㅁ. **완결문서** : 작성하고 결재하여 시행 목적에 따라 완결된 문서

ㅂ. **시행문서** : 작성 문서의 내용을 시행하기 위하여 작성된 문서

② **이첩 문서 - 공람 문서 - 보관 문서 - 보존 문서 - 폐기 문서**

ㄱ. **이첩문서** : 배포 문서 중 그 취지와 내용이 다른 기관의 문서를 그 기관에서 다시 알리기 위해 작성된 문서

ㄴ. **공람문서** : 배포 문서 중 별도의 처리 절차 없이 단순히 상급자에게 보고 또는 열람하는 문서

ㄷ. **보관문서** : 일 처리가 끝나 완결되어 보관하는 문서

ㄹ. **보존문서** : 자료로서의 가치가 있어 일정 기간 보존하는 문서

ㅁ. **폐기문서** : 자료 가치가 상실된 문서로 폐기 처분되는 문서

③ 미처리 문서 - 미완결 문서

　ㄱ. **미처리 문서** : 접수 문서나 배포 문서로 어떠한 처리도 하지 않은 문서

　ㄴ. **미완결 문서** : 작성 문서로 결재에 이르지 않았거나, 결재받고도 시행되지 않은 문서

(6) 문서의 성질에 따른 분류

☑ References : 행정 업무 운영 편람, 2012

① **법규문서** : 주로 법규 사항을 규정하는 문서로서 헌법, 법률, 대통령령, 총리령, 부령, 조례 및 규칙 등에 관한 문서

② **지시문서** : 훈령, 지시, 예규, 일일 명령 등 행정 기관이 그 하급 기관이나 소속 공무원에 대하여 일정한 사항을 지시하는 문서

③ **공고문서** : 고시, 공고 등 행정 기관이 일정한 사항을 일반에게 알리기 위한 문서

④ **비치문서** : 행정 기관이 일정한 사항을 기록하여 행정 기관 내부에 비치하면서 업무에 활용하는 대장, 카드 등의 문서

⑤ **민원문서** : 민원인이 행정 기관에 허가, 인가, 그 밖의 처분 등 특정한 행위를 요구하는 문서와 그에 대한 처리 문서

⑥ **일반문서** : 위의 각 문서에 속하지 않는 모든 문서를 말하며, 일반 문서 중 특수한 것으로서 회보와 보고서가 있다.

3. 공문서의 작성

☑ 신규(2021년) 출제범위

☑ References : 서울특별시 민원여권과, 2017

공문서란 행정기관이 공무상 작성 또는 시행되거나 행정기관이 접수한 모든 문서를 말한다. 「사무관리규정」(제3조제1호)에서 규정하고 있는 공문서란 행정기관 내부 또는 상호 간이나 대외적으로 공무상 작성 또는 시행되는 문서(도면·사진·디스크·테이프·필름·슬라이드·전자문서 등 특수매체기록 포함)와 행정기관이 접수한 모든 문서를 말한다.

(1) 문서의 항목 표시 위치 및 띄우기

① 본문의 첫째 항목(1., 2., 3.…)은 왼쪽 처음부터 띄어쓰기 없이 바로 시작

② 둘째 항목부터는(가., 1).…) 상위항목 위치에서 오른쪽으로 2타씩 이동하여 시작

③ 항목의 내용이 한 줄 이상인 경우에는 항목의 첫 글자에 맞추어 정렬(예 shift+Tab 키 사용)

④ 항목기호와 그 항목의 내용 사이에는 1타를 띄움

⑤ 하나의 항목만 있는 경우에는 항목기호를 부여하지 않음

(2) 개선 전후 비교(2017 → 현시점)

표1_ 문서 항목표시의 개선전후 비교	
개선 전	개선 후
수신 서울특별시장 (경유) 제목∨∨공문서의 작성방법 개선	수신 서울특별시장 (경유) 제목∨∨공문서의 작성방법 개선
∨∨∨∨1.∨○○○○○○○○○○○○○○○○ ○○○○○○○○○○○○○○○○○○○○ ∨∨∨∨∨∨가.∨○○○○○○○○○○○○○ ○○○○○○○○○○○○○○○○○○○○ ∨∨∨∨∨∨∨∨1).∨○○○○○○○○○○ ○○○○○○○○○○○○○○○○○○ ∨∨∨∨2.∨○○○○○○○○○○○○○○○○ ○○○○○○○○○○○○○○○○○○○○	1.∨○○○○○○○○○○○○○○○○○○○○ ○○○○○○○○○○○○○○○○○○○○ ∨∨가.∨○○○○○○○○○○○○○○○○○ ○○○○○○○○○○○○○○○○○○ ∨∨∨∨1).∨○○○○○○○○○○○○○○ ○○○○○○○○○○○○○○○○○○ 2.∨○○○○○○○○○○○○○○○○○○○○ ○○○○○○○○○○○○○○○○○○

※2타(∨∨표시)는 한글 1자, 영문·숫자 2자에 해당함

(3) 항목의 구분

① **항목의 표시**: 문서의 내용을 둘 이상의 항목으로 구분할 필요가 있으면 다음 구분에 따라 그 항목을 순서대로 표시하되, 필요한 경우에는 □, ○, -, · 등과 같은 특수한 기호로 표시할 수 있다(규칙 제2조제1항).

표2_ 항목의 표시		
구 분	항 목 기 호	비 고
첫째 항목	1., 2., 3., 4., …	
둘째 항목	가., 나., 다., 라., …	
셋째 항목	1), 2), 3), 4), …	
넷째 항목	가), 나), 다), 라), …	둘째, 넷째, 여섯째, 여덟째 항목의 경우 하., 하), (하), ㉵ 이상 계속
다섯째 항목	(1), (2), (3), (4), …	되는 때에는 거., 거), (거), ㉮, 너., 너), (너), ㉯... 로 표시
여섯째 항목	(가), (나), (다), (라), …	
일곱째 항목	①, ②, ③, ④, …	
여덟째 항목	㉮, ㉯, ㉰, ㉱, …	

② 표시위치 및 띄우기

ㄱ. 첫째 항목기호는 왼쪽 처음부터 띄어쓰기 없이 바로 시작한다.

ㄴ. 둘째 항목부터는 상위 항목 위치에서 오른쪽으로 2타씩 옮겨 시작한다.

ㄷ. 항목이 한 줄 이상인 경우에는 항목 내용의 첫 글자에 맞추어 정렬한다(Ctrl Shift + Tab 키 사용).

ㄹ. 항목기호와 그 항목의 내용 사이에는 1타를 띄운다.

ㅁ. 하나의 항목만 있는 경우에는 항목기호를 부여하지 아니한다.

표3_ 표시 위치와 띄우기
수신∨∨○○○장관(○○○과장)
(경유)
제목∨∨○○○○○
1.∨○○○○○○○○○○
∨∨가.∨○○○○○○○○○○
∨∨∨1)∨○○○○○○○○○○
∨∨∨∨가)∨○○○○○○○○○○
∨∨∨∨∨(1)∨○○○○○○○○○○
∨∨∨∨∨∨(가)∨○○○○○○○○○○
2.∨○○○○○○○○○○○○○○○○○○○○○○○○○○○○○○○○○○○○○

※2타(∨∨ 표시)는 한글 1자, 영문·숫자 2자에 해당함

4. 문서의 결재

✅ 신규(2021년) 출제범위

(1) 결재의 의의

결재란 넓은 의미로 해당 사안에 대하여 기관의 의사를 결정할 권한이 있는 자가 그 의사를 결정하는 행위를 말한다. 그러나 기관의 장 또는 결재권을 위임받는 자의 의사를 결정하기 위한 과정에서 각급 보조기관 또는 보좌기관의 서명을 받는 것은 결재의 개념에 해당하지 않는다.

(2) 결재의 기능

① 순기능

ㄱ. 기관의 의사결정과정에서 현실적이고 실무적인 사정을 반영할 수 있다.

ㄴ. 결재권자가 의사결정에서 필요한 지식과 정보를 제공·보완시켜 준다.

ㄷ. 하위직원의 창의 연구 및 훈련의 기회로 활용될 수 있다.

ㄹ. 결재과정을 거치면서 직원의 직무수행에 대한 통제가 가능하다.

② 역기능

ㄱ. 여러 단계의 결재과정을 거치기 때문에 의사결정이 지연되기 쉽다.

ㄴ. 상위자의 결정에 의존하기 때문에 하위자가 자기 책임하에 창의성을 발휘하기 어렵고, 소극적인 자세로 업무를 처리하는 경향이 있다.

ㄷ. 결재과정이 형식적인 확인 절차에 그치는 경우도 많다.

ㄹ. 상위자에게 결재안건이 몰리는 경우, 상세한 내용 검토 없이 수정 정도에 그치기도 하고, 결재하느라 보내는 시간 때문에 상위자 역할인 기업 운영, 계획 수립 등에 시간을 할애하기 어렵게 된다.

③ 역기능 방지방안

ㄱ. 결재권을 하위자에게 대폭적으로 위임한다.

ㄴ. 결재과정이나 업무처리 절차를 간소화한다.

ㄷ. 안건에 따라서는 상위자가 직접 기안하거나 처리지침을 지시한다.

(3) 결재의 종류

결재의 종류는 좁은 의미의 결재, 전결, 대결이 있다.

① **결재(좁은 의미)**: 좁은 의미의 결재란 법령의 규정에 의하여 소관사항에 대한 기관의 의사를 결정할 권한을 가진 자(주로 기관의 장)가 직접 그 의사를 결정하는 행위를 말한다. 업무의 효율적 운영에 관한 규정상 문서는 해당 행정기관의 장의 결재를 받되, 보조(보좌)기관의 명의로 발신하는 문서는 그 보조(보좌)기관의 결재를 받아야 한다.

② **전결**: 기관의 장으로부터 업무의 내용에 따라 결재권을 위임받은 자가 행하는 결재를 말하며 그 위임전결사항은 해당 기관의 장이 규칙으로 정한다. 기관의 장은 업무의 내용에 따라 그 보조기관, 보좌기관 또는 해당 업무직원으로 하여금 위임전결하게 하여 담당직원의 능력향상과 업무처리의 신속성을 기해 업무의 생산성을 높일 수 있도록 하였다.

③ **대결**: 결재권자가 휴가, 출장 기타의 사유로 상당기간 부재중이거나 긴급한 문서의 경우에 결재권자의 사정에 의하여 결재받을 수 없는 때에 그 직무를 대리하는 자가 해야 하는 결재를 말한다. 그러나 대결한 문서 중 그 내용이 주요한 문서에 대하여는 결재권자에게 사후에 보고하여야 한다.

(4) 결재의 효과

문서는 문서에 대한 결재권자가 서명(전자이미지서명, 전자문자서명 및 각종전자서명 포함)의 방식으로 결재함으로써 성립한다. 따라서 결재는 문서가 성립하기 위한 최종적이며 절대적인 요건이다.

① **결재의 표시**

　ㄱ. **결재(좁은 의미)의 표시**
- 기관의 장이 결재하는 경우에는 기관장의 직위를 직위란에 간략히 표시하고 결재란에 서명한다.
- 결재권자의 서명란에는 서명날짜를 함께 표시한다.

　ㄴ. **전결의 표시**
- 전결하는 사람의 서명란에 "전결"표시를 한 후 서명한다.
- 서명하지 않는 사람의 결재란은 설치하지 않는다.

　ㄷ. **대결의 표시**
- 위임전결 사항이 아닌 사항을 대결하는 경우에는 대결하는 사람의 서명란에 "대결" 표시하고 서명하며, 서명하지 않는 사람의 결재란은 설치하지 않는다.

- 위임전결 사항을 대결하는 경우("전결"과 "대결"을 함께 표시)에는 전결권자의 서명란에는 "전결"표시를, 대결하는 사람의 서명란에는 "대결"이라고 표시하고 서명하며, "전결" 표시하지 않거나 서명하지 않는 사람의 결재란은 설치하지 않는다(이 경우 발신 명의는 항상 기관의 장이 된다).

(5) 결재받은 문서의 수정

① **원칙**: 결재받은 문서의 일부분을 삭제하거나 수정할 때는 수정한 내용대로 재작성하여 결재받아 시행하여야 한다.

② **종이문서의 경우**: 삭제하거나 수정하려는 사항이 명백한 오류의 정정 등 경미한 사항인 경우에는 원안의 글자를 알 수 있도록 삭제 또는 수정하는 글자의 중앙에 가로로 두 선을 그어 삭제 또는 수정한다.

5. 문장부호의 기능과 사용법

☑ References : 국립국어원 – 문장부호해설

문장 부호는 글에서 문장의 구조를 드러내거나 글쓴이의 의도를 전달하기 위하여 사용하는 부호이다. 문장 부호의 이름과 사용법은 다음과 같이 정한다.

부호	이름	용법
		표4_ 문장부호해설
.	마침표	• 서술, 명령, 청유 등을 나타내는 문장의 끝에 쓴다. • 연월일을 표시하거나 특정한 의미가 있는 날을 나타낼 때 쓴다.
?	물음표	• 의문문이나 물음을 나타내는 어구의 끝에 쓴다. • 적절한 말을 쓰기 어렵거나 모르는 내용임을 나타낼 때 쓴다.
!	느낌표	감탄문이나 강한 느낌을 나타내는 어구의 끝에 쓴다.
,	쉼표	• 어구를 나열하거나 문장의 연결 관계를 나타낼 때 쓴다. • 문장에서 끊어 읽을 부분임을 나타낼 때 쓴다.
·	가운뎃점	둘 이상의 어구를 하나로 묶어서 나타낼 때 쓴다.
:	쌍점	• 표제나 주제에 대하여 구체적인 사례나 설명을 붙일 때 쓴다. • 시와 분, 장과 절 등을 구별할 때 쓴다.
/	빗금	대비되는 둘 이상의 어구를 묶어서 나타낼 때 쓴다.
" "	큰따옴표	대화를 표시하거나 직접 인용한 문장임을 나타낼 때 쓴다.

부호	이름	용법
' '	작은따옴표	• 인용문 속의 인용문이거나 마음속으로 한 말임을 나타낼 때 쓴다. • 문장 내용 중에서 특정한 부분을 특별히 드러내 보일 때 쓴다.
( )	소괄호	• 주석이나 보충적인 내용을 덧붙일 때 쓴다. • 항목의 순서나 종류를 나타낼 때 쓴다.
{ }	중괄호	같은 범주에 속하는 여러 요소를 묶어서 보일 때 쓴다.
[ ]	대괄호	• 괄호 안에 또 괄호를 쓸 필요가 있을 때 바깥쪽의 괄호로 쓴다. • 원문에 대한 설명이나 논평 등을 덧붙일 때 쓴다.
『 』	겹낫표	책의 제목이나 신문 이름 등을 나타낼 때 쓴다.
「 」	홑낫표	소제목, 예술 작품의 제목, 상호, 법률 등을 나타낼 때 쓴다.
≪ ≫	겹화살괄호	책의 제목이나 신문 이름 등을 나타낼 때 쓴다.
< >	홑화살괄호	소제목, 예술 작품의 제목, 상호, 법률 등을 나타낼 때 쓴다.
—	줄표	• 제목 다음에 표시하는 부제를 나타낼 때 쓴다. • 문장 중간에 끼어든 어구임을 나타낼 때 쓴다.
-	붙임표	차례대로 이어지거나 밀접한 관련이 있는 어구를 묶어서 나타낼 때 쓴다.
~	물결표	기간이나 거리 또는 범위를 나타낼 때 쓴다.
·	드러냄표	문장 내용 중에서 특정한 부분을 특별히 드러내 보일 때 쓴다.
__	밑줄	문장 내용 중에서 특정한 부분을 특별히 드러내 보일 때 쓴다.
○, ×	숨김표	금기어나 비속어 또는 비밀임을 나타낼 때 쓴다.
□	빠짐표	글자가 들어갈 자리임을 나타낼 때 쓴다.
……	줄임표	할 말을 줄이거나 말이 없음을 나타낼 때 쓴다.

Authorship : 국립국어원

6. 한글 맞춤법

☑ References : 국립국어원 요약 및 재구성, 2017

(1) '한글 맞춤법'의 원리

총 칙	
제1항	한글 맞춤법은 표준어를 소리대로 적되, 어법에 맞도록 함을 원칙으로 한다.
제2항	문장의 각 단어는 띄어 씀을 원칙으로 한다.
제3항	외래어는 '외래어 표기법'에 따라 적는다.

① **제1항**: 국어 맞춤법의 기본 원칙을 제시한 것이다. 표준어는 '표준어 규정(1988)'의 총칙 제1항에 따라 "교양 있는 사람들이 두루 쓰는 현대 서울말"이 된다. 맞춤법의 원리는 소리 나는 대로 적는 '표음주의(phoneticism)' 표기법과, 형태소의 원형을 밝혀 적는 '표의주의(ideographicism)' 표기법으로 구분할 수 있는데, 제1항에서는 이 두 표기법의 원리가 국어에 함께 적용됨을 명시한 것이다. 즉 '표준어를 소리대로 적되'라는 표현은 표음주의의 원리를 따른다는 의미이고, '어법에 맞도록 함을 원칙으로 한다'는 표의주의의 원리를 따른다는 것을 의미한다.

ㄱ. 머리, 뼈, 차

ㄴ. 꽃{이, 도, 만} : 꼬치/끋또/꼰만

ㄱ은 표음주의 표기법의 원리로 표기한 것이다. ㄱ처럼 소리대로 적었을 때 그 표기가 항상 일정하게 나타나는 형식은 표음주의 방식만으로 표기할 수 있다. 그런데 ㄴ에서처럼 '꽃'은 모음으로 시작되는 조사와 결합하면 다음 음절의 초성으로 발음되고(꼬치), 'ㄱ, ㄷ, ㅂ, ㅈ' 등의 폐쇄음과 결합하면 대표음 'ㄷ'으로 발음되며(또), 비음 'ㅁ'과 결합하면 'ㄴ'으로 발음된다(예 : 꼰만). 이처럼 발음대로 적게 되면 '꽃'이라는 단어는 여러 형식의 표기가 있게 되어 독서의 능률을 떨어뜨리게 되는 등 여러 가지 비효율적인 면이 있으므로, 이 경우는 어법에 맞도록 적는다는 규정을 둔 것이다.

② **제2항**: 띄어쓰기에 관한 규정으로, '한글 맞춤법'에서는 단어별로 띄어 쓰는 것을 원칙으로 정하고 있다.

ㄱ. 이세분도의를위해서일어났고의를위해서귀한목숨을바쳤습니다.

ㄴ. 이 세 분도 의를 위해서 일어났고 의를 위해서 귀한 목숨을 바쳤습니다.

ㄱ에 비해 ㄴ의 예문이 의미를 파악하기 쉬우므로 '한글 맞춤법'에서는 띄어쓰기 규정을 둔 것이다.

③ **제3항**: 외래어를 한글로 표기하기 위한 규정이다. 외래어는 한국어에 포함되므로 별도의 규정을 둔 것인데, 언어별로 표기법을 따로 규정하고 있다.

(2) '한글 맞춤법'의 실제

① **있음/*있슴**

서울에 있음/서울에 있습니다.

② 거친/*거칠은

ㄱ. 하늘을 나는 비행기 / *하늘을 날으는 비행기

ㄴ. 멀리 날아가는 비행기 / *멀리 날라가는 비행기

ㄷ. 거친 벌판 / *거칠은 벌판

ㄹ. 놀이터에서 *놀으는 아이들 / 놀이터에서 노는 아이들

'ㄹ' 받침을 가진 용언 어간에 관형형 어미가 연결되면 'ㄹ'이 줄어드는 것이 원칙이다. '거칠-+-은', 을-+-은', '날-+-으는', '녹슬-+-은'은 '거친', '그은', '나는', '녹슨'이 된다. '*날으는', '*거칠은'으로 표기한 경우를 흔히 볼 수 있는데, 이러한 표기는 규범에 맞지 않는다.

③ 도와/*도워

ㄱ. 옷감이 고와서(←곱-+-아서) 옷을 만들기가 아까워(←아깝-+-아).

ㄴ. 이삿짐 싸는 것을 좀 도와줘.

'ㅂ' 받침을 가진 용언 중 '곱다', '돕다'만 '고와', '도와'로 활용한다. 나머지 경우는 '부끄럽다/부끄러워', '가깝다/가까워'처럼 활용한다.

④ 되라/돼라

ㄱ. 부지런한 사람이 {*되/돼/돼라}.

ㄴ. 선생님께서는 학생들에게 부지런한 사람이 되라고 말씀하셨다.

'되-'에 '어'로 시작하는 어미가 연결되어 줄어들면 '돼'가 된다. '되-+-었다→됐다', '되-+-어서→돼서'가 그러한 경우다. 한편, '되라'는 '되-+-(으)라'의 구조이므로 '되-+-어라'의 구조로 된 '돼라'와는 구별해야 한다.

⑤ 사귀어/*사겨

ㄱ. 너희 둘이 {사귀어/*사겨} 보면 어떨까?

ㄴ. 내 것과 네 것이 {바뀌었어/*바꼈어}

'사귀어'와 '바뀌어'는 '*사겨', '*바껴'로 줄지 않는다. 따라서 '사귀어', '바뀌어'로 적어야 한다.

⑥ 연도/년도

ㄱ. 연도별 생산 실적, 회계 연도

ㄴ. 2021 년도/2021년도, 2020 년대/2020년대

ㄷ. 동구릉, 태릉, 선릉, 실낙원/*실락원

> 위의 예는 두음 법칙(頭音法則) 표기에 관한 것이다. 두음 법칙은 'ㄹ'과 'ㄴ'이 단어의 첫머리에 발음되는 것을 꺼려 다른 소리로 발음되는 음운 현상을 일컫는 말이다. 국어의 경우 한자음에 한하여 두음 법칙을 표기에 적용하고 있는데, 'ㅣ, ㅑ, ㅕ, ㅛ, ㅠ' 앞의 'ㄹ'과 'ㄴ'이 'ㅇ'이 되고, 'ㅏ, ㅓ, ㅗ, ㅜ, ㅡ, ㅐ, ㅔ, ㅚ' 앞의 'ㄹ'이 'ㄴ'으로 변하는 것을 말한다.

⑦ -률/-율

ㄱ. 비율(比率), 실패율(失敗率)

ㄴ. 선율(旋律), 전율(戰慄), 백분율(百分率)

ㄷ. 법률(法律), 능률, 출석률

> 국어에서 두음 법칙은 단어의 첫머리에서만 적용되고, 단어의 첫머리가 아니면 적용되지 않는다. 그런데 모음이나 'ㄴ' 받침 뒤에 이어지는 '렬(劣, 列, 烈, 裂)'과 '률(律, 率, 慄)'은 단어의 첫머리가 아니더라도 '열'이나 '율'로 표기해야 하는 경우가 있다. '렬'이나 '률'은 바로 앞의 음운이 '모음'이나 'ㄴ'이면 '열', '율'로 표기하고, '모음'이나 'ㄴ'이 아닌 다른 음운이 오면 '렬', '률'로 표기하여야 한다. 즉 '나열(羅列)'의 '列'은 그 앞에 모음 'ㅏ'가 있으므로 '열'로 표기하여야 하고, '분열(分裂)'의 '裂'은 그 앞에 자음 'ㄴ'이 있으므로 '열'로 표기하여야 한다. 만약 '렬'이나 '률'의 앞에 나타난 음운이 '모음'이나 'ㄴ'이 아니면 '렬'과 '률'로 표기하여야 한다. 즉 '行列'처럼 'ㅇ' 뒤에 '列'이 오면 '행렬'로 표기하여야 하는 것이다. '렬'과 '률'에 대한 이러한 규정은 이름에도 적용되므로 유의하여야 한다. 예를 들어 '金箱烈'이라는 이름의 경우 '烈' 바로 앞의 음운이 '모음'이나 'ㄴ'이 아닌 'ㅇ'이므로 '김상렬'처럼 '렬'로 표기해야 한다.

⑧ 만듦/*만듬, 갈다/갊, 잡다/잡음

> 국어의 명사형 어미로는 '-(으)ㅁ'과 '-기'가 있다. '-(으)ㅁ'은 '앞말이 '모음'이나 ㄹ'이면 'ㅁ'을 붙이고, 'ㄹ' 이외의 자음이면 '-음'을 붙인다. 따라서 '만들다'의 명사형은 '만듦(만들-+-ㅁ)'이고, '갈다'의 명사형은 '갊(갈-+-ㅁ)'이다. 앞말이 '모음'이나 'ㄹ'이 아닌, '잡다'의 명사형은 '잡음(잡-+-음)'이다.

⑨ 숟가락/젓가락

앞말이 'ㄹ' 받침인 어기가 뒷말과 결합하여 합성어가 될 때, 'ㄹ' 받침이 'ㄷ'으로 변한 것은 'ㄷ'으로 적는다. ('한글 맞춤법' 제29항 참소)

> 예 '반짇고리(바느질 ~), 사흗날(사흘 ~), 삼짇날(삼질 ~), 섣달(설 ~), 숟가락(술 ~), 이튿날(이틀 ~), 잗주름(잘 ~), 푿소(풀 ~), 섣부르다(설 ~), 잗다듬다(잘 ~), 잗다랗다(잘 ~)' 한편 '젓가락'은 '저+가락'의 구성인데, 합성어가 되면서 구성 성분 사이에 '사이시옷'이 개입된 것이다.

⑩ 요/오

ㄱ. 이것은 책이요, 저것은 연필이다.

ㄴ. 무엇을 드릴까(요)?

ㄷ. 말씀 낮추십시오.

ㄹ. 안녕히 가세요.

ㅁ. 무엇하셔요?

'요'와 '오'의 구분 : '이것은 책이요, 저것은 연필이다'처럼 연결형이면 '이요'이다. 연결형이 아니면 '이요'가 아니라 '이오'이다. '이것은 내 책이오'. '요/오'는 문장 끝에 붙는데 '요/오'를 빼고 문장이 성립하면 '요'를 쓰고, 문장이 성립하지 않으면 '오'를 쓴다. '어떻게 살리 - 요', '참으리 - 요', '좋지 - 요'는 '요'를 빼도 문장이 성립하지만 '이리 오시오', '무엇 하오'는 '오'를 빼면 문장이 성립하지 않는다.

⑪ 아니요/*아니오

ㄱ. 오늘 윤재가 온다고 했니?

ㄴ. {아니요/*아니오}, 서하가 온다고 했어요.

ㄷ. 나는 비서가 아니오.

ㄹ. 다음 물음에 예, {아니요/*아니오}로 답하시오.

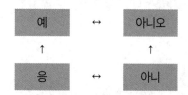

'예'의 짝은 '아니요'이고, '아니오'는 '그것은 당신 책이 아니오'처럼 '아니 - '에 ' - 오'가 붙은 서술어이므로 문장의 첫머리에 쓰이지 않는다.

⑫ 왠지/*웬지

ㄱ. 오늘은 {왠지/*웬지} 기분이 좋아.

ㄴ. {웬/*왠} 낯선 사람이 찾아왔던데?

'왠지'는 '왜인지'에서 줄어든 말이므로 문맥에서 '왜인지'로 대체할 수 있어야 한다. '웬 잔소리', '웬 낯선 사람'의 경우 '*왜인 잔소리', '*왜인 낯선 사람'이 아니므로 '웬'으로 표기해야 한다.

⑬ 샛노랗다/*싯노랗다

ㄱ. 새빨갛다, 새파랗다

ㄴ. 샛노랗다, 샛말갛다

ㄷ. 싯누렇다, 싯멀겋다

접두사 '새-/시-, 샛-/싯-'은 뒤에 오는 용언 어간 첫음절의 자음과 모음이 무엇이냐에 따라 그 결합 양상이 달라진다.

		표5_ 유성음 구분	
모음	자음	유성음 (ㄴ, ㄹ, ㅁ, ㅇ, 모음)	유성음을 제외한 나머지
양성 모음		샛-	새-
음성 모음		싯-	시-

'파랗다'는 첫음절 자음이 '거센소리(격음)'인 'ㅍ'이므로 '새'나 '시' 가운데 하나로 제한되고, 첫음절 모음이 'ㅏ'로 양성 모음이므로, '새'와 '시' 중에서 '새'가 선택되어 '새파랗다'가 된다. 따라서 '샛파랗다', '시파랗다', '싯파랗다'는 틀린 표기가 된다. 다른 예로, '누렇다'의 경우, 첫음절 자음이 유성음 'ㄴ'이므로 '샛'이나 '싯' 가운데 하나로 제한되고, 첫음절 모음이 'ㅜ'로 음성 모음이므로, '샛'과 '싯' 중에서 '싯'이 선택되어 '싯누렇다'가 된다. 따라서 '샛누렇다', '새누렇다', '시누렇다'는 틀린 표기이다.

⑭ 개선코자, 매입코자, 조성코자/*개선코져, *매입하고져, *조성코저

ㄱ. 꾸준히 {학습도록/*학습토록}

ㄴ. 꾸준히 {*연구도록/연구토록}

ㄷ. 근무∨시간까지 *도착토록, *수립토록, *참석치 않으면(착도록, 수립도록, 참석지)

⑮ 안/않

ㄱ. 다시는 금지된 장소에 {안/*않} 가겠다.

ㄴ. 그 일은 제가 하지 {*안았습니다/않았습니다}.

'안'은 부사 '아니'의 준말이고, '않-'은 '아니하-'의 준말이다. '안'은 다른 용언을 수식하는 구성(예 : 안 간다/안 먹는다)에 쓰이고, '않-'은 문장의 서술어로 '내가 하지 않았다'와 같은 '-지 않-'의 구성으로 주로 쓰인다.

⑯ -든/-던

　ㄱ. 사과든(지) 배든(지) 마음대로 먹어라.

　ㄴ. 사과든가 배든가 마음대로 먹어라.

　ㄷ. *사과던 배던 마음대로 먹어라.

　ㄱ. 어릴 때 살던 곳

　ㄴ. *어릴 때 살든 곳

'-든'은 선택을, '-던'은 과거를 나타낸다. '내가 무엇을 하든(지) 상관하지 마', '먹든(지) 말든(지) 마음대로 하렴', '있든가 가든가 뜻대로 해'는 선택의 상황이고, '어릴 적 살던 곳', '집이 크던지 작던지 생각이 나지 않아', '영이가 뭐라던?', '철수가 집에 있던가 (어디) 가던가'는 과거의 상황이다. '던'이 들어 있는 '-던', '-던가', '-던걸', '-던고', '-던데', '-던들' 등도 모두 과거를 나타낸다.

2 각종 문서 작성

1. 의례문서 작성

☑ 신규(2021년) 출제범위

☑ References문서작성의 기술 요약 및 재구성

[1] 의례 문서 작성하기

의례 문서는 평소 친분이나 거래 관계에 있는 사람이나 조직끼리 관계 유지에 대한 표시로서 주고받는 문서로 상호 간의 관계를 원활하게 하는 중요한 의미를 가진 문서이다. 따라서 의례 문서를 작성할 때는 격식을 갖추어야 하며, 정중한 표현을 사용하는 것이 좋다. 의례문서의 종류로는 행사 안내문, 초대장, 인사장, 축하장, 감사장 등이 있다. 의례문서를 작성할 때는 아래 사항에 주의한다.

• 품격 있는 문장을 사용한다. 그러나 어렵고 난해한 한자어 중심의 표현은 피한다.

• 형식을 존중하고 예의를 갖춘다.

• 보내는 시기가 중요하므로 적절한 때를 놓치지 않도록 주의한다.

• 정성과 예의를 갖추어서 올바른 경어를 쓴다.

① **안내장** : 초대장은 특정인을 대상으로 무료로 초대하기 위한 목적을 가진 반면, 안내장은 일반인을 대상으로 하여 교육이나 모임, 행사 등에 참가 요청을 목적으로 하는 문서이다. 작성할 때 다음에 유의한다.

• 통지문의 성격이 강하므로 용건이나 목적을 명확하게 작성하여야 하며, 행사 내용이나 장소, 일시 등은 상대방이 이해하기 쉽도록 '다음'란을 만들어서 기입한다.

• 안내장 본문의 내용은 용건이나 목적을 간단하게 기재하고, 자세한 설명이 필요한 경우에는 별도로 첨부한다.

• 참가 여부를 연락하거나 참가 신청을 하기 위한 방법을 반드시 기재하여야 한다. 예전에는 회신용 엽서를 함께 우편으로 발송하였으나 최근에는 특별한 경우를 제외하고는 많이 활용되지 않는다. 간단한 참가 여부 연락은 전화로 주로 하며, 참가 신청서 양식 등이 별도로 있는 경우는 팩스나 e-mail을 이용하거나 홈페이지의 참가 신청 양식에 기입하는 방법이 일반적이다.

• 참가비 등이 있는 경우에 금액을 안내장에서 안내하는 것이 좋다.

그림7_ 안내장

가 / 정 / 통 / 신 / 문	바른 마음
2021학년도 1학기 현장체험학습 참가비 납부안내	밝은 지혜 큰 꿈
	제 2021 - 43 호

담당자 연락처 : ☎ 000-1031(401)

안녕하십니까?

봄 향기 가득한 계절 가정에 행복이 가득하시길 기원합니다.

본교 서로 좋고 배워 수준 높은 배움을 실현하는 ** 4C 교육과정 운영의 현장체험학습과 관련하여 학교운영위 심의를 받아 다음과 같이 1학기 현장체험학습을 실시하고자 합니다.

아래 내용을 살펴보시고 현장체험학습 참가비를 기일 안에 스쿨뱅킹으로 납부하여 주시기 바랍니다.

1. 일시 : 2021. 4.18(목) 08:30~15:30
2. 현장체험학습 선정 및 내용

학년	현장체험학습장소	현장체험학습비 (보험료포함)	학교지원비	수익자부담 (보험료)	학생수 (명)
1학년	***창문아트센터	15,300	10,000	5,300	45
2학년	****만화박물관	6,800	6,500	300	56
3학년	국립**과학관	3,800	3,500	300	50
4학년	**박물관 ***행궁	1,800	1,500	300	59
5학년	***기념관	4,300	4,000	300	55
계					265

※ 보험료(300원)는 개인사정으로 불참 시 환불이 안 됩니다.

3. 대   상 : 1~5학년 현장체험학습 참가 학생
4. 인솔교사 : 학급 담임교사 및 보조교사
5. 교통수단 : 전세버스 10대 (버스비는 전액 화성혁신교육지구 체험학습비에서 지원함.)
6. 체험학습참가비 납부기간 및 납부방법 : 2019. 4. 3(수) ~ 4. 5(금) 스쿨뱅킹납부
   ※ 기한 내 납부가 안 되었을 경우 별도의 안내문 없이 통장에서 인출될 수 있습니다.
7. 복장 : 간편한 복장(모자), 편한 신발
8. 준비물 : 학년별 안내(예시-점심 도시락, 물, 간식, 휴지, 비닐봉지, 작은 돗자리(깔개),
            필기구, 우천시 우산 및 우의 준비 등)
9. 차멀미를 하는 어린이는 멀미에 대한 대비를 하도록 하여 주시기 바랍니다.
10. 자세한 일정 및 내용은 학급별 안내합니다.

2021. 4. 2

비 서 초 등 학 교 장

② **초대장** : 모임을 초대하는 문서라는 점에서 안내장과 유사하지만, 특정인에게 무료로 초대하므로 꼭 참석해 주기를 바라는 성격이 강하므로 안내장보다 더욱 예의와 격식을 갖출 필요가 있다. 기본적인 사항은 안내장과 거의 유사하지만 보다 유의할 사항은 다음과 같다.

• 예의를 갖추어 겸손하고 정중한 표현을 한다. 손님으로 참석해 주기를 요청하는 것이므로 "바쁘신 중에서 꼭 참석하시어 자리를 빛내 주시길 바란다"라는 형식을 사용할 필요가 있다.

• 기념 축하 행사의 초대장은 외부에 홍보하는 효과도 함께 있으므로 디자인에도 신경을 써서 품격 있는 카드를 사용하는 것이 좋다.

그림8_ 초대장

모시는 글

　희망찬 새해를 맞이하여 건강과 행복이 늘 가득하시고 소망하시는 모든 일을 이루시기를 기원합니다.

　꿈과 희망을 키워가는 행복한 배움터 우리 비서초등학교는 어린이들의 잠재적 능력을 개발하고 저마다 꿈과 끼를 키워가도록 최선의 노력을 다하고 있습니다.

　비서교육에 아낌없는 성원과 관심을 보내주심에 깊이 감사드리며 새로운 미래를 위한 「제 19회 졸업식」을 아래와 같이 개최하오니 바쁘시더라도 꼭 참석하시어 큰 꿈과 희망을 안고 새롭게 출발하는 졸업생들의 앞날을 축복해 주시고 격려해 주시면 감사하겠습니다.

◆ 일시 : 2021년 1월 18일(금) 10시
◆ 장소 : 본교 보람관(3층)

※ 당일 운동장을 개방하지 않습니다. 차를 주차할 수 없으니 대중교통을 이용하시기 바랍니다.

2021년　1월　7일

비 서 초 등 학 교 장　방 ○ ○
비서초등학교운영위원장　임 ○ ○
비서초등학교학부모회장　신 ○ ○
비서초등학교아버지회장　강 ○ ○

③ **인사장** : 인사장은 자신의 회사나 개인적인 신상에 관한 변동 사항을 상대방에게 알려서, 서로 간의 이해와 협력을 보다 공고히 하려는 목적으로 작성하는 문서이다. 작성할 때 유의할 사항은 다음과 같다.

• 게질 인사와 전할 용건을 먼저 밝히고, 그다음으로 과성이나 설명을 아주 간결하게 언급한 후, 마지막으로 직접 방문하여 전하지 못하는 점에 대해서 양해를 구하는 내용으로 구성한다.

• 변경 사항을 알리는 통지문의 성격을 함께 가지므로 전달 내용을 정확하고 알게 쉽게 쓴다.

• 겸손하고 예의 바른 경어체를 사용하여야 하며, 정성이 느껴지는 정중한 표현을 한다.

④ **축하장**:기업에 관련된 다양한 축하 행사나 개인과 관련된 경사에 관한 연락을 받았을 때 축하의 메시지를 전달하기 위한 목적으로 작성하는 문서이다. 작성할 때 유의할 사항은 다음과 같다.

- 진심 어린 축하를 느낄 수 있도록 정중하고 격식을 갖추어야 한다. 너무 형식에 치우치는 것보다는 진솔한 표현을 쓰는 것이 좋다. 개인에게 보낼 때는 더욱 정감 있는 표현을 하여도 무방하다.
- 상대방이 기뻐할 때 축하해 줄 수 있도록 신속하게 작성해서 보내는 것이 좋다.

⑤ **감사장**:축하나 위문 등을 받았을 때나 업무상의 협조나 편의를 제공받았을 때 상대방의 호의와 도움에 감사하는 마음을 전하기 위해서 작성하는 문서이다. 유의 사항은 아래와 같다.

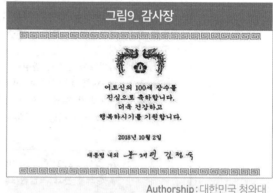

> 그림9_ 감사장
>
> 어르신의 100세 장수를
> 진심으로 축하합니다.
> 더욱 건강하고
> 행복하시기를 기원합니다.
>
> 2018년 10월 2일
>
> 대통령 내외 문재인 김정숙
>
> Authorship:대한민국 청와대

- 겸손하고 정중하게 서식에 맞추어 작성한다.

- 상대방의 성의와 관심, 열정에 감사드리는 내용을 작성하여야 한다. 물품 등에 대한 언급은 자세하게 하지 않은 것이 좋다.

- 감사장은 대부분 기업에 보내는 것이 아니라 개인에게 직접 감사하는 형식이므로 너무 형식에 치우치지 않고, 읽은 사람이 정성과 믿음을 느낄 수 있도록 작성하는 것이 좋다.

(2) e-mail 작성

① **e-mail 내용 작성하기**:최근에는 업무상 많은 의사 전달이 e-mail을 통해서 이루어지는 것이 보편적이다. 간편하고 신속하게 정보를 전달할 수 있다는 장점으로 인해 많이 사용되고 있으나 사용상 보안이나 정보 유출의 위험이 있으므로 유의하여야 한다.

② **효과적인 e-mail 작성 시 주의 사항**:e-mail을 작성하여 보내려고 할 때는 아래와 같은 사항을 고려해서 e-mail을 통한 전달이 적절한지를 확인한다.

ㄱ. **e-mail을 보내는 것이 효과적인가**:구두로 전달하는 것, 종이 문서로 전달하는 것, e-mail로 전달하는 것에 따라서 상대방이 느끼는 상황이 다르기 때문에 전달하려고 하는 내용이 e-mail로 보내는 것이 가장 효과적인 방법인지를 생각해 볼 필요가 있다. 격식을 차려서 보내야 하는 문서의 경우에 e-mail로 보내는 경우 오히려 반감을 살 수 있으며, 기밀을 필요로 하는 문서는 신속하게 전달할 수 있는 장점에도 불구하고 e-mail로 보내서는 안 된다.

ㄴ. **e-mail을 보내는 시기가 적절한가** : e-mail 발송은 실시간으로 되지만, 상대방이 언제 확인할지는 알 수 없으므로 급한 문서인 경우에는 발송 후에 메일을 확인하도록 연락을 하는 것이 좋다. 또 출근과 동시에 컴퓨터로 메일을 확인하는 경우가 많기 때문에 출근 시간 직전에 메일을 보내면, 수신함의 제일 상단에 메일이 도착해 있으므로 효과적이다.

ㄷ. **e-mail을 보낸 목적과 의도를 명확하게 알 수 있도록 내용을 구성하였는가** : e-mail을 작성할 때는 보낸 목적과 의도를 상대방이 명확하게 파악할 수 있도록 제목과 내용을 구성하여야 한다.

③ **제목 설정 시 유의 사항** : 업무상 e-mail은 제목이 반이라고 할 만큼 제목이 차지하는 비중이 크다. 메일을 받은 사람이 메일을 선별하는 기준은 '메일을 보낸 사람'과 '제목'이므로, 보내는 사람과 내용을 확인할 수 있는 구체적인 제목을 사용하여야 한다. e-mail 제목을 보고 스팸으로 의심될 경우 내용을 읽어 보지 않고 삭제할 수 있기 때문이다. 수많은 e-mail 제목 중에서 수신자가 반드시 읽을 수 있도록 용건의 핵심을 명확하게 보여 주는 제목을 설정하여야 한다. 다음의 원칙에 맞추어 제목을 결정한다.

- 주요 메시지를 제목으로 설정(**예** 비서팀 회의가 월요일 오후 7시로 변경)
- 수신인에게 바라는 실행 조치 또는 반응으로 설정(**예** 오늘 오후 2시까지 의견 요청)
- 구체적이면서도 너무 길지 않게 작성(**예** 내일 대표님 오찬 예약 확인)
- 수신인이 메시지를 쉽게 이해하고 상기할 수 있도록 작성(**예** 자회사 사장단 보고서)
- [ ]과 같은 글머리 기호를 활용하여 메일 내용의 중요한 요청 사항이 돋보이게 작성

> **예** [자료 요청] 1월~3월 주간 회의 보고서

(3) 내용 작성 시 주의 사항

① **도입부 및 인사말 작성** : 도입부에는 상대방의 이름과 직급을 지칭한다(**예** BREAD BANG 대표이사님께, SEO-HA 상무님께). 간단한 인사말과 계절 인사, 안부의 글을 짧게 포함한다.

② **내용은 간단하면서도 명료하게 작성**

- 복잡한 내용이 있는 경우 메일 본문은 쉽고 깔끔하게 작성하고, 첨부 파일을 통해서 충분한 정보 전달이 되도록 한다.
- 문장을 길게 쓰기보다는 개조식으로 정리하여 한 줄이 넘어가지 않게 짧게 끊어서 쓴다.
- 지나치게 격식을 차리거나 전혀 격식을 차리지 않는 것도 곤란하다.

- 빨간색, 밑줄, 진한 글자의 사용은 꼭 필요한 경우에만 하고 이모티콘의 사용도 업무상 e-mail에서는 사용하지 않는 것이 좋다.
- 영어 e-mail의 경우 모든 글자를 대문자로 쓰는 것은 상대방에게 위협하는 듯한 인상을 주므로 피한다.

(4) 끝인사

업무상 메일이라도 마지막에 부드러운 근황 인사로 끝인사를 하는 것이 좋은 관계 유지에 도움이 될 수 있다. 그러나 너무 친한 척하여 부담감을 주지 않도록 깔끔한 인사 정도가 적당하다.

(5) 발신인 정보 작성

보낸 사람이 누구인지 명확하게 확인할 수 있도록 발신자명은 실명으로 작성하는 것이 바람직하다. 또 메일 본문의 끝부분에 '서명' 기능을 이용하여 보내는 사람의 소속, 직위, 연락처 등을 등록하여 사용한다. 이름 뒤에는 상황에 따라 '배상', '드림', '올림' 등을 적는다. 서명에 일반적으로 포함되는 정보는 다음과 같다.

- **회사와 부서명**: ㈜ With_U _ ideal 비서실
- **직위 및 이름**: 과장 Lexley LIM
- **회사 전화번호**: 직통 번호를 기재
- **휴대폰 번호**: 급한 연락을 받을 경우를 대비해서 기재
- **회사 주소**: 상대가 우편물을 보내게 될 경우를 고려해서 작성
- **e-mail 주소**: 보내는 e-mail 주소와 동일한 경우에 생략 가능

(6) 파일 첨부하기

텍스트로만 전달하기 힘든 내용이거나 복잡한 사항이 있는 경우에 파일을 첨부하는 것이 일반적이다. 첨부 파일의 용량이 다소 큰 경우에는 가급적 대용량 메일 등을 이용해서 상대방의 메일 용량에 부담을 주거나 용량 문제로 인해 반송되지 않도록 한다. 첨부파일이 있는 경우에는 발송하기 전에 반드시 해당 파일을 첨부하였는지 확인한다.

2. 편지병합

☑ 신규(2021년) 출제범위

MS워드의 기능 중 편지병합이라는 기능이 있는데, 반복해서 작성해야 하는 문서 작업을 아주 짧은 시간에 해결해주는 기능이다. 다수에게 문서를 보내거나 정리해야 할 일이 많은 비서에게 매우 유용한 기능으로 쓰인다. 이 편지병합 기능을 이용해서 1000명에게 보내야 하는 초청문서를 만드는 순서를 A-Z까지 수록하였다.

먼저 워드의 편지 병합 기능을 사용하기 위해서는 작성할 워드 문서와 데이터를 포함한 소스파일이 필요하다. 엑셀 파일을 이용해 워드에서 편지병합으로 다수의 문서를 한 번에 만드는 기능이다.

- **준비파일**: 작성할 한글파일, 데이터 엑셀파일

  ✓ 엑셀파일은 1행부터 데이터가 시작되는 것이 편리하다.

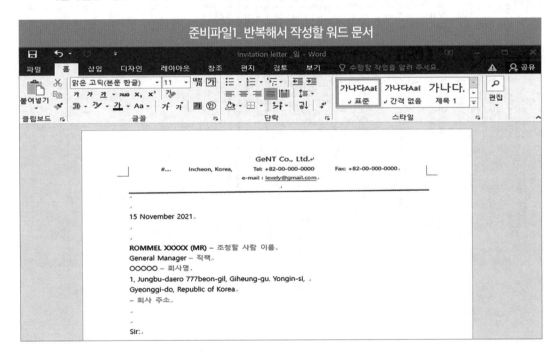

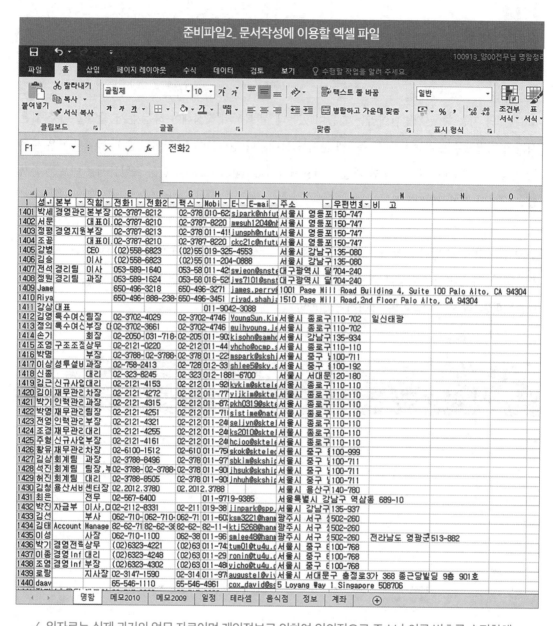

✓ 위자료는 실제 과거의 업무 자료이며 개인정보로 인하여 임의적으로 주소나 이름 번호를 수정한채

수록하였음

📢 워드 편지 병합 시작하기

워드에서의 편지병합은 '편지 병합 시작' 메뉴를 누르면서 이 작업을 시작한다.

1. 시작

메뉴탭의 [편지]>[편지 병합 시작]그룹>[편지 병합 시작]-[편지]를 클릭한다.

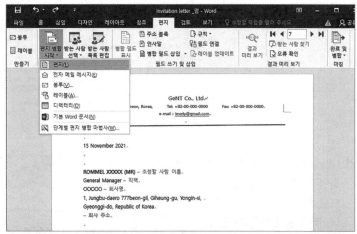

2. 엑셀 파일과 연결

① 엑셀파일을 연결해주는 것이 다음 과정인데, 메뉴탭의 [편지] >[편지 병합 시작]그룹 >[받는 사람 선택]-[기존 목록 사용]을 클릭한다.

② 저장되어 있는 엑셀 파일을 선택한다.

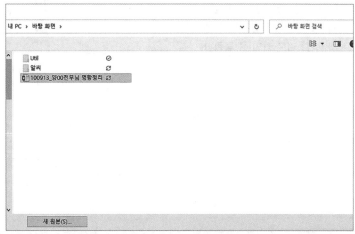

③ 파일 선택 후 엑셀 파일의 시
트 중 편지 병합에 사용할 시
트명을 선택한다. 아래와 같이
엑셀파일과 이 워드 파일을 연
결시킨다.

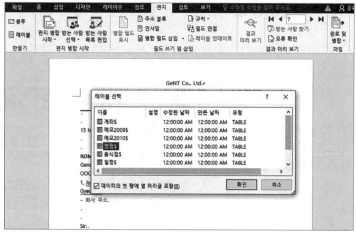

④ [받는 사람 목록 편집]을 선택
하면 편지병합에 사용할 레코
드를 선택할 수 있는데 모든
데이터를 편지 병합하려면 생
략해도 된다.

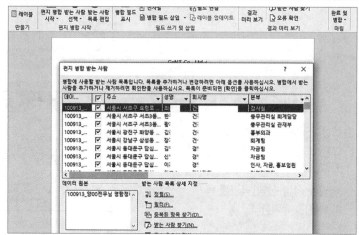

3. 필드 삽입

① 이제 엑셀 파일의 각 데이터를
제 자리에 삽입한다. 필드를 삽
입할 위치를 클릭한 후 메뉴탭
의 [필드 쓰기 및 삽입] 그룹에
서 [병합 필드 삽입]을 클릭한
다.

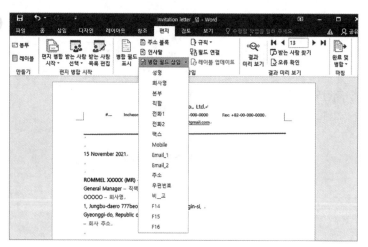

② 병합 필드 삽입 대화상자에서 연결할 필드를 선택하고 [삽입] 클릭, [닫기]를 차례로 클릭한다. 아래처럼 보여질때는 더블클릭해도 된다.

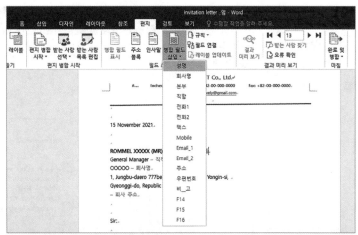

③ 필드명이 삽입된 것을 확인할 수 있다. 다음 위치에도 삽입할 필드를 같은 방법으로 삽입한다.

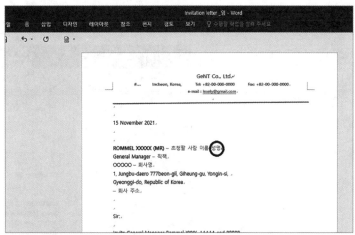

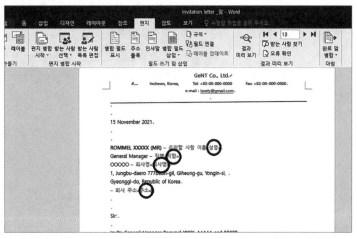

4. 확인단계

필드 삽입이 끝난 후 [결과 미리 보기]를 눌러 편지 병합이 잘되었는지 확인한다.

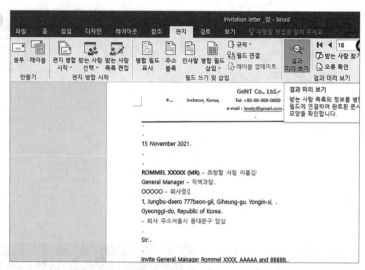

5. 완성

확인까지 다 끝났다면 [마침] -[완료 및 병합]을 선택한다.

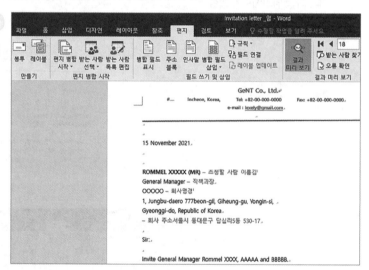

새로운 워드 파일로 초청관련 서류가 만들어졌다. 추가 문서 작업이 있다면 더 해주면 되고, 이대로 저장 또는 인쇄하면 엑셀파일을 이용한 워드 편지병합은<끝>이 된다.

문서관리

CHAPTER 2

1 문서관리

1. 문서관리 원칙

(1) 문서의 관리

① **봉투의 처리**

　ㄱ. 봉투의 처리는 조직마다 그 특성에 따라 다르겠으나 하루 정도 보관하고 폐기하는 것이 일반적이며 다음과 같은 경우에는 봉투를 보관하여야 한다.

　ㄴ. 편지 속의 발신인 주소와 봉투의 주소가 다른 경우 보관한다.

　ㄷ. 잘못 배달된 편지가 회송되어 왔을 경우, 이쪽에서 회신이 늦어지게 되는 이유가 되므로 봉투를 그 증거로 보관한다.

　ㄹ. 편지 겉봉에 찍힌 소인의 날짜와 편지 안에 적힌 날짜가 차이가 많이 나는 경우 보관한다.

　ㅁ. 편지 속에 발신자의 주소와 성명이 없을 경우 보관한다.

　ㅂ. 동봉물이 있어야 할 우편물에 동봉물이 보이지 않을 경우, 재차 조사해야 할 필요가 있으므로 보관한다.

　ㅅ. 입찰이나 계약서 등의 서류봉투에 찍힌 소인은 법적 증거가 되므로 보관한다.

(2) 문서정리

① **문서관리의 기본 원칙** : 표준화, 간소화, 전문화, 기계화, 자동화
② **문서정리체제의 조건** : 정확성, 경제성, 융통성, 간이성, 논리성
③ **문서정리체제의 기본원칙**

　ㄱ. 전원참가, 문서정리방법의 표준화

　ㄴ. 문서검색의 용이화와 신속화

　ㄷ. 문서의 적시폐기, 부수의 제한

　ㄹ. 파일의 배열

　ㅁ. 제1가이드, 개별폴더, 대출가이드, 특별가이드, 잡 폴더

④ 문서정리의 방법

검사 → 주제결정 → 주제표시 → 상호참조표시 → 분류 및 정리

2. 명함관리 방법

(1) 명함 홀더 사용하기

① 장점

ㄱ. 명함을 받는 즉시 이름이나 거래처별로 끼워놓기만 하면 되기 때문에 편리하다.

ㄴ. 카테고리 구분이 쉽고, 검색이 용이하다.

② 단점

ㄱ. 분류의 한계가 있어 명함을 찾아야 할 때 번거로움이 있다.

ㄴ. 일일이 손으로 옮겨 적어야 하는 번거로움이 있다.

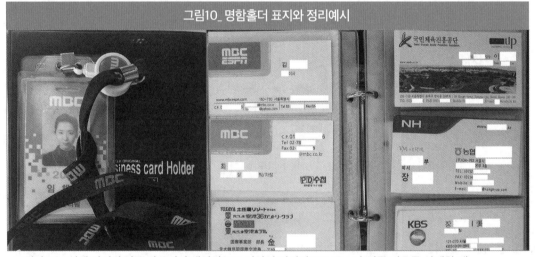

그림10_ 명함홀더 표지와 정리예시

※위자료는 실제 과거의 업무 자료이며 개인정보로 인하여 임의적으로 주소나 이름 번호를 삭제한 채
수록하였음.

(2) 엑셀 사용하기

① **장점** : 카테고리 구분이 쉽고, 누군가의 인적사항을 빠르게 찾아야 할 때 검색이 용이하다.

② **단점** : 명함을 받을 때마다 일일이 손으로 옮겨 적어야 하는 번거로움이 있고 PC에서만 사용할 수
있어 조금 불편하다.

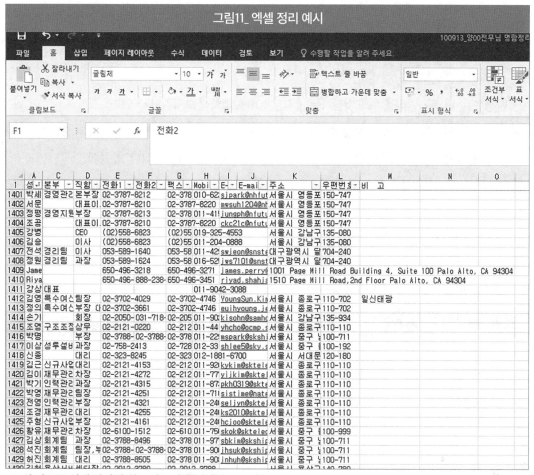

그림11_ 엑셀 정리 예시

※위 자료는 실제 과거의 업무 자료이며 개인정보로 인하여 임의적으로 주소나 이름 번호를 수정한채 수록하였음.

위처럼 이름, 회사명, 직급, 전화번호, e-mail 등을 넣은 엑셀 서식을 직접 만들어 명함을 정리한다. 이처럼 엑셀서식을 자신이 직접 만들기도 하지만 기존에 나와 있는 프로그램을 이용해 정리할 수도 있는데 예스폼이나 니즈폼과 같은 서식 제공 전문 사이트를 통해 간단한 회원가입 후 프로그램을 다 운받아 사용할 수 있다.

③ 스마트폰 어플리케이션 기능

- 장점 : 어플리케이션 마다 기능이 다르기는 하지만 보통 카메라로 명함을 찍으면 문자인식기능을 통해 저절로 정보를 저장해 준다.
- 단점 : 단순히 문자인식을 통해 저장하는 방식은 100% 정확성을 자랑할 수 없다.

단점을 보완하기 위해 사람이 직접 수기로 명함을 저장해주는 방식의 어플리케이션도 있는데, 휴대폰 번호를 입력해 인증번호를 받아 인증까지 마쳐야 어플을 사용할 수 있다. 등록이 완료되면 문자, 카카오톡, SNS메신저를 통해 명함을 전송할 수도 있고, 편집창에서 정보수정 및 내용을 추가할 수도 있다.

- 명함을 카메라로 촬영한다.
- 명함추가를 이용해 계속해서 같은 방법으로 등록을 할 수 있다.
- 촬영된 명함은 '등록 대기' 상태로 서버로 전송되어 수작업을 거쳐 등록이 완료된다(1-2분 소요).

그림12_ 명함정리 어플리케이션 (리멤버) 활용 예시

※위자료는 업무 자료이며 개인정보로 인하여 임의적으로 주소나 이름 번호를 삭제한 채 수록하였음.

3. 문서 수·발신 처리방법

(3) 문서의 발신

① 시행문은 처리부서에서 정보통신망을 이용하여 발신하는 것을 원칙으로 한다.

② 제1항에도 불구하고 업무의 성격 기타 특별한 사정이 있는 경우에는 인편·우편·팩스 등의 방법으로 문서를 발신할 수 있으며, 내용이 중요한 문서는 등기우편이나 그 밖에 발신 사실을 증명할 수 있는 특수한 방법으로 발신하여야 한다.

③ 회사내가 아닌 회사 외의 외부인에게는 부여한 전자우편주소를 이용하여 문서를 발신할 수 있다.

(4) 문서의 등록

① 처리문서는 당해 문서가 생산(제5조 제1항에 따라 문서가 성립된 경우를 말한다)하였을 때 지체 없이 문서번호를 부여하여 부서별로 전자문서시스템의 문서등록대장에 등록하여야 한다.

② 책자, 기타 간행물을 배부할 때는 문서등록대장의 기록을 생략하고 필요에 따라 별지 제3호 서식의 간행물 관리대장을 따로 비치하여 사용할 수 있다.

(5) 문서의 접수

① 문서는 처리부서에서 접수하여야 하며, 문서부서에서 직접 받은 문서는 지체 없이 처리부서에 이를 배부하여 접수하게 하여야 한다.

② 긴급문서는 다른 일반문서에 우선하여 이송하고 처리하여야 한다.

③ 문서를 접수하면 그 접수등록번호와 접수일시를 표시하여야 하며, 전자문서의 경우 이를 자동으로 표시되도록 하여야 한다.

④ 접수한 문서가 종이문서인 경우 전자문서로 등록하거나 문서접수인을 찍고 기록물등록대장에 접수등록번호와 접수일시를 기재하여야 한다.

(6) 문서분류 및 처리

① 처리부서에서 문서수발업무를 담당하는 자는 접수된 문서를 처리담당자에게 인계하고, 처리담당자는 공람할 자의 범위를 정하여 그 문서를 공람하게 할 수 있다. 이 경우 전자문서의 경우에는 공람하였다는 기록이 전자문서시스템 상에서 자동으로 표시되도록 하여야 한다.

② 처리부서의 결재권자는 문서의 처리기한과 처리방법을 지시할 수 있으며, 필요하다고 인정하는 때에는 그 처리담당자를 따로 지정할 수 있다.

③ 민원문서의 접수 및 처리는 민원사무처리규정이 정하는 바에 따른다.

(7) 문서의 반송

① 접수한 문서가 형식 및 내용상 잘못이 있을 때는 그 뜻을 기재하여 이를 반송할 수 있으며 필요에 따라 전화 등에 의하여 보완하게 할 수 있다.
② 문서부서로부터 업무와 관련되지 않은 문서를 접수한 부서는 그 뜻을 기재한 후 지체 없이 이를 문서부서로 반송하여야 하며 문서부서는 업무와 관련된 처리부서로 배부하여야 한다.
③ 문서부서는 회사의 업무에 속하지 아니하는 문서를 즉시 발송기관으로 반송하여야 한다.

3. 우편관련 업무

☑ 신규(2021년) 출제범위

(1) 우편물 수·발신 업무의 개념

우편물 수·발신 업무란 기업 활동하면서 발생하는 정보나 물류를 소통하는 업무로 사내와 사외 업무로 나뉜다. 사내 수·발신 업무는 기업 내 부서 또는 사업장 간에 주고받는 물류의 수·발신 업무로 파우치, 행낭, 화물 등의 형태가 있으며, 사외 수·발신 업무는 기업이 대외적으로 주고받는 물류의 수·발신 업무로 우편물, 택배, 퀵 서비스, 해외 특송 등의 형태가 있다.

(2) 사내 수·발신 업무

① **사내 우편물 수발의 구성 요소**: 사내 문서 수발의 구성 요소로는 수·발신함, 파우치, 행낭 가방, 물류업체, 문서 수발 담당자, 문서 수발 시스템 등이 있다.

　ㄱ. **수·발신함**: 수·발신함은 수화물을 수집하여 전달 및 발송하기 위해 분류·보관하는 것이므로 부서별로 동선이 편리한 곳이나 공유가 용이한 공간에 설치한다. 또한 수화물의 전달 과정에서 분실 사고 및 보안 사고가 발생할 수도 있으므로 잠금장치를 부착하고 부서 내 관리 담당자를 두어 관리한다. 이때 발신함은 접수된 수화물의 수신 지역별로 구분하여 보관하는 것이 좋다.

　ㄴ. **파우치**: 파우치는 주로 사내 부서 간이나 사업장 간에 주고받는 용도로 사용되는 봉투로 사내에서 공통으로 사용되는 서류 봉투 또는 각대 봉투의 앞면에 발신 정보(발송일, 발송 부서, 발송자, 연락처 등), 수신 정보(수신 부서, 수신자, 연락처 등), 내용 정보(내용물·중요도 표시 등), 발신 식별 정보(발송 번

호·바코드 등) 등을 작성하고 인쇄하여 부착한다. 일반적으로 A4 또는 B4 크기이며, 보안 사고를 예방하기 위해 특수 재질로 만들거나 봉투 입구에 봉인 기능을 추가하여 제작하기도 한다. 그 밖에 각 기업 업무상의 필요에 따라 여러 가지 모양과 크기로 제작하여 활용하기도 한다.

ㄷ. **행낭** : 행낭은 파우치나 수화물을 담을 수 있는 크기의 서류 가방으로 사내 사업장 간에 운행하는 것이다. 사업장 간에 왕래하는 서류의 양이나 수화물의 양을 감안하여 가방의 크기를 정하며, 일반적으로 물류업체에서 제공하는 가방을 활용하는 기업이 대부분이다. 운행 시 발생할지도 모를 분실·도난에 대비하여 행낭 가방에 잠금장치를 설치하기도 하며, 중요 문서나 긴급을 요할 때는 행낭 대신 퀵 서비스 또는 택배 등을 이용한다.

ㄹ. **문서 수발 담당자** : 문서 수발 담당자는 문서 수발 업무를 관장하는 담당자로, 회사마다 그 책임과 권한이 다르다. 대부분의 경우 단순 업무로 간주하여 단기 비정규직 직원을 채용하거나 총무 부서원 중 담당자를 선정하여 운영하고 있다. 그러나 대기업이나 물류의 양이 많은 기업에서는 체계적으로 업무를 관리 및 운영하기 위해 별도의 전담 인력을 배치하기도 한다.

ㅁ. **문서 수발 시스템** : 문서 수발 시스템은 문서 수발 업무를 신속, 정확하게 진행하기 위한 시스템을 말한다. 일부 기업에서는 자체적으로 전산 시스템을 구축하여 운영하고 있으며, 그 밖의 일반기업에서는 인쇄된 관리 대장에 수기(手記)로 작성하여 관리하거나 엑셀이나 워드 등의 프로그램을 이용하여 자료를 관리하고 있다. 문서 수발 시에는 기업의 중요 문서가 유출될 가능성이 높기 때문에 문서의 이동은 물론 정보 보안도 상당히 중요하다. 따라서 지적·물적 자산의 대외 유출을 방지하고 만약의 사고에 대비하여 발신 물품에 대한 경로를 추적하여 정확하게 수신자에게 도착했는지를 확인하기 위해 문서 수발 시스템을 사용한다. 또한 물류의 양이 많은 경우 정보 관리 및 조회가 용이해져 불필요한 인력 낭비와 비용을 줄이기 위해 사용하기도 한다. 문서 수발 시스템의 운영 방법은 다음과 같이 구분할 수 있다.

② **물류업체의 선정** : 물류업체는 전국에 네트워크가 구축되어 있고 당사의 거래 조건을 충족하는 업체로 선정한다. 물류업체 중 자체적으로 전국 유통망을 구축한 업체는 일부에 지나지 않으며, 대부분 대전 등의 물류 허브를 기점으로 지역별 업무 제휴를 맺어 유통망을 구축하고 있다. 따라서 물류업체 선정은 업체가 얼마나 유통망을 견고히 구축하고 있으며, 사고 시 신속하고 명확한 대응을 보여 주느냐 및 보상 능력, 특화된 서비스 제공 수준 등을 검토하여 선정하는 것이 적절하다.

③ **사외 우편물 관리**

ㄱ. **국내 우편물 관리** : 우편물 발송의 유형은 다음과 같이 세 가지로 나누어 볼 수 있다.

- 첫째, 우표 부착 발송으로, 우체국에서 판매하는 우표를 구매하여 부착하는 방식이다. 발송 현황 및 비용을 관리하기 위해 우표 구입 영수증 및 우편 발송 현황을 별도로 관리할 필요가 있다.

- 둘째, 요금 후납 발송으로, 관할 우체국과 '우편물 요금 후납 계약'을 체결하여 우편 요금을 월 단위로 후납하는 방식이다. 우편물 요금 후납을 계약하기 위해서는 매년 1회 보증 보험 회사에 요금 후납 이행 보험에 가입하고 우체국에 제출해야 한다. 후납 계약이 체결되면 우체국에서 요금 후납 우편계기를 제공받아 이를 활용한다.
- 셋째, DM 발송으로, 소식지·설문지·홍보물·사은품 등 대량 우편물 발송 시에 활용하는 방법이다. 부서 자체적으로 진행하기도 하나, 대부분 대행업체에 위탁하여 처리한다.

표6_ 우편 발송의 유형		
구분		내용
일반 우편	보통	배송확인불가능
	등기	배송 확인가능
특급 우편	익일배달	발송 익일 도착
	당일배달	당일 도착, 익일 요금+α원 (서비스 가능지역과 접수시간은 우체국에 문의)
소포	보통소포	익일 오전 특급:1,000원 부가, 당일 특급: 2,000원 부과
	등기소포	익일 오전 특급:1,000원 부가, 당일 특급: 2,000원 부과
기타	내용증명	등기 우편 요금+등본 1매 1,300원, 1매 초과당 650원 가산
	유가증권	등기 우편 요금+최초 5만원 내 천원, 5만 원 초과 매 5만원까지 마다 500원 추가(취급 한도액 2,000만 원)
	배달증명	등기 요금+α원 추가
	기타	팩스 우편, 전자 우편 등

Authorship : 인터넷우체국 https://www.epost.go.kr/main.retrieveMainPage.comm

ㄴ. **퀵 서비스 관리**: 퀵 서비스는 우리나라의 대표 물류 업종 중 하나로 1990년대 초반부터 형성되어 현재는 복잡한 도심의 가장 빠른 배송 수단으로 자리 잡았다. 그러나 퀵 서비스는 현재 영업 신고만 하면 누구든지 사업할 수 있어 많은 영세업체가 난립하고, 과열 경쟁 현상이 심화하고 있어 업체 선정에 주의를 필요로 한다.

ㄷ. **택배 관리**: 온라인 쇼핑몰 시장의 성장, 홈쇼핑의 판매 증가, 국내 기업의 물류 아웃소싱의 증가로 택배업계는 매년 높은 성장세를 보인다. 온라인 쇼핑몰이나 홈쇼핑 업체들은 택배 업체와 제휴하여 대량의 물품 배송을 싼 비용으로 배송하고 있으며, 일반 기업 또한 물류 아웃소싱으로 물류

비용 절감, 물류 서비스 향상, 신규 물류 투자비 절감 등의 효과를 거두고 있다. 택배 업체를 선정할 때에는 업체별 계약 단가, 서비스 수준, 재무 안정성을 우선 검토하여야 한다.

ㄹ. **국제 특송 관리** : 현재 국제 택배업(International courier service)의 국제 택배 업체로는 UPS, DHL, FedEx, TNT 등이 있다. 국제 택배 업체를 선정할 때도 국내 택배 업체 선정과 마찬가지로 계약 단가, 서비스 수준, 재무 안정성을 우선 검토해야 하며, 계약은 1~2년 단위로 진행하는 것이 일반적이다. 배송 단가는 업체별 단가표만을 가지고 비교하기보다는 이전의 발송내역 자료를 바탕으로 주요 거래 국가별 배송 물량의 종류와 무게 등을 분석하여 자사에 가장 적당한 업체를 선정하는 것이 바람직하다.

(3) 전달하기

① **개봉** : 수신 우편물은 즉시 개봉 하며, 페이퍼 나이프를 이용해 내용물이 손상되지 않도록 주의한다. 특히, 상사 개인에게 온 편지나 재정관련 우편물, 그리고 봉투에 친전(親展), 사신(私信), Personal, Private, Confidential 등의 표시가 있으면 미개봉 상태로 상사에게 전달하며, 우편물 개봉 시 동봉물이 남아 있는지 확인하는 것을 잊지 않도록 한다.

② **접수일부인** : 수신 우편물에는 도착날짜가 꼭 기입되어야 한다. 공문서는 문서 주관부서에서 접수 일자와 시간을 기록한다. 이는 후에 문서를 참조할 경우 문서의 도착날짜 확인이 가능하게 하기 위해서다.

③ **읽기** : 비서는 우편물을 읽으면서, 면담이나 회의 일시 그리고 마감기일 등을 일정표에 표시해야 하며, 우편물 내용 중 숫자, 일시 등이 정확한지 확인한다. 우편물을 읽어보고 관련 서류가 필요할 것으로 예상되면 미리 그 서류를 찾아 우편물 뒤에 첨부하고, 내용을 충분히 이해했으면 비서에게 부여된 권한 내에서 적절하게 처리한다. 특히, 기밀 서류를 보게 되더라도 발설하지 않는 것은 비서의 기본자세이다. 수신된 우편물은 내용에 따라 상사에게 전달할 것, 관계 부서로 보낼 것, 대리로 처리할 것, 폐기할 것 등으로 나누어 처리한다.

④ **전달** : 우편물을 상사에게 전달할 때는 우편물을 분류한 후 목록을 만들어 우편물의 맨 위에 놓는다. 상사가 우편물 리스트만을 보고도 어떤 우편물이 왔는지, 어떤 내용인지를 한눈에 파악할 수 있도록 힌다. 긴급시신, 중요시신, 개봉하지 않은 시신, 크기가 직은 우편물을 위에 놓고 신문이나 정기간행물, 크기가 큰 우편물 등을 밑에 놓는다.

(4) 상사 부재중의 우편물 처리

상사가 출장 등의 이유로 사무실을 비우게 될 경우 비서는 출장지의 상사에게 보내거나 상사가 돌아올 때까지 보관해야 하는 우편물, 상사의 업무 대행자가 처리해야 할 우편물, 비서가 처리해야 하는 우편물로 분류해서 정리한다.

(5) 발신 우편물 처리

① **우편물의 발신** : 발신하는 모든 문서는 전자 파일로 저장하고 복사본을 만들어 보관한다. 전자 결재된 문서는 전자 문서함에 자동 보관되지만 자필서명이나 직인이 찍힌 문서는 발송 전에 반드시 복사본을 만들어야 한다. 또한, 비밀을 필요로 하는 문서는 항상 봉투에 넣어서 봉한 후 전달하도록 하고 이때, 수령인이나 인수자의 서명을 받는다.

② **우편물을 발신할 때 유의할 사항** : 우편물을 보낼 때 봉투의 수신인과 내용물의 수신인이 동일한지 여러 번 확인하고, 같은 내용의 문서를 여러 사람에게 발신할 경우 각별히 주의한다. 그리고 동봉물이 있는 경우 잘 첨부했는지 확인하는 것도 중요하다. 초대장같이 행사의 참석을 요청하는 내용이거나 마감기한, 통보일자 등 시간적 특허, 제약이 있는 내용을 담고 있는 문서는 시간적 여유를 충분히 두고 발송한다. 창 달린 봉투(window envelope)를 사용할 때는 수신인의 주소와 성명이 잘 보이도록 문서를 접어서 넣는다. 평소 주요 우편물의 발신부를 만들어 기록해 두면 추후 업무에 참고할 수 있어 편리하다.

4. 문서 정리 방법

(1) 문서 정리의 순서

① **문서정리의 일반적 순서**

ㄱ. **검사**(inspecting) : 이 문서가 과연 파일하여도 좋은 상태로 되어 있는가의 여부를 검사하여야 한다. 그 문서가 파일하여도 되는 상태이면 문서에 문서정리 인을 날인하고 담당 취급자의 날인과 처리 연월일을 기입한다.

ㄴ. **주제결정**(indexing) : 문서를 어느 제목으로 정리할 것인가를 정하기 위하여 내용을 읽는다. 때에 따라서 그 내용이 기술적이거나 전문적이어서 비서가 주제를 결정하기 어려운 경우 그 업무의 담당자에게 문의, 결정하는 것도 한 방법이다.

ㄷ. **주제표시**(Coding) : 문서의 제목으로 정한 주제에 붉은색 밑줄을 긋는다.

ㄹ. **상호참조표시**(Cross Referencing) : 두 개 이상의 제목으로 요청될 가능성이 있는 문서의 경우. 주된 제목의 폴더에 이 문서를 넣어두고 관계가 적은 편 제목의 폴더에는 상호참조표를 넣어둠으로써 어느 경우라도 검색이 용이하도록 한다. 혹은 복사하여 양쪽에 보관할 수도 있다. 상호참조를 위한 문서 제목에는 밑줄을 긋고 옆에 X표시를 한다.

ㅁ. **분류 및 정리**(Sorting & Storing) : 문서를 한 장씩 편철하느라 같은 서랍을 여러 번 여닫지 말고 동선절약을 위해 우선 큰 묶음으로 순서를 나눈 뒤 재분류하여 가나다 혹은 번호순으로 정리한다.

2 전자문서관리

☑ References : 법무부 전자문서법 해설서 재구성

1. 전자문서 및 전자거래기본법

- "전자문서"라 함은 정보처리시스템에 의하여 전자적 형태로 작성, 송·수신 또는 저장된 정보를 말한다.
- 이는 컴퓨터와 같이 연산작용하는 정보처리장치에 의하여 생성된 디지털 메시지로 필요에 의하여 나중에 재현하거나 열람할 수 있는 전자적 기록으로 특별한 형식(또는 표준)을 필요하지 않다.
- 여기서 정보란 동영상, 음성 등도 포함되는 광범위한 개념으로 기록(Record)을 의미하며, 정보통신기술의 발달에 따른 다양한 전자적 형태의 정보를 포함하기 위한 입법 취지를 반영한 것이다.

2. 국제규범

전자문서의 개념은 유엔국제거래법위원회(United Nations Commission on International Trade Law : UNCITRAL)가 채택한 전자거래모델법(UNCITRAL Model Law on Electronic Commerce) 제2조 (a)항의 "데이터메시지란 전자문서교환, 전자우편, 전보, 전신, 텔레카피 등을 비롯하여 전자적, 광학적 또는 이와 유사한 방식으로 생성, 송신, 수신 또는 저장된 정보를 의미한다"는 데이터 메시지에 대한 정의 규정을 모델로 한 것이다.

3. 전자문서의 종류 및 정리방법

(1) 전자문서의 정의

① "전자문서"란 정보처리시스템에 의하여 전자적 형태로 작성, 송신·수신 또는 저장된 정보라고 규정하였다.
② 컴퓨터와 같이 연산 처리하는 정보처리장치에 의하여 생성된 디지털 메시지로써 필요에 의하여 나중에 재현하거나 열람할 수 있는 전자적 기록을 의미하고 특별한 형식(또는 표준)이 필요하지 않다.

③ 정보란 동영상, 음성 등도 포함되는 광범위한 개념으로 기록(Record)을 의미하며, 정보통신 기술의 발달에 따른 다양한 전자적 형태의 정보를 포함하기 위한 입법 취지를 반영한 것이다.

(2) 기타 전자문서

① 전자우편(e-mail)도 컴퓨터를 이용한 정보처리시스템에 의하여 전자적 형태로 작성, 송 · 수신 또는 저장된 정보에 해당하므로, 송 · 수신 기능을 보유한 가장 일반적인 형태의 전자문서에 해당한다.

② 휴대전화 문자메시지(SMS, MMS)도 연산 처리하는 정보처리장치에 의하여 생성된 디지털 메시지로 작성, 송 · 수신 또는 저장된 정보에 해당하는 전자문서에 해당한다.

③ 글 문서, MS 워드문서, 문서파일(PDF, HTML 등), 동영상, 사진, 음악, 소프트웨어 등을 포함하는 광의의 개념으로 취급된다.

(3) 전자문서의 저장형태

전자문서의 저장형태는 크게 바이너리 형태와 텍스트 형태로 나누어 볼 수 있다.

① 바이너리 형태는 특정 소프트웨어(**예** MS-Word 또는 글 등)를 통하여 작성, 편집 등을 할 수 있다. 이 방법은 문서의 구성요소인 문서의 내용, 구조, 스타일이 해당 소프트웨어에서 지정하는 방법에 따라 한 개의 파일에 기록된다. 그러나 이 방법의 경우에는 해당 소프트웨어에 의존적이어서 수십 년 또는 수백 년이 지난 후에 기작성된 전자문서를 완벽하게 활용할 수 있는 방법을 보장할 수 없다.

② 텍스트 형태의 저장방법으로는 크게 순수텍스트(Plain Text) 형태와 마크업텍스트(Markup Text) 형태로 나누어 볼 수 있다. 순수텍스트 형태는 완전한 ASCII 형태로 문서의 내용과 구조는 저장할 수 있으나 스타일은 표현할 수 없는 저장형태이다. 단순한 메시지 전달용인 경우에만 사용이 가능한 형태로 볼 수 있다.

③ 마크업텍스트형태는 다시 절차적마크업(Procedural Markup)과 일반마크업(Generalized Markup)으로 나눌 수 있다. 절차적마크업 텍스트형태는 텍스트의 외형 및 위치 등을 지정하는 코드가 문서 내에 포함된 것을 말한다. 즉 문서의 본 내용인 텍스트가 있고 그 텍스트가 어떻게 표현될 것인지를 설정하는 코드가 함께 있는 경우이다. 흔히 볼 수 있는 절차적마크업 형태의 예로 RTF (Rich Text Format)가 있다. 절차적마크업은 워드프로세서, 탁상출판시스템 등에서 사용될 수 있으나 문서교환 및 정보에 대한 검색, 조작, 재사용이 어렵다는 단점이 있으며, 같은 RTF를 지원하는 소프트웨어라 할지라도 단순한 텍스트가 아닌 그림, 표 등에 대해서는 다르게 보일 수

있다는 단점이 있다. 일반마크업 텍스트 형태는 문서 내에 코드가 아닌 태그(Tag)가 삽입된 텍스트 형태를 의미한다. 태그는 문서 내의 텍스트의 일정부분을 둘러싸고 있으며, 둘러싼 부분에 대하여 특별한 의미를 부여하는 기호(Marker)이다. 요즘 전자상거래 및 문서유통 등에서 많이 활용되고 있는 일반마크업 텍스트형태로 XML(eXtensible MarkupLanguage)이 있다. 이 형태의 문서는 컴퓨터 기종, 운영체제, 소프트웨어 등이 서로 달라도 교환이 가능하며 모든 정보가 텍스트 형태이기 때문에 미래의 시스템에서도 재활용 및 다양한 검색이 가능하게 된다.

(4) 종이문서 전자문서화 방법

① 공문서 본문(기안문 및 시행문) : XML

공문서를 전자문서로 작성·결재하여 사용할 수 있는 시스템인 전자문서시스템은 현재 각급 기관별로 서로 다른 제품을 사용하고 있어 유통 및 호환이 안 되어왔다. 그러나 1999년에 행정자치부에서 기관 간 전자문서 유통에 필요한 통신기술 및 유통표준포맷을 정하여 현재는 중앙행정기관간의 전자문서 유통이 수행되고 있다. 그러나 전자문서의 작성은 각 기관 시스템마다서로 다른 워드프로세서로 작성되고 다른기관으로 보낼 때만 유통표준 포맷인 XML로 변환하기 때문에 기안문은 기관마다 서로 다른 워드파일로 저장되고, 시행문만 XML로 변환 저장되고 있다.

② 공문서 본문의 첨부물 : PDF

공문서에 첨부되는 자료는 매우 다양하다. 요약전, 의견서, 보고자료 등과 같은 텍스트 형태의 문서류를 비롯하여 도서류, 사진·동영상류, 카드류, 도면류 등 거의 모든 형태의 기록물이 여기에 해당한다고 볼 수 있다. 텍스트 형태의 문서류는 공문서 본문과 마찬가지로 XML 형태가 가장 적당하다. 도서의 경우에는 PDF(Portable Document Format)파일이 현재로서는 최적의 포맷이다. PDF포맷은 파일 크기가 비교적 작고, 서체 및 이미지 등 문서를 표현하는 데에 필요한 모든 정보를 포함하고 있기 때문에 다양한 분야에 적용할 수 있고, 여러 가지 출력시스템에서 쉽게 출력할 수 있다는 장점을 갖고 있다. 이 때문에 디지털도서관 등 온라인 전자문서의 표준포맷으로 정착될 정도로 영문권에서는 가장 널리 사용하는 문서포맷이다. 그러나 PDF는 국제표준이 아니고 특정 회사의 표준이기 때문에 여기에 종속될 우려가 있다.

③ 대장·카드류 : PDF-XML

문서대장, 인사기록카드 등과 같은 장부형태의 기록물로서 모양 자체가 중요한 경우와 내용만 중요한 경우로 나누어 볼 수 있다. 전자의 경우에는 PDF 포맷이 적당하며, 후자의 경우에는 본문과 마찬가지로 XML로 충분히 표현할 수 있다.

④ 도면류 : PDF

지적도, 공사설계도 등 도면을 전자파일로 저장할 경우에도 PDF 포맷이 적당하다. 그래픽 파일포맷을 사용할 수도 있겠지만 그래픽파일은 종류가 많고 어느 하나를 표준으로 정하기가 쉽지 않으므로 최종적인 보존·활용용으로는 PDF파일로 변환하여 영구적으로 범용성을 갖고 관리한다.

⑤ 사진·필름·슬라이드 : JPEG

이 형태는 정지영상 파일로 국제표준(ISO10918)인 JPEG 포맷이 적당하다. 사진형태의 이미지는 압축 보존할 때 놀라운 압축률을 얻을 수 있으며 보통 1/ 10 이하로 압축해도 맨눈으로 손상을 느끼지 못한다. 그러나 손실성 압축방식이기 때문에 영상내용이 가로나 세로로 급변하는 부분은 뭉그러질 수 있기 때문에 그러한 내용이 중요한 경우에는 좋지 않다.

⑥ 비디오 : MPEG2(MPEG4가 압축률 높음)

국제적으로 차세대 디지털TV, 디지털캠코더, 디지털방송, DVD등에 대한 표준으로 채택되어있는 동영상 국제표준인 MPEG2가 여기에 가장 적당하다. 압축율도 높으면서 화질과 사운드트랙, 문자 방송 등에 좋다는 장점을 갖고 있다.

⑦ 오디오 : PCM - MP3

MPEG2의 사운드트랙 기록에 사용하는 MP3 파일포맷을 이용할 수 있으나 이 포맷은 사람의 심리 음향학적인 특성에 맞추어 인간이 들을 수 없는 부분을 빼고 기록하는 방식으로 압축률을 높인 것으로 초음파소너 등 일반적인 음향을 기록하는 데는 부적당하다. 여기에 가장 알맞는 포맷은 일반적인 음향도 힘께 기록하는 PCM(Pulse CodeModulation)방식이다. 이방식은 피일의 그기기 커지는 단점이 있으므로 PCM 또는 PCM과 완벽히 호환되는 포맷(DPCM, ADPCM, WAV 등)을 원칙으로 하고, 특별히 인간이 들을 수 있는 신호만 있어도 되는 경우에는 MP3도 가능하다.

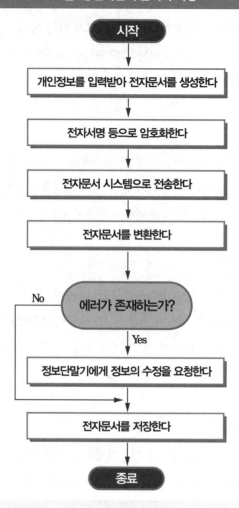

그림13_ 전자문서 문서화 과정

시작

↓

개인정보를 입력받아 전자문서를 생성한다

↓

전자서명 등으로 암호화한다

↓

전자문서 시스템으로 전송한다

↓

전자문서를 변환한다

↓

에러가 존재하는가? → No

↓ Yes

정보단말기에게 정보의 수정을 요청한다

↓

전자문서를 저장한다

↓

종료

Authorship : 삼성SDS

4. 저장매체에 대한 이해

(1) 반도체를 이용한 저장매체

① ROM(Read Only Memory) : 읽기만 가능한 기억 장치(비휘발성 메모리)

② EEPROM : 전기적으로 읽고 쓰기가 가능한 기억 장치

③ RAM : 자유롭게 데이터를 읽고 쓸 수 있는 기억장치이며 주기억장치에 많이 사용된다(휘발성의 특징).

④ DRAM : 전원이 없으면 값을 유지할 수 없고, 주기적으로 값을 refresh한다. 전원이 차단되지 않더라도 저장된 자료가 소멸하는 단점이 있다.

⑤ SRAM : 전원이 공급되는 한 기억된 데이터가 지워지지 않는다.

⑥ SDRAM : DDR SDRAM은 클록 주파수를 높이지 않아도 SDR SDRAM에 비해 대역폭이 두 배 증가한다. 외부와의 동기를 위하여 어드레스 입력과 데이터 입출력을 위한 동기 레지스터가 존재하며, 1비트 저장을 위해 하나의 트랜지스터로 구현할 수 있다.

⑦ USB(Universal Serial Bus) : 자유롭게 데이터를 저장하거나 삭제가 가능하고, 전원이 꺼져도 데이터가 그대로 보존되는 비휘발성 기억장치이다. 커넥터와 메모리 칩 사이에서 데이터 전송을 제어하는 컨트롤러(제어기)로 구성되어 있으며 최대 5G bit/s로 데이터를 전송한다. USB 3.0 규격의 제품도 존재하며 SLC 방식이 MLC 방식보다 빠르다. 컴퓨터를 비롯한 PDA, 임베디드 장비와 같은 다양한 디지털 기기의 주변 장치와 통신하기 위하여 사용된다. 하나의 주 컨트롤러는 허브를 통하여 127개까지 확장하여 사용 가능하고 핫 스와핑 또는 핫 플러깅 기능과 플러그 앤 플레이 기능을 지원한다.

⑧ 플래시 메모리(Flash Memory) : 소비전력이 적고 전원이 꺼지더라도 저장된 정보가 사라지지 않은 채 유지되는 비휘발성 기억장치이다. 디지털 텔레비전, 디지털 캠코더, 휴대전화, 디지털카메라, 개인 휴대 단말기(PDA), 게임기, MP3 플레이어 등 개인용 디지털기기 및 PC에 널리 사용된다. 메모리 카드에 사진, 음성, 동영상 등의 데이터를 저장하는데 블록 단위의 데이터 읽고 쓰기가 가능하며 전기적으로 데이터를 지우고 재기록이 가능한 비휘발성 메모리이다.

⑨ 반도체 메모리 : 특정 지우기 명령어를 통하여 데이터를 지운다. 플로팅 게이트 트랜지스터로 구성된 배열 안에 정보를 저장한다.

⑩ NOR 플래시 메모리 : 도체의 셀이 병렬로 배열된 플래시 메모리의 한 종류플래시 메모리는 반도체 칩 내부의 전자회로 형태에 따라 직렬로 연결된 낸드 플래시와 병렬로 연결된 노어 플래시로 구분된다. 낸드 플래시는 용량을 늘리기 쉽고 쓰기 속도가 빠르지만 노어 플래시는 읽기 속도가 빠른 장점이다.

⑪ NAND 플래시 메모리 : 다소 속도는 느리지만 대용량으로 구성하기에 적합하다. SD 메모리 카드나 메모리 스틱 등에 사용되는데, SSD나 디지털카메라, MP3에도 주로 활용되고 데이터 저장 목적에 많이 사용된다.

⑫ HDD(Hard Disk Drive) : 가장 널리 쓰이는 저장매체로 비휘발성 저장장치이다. SSD에 비하여 진동, 충격, 자성 등 외부 환경에 취약하지만 플래터는 양면에 데이터를 모두 기록 가능하다. 비휘발성, 순차 접근이 가능한 컴퓨터의 보조기억장치로 활용된다.

⑬ SSD(Solid State Disk) : HDD와 달리 반도체 메모리를 내장하고 있으며 HDD와 동일한 형태로 개발된 대용량 플래시 메모리이다. HDD와 동일한 연결 인터페이스를 사용하며 자기장을 이용한 HDD와 달리 NAND 플래시 반도체를 이용하여 정보를 저장한다. 작동 소음이 없으며 전력 소모가 적다. 제품에 따라 저장매체로 일반 램(RAM)을 탑재한 모델과 플래시 메모리(Flash Memory)를 탑재한 모델이 존재한다. HDD에 비하여 외부의 충격으로 데이터 손상 가능성 적지만 데이터 덮어쓰기가 불가능하여 쓰기 속도가 저하되는 특징이 있다.

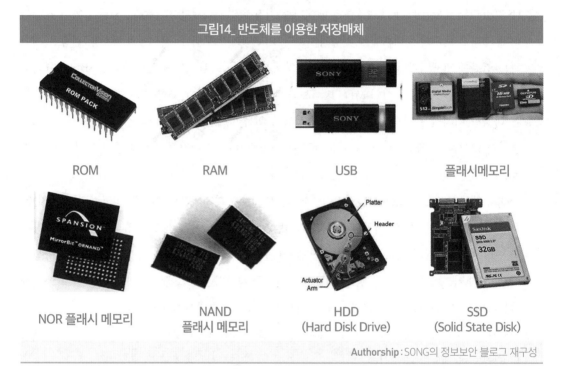

그림14_ 반도체를 이용한 저장매체

ROM   RAM   USB   플래시메모리

NOR 플래시 메모리   NAND 플래시 메모리   HDD (Hard Disk Drive)   SSD (Solid State Disk)

Authorship : SONG의 정보보안 블로그 재구성

(2) 광학 저장 매체 (Optical Disk)

① CD-ROM : 12cm 단면 원형 폴리카보네이트로 이루어진 저장 매체에 모든 형태의 디지털 정보가 저장할 수 있다.

② Blu-Ray Disc : Sony를 대표로 HD 및 대용량 데이터를 지원하기 위하여 같은 크기의 DVD에 청색 레이저를 사용한다. 듀얼 레이어 Blu-Ray Disc는 최대 50GB 크기의 고화질 비디오를 저장할 수 있다.

그림15_ 광학 저장 매체 (Optical Disk)

Blu-Ray Disc   광자기 디스크

Authorship : SONG의 정보보안 블로그 재구성

③ **광자기 디스크 (MO Disk : Magneto - Optical Disk)** : 레이저를 이용하여 데이터를 쓰고 지우며, 자성에 의하여 데이터가 지워질 우려가 없어 보관성이 뛰어나다. 전문가를 위한 고가의 매체로 사용되며 종류는 130mm와 90mm로, 용량은 650MB부터 9.2GB까지 다양하다.

[3] 접근 방법에 따른 기억장치 유형

① **직접 접근** : 접근 시간이 원하는 데이터의 위치와 이전 접근 위치에 따라 결정된다.
② **임의 접근** : 이전의 접근 순서와 무관하게 항상 일정하다.
③ **순차적 접근** : 원하는 데이터가 저장된 위치에 따라 결정된다.

5. 전자문서관리 시스템

[1] 전자문서 시스템

① **전자문서시스템의 정의** : 전자문서관리시스템 (Electronic Document Management System : EDMS) 이란 다양한 형태의 전자문서와 디지털자료를 문서의 전체 생명주기에 걸쳐 일관성 있고 체계적으로 통합관리하기 위한 정보시스템이다.
② **전자문서시스템의 기능** : 전자공문서의 생산, 결재, 유통, 분류 및 편철
③ **전자문서시스템 도입 장점** : 신속한 문서 조회, 검색 및 활용 등을 통한 생산성을 극대화하고 종이문서 보관 장소의 획기적인 절감으로 쾌적한 사무환경 조성이 가능하다. 자료집계 및 대장관리의 자동화로 업무환경이 개선되고 조건검색에 의한 필요문서를 즉시 제공받을 수 있다.

[2] 신 전자문서시스템

① **주요기능**
　ㄱ. 전자결재 기능
　ㄴ. 전자문서유통 기능
　ㄷ. 전자문서 관리 기능
　ㄹ. 전자우편 기능
　ㅁ. 전자게시판 기능
　ㅂ. 시스템 운영·관리 기능(관리자 기능)

② 특징

ㄱ. 문서처리 전 과정을 전자화하겠다는 목표에 맞춰 문서처리 과정을 재설계한 후 만든 시스템

ㄴ. 처리과 단계의 기록관리 기능을 구현한 시스템

ㄷ. 기록물분류기준표를 탑재하고 이를 관리하는 기능을 구현한 시스템

ㄹ. 시스템에 대한 시험인증제가 적용한 시스템

ㅁ. 기록관리시스템과 연계되도록 변경되는 시스템

(3) 전자문서시스템 도입배경

① 자료의 체계적 관리 미흡

ㄱ. 자료가 여러 곳에 분산 저장되어있어 자료의 공유체계가 미흡하였다.

ㄴ. 담당자 외에는 자료를 찾기 곤란하고, 정보화가 실현이 어려웠다.

ㄷ. 각종 종이정보를 보관하기 위한 파일함 및 창고비용이 증가하였다.

② 자료 공유체계의 문제

ㄱ. 정보화 사회에서는 정보공유 및 교류가 필수요건인데, 자료가 개별적으로 발생, 보관됨으로서 정보공유가 어려웠다.

ㄴ. 기업에서 발생하는 여러 가지 문서들은 장기 보존하면서 필요시 즉시 찾아 업무에 참고하여야 하므로 자료공유가 필요하였다.

③ 자료 보존 관리의 문제 : 종이 자료의 장기 보존 시 열화(열화)와 이용에 따르는 소모 및 해충에 의한 폐해 등으로 자료들이 손상되고 보관장소의 확장 등 고비용이 소요되었다.

(4) 전자문서시스템 도입 이후

① 중요자료의 매체제작 및 관리 가능

ㄱ. 보존기간이 길고 중요한 자료는 스캔에 의해 전자화하고 원격 검색 활용이 가능하다.

ㄴ. 회사 보유기술과 자료의 체계적 정리가 가능하다.

　✓ 자료별 분류체계를 정비하여 정보공유의 기틀 마련

ㄷ. 자료의 전자화(색인입력, 스캐닝/PDF 제작)

　✓ 종이문서는 성질에 따라 폐기 또는 창고로 이관된다.

ㄹ. 전자문서관리시스템의 구축

　✓ 전사원의 자료 공유로 업무생산성 및 기업경쟁력 향상되었다.

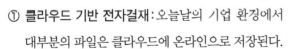
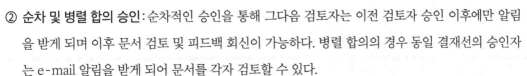

ㅁ. 자료공유 체계의 시스템화

　　✓ 전사원이 자료공유의 필요성을 인식하고, 지속적인 관리가 가능하다.

② **관리의 시스템화**

　ㄱ. 중요원본은 영구보존매체(마이크로필름)로 변환, 보관하고 활용자료는 전자문서화하여 원본의 훼손이 사전에 방지할 수 있다.

　　✓ 전자문서시스템에 의한 대외 경쟁력 제고

　ㄴ. 기업의 자료분류 체계 확립

　ㄷ. 전자문서시스템의 데이터베이스와 연계, 공유체계 확립

　ㄹ. 네트워크에 의한 전사 정보공유체계 단일화

　　✓ 지속적 유지관리로 전자문서관리 시스템화

　　✓ 신규발생 자료를 전사원 스스로 전자문서관리시스템에 등록하여 향상과 시너지효과가 창출된다.

6. 전자결재시스템

☑ 출제범위 ★비서1급★

[1] 전자결재시스템

많은 기업이 많은 작업량과 복잡한 업무로 인해 전자결재 시스템을 도입하고 있다. 다양한 문서도구 전자결재 프로그램을 이용하면 문서 협업을 더욱 쉽게 수행할 수 있는데, 많은 기업이 시간 절감 및 생산성 향상을 위해 전자결재 시스템으로 전환하고 있지만 여기에서 제공하는 모든 기능을 제대로 활용하지 못하고 있다. 아래는 전자결재 시스템을 활용할 때의 장점이다.

그림16_ 전자결재 시스템의 구축범위

① **클라우드 기반 전자결재**:오늘날의 기업 환경에서 대부분의 파일은 클라우드에 온라인으로 저장된다.

② **순차 및 병렬 합의 승인**:순차적인 승인을 통해 그다음 검토자는 이전 검토자 승인 이후에만 알림을 받게 되며 이후 문서 검토 및 피드백 회신이 가능하다. 병렬 합의의 경우 동일 결재선의 승인자는 e-mail 알림을 받게 되어 문서를 각자 검토할 수 있다.

③ **전자결재 문서로 참조 파일 첨부**: 복잡한 프로젝트의 경우 이전 작업 및 참조 문서를 추가해야 할 경우가 있는데 이전에 진행된 전자결재 문서를 쉽게 참조 추가할 수 있으며 여러 문서를 동시에 결재선에 올려 상신할 수 있다.

④ **문서 중앙 집중화**: 전자결재 문서를 한곳에 정리하여 관리할 수 있어야 하므로 전자결재 문서 승인 프로세스에 참여한 공동 작업 관리자는 승인 문서에 대해 보거나 편집이 가능하다.

⑤ **전자결재 재설정 및 편집**: 전자결재 문서를 공유하거나 상신 시 실수로 잘못 보내진 경우 수정하거나 문서를 변경하는 등 즉시 프로세스 편집이 가능하다.

⑥ **전자결재 마감일 및 리마인더 기능**: 전자결재 진행 시 다양한 마감일 지정 기능이 가능하고 리마인더 설정을 통해 마감일 몇 시간, 몇 일 이전에 복수의 알림 메일이 발송된다.

⑦ **전자결재 문서 번호 매기기 정책**: 많은 양의 문서를 처리할 때 문서의 제목에 자동으로 문서 채번이 추가되어 쉽게 검색이나 관리가 가능하다.

⑧ **자주 사용하는 승인자 저장**: 전자결재 상신 시 자주 이용하는 결재선에 "즐겨 찾기"를 통해 검토자로 자주 추가되는 결재선을 저장할 수 있다. 그러므로 시간을 절약할 수 있다.

⑨ **모바일, 태블릿 및 데스크톱의 전자결재 기능**: 문서에 엑세스하고 전자결재 문서를 검토하거나 승인, 코멘트 회신이 가능하다.

⑩ **전자결재 결과물 내보내기**

⑪ **전자결재 파일을 영구 레코드로 설정**

⑫ **전자결재 결과물을 제3자에게 공유**: 전자결재 프로세스가 완료된 후에도 여전히 액세스가 가능하며 결과물을 타부서나 외부 기관 등에 공유할 수 있다.

⑬ **전자결재 자동 취합 및 DB 보고서 연결**

⑭ **전자결재 활동 추적**: 전자결재 상신, 결재선 변경내역, 태그 추가/삭제, 전자결재 승인 또는 거절 등에 대한 모든 내용이 기록된다.

⑮ **서명이 포함된 전자결재**: 프로필 메뉴에 삽입할 수 있으며 파일 승인 시 디지털 서명으로 서명된다.

⑯ **전자결재 위임 전결**

⑰ **반복적이고 수동적인 업무로 인한 시간 낭비와 비용은 줄이고 생산성은 대폭 향상할 수 있다.**

(2) 결재 용어

① **미결**: 내 차례가 되었고 아직 결재하지 않았다.

② **예결**: 내 차례가 아니고 지금 결재 버튼을 누르면 미리 결재하는 것이다.

③ **후결**: 나보다 뒤에 결재해야 할 사람이 예결했고 나는 아직 결재하지 않았다.

④ **합의** : 결재서류의 내용에 합의하겠다.

⑤ **반려** : 결재 내용에 문제가 있으니 다시 서류를 검토하라는 의미이다.

⑥ **거부** : 합의하지 않겠다는 의사를 밝히는 것이다.

(3) 전자결재시스템의 예시

☑ References : 정부기관 - 온나라시스템 재구성

온나라시스템은 행정기관 업무 문서 작성, 검토, 결재, 등록, 공유, 공개 등 전 과정을 기록·관리하는 전자결재시스템이다. 다수 부처가 공동추진하거나 협업해야 하는 과제 수행 시 관련부처 공무원이 함께 문서를 검토하고 결재할 수 있도록 지원하며, 기관간 메모보고, 과제관리, 타기관 문서함내 문서 공람, 대화형UI 등 타기관 공무원과의 소통 수단을 제공한다.

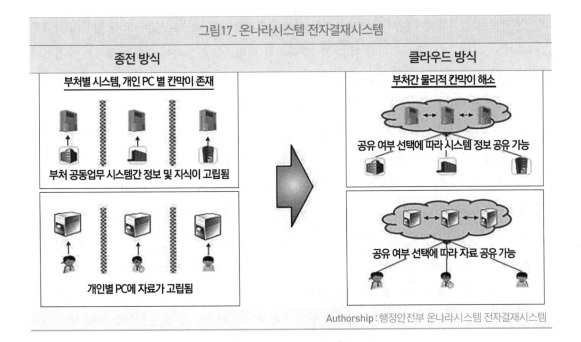

그림17_ 온나라시스템 전자결재시스템

Authorship : 행정안전부 온나라시스템 전자결재시스템

클라우드 온나라시스템의 핵심적인 변화는 행정문서 기안 및 결재시스템과 결과물로 저장되는 문서 형식이다. 행안부(행정안전부) 설명에 따르면 클라우드 온나라시스템은 특정 운영체제(OS)나 브라우저에 국한하지 않는 웹 표준 이용환경을 제공한다. 생산, 보존되는 공문서도 국제표준으로 통용되는 ODT와 PDF 파일 포맷이다.

정보관리

CHAPTER 3

1 정보분석 및 활용

1. 정보수집 및 검색방법

(1) 비서의 인터넷 정보 검색

비서는 정보를 검색하기에 앞서 상사가 어떠한 정보를 원하는지에 대한 니즈(needs)를 명확히 파악하고 계획해야 하며, 계획이 이루어진 이후에는 컴퓨터와 인터넷을 활용하여 원하는 정보를 수집해야 한다. 수집된 정보는 핵심 내용 요약 및 하이라이팅 등의 방법을 적용하고 처리하여 상사에게 전달되며, 상사는 수집·처리된 정보를 업무 및 의사 결정에 활용할 수 있다.

① **정보 검색 방법**: 정보를 검색하기 위해서는 우선 정보의 성격과 내용을 파악해야 한다. 만일 인물 검색과 같은 정보를 수집할 경우에는 인물 검색을 지원하는 신문사 또는 인터넷 포털 사이트에 접속해야 하며, 환율이나 금융 동향 등을 확인하기 위해서는 은행 또는 증권사의 사이트에 접속해야 한다. 경쟁 기업의 내부 정보를 확인하기 위해서는 해당 기업의 홈페이지에 접속하여 정보를 수집하는 경우가 일반적이다. 비서는 정보 검색의 효율성을 높이기 위해 정보 검색 업무 처리 시 적절한 노하우(know how)와 정보의 소재를 신속하게 찾아낼 수 있는 노웨어(know where)를 가지는 것이 바람직하다. 비서는 상사가 요구한 정보를 최대한 빠르게 수집하고 정확한 내용을 제공해야 하며, 경우에 따라서는 매일 상사와 사내 직원들에게 제공될 수 있는 정보를 수집 및 정리·배포하기도 한다. 인터넷에서 정보를 검색하는 주요 방법은 아래와 같다.

ㄱ. 필요한 정보의 수집 방법과 수집 도구를 계획한다.

ㄴ. 수집될 정보의 성격 및 내용을 파악하여 인터넷 사이트를 결정한다.

ㄷ. 본인에게 적합한 검색 엔진을 선정하여 사용법을 익혀 둔다.

ㄹ. 검색하고자 하는 주제어를 다양한 검색어로 검색하며, AND와 OR와 같은 연산기호를 적극 활용한다.

ㅁ. 자주 활용하는 정보 사이트는 '즐겨찾기'로 저장해 둔다.

ㅂ. 외국어의 경우 스펠링을 정확히 확인해 둔다.

(2) 스크랩 작성

비서의 중요한 역할 중 하나는 상사에게 필요한 내·외부의 정보를 적시에 제공하는 일이며, 그러한 업무를 수행하기 위한 방법으로는 인터넷이나 신문, 매거진(magazine)을 통해 중요한 정보에 대한 지속적인 모니터링과 정보 수집 및 보관을 위해 스크랩을 작성하는 일이다. 비서는 스크랩을 통해 체계적으로 정보를 수집할 수 있으며, 다양한 기사를 접함으로써, 교양과 상식 등의 사고의 폭을 넓힐 수 있다.

① **신문 스크랩**:조직 내 대부분 상사가 구독하고 있는 신문의 개수는 적게는 2~3개에서 많게는 6~7개 정도가 된다. 신문 종류에서도 조선일보, 중앙일보, 동아일보 등의 메이저 신문을 비롯하여 경제 신문, 지역 신문, 석간신문 등의 다양한 신문을 구독하고 있다. 비서의 하루 일과 중 오전에 이루어지는 업무인 신문의 중요 기사나 정보 파악은 상사의 성향에 따라 그 업무의 범위와 스크랩의 방법이 달라질 수 있다. 비서가 대략적인 내용을 미리 보고 요약해 주길 원하는 상사의 경우 신문의 주요 내용을 발췌하여 주요한 내용을 간단히 정리해서 드리면 좋다. 반면, 비서가 상사의 신문을 미리 보는 것을 선호하지 않는 경우에는 신문의 속지(간지)를 제거한 후 상사의 집무실에 보시기 편한 위치에 놓아 드리는 것이 바람직하다. 이런 경우 인터넷 신문 사이트를 활용해서 비서가 주요 신문 내용을 기억하고 있는 것도 좋은 업무 태도이다.

② **신문 스크랩의 중요성**:인터넷의 보급에도 불구하고 많은 상사는 여전히 종이 신문을 선호하고 있다. 그 이유는 인터넷 기사의 경우 인기 있는 기사가 가장 위에 구성되기 때문에 그 외 분야별 중요한 기사는 별도로 찾아야 하는 번거로움이 있다. 종이 신문의 경우, 내용의 중요도에 따라 배열되는 위치가 다르며, 이는 사건의 경중을 파악하기에 유용한 정보로 활용될 수 있다. 비서들은 신문의 헤드라인을 중심으로 그날의 중요 기사를 확인함과 동시에 신문의 경조사와 인사 부분도 함께 살펴보아야 한다. 대부분 상사는 원활한 업무 진행을 위해 동종업계나 경쟁 업계의 상사들과 우호적인 관계로 지내기를 선호하며, 그러기 위한 가장 좋은 방법으로 상사의 경조사와 승진 발생 시 이에 대해 위로 및 축하의 메시지를 전달하는 것을 중요한 업무 중 하나로 생각한다. 비서는 신문 스크랩을 통해 정치, 경제, 문화 등의 다양한 기사를 접하게 됨으로써, 풍부한 상식과 더불어 지식과 교양을 겸비할 수 있다.

③ 신문 스크랩 방법

ㄱ. 가장 먼저 신문의 헤드라인과 정치, 경제, 금융 등의 부분을 읽으면서 스크랩할 기사를 선택한다.

ㄴ. 선택한 기사는 다시 한번 꼼꼼하게 읽은 후 중요한 부분을 표시한다.

ㄷ. 선택한 기사 맨 위쪽에 Authorship과 날짜, 신문사 등의 내용을 표시한다.

ㄹ. 기사를 작성할 스크랩 양식을 작성 후 인쇄하여 기사를 오려 붙인다.

ㅁ. 선택한 기사의 내용을 요약하면서, 모르는 용어를 함께 정리한다.

ㅂ. 기사를 읽고 난 후 본인의 생각이나 의견을 적어 두며, 관련된 기사가 있으면 함께 스크랩한다.

2. 정보 선별 능력

크롤링(crawling)이란 인터넷에서 데이터를 검색해 필요한 정보를 색인하는 것을 의미한다. 비서가 정보를 얻기 원할 때 키워드를 하나씩 검색하여 정보를 얻고 저장 및 가공 과정을 대신해주는 기술이라고 할 수 있는데, 이러한 크롤링을 해주는 프로그램을 '크롤러'라고 한다.

(1) 웹 페이지에서 정보를 추출하기 위해 요청을 하는 방식(get - post)

① get은 URL을 통해 서버에 정보를 전달하는 방법으로, URL 특성상 길이 제한이 있기 때문에 일반적으로 적은 양의 정보를 전달할 때 사용된다.

② post 방식은 요청과 응답이 웹 페이지의 본문 안에서 일어나 글자 수의 제한이 없다.

(2) 크롤링을 위한 언어 '파이썬'

크롤링할 때 가장 많이 사용하는 언어는 바로 '파이썬'이다. 파이썬은 문법이 간결하고 특정 기능이 들어있는 소스코드의 묶음인 라이브러리의 활용성이 뛰어나 쉽고 빠른 개발이 가능한 언어이다. 웹 페이지에 접속하여 키보드에 있는 F12를 누르면 다음과 같은 복잡한 코드를 볼 수 있는데, 이 코드가 바로 웹 페이지를 구성하는 언어인 HTML이다.

그림18_ 크롤링 시 HTML 확인화면

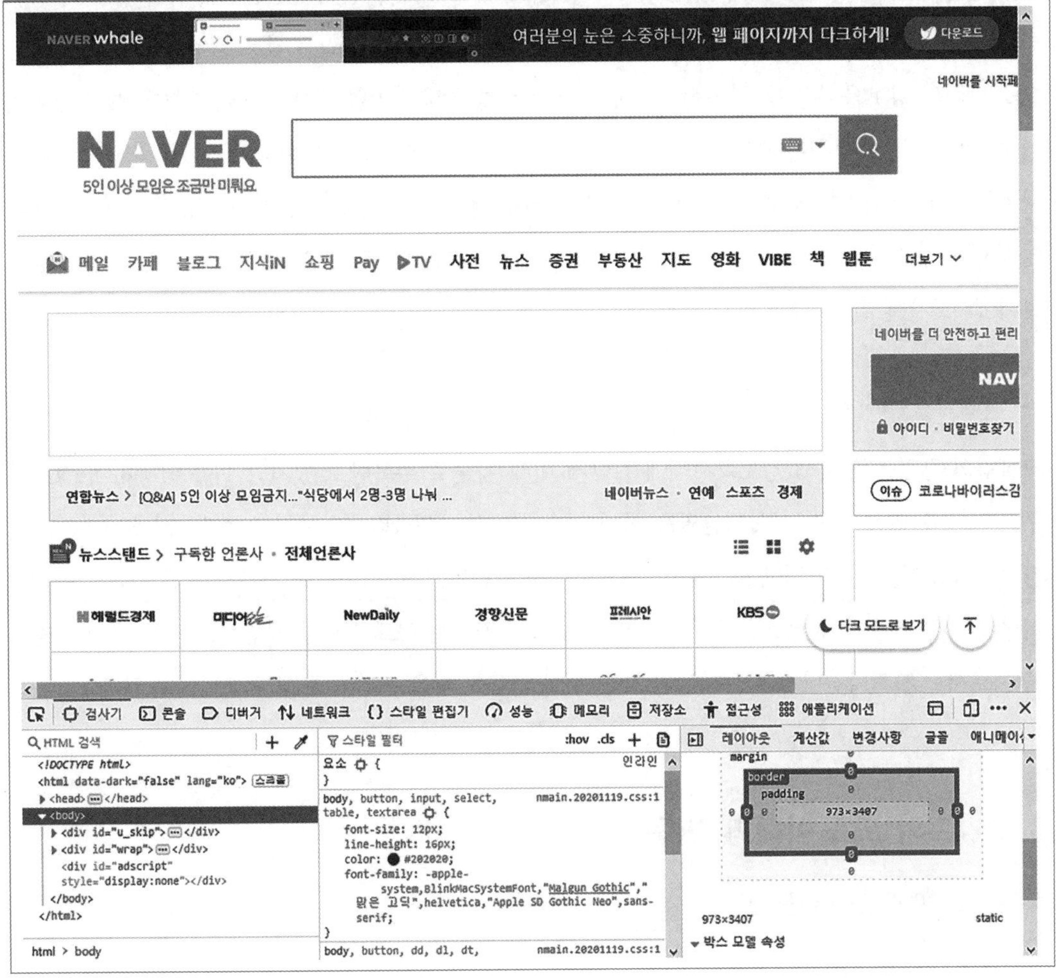

크롤링에 사용되는 라이브러리 중 하나인 Beautiful Soup은 HTML 코드 속에서 사용자가 필요한 내용만 뽑을 수 있도록 하는 기능이 포함되어있기 때문에 크롤링을 할 수 있게 돕는다.

(3) 크롤링의 활용

데이터를 분석하는 과정에서의 데이터를 수집하는 시작은 기업과 비서 업무에서 매우 중요하다. 이에 크롤링은 4차 산업혁명 시대에서 비서가 정보를 선별할 때 주요한 대응 전략으로 손꼽히고 있다.

그림19_ 크롤링 활용범위

Authorship : https://www.youtube.com/atch?v=ER27nPK28pg

웹 크롤링을 통해 가지고 올 수 있는 정보의 종류에는 HTML 기반의 웹 사이트, 이미지, 문서 등이 있다. 얻을 수 있는 정보의 종류와 양이 많아 비서 업무에 활용할 수 있는 활용 분야도 다양하다. 자동으로 대량의 정보를 수집할 수 있는 크롤링의 장점을 활용해 다양한 대화 지식이 필요한 챗봇 구현이나 빅데이터 분석 연구에도 활용할 수 있으며 비서들이 검색할 때 자주 이용하는 구글과 네이버에서 다양한 검색 서비스를 제공할 수 있는 이유도 수많은 웹 사이트를 크롤링하는 이유라고 볼 수 있다. 이 밖에도 증권시장 분석·암호화폐 등 시세 정보 모니터링, 상품 정보 수집, 검색 시스템 개발과 같은 분야에서도 활용할 수 있다.

(4) 크롤링 주의사항

크롤링의 장점들로 인해 정보화시대에 걸맞게 미래 기술로 주목받고 있지만 이를 악용하여 정보를 무단으로 복제함으로써 지식재산권을 침해하는 사례도 발생한다. 웹 사이트 주소/robots.txt 즉, 웹 사이트 주소 빗금(/), 그 뒤에 robots.txt를 입력하면 다음과 같이 크롤링을 허용하는 범위를 알려준다. 이렇게 특정 경로에 대한 크롤링을 자제해 줄 것을 요청하는 권고 안내를 확인하고 크롤링 제한 범위를 서로서로 지켜나간다면 지식재산권 피해, 정보 악용과 같은 윤리적 문제가 줄어들게 된다.

3. 그래프와 도표 이해 및 활용

☑ References : Fine Report에서 재구성

수치와 도표는 정보 전달의 중요한 방법이다. 글이나 보고서에 전문적인 느낌을 주고, 상대의 관심을 유지 또는 이끌어내며, 방대한 양의 복잡한 정보를 효율적으로 설명해 준다. 더구나 대부분의 회사나 상사는 표나 그림과 같은 시각적 항목을 먼저 훑어본 후 문서의 전체를 확인하기 때문에 그래프와 도표는 매우 중요하다.

(1) 막대그래프(BAR CHART)

막대그래프는 차트 종류의 하나로 조사한 수를 막대로 나타내고 표에 비해 여러 항목의 수량을 전체적으로 비교하기 쉽다. 집단 간의 데이터의 차이를 표현할 때, 최고가, 최저가, 종가, 모두가 필요할 때 사용된다.

√ 한계 : 분류가 많으면 데이터 특성 전시를 못 함

---

(2) 선 도표(LINE CHART)

선 도표는 좌표 축의 점들로 데이터를 나타내고, 이 점들을 연결하여 시간에 따른 데이터의 변화를 직선적으로 관찰할 수 있다.

√ 한계 : 무질서한 카테고리는 데이터 특성을 전시하지 못함

(3) 면적그래프(AREA CHART)

선이나 점이 아닌 도형의 면적을 이용하여 통계 수치의 크기를 나타낼 수도 있는데 이를 면적그래프라 한다. 면적그래프는 자료의 구분을 쉽게 하기 위해 적절한 색을 칠할 수도 있고 빗살무늬 등의 무늬로 면적을 표시할 수도 있다.

(4) 원그래프/파이도(PIE CHART)

비례 관계를 구성할 때는 파이그래프를 사용하여 전체적인 이미지를 보여주고, 각 부분이 차지하는 전체의 백분율을 보여줄 수 있다.

√ 한계 : 분류가 많으면 많을수록 부채꼴이 작으므로 그래프를 보여줄 수 없음

(5) 산점도 (Scatter Plot)

산점도에서 데이터점의 분포를 살펴봄으로써 변수 간의 상관성을 불러올 수 있다. 변수 간의 상호 관계가 존재하지 않으면 산점도에서는 이산점을 랜덤하게 분포하는 것으로 표현된다는 반면에 어떤 연관성이 있으면 대부분의 데이터점은 상대적으로 밀집되어 추세로 표현된다.

(6) 버블 차트(Bubble Chart)

버블 차트는 데이터의 흐름을 평가하는 시스템 분석에 사용된다. 계통도나 플로차트 대신 버블 차트를 사용하는 것은 각 부분 간의 구조적, 순차적 또는 절차상의 관계를 보여주기 위함이다.

(7) 방사형 그래프(RADER CHART)

방사형 그래프는 한 사이클 수치의 변화를 나타내는 데 사용될 수 있고 특징 대상-주요 변수의 상대적인 관계를 나타내는 데도 사용된다. 방사형 그래프는 재무분석에서 자주 사용되고, 기업 부채 능력, 운영 능력, 영리 및 발전능력 등의 지표를 분석한다.

√ 한계 : 분류가 너무 많거나 변수가 너무 많은 경우에는 혼란스러울 수 있다.

(8) 프레임 다이어그램(FRAME DIAGRAM)

프레임 다이어그램은 트리 구조로 계층적 구조를 표시하는 시각화 방법의 일종으로 계층적 관계 보여준다.

(9) 깔때기 도표(funnel plot)

깔때기 도표는 한층한층 분석하는 과정에서 사용된다. 업무 프로세스가 규범적이고, 주기가 길고, 고리가 많은 프로세스 분석에 많이 사용되며, 각 세션의 크기를 대비함으로써 직관적으로 문제점을 파악한다.

✓ 한계 : 무질서한 카테고리 또는 프로세스 관계가 없는 변수

(10) 워드 클라우드 차트(Word Cloud Chart)

워드 클라우드는 데이터 중의 키워드, 개념 등을 직관적으로 파악할 수 있도록 핵심 단어를 시각적으로 돋보이게 하는 차트이다. 빅데이터(bigdata)를 분석할 때 데이터의 특징을 도출하기 위해 활용한다. 보통 대량 텍스트에서 키워드를 추출한다.

✓ 한계 : 데이터 너무 적거나 데이터 구분이 뚜렷하지 않은 텍스트에 적용되지 않는다.

(11) 간트 차트(Gantt chart)

간트 차트는 현대 기업 프로젝트 관리 분야에서 가장 광범위적으로 운영하는 차트이다. 이 차트는 관리자가 작업 프로세스를 명확하게 파악할 수 있도록 지원함으로써 기업의 운영 효율성을 향상시킨다.

(12) 열지도(heatmap)

열지도는 지리적 구역에 있는 각 점의 가중치를 나타내고 특별히 하이라이트 형식으로 방문객이 자주 방문하는 영역 및 방문객이 있는 지리적 영역을 표시한다. 열지도의 색상은 일반적으로 밀도를 의미한다.

그림20_ 그래프와 도표

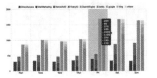

BAR CHART
데이터 비교

LINE CHART
시리즈 추세의 비교

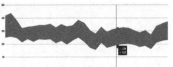

AREA CHART
통계 수치의 크기

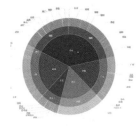

PIE CHART
직렬비

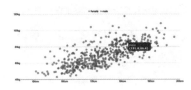

Scatter Plot
수치표시비교

Bubble Chart
시스템분석

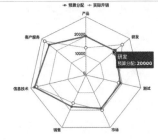

RADER CHART
사이클수지의 변화

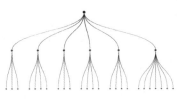

FRAME DIAGRAM
계층구조

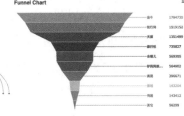

funnel plot
관심값

Word Cloud Chart
빅데이터분석

Gantt chart
광범위하게 사용

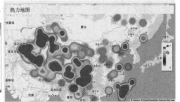

heatmap
지리적영역/밀도

Authorship : Fine Report 재구성

4. 프레젠테이션 활용

(1) 프레젠테이션의 의의

시청각 도구를 활용하여 개인이나 집단의 의견 또는 생각을 공개적으로 발표하는 것이다.

(2) 프레젠테이션 6가지 요소

① **프레젠터** : 발표자의 고려사항(발표동기, 신뢰성, 스타일)

② **내용(메시지)** : 프레젠터가 언어적 또는 비언어적으로 표현한다.

　ㄱ. **언어적 내용** : 발표내용, 표현스타일, 구조

　ㄴ. **발표내용** : 청중의 요구, 할애된 시간 고려

　ㄷ. **표현스타일** : 프리젠터, 청중, 시간, 장소 등 고려

　ㄹ. **메세지구조** : 서론, 본론, 결론으로 구성

③ **청중** : 청중 분석(연령, 성별, 문화, 지역, 단체 등)

④ **의사소통방법** : 메시지를 전달할 때 사용하는 수단이다.

　ㄱ. **시각도구** : 제스처, 표정, 행동, 자세 등

　ㄴ. **그림도구** : 도형, 지도, 그래프, 그림, 실물 등

　ㄷ. **소리도구** : 성량, 음의 높낮이, 음의 다양성

⑤ **피드백** : 청중이 어떻게 받아들이고 있는지에 대한 정보를 얻고 적절한 조치가 필요하다.

⑥ **장소** : 방해요소를 제거(내적소음, 외적소음)한다.

(3) 내용 작성 시 주의할 점

① **폰트사용법** : 표준폰트, 2~3종의 서체, 강조, 제목은 짧게, 한 페이지에 한 가지 주제를 사용하도록 한다.

② **제목 및 글머리 기호** : 명료하고 핵심을 찌르는 제목과 글머리 기호를 통해 강조하고자 하는 내용을 쉽게 전달한다.

　ㄱ. **제목** : 눈에 띄는 서체로 슬라이드 중앙 상단에 배치

　ㄴ. **글머리 기호** : 주제 문장이나 특정한 경우에만 사용하여 청중이 목록을 빠르게 파악할 수 있도록 한다.

③ **레이블, 표, 범례** : 의미가 불분명한 그래프, 표, 정보에는 레이블을 붙여 청중이 화면의 내용을 정확하게 인식할 수 있도록 해야 한다.

④ **색의 사용**

ㄱ. 3가지 넘지 않게, 바탕과 글씨는 반대로

ㄴ. 전체 슬라이드를 같은 계통으로 유지

ㄷ. 아랫부분은 짙은 색으로 윗부분은 밝은색으로

⑤ **선명성**

ㄱ. 가장 멀리 떨어진 자리에 앉은 사람도 잘 볼 수 있는지 확인

ㄴ. 크고 읽기 쉬운 글씨 등

⑥ **애니메이션과 사운드**

ㄱ. 같은 정보를 가진 부분은 같은 방식의 애니메이션을 사용

ㄴ. 적절한 사운드 사용→청중을 주목시키는 데 도움

⑦ **그림과 그래프** : 원그래프, 그림표, 선 그래프, 막대그래프, 계단그래프, 산포도 등을 사용한다.

ㄱ. 숫자들에 대한 정보를 더 효과적으로 전달

ㄴ. 특히, 상대적인 값을 보여주려 할 때 효과적

(4) 프레젠테이션 시 고려사항

① **분명한 목적의 정립**

ㄱ. 의사소통의 방법이며 조직의 성과 향상에 기여할 수 있는 것

ㄴ. 프레젠테이션이 상대방에게 유익한 정보를 전달하기 위한 것

ㄷ. 시청자의 주의를 끌 수 있는 흥밋거리

② **참석자의 특성파악** : 어떤 부류의 사람이며 기대하는 것은 무엇인지 확인한다.

(5) 프레젠테이션 시 유의사항

① 고객 요구 사항의 핵심이 무엇인지 정확하게 이해한다.

② 주변적인 설명보다 항상 본론에 강조한다.

③ 언어선택과 음성에 유의한다.

④ 석극적이고 긍정적으로 말한다.

⑤ 항상 간단히 말한다.

⑥ 상대방이 확실하게 도움을 받고 있다는 느낌이 들도록 말한다.

5. 각종 검색 매체의 특성과 활용

(1) 주요 검색 엔진

국내 주요 검색엔진으로는 네이버(Naver)와 다음(Daum)이 가장 많은 가입자를 보유하고 있으며, 해외에서 가장 많이 사용되고 있는 검색 엔진으로는 구글(Google)이 있다. 각 검색 엔진에서 메일과 뉴스, 인물 정보, 지도 등의 공통된 서비스를 제공하고 있으며, 이 중 구글 검색 엔진은 유튜브와 같은 동영상 서비스를 지원하고 있다. 구글의 경우 구글스칼라에서 국내외의 다양한 논문이나 외국의 저널 등과 같은 학술 정보도 함께 제공하고 있으며, 세계에서 가장 많은 정보를 소유하고 있는 것으로 알려져 있다.

(2) 소셜 미디어의 특징

최근 인터넷을 가정이나 직장 내의 컴퓨터에서 사용할 뿐만 아니라 개개인의 모바일에서 사용하게 됨으로써 더욱더 다양한 소셜 미디어가 생겨나고 있다. 특히, SNS의 경우 간편한 방법으로 해당 기업에 가입할 수 있으며, 가입된 회원들은 자신의 프로필과 일상의 사진을 게시하고 타인들과 사회적 관계망을 형성하며 의사소통하고 있다. 이러한 SNS는 단순히 자신들의 일상을 공개하고, 이야기하는데 그치는 것이 아닌, 사소한 정보까지도 공유하고 수용하는 등의 의사소통을 하는 채널 이상의 역할을 수행하고 있다.

6. 데이터베이스의 활용

☑ References : 최신문헌정보학의 이해 재구성

(1) 데이터베이스의 이해

여러 사람이 공유하고 사용할 목적으로 통합 관리되는 정보의 집합이다. 몇 개의 자료 파일을 조직적으로 통합하여 자료 항목의 중복을 없애고 자료를 구조화하여 기억시켜 놓은 자료의 집합체를 말한다. 공동 자료로서 각 사용자는 같은 데이터라 할지라도 각자의 응용 목적에 따라 다르게 사용할 수 있다.

(2) 데이터베이스의 특징

① 실시간 접근성

② 지속적인 변화

③ 동시 공유

④ 내용에 대한 참조

⑤ 데이터 논리적 독립성

(3) 데이터베이스의 장단점

① **데이터베이스 장점**

    ㄱ. 데이터 중복 최소화

    ㄴ. 데이터 공유

    ㄷ. 일관성, 무결성, 보안성 유지

    ㄹ. 최신의 데이터 유지

    ㅁ. 데이터의 표준화 가능

    ㅂ. 데이터의 논리적, 물리적 독립성

    ㅅ. 용이한 데이터 접근

    ㅇ. 데이터 저장 공간 절약

② **데이터베이스 단점**

    ㄱ. 데이터베이스 전문가 필요

    ㄴ. 큰 비용 부담

    ㄷ. 데이터 백업과 복구가 어려움

    ㄹ. 시스템의 복잡함

    ㅁ. 대용량 디스크로 엑세스가 집중되면 과부하 발생

(4) 데이터베이스 관리 시스템 선택

데이터베이스 설계 후 데이터베이스 관리 시스템을 사용해야 한다. 여러가지 데이터베이스 관리 시스템 선택 사항(DBMS)이 존재한다. 데이터베이스 관리 시스템으로 현재에는 많이 사용하지 않으나 IBM 메인프레임 환경하에서 운영되는 'IMS'가 있다. IMS는 정보 관리 시스템(Information Management System)의 약자로 DBMS와 DC 기능을 수행한다. IMS가 관리하는 DB 종류에는 'DEDB'와 'MSDB'가 있다. DEDB는 Data Entry DB로 전통적인 계층형 DB이며 MSDB는 주기억 DB로 시스템 가동 시 주 메모리에 상주하는 DB로 빠른 접근이 필요한 업무에 사용된다. 다만, 접근 속도가 매우 빠른 반면 메모리에 상주하기 때문에 용량 및 구조에 제한이 많다.

(5) DBMS 언어 선택

데이터베이스 언어는 다음과 같이 이루어져 있다.

① **데이터 정의 언어(DDL**: data definition language) - Create, Alter, Drop 등의 명령어
② **데이터 조작 언어(DML**: data manipulation language) - Select, Insert, Delete, Update.
③ **데이터 제어 언어(DCL**: data control language) - Grant, Revoke, Commit, Rollback.

2 보안관리

☑ References : 조계숙·최애경(1994). 『비서 실무론』

1. 정보보안 관리

(1) 일정 관련 정보

비서는 상사의 일정을 관리하고 조정하는 사람으로서 이에 대한 정보 보안에 철저히 신경 쓰고 조심하도록 해야 한다. 특히, 상사의 일정은 비서 이외 기사와 함께 공유하고 조정해 나가는 것을 명심하며, 기사에게도 정보 보안에 대한 사전 교육을 하도록 한다. 상사의 일정은 내·외부 직원들에게 관심의 대상이 될 수 있으며, 친한 동료나 선배에게 상사의 일정 관련 정보를 요청받았을 경우 필요 이상의 정보는 정중히 거절해야 하며, 업무와 관련된 내부 직원들의 요청과 관련해서도 자세한 정보 공유는 삼가야 한다.

(2) 명함 관련 정보

비서는 상사가 만나는 내·외부고객의 명함을 관리하고 보관하는 업무를 하는 사람으로서 명함의 정보를 타인에게 알려 주거나 외부에 유출되지 않도록 각별히 신경 쓰도록 한다. 또 명함의 분실에 대비하여 사본을 복사하여 관리하는 것도 업무를 효율적으로 진행하는 데 도움이 된다.

(3) 팩스 관련 정보

비서는 상사의 중요 서류나 문서를 팩스로 송·수신하는 경우가 많으며, 업무 수행 시 중요 정보가 유출되지 않도록 주의해야 한다. 특히, 팩스 업무를 수행한 이후 팩스 기기에 사용한 문서를 두고 자리를 떠나지 않도록 조심해야 한다. 또 상사가 팩스 수신을 요청할 경우 팩스가 왔는지 바로 확인하여, 중요 문서를 타인이 보지 못하도록 철저하게 관리할 필요가 있다.

(4) e-mail 관련 정보

비서는 때에 따라서 보좌하는 상사의 e-mail을 직접 관리하므로 각별한 주의와 관리가 필요하다. 상사의 e-mail을 관리하게 되는 경우, 사적인 메일의 내용(카드 명세서, 비용 고지서 등)은 보지 않도록 하며, 상사에게 온 메일의 내용을 타인에게 전달하거나 발설하지 않도록 한다. 또 상사를 대신하여 메일을 발송할 경우 수신인의 이름, 직급, 메일 주소 등을 정확히 기재하며, 메일의 내용을 작성한 이후 바로 전송하지 말고 상사에게 보고하고 확인받을 수 있도록 한다. 특히, 보이스 피싱과 관련된 메일에 속아 상사의 중요 정보를 유출하지 않도록 조심한다.

(5) 컴퓨터(PC) 관련 정보

비서는 상사와 자신의 컴퓨터를 타인이나 바이러스에 노출되지 않도록 신경 써야 한다. 상사의 컴퓨터에 있는 중요한 문서나 자료는 정기적으로 백업(back up)하여 관리해야 하며, 사내 백신 프로그램을 확인하여 상사와 자신의 컴퓨터에 설치하고 사용해야 한다. 또 컴퓨터에 비밀번호를 설정하여 본인 이외에 접근할 수 없도록 관리한다.

2. 기밀문서에 대한 보안원칙

(1) 기밀문서

조직에서 비서는 상사 및 조직과 관련된 중요 문서를 처리하고 관리하는 역할을 수행하게 되며, 이와 관련하여 사내 보안 원칙을 숙지하고 문서 및 정보의 중요도에 따라 다양하게 자료를 관리할 수 있다. 또 비서는 상사의 개인 정보와 사내 기밀이 외부에 유출되지 않도록 각별히 주의하고 조심해야 한다.

① **문서 관련 정보**: 비서는 자신이 다루는 모든 문서가 기밀문서라고 인식하고 책임감 있게 행동할 필요가 있으며, 잠시라도 자리를 비우게 되는 경우에는 문서나 서류가 타인의 눈에 띄지 않도록 보관하고 자리를 비우도록 한다. 특히, 비서의 자리는 내·외부 고객들을 맞이하기 가장 적합한 위치에 배치된 특징을 고려하여 컴퓨터 모니터를 타인이 볼 수 없도록 조정하고 화면 보호 기능을 설치한다. 또 상사의 요청으로 기밀 서류나 중요 메모를 버려야 하는 경우, 문서 세단기를 이용하여 분쇄한다. 이외에도 컴퓨터에서 작성하고 관리하는 파일(온라인)을 삭제해야 할 경우 역시, 컴퓨터 휴지통에 버린 후 휴지통을 깨끗이 삭제하여 다른 사람이 컴퓨터를 뒤져 폐기한 파일을 볼 수 없도록 관리한다. 비서는 중요한 우편과 서류를 배송해야 할 경우 비서가 직접 전달하는 것을

원칙으로 하며, 부득이한 경우 타인에게 노출되지 않도록 단단히 밀봉하여 우편(빠른등기, 특급등기 등)을 활용한다.

② **기밀문서 관리를 위한 비서의 책임**: 비서는 사내 기밀문서 보호정책 및 정보보안과 관련된 모든 규정을 준수해야 하며, 재직 기간이나 퇴사 후에 적용되는 모든 규정들을 준수해야 한다. 또 비서 본인과 자기 상사 이외의 다른 부서 임원이 기밀문서의 정보를 요청할 경우, 섣불리 정보를 제공하지 않아야 하며, 이를 즉각 상사에게 보고한다. 비서는 상사와 비서 이외에 기밀문서를 외부에 유출하거나 도난, 분실하는 경우를 예방하기 위하여 이에 대해 철저한 관리 감독을 한다. 이외에도 비서 자신의 기밀문서 관리와 관련된 보안 업무 관련 체크리스트를 작성하여 사용하면 업무에 도움이 된다.

③ **대외비 문서 관리**: 사내 모든 기밀문서는 대외비 문서로 취급할 수 있으며, 대외비문서 관리대장을 사용해 문서를 효과적으로 관리할 수 있다. 대외비문서 관리 대장 서식의 구성 항목은 순번과 관리 번호, 발행처, 문서 번호, 건명, 사본 번호, 보호 기간, 수신처, 처리 담당, 보관 장소 등이 적혀 있으며, 관리 대장은 팀 내 한 명이 담당하여 접수부터 보관, 관리까지 할 수 있도록 한다. 비서실의 경우 선임비서가 이를 관리하며, 각 문서는 보호기간을 지정하고 이를 준수하여 보호 기간이 지난 문서의 경우 폐기한다.

(2) 비서의 행동 규범

비서는 중요한 내용의 기밀문서를 어떻게 관리할 것인지에 대해 상사와 미리 상의하여야 하며, 사내 기밀문서와 관련된 보안 원칙을 숙지하고 그에 맞는 행동을 하도록 노력한다.

기밀문서 보호를 위한 비서의 행동 규범은 다음과 같다.

- 비서는 어떠한 문서를 취급하더라도 문서의 내용을 타인에게 누설하거나 공유하지 않도록 한다.
- 기밀이 포함된 문서는 단 한 장이라도 함부로 쓰레기통에 버리지 않도록 한다.
- 기밀문서의 접근 권한과 사용 권한에 대한 내용을 숙지하도록 한다.
- 비서가 회사를 퇴사하게 되는 경우, 보유하고 있는 사내 기밀문서는 모두 반납하도록 한다.
- 기밀문서의 유출이나 잘못된 관리를 알게 되면 반드시 정보 보안 부서에 즉시 보고하도록 한다.
- 기밀문서를 관리하는 컴퓨터상의 폴더는 반드시 비밀번호를 설정하도록 한다.
- 기밀문서를 필요 이상으로 복사해 두거나 이면지로 사용하지 않도록 한다.
- 가까운 지인이나 동료에게 회사의 비밀이나 상사의 비밀 정보를 발설하지 않도록 주의한다.
- 퇴사한 지인으로부터 사내 기밀 정보에 관한 정보를 요청받을 경우, 정보 제공을 정중히 거절한다.
- 처리가 완료되지 못한 문서 작업을 외부(집)로 가져가서 하지 않도록 하며, 급한 업무의 경우 반드시 회사에 남아 처리하도록 한다.

1. 사무 정보기기

현재 조직에서 많이 사용되고 있는 사무 정보기기로는 컴퓨터, 프린터, 팩스, 스캐너, (키폰) 전화기, 외장 하드, USB, 문서 제본기, 인터넷 공유기 등이 있으며, 이는 정보를 처리하는 기기와, 정보를 전송하는 기기, 정보를 저장하는 기기, 통신 서비스, 기타 사무기기로 구분할 수 있다.

2. 사무정보기기의 종류

(1) 컴퓨터

현재 조직에서 직원들이 사용하고 있는 컴퓨터는 모두 개인용 PC(Personal Computer)로 데스크톱 PC와 노트북으로 구분할 수 있으며, 기업에서 사용되는 가장 대표적인 사무 정보 기기라고 할 수 있다. 비서가 수행하는 대부분의 업무는 컴퓨터를 사용하여 처리하고 있으며, 그 범위와 용도가 다양해지고 있다. 비서나 상사가 사용하는 컴퓨터의 종류도 PDA를 비롯하여 노트북, 태블릿 PC 등 사용 대상과, 방법, 크기, 사양 등이 더욱 다양해지고 있다. 비서의 경우 업무의 대부분 컴퓨터를 사용해야 하는 직무로 컴퓨터 종류별 기능을 숙지해 둘 필요가 있으며, 상사 및 비서 본인의 컴퓨터 관리를 위해 컴퓨터와 관련된 기본적인 지식을 학습할 필요가 있다.

(2) 노트북(notebook)

노트북은 기업에서 사용하는 대표적인 컴퓨터이다. 노트북은 사무실 내에서 뿐만 아니라 출장이나 외부 미팅 등에 편리하게 가지고 다니며 문서를 작성하거나 정보 검색에 사용할 수 있는 PC이다. 비서의 경우 상사가 외부에서 노트북을 사용하게 될 경우를 대비해 노트북의 배터리 여부 및 파워 케이블 선을 반드시 챙기도록 해야 한다. 최근에는 슬림형 노트북이 인기를 끌고 있어 비서는 상사가 사용하는 노트북에 CD 플레이어기가 장착되어 있는지, usb 소켓이 몇 개까지 사용 가능한지 등을 파악하여 필요한 컴퓨터용 악세서리를 구비해 두어야 한다.

(3) 태블릿 PC(tablet PC)

태블릿 PC는 미국의 애플(Apple Inc.)사에서 처음 개발한 터치스크린 방식의 컴퓨터로 기존의 컴퓨터와 다르게 키보드를 사용하지 않고 전자펜이나 손가락을 이용해 화면에서 원하는 작업을 수행할 수 있는 휴대용 컴퓨터이다. 태블릿 PC는 언제, 어디서나 인터넷(와이파이) 접속이 가능하며, 기존 PDA와 노트북의 장점에 터치스크린이라는 새로운 형식의 서비스가 결합된 방식으로 최근 가장 인기를 얻고 있는 컴퓨터 제품이다. 또 태블릿 PC는 휴대용 전화기에서 사용 가능한 문자발송, 전화, 채팅이 가능하여 경우에 따라서는 휴대용 전화기를 대신하여 사용되기도 한다. 최근 기업의 임원들 대부분이 태블릿 PC를 휴대하고 있으며, 비서는 태블릿 PC의 종류별 특징과 사용법을 사전 학습하고 상사의 업무를 지원할 필요가 있다.

4 어플리케이션 활용

1. 스마트 애플리케이션의 종류 및 관리

비서는 사내 근무 시간 동안 컴퓨터를 활용해 많은 업무 처리하는 반면, 퇴근 후나 사무실 이외의 장소에서는 스마트폰을 활용하여 업무를 처리하는 경우가 많다. 이에 비서가 사용하면 도움이 될 만한 애플리케이션(application)을 사전에 학습하고 업무에 활용할 필요가 있으며, 상사에게 유용한 애플리케이션이 있으면 상사에게 추천하는 것도 현명한 비서의 자세이다. 비서가 사용하면 도움이 될 만한 애플리케이션으로는 일정과 관련된 구글 캘린더나 어썸 노트, 조르테 등이 있으며, 명함관리에 필요한 월드카드 모바일이나 캠카드, 비즈리더 등도 있다. 이외에도 각종 예약(항공 및 철도 등)과 관련된 것과, 회의관련 애플리케이션인 에버노트나 톡앤유 등을 활용하면 평소 업무를 수행하는 데 많은 도움을 받을 수 있다.

2. 컴퓨터와 스마트 모바일기기 특성과 활용

(1) 스마트 디바이스

스마트 디바이스란 컴퓨터와 인터넷, 각종 서비스의 기능이 통합적이고 융합적으로 결합한 전자 기기로 현대 사회에서 스마트 디바이스를 대표하는 제품은 스마트폰과 태블릿 PC로 구분할 수 있으며, 스마트 가전과 스마트 자동차 등 스마트 디바이스와 관련된 제품은 계속적으로 출시되고 있는 상황이다. 스마트 디바이스는 우리들에게 편리함과 동시에 즐거움과 유익함을 제공해 주고 있는 현대 사회에 가장 필수적인 아이템으로 자리 잡고 있다. 그러나 스마트폰으로 인한 부정적인 환경과 개인 건강에 피해를 줄 수 있어 조심하여 사용하도록 한다.

(2) 스마트 디바이스 활용 및 관리

① **스마트 디바이스의 종류**: 현재 시중에 나와 있는 스마트 기기로는 가장 많이 사용하고 있는 스마트폰과 태블릿 PC, 스마트 TV, 스마트 냉장고, 스마트 자동차 등이 있으며, 스마트폰의 경우 남녀노소 누구나 쉽게 휴대하고 사용하는 제품으로 자리 잡았다. 스마트폰은 안드로이드 운영 체제 방식과 ISO 운영 체제 방식으로 구분되어 있으며, 비서는 상사가 사용하는 스마트폰의 운영 체제를 확인하여 해당 애플리케이션을 지원하는 등 관련 업무를 수행할 필요가 있다.

② **스마트 디바이스의 제품별 특징**: 스마트폰의 경우 공간 인식 서비스를 통해 원하는 위치와 방향을 제공, 음악 및 영화 제공 서비스, 음성 녹음 및 사진 촬영 기능, 인터넷 검색 기능, 문서 작성 기능 등 다양한 서비스를 제공하고 있다. 태블릿 PC의 경우 스마트폰과 유사한 서비스를 제공하고 있으며, 스마트폰보다 화면이 커서 좀 더 편리하게 문서를 작성하거나 정보를 검색할 수 있는 특징이 있다.

③ **클라우드 서비스의 종류 및 활용 방법**: 클라우드 서비스(Cloud Service)란 사용자의 데이터 및 자료(전화번호, 사진, 음악, 영화 등)를 온라인 서버에 저장해 두고 스마트폰이나 태블릿 PC를 포함한 어느 기기에서든지 다운로드하여 사용할 수 있는 신개념 서비스이다. 특히, 원거리 출장 시 문서의 업로드와 다운로드가 자유로우며, 공간적인 제약 없이 문서를 보관 관리할 수 있다. 조직에서 페이퍼리스를 지향하는 경우 사용하면 좋은 서비스라고 할 수 있다. 대표적인 국내 클라우드 서비스로는 네이버의 N드라이브와 다음 클라우드, SK텔레콤의 T클라우드 등이 있으며, 국외 클라우드 서비스로는 애플의 icloud, 드롭박스, 구글드라이브, 아마존의 amazon drive, 마이크로소프트의 one drive, 구글의 google drive, 드롭박스 등이 있다. 클라우드 서비스의 가장 강력한 기능은 대용량의 파일이나 문서를 쉽고 편리하게 교환할 수 있으며, 따로 정보 저장 기기(외장 하드, USB)를 활용하지 않아도 언제, 어디에서나 간편하게 사용할 수 있는 장점이 있다.

기출문제 I

비서실무100제

비서실무100제

1. 비서개요

01

가. 비서 역할과 자질

다음 비서의 자질과 태도에 관한 설명 중 가장 적합하지 않은 것은?　　2020.11.08. (1급) 1번

① 다양한 사무정보 기기를 능숙히 다루기 위하여 많은 노력을 기울인다.

② 바쁜 업무시간 틈틈이 인터넷 강의를 들으며 외국어 공부를 한다.

③ 평소 조직 구성원들과 호의적인 관계를 유지하기 위해 노력한다.

④ 상사의 직접적인 지시가 없어도 비서의 권한 내에서 스스로 업무를 찾아 수행한다.

02

가. 비서 역할과 자질

비서의 직업윤리와 그에 해당하는 상황 설명이 윤리에 적합한 것은?　　2020.11.08. (1급) 15번

	직업윤리	상황
㉠	시간을 남용하거나 낭비하지 않아야 하므로 근무 시간에 자신의 의무를 충실히 이행하여야 한다.	퇴근 시간의 다가오면 퇴근 후의 일정을 계획하려고 장시간 메신저를 한다.
㉡	회사 비품이나 금전을 개인적인 용도로 쓰지 않아야 한다.	회사에서 직원들을 위해 비치한 생수나 커피 재고가 많이 남아 직원들과 나누어 가져갔다.
㉢	회사나 자신의 지위를 이용하여 개인적인 이득을 얻고자 하지 않는다.	고객이 감사하다며 비서에게 선물을 하여 거절하였다.
㉣	회사나 사업에 관련된 기밀이나 외부에 누출하지 않는다.	퇴근 후 친구와 SNS로 회사의 고충 상황을 의논하였다.

① ㉠　　　　　　　② ㉡

③ ㉢　　　　　　　④ ㉣

다음 중 비서 업무에 대한 설명으로 가장 적절한 것은?

2020.11.08. (2급) 1번

① 비서는 상사의 직접적인 감독하에 업무 책임을 져야 하는 직종이다.
② 비서는 솔선수범과 판단력을 발휘하여 상사 본연의 업무를 보좌하는 직종이다.
③ 비서는 주어진 권한 범위 내에서 의사결정을 내려 업무를 처리할 수 있다.
④ 비서는 보안상 주어진 모든 업무를 직접 처리해야 한다.

상사가 외부 행사에 참석할 예정이다. 그런데 지금 행사장 앞에서 행사를 반대하는 시위가 있다. 이 때 전문비서로서의 역할로 가장 적절하지 않은 것은?

2019.05.13. (1급) 1번

① 상사에게 상황을 보고하고 행사 참석 여부를 결정해 줄 것을 상사에게 부탁한다.
② 상사가 행사에 참석하는 것이 좋을지 아니면 다른 사람이 대신 참석하는 것이 좋을지 상사가 결정할 수 있도록 시위 관련 정보를 신속히 보고한다.
③ 상사가 참석하지 못할 경우 행사에 어떤 불이익이 있을지에 대해 행사 담당자와 논의한다.
④ 상사가 참석하지 못할 경우 상사 대신 누가 참석하는 것이 좋을지에 대해 상사와 논의한다.

인공지능 관련 기술이 급속히 발달하고 있는 시대의 흐름에 발맞추어 "미래 비서 직무를 위한 포럼"이 개최되었다. A 회사의 비서들도 포럼에 참가하였고 참가 후 사내 세미나를 열었다. 아래는 포럼에 참가한 비서들의 대화인데 이 중 가장 <u>부적절한</u> 것은?

2020.05.10. (1급) 2번

① "비서의 직무 수행 시 기밀보장, 책임감, 정직, 자기계발, 충성심 등 직업윤리는 앞으로도 중요한 비서의 자질이다."
② "인공지능 기술의 발달로 인해 비서의 직무 중 상사의 경영활동 보좌는 줄어들고 상사의 행정 업무 보좌에 집중하게 될 것이다."
③ "비서의 직무는 다른 사무직과 비교하여 상대적으로 정형적이지 않고 동시 다발적으로 다양한 업무를 수행하므로, 자동화로 대체할 수 없는 부분에서 역량을 향상시키려는 노력이 요구될 것이다."
④ "4차산업혁명 시대에는 인공지능 기술의 도움을 받을 것이므로 단순 사무 지원 업무 보다는 산업에 대한 이해와 업무관련 IT 기술을 갖춘 실무역량이 요구될 것이다."

06

비서에게 필요한 역량에 관해 비서 A, B, C, D가 주장을 펼치고 있다. 어느 비서의 주장이 가장 적절하지 않은가?   2020.05.10. (2급) 4번

① A : "앞으로 인공지능비서도 출현 예정이라고 하므로 인간의 고유한 감각과 관련된 역량을 강화시켜야겠습니다."

② B : "비서는 멀티플레이어가 되어야 합니다. 비서가 모시고 있는 상사가 조직의 멀티플레이어로서 조직의 모든 분야를 책임져야 하는 경영자이기 때문입니다."

③ C : "비서에게는 다문화 이해능력이 필요합니다. 다문화란 국제적인 것 뿐 아니라 여러 세대가 조직원으로 근무하고 있는 기업의 구성원들을 이해하기 위해서도 필요합니다."

④ D : "인공지능 비서가 확대됨에 따라 상사의 IT 활용 기술이 엄청 빠르게 확산되므로 휴먼 비서의 역할은 응대 업무에 집중되어 관련 서비스 교육이 필요합니다."

07

다음 중 비서직에 대한 설명으로 가장 올바른 것은?   2019.11.10. (1급) 1번

① 비서 업무의 범위는 상사의 지위와 업무 위임 정도에 따라 달라진다.

② 모든 조직은 표준화된 비서 직무 기술서(job description)에 따라 비서의 자격, 업무, 권한 등이 명시되어 있다.

③ 비서는 경력과 상사의 신임도에 따라 상사의 위임 없이도 업무 의사결정을 할 수 있다.

④ 비서는 조직의 업무 절차 및 문서 서식 등을 상사에 맞추어 개선 및 개발하는 등의 창의적 업무 수행이 가능하다.

아래는 대학에서 비서를 전공하고 이번에 졸업과 동시에 금영자동차 사장의 비서가 된 최빛나와 친구의 대화내용 중 일부이다. 다음 중 비서의 자질과 태도가 반영된 대화로 가장 적절하지 <u>않은</u> 것은?   2019.11.10 (2급) 1번

최빛나 : ⓐ 취업을 해도 끝이 아닌 것 같아. 외국어도 계속 공부해야 하고 내가 자동차 분야를 잘 몰라서 공부하고 있어.

친　구 : 상사가 외국어와 자동차 분야에 관한 업무를 지시하는 거야?

최빛나 : ⓑ 지시하는 일만 할 수는 없으니까 상사가 필요로 하는 것이 무엇일까 고민도 하고 어떻게 하면 업무에 도움이 될까 생각도 하고 노력하지.

친　구 : 그렇구나. 그럼 너는 사장실에서 혼자 근무하는 거야?

최빛나 : ⓒ 응, 사장실에서 혼자 근무하다보니 상사에게 잘하는 것이 중요하고 다른 직원과의 관계는 비서에게 중요하지 않아.

친　구 : 그렇구나. 그럼 나도 비서가 되려면 무엇를 더 준비해야 할까?

최빛나 : ⓓ 상사를 잘 보좌하려면 사회과학 지식도 필요해. 그러니까 경제학, 경영학, 법학 등 다양한 사회과학 지식을 공부하도록 해봐.

---

① ㉠　　　　　② ㉡　　　　　③ ㉢　　　　　④ ㉣

일정을 자주 변경하는 상사를 보좌하는 비서의 자세로 가장 적절하지 <u>않은</u> 것은? 2019. 05.13. (1급) 1번

① 막판에 일정을 변경 및 취소해야 할 경우를 대비해 즉각 연락해야 할 사람과 전화번호를 정리해 둔다.

② 일정을 수없이 바꾸더라도 비서는 상사를 보좌하는 데에 전념해서 상사가 일정 변경으로 어려움을 겪지 않도록 보좌한다.

③ 일정의 변경으로 상사의 대내외 신뢰도가 낮아지고 있음을 상사에게 말씀드려 상사가 일정을 변경하지 않도록 보좌한다.

④ 상사는 업무가 바빠 일정을 모두 잘 기억하기 어려우므로 일정을 자주 상기시킨다.

의사소통자로서 비서의 자기개발로 가장 적절하지 <u>않은</u> 것은? 2019.05.13. (1급) 2번

① 상사의 관심분야에 대한 정보를 가능한 많이 수집한다.

② 상사에게 전달되는 정보의 정확성을 분석한다.

③ 상사에게 직접 보고하는 회사 임원진들과 원활한 의사소통을 할 수 있도록 임원진의 소속 부서의 상황을 면밀히 파악하려고 노력한다.

④ IT나 Mobile 기기를 능숙하게 사용할 수 있는 능력을 함양한다.

아래는 전문 분야에서 일하고 있는 비서들의 경력개발 사례이다. 가장 적절한 것은? 2020.11.08. (1급) 2번

① A : A씨는 국제기구의 사무총장 비서이다. 다음달에 상사가 국제회의에 참석하셔야 하므로 이에 대비해 해당 국가에 가서 연수를 받고자 급하게 한 달간의 단기 연수 교육신청을 하였다.

② B : B씨는 종합병원 원장 비서이다. 병원 조직의 효율적인 관리와 의사결정을 위해 의료 서비스 관련법과 행정매뉴얼을 숙지하려고 노력하고 있다.

③ C : C씨는 대형로펌의 법률 비서이다. 법률상담 업무를 능숙하게 하기위해 법률관련 문서와 판례를 평소에 꾸준하게 읽고 있다.

④ D : D씨는 벤처기업 사장 비서이다. 상사의 투자자를 찾아 내고 섭외하는 업무를 보좌하기 위해 투자관련 용어를 학습하고 있다.

다음은 현직 비서들의 자기개발 사례이다. 다음 중 가장 바람직하지 않은 것은? 2020.11.08. (2급) 2번

① 한국건설 대표이사의 비서인 김나정은 평소 상사에게 올라오는 서류의 내용을 파악함으로써 상사의 업무
　를 파악하려 노력한다.
② 영도물산 이지은 비서는 매일 신문의 인사 동향을 확인하고 주요 기사는 스크랩한다.
③ 미풍상사 황아영 비서는 업무 중에 틈나는 대로 회계공부를 한다.
④ 왕도출판사 김영숙 비서는 비서를 대상으로 하는 커뮤니티에 가입해 같은 지역 비서들과 정기적으로 만나
　며 네트워크를 넓혀나가고 있다.

비서의 자기개발 방법으로 가장 적절한 것은? 2020.05.10. (1급) 12번

① 결재 올라온 문서들을 읽으면서 회사의 경영환경 동향을 파악하기 위해 노력한다.
② 상사의 업무처리 방법과 아랫사람을 대하는 태도를 닮도록 노력한다.
③ 회사 거래처 자료를 보관해 두었다가 퇴사 후에도 지속적으로 거래처와 연락을 취하여 그들과의 인간관계
　가 잘 유지되도록 노력한다.
④ 좀 더 많은 사람들과 좋은 인간관계를 맺기 위해서는 항상 상대방에게 맞추는 연습을 한다.

다음은 비서들의 자기계발 사례이다. 다음의 사례 중 비서의 자기계발 태도로 가장 적절하지 않은 것은?
2019.11.10. (1급) 2번

① 강진물산의 허비서는 요즘 SNS 영상 업로드에 관심이 많아 퇴근 후 영상편집을 배우러 다니고 있다.
② 한국유통의 이비서는 평생교육원에서 야간에 개설하는 경제수업을 수강하고 있다.
③ 두리제과의 금비서는 대학시절 인연으로 멘토가 된 A기업 부장에게 상사에 대한 고민도 얘기하고 상사가
　지시한 업무관련 조언도 구한다.
④ 제이상사의 오비서는 상사가 진행하고 있는 업무의 파악을 위해 상사에게 보고되는 문서들의 내용을 살펴
　본다.

15

김비서는 신입비서를 교육하는 업무를 담당하게 되었다. 업무중심 교육도 실시할 예정이나 신입비서의 경력개발을 독려하는 차원에서 자기계발에 관한 내용도 포함하려 한다. 김비서가 강의 안에 포함시키기에 가장 **부적절한** 것은?　　　　　2019.11.10 (2급) 2번

① 우선 전임자가 작성해놓은 서류들을 읽어보고, 맡겨진 업무와 관련된 서적도 읽으시기 바랍니다.
② 우리 회사의 여러 동아리 활동에 적극 참여하여 비서 업무에 관해 의견도 나누고 회원 간 교류도 하시기 바랍니다.
③ 매일 회사 관련 뉴스를 읽으시기 바랍니다.
④ 업무 매뉴얼을 숙지하는 것이 무엇보다 우선입니다.

비서의 자기개발과 경력계획에 대한 설명으로 가장 적절하지 **않은** 것은?　　　　　2017.05.14. (2급) 2번

① 자기개발은 업무시간 이외의 시간에만 하는 것은 아니며, 업무중에 스스로의 업무방식을 연구하는 것을 통해 자기개발이 가능하다.
② 업무의 능률이나 결과를 신중하게 검토하는 일, 업무의 낭비를 없애고 업무시간의 손실을 없애기 위해 노력하는 일과 같이 효율적 업무방식을 생각하는 것도 자기개발의 하나이다.
③ 비서는 ERP나 PI 시스템 적용 관련 내용 습득보다는 임원 보좌 업무에 충실할 수 있는 문서작성 기술을 연마하는 것에 한정을 두어야 한다.
④ 경력개발을 위해서는 업무 자체를 즐기고, 새로운 일에 대한 모색과 미래에 대한 관심과 같은 기본자세가 필요하다.

17

김비서의 회사는 현재 비전 컨설팅에 조직개발에 관해 컨설팅 의뢰를 해 둔 상태이다. 다음 대화 중 사장 비서인 김비서(A)의 전화응대 태도로 가장 적절한 것은?

2020.11.08. (1급) 5번

① A : 안녕하십니까? 상공물산 대표실입니다.
　 B : 비전 컨설팅 김태호 대표입니다. 사장님 자리에 계십니까?
　 A : 무슨 용건이신지요?
② A : 안녕하십니까? 상공물산 대표실입니다.
　 B : 비전 컨설팅입니다. 김태호 대표님께서 사장님과 통화를 원하시는데 사장님 계십니까?
　 A : 제가 먼저 연결하겠습니다.
③ A : 안녕하십니까? 상공물산 대표실입니다.
　 B : 비전 컨설팅 김태호 대표입니다. 사장님 계십니까?
　 A : 지금 외출 중이십니다. 사장님 돌아오시면 연락드리겠습니다.
④ A : 안녕하십니까? 상공물산입니다.
　 B : 비전 컨설팅 김태호 대표입니다. 사장님 계신가요?
　 A : 사장님은 통화중이십니다. 잠시만 기다리시겠습니까? 아니면 사장님 통화 마치시면 저희가 전화드릴까요?
　 B : 기다리겠습니다.

18

상사가 열흘간의 출장 후 복귀한 경우, 비서의 전화 관련 업무태도로 가장 <u>부적절한</u> 것은?

2020.11.08. (2급) 3번

① 상사의 출장 동안 걸려온 전화는 전화메모 용지에 작성하기보다 전화 기록부의 형태로 작성해서 상사에게 보고한다.
② 전화기록부를 작성해두면 상사가 출장 중에 걸려온 전화를 전체적으로 파악할 수 있을 뿐 아니라 중요한 전화를 먼저 처리할 수 있다.
③ 전화기록부는 상사가 주요 발신자와 통화를 마치면 폐기한다.
④ 전화 기록부에는 날짜, 시간, 전화 건 사람의 이름 및 직책, 소속, 전화메모 내용, 전화 번호 등을 포함시킨다.

다음은 상황별 전화응대 내용이다. 다음 중 가장 적절한 것은?   2020.11.08. (2급) 12번

① 급한 용무로 자리를 비우게 되었을 때 본인의 회사 전화를 자신의 휴대전화로 착신 전환 후 외출하였다.

② 상사와 중요 고객사와의 회의 중 상사가 기다리고 있던 삼진물산 사장의 전화가 걸려와서 회의실로 들어가 "회장님, 삼진물산 김도철사장님의 전화입니다. 2번 전화 받으시면 됩니다."라고 말씀 드렸다.

③ 상사의 스마트기기에 출장일정을 연동해 두어 상사가 언제 어디서나 출장일정을 확인할 수 있도록 해 둔다.

④ 상사인 회장과 가깝게 지내는 가나물산 양회장 비서가 양회장이 지금 전화 연결을 원한다고 하여 양회장 비서에게 "먼저 연결해주시겠어요?"라고 요청하였다.

전화응대 업무에 대한 설명으로 가장 적절한 것은?   2020.05.10. (1급) 10번

① 상사가 해외에 상품 주문을 요청하여 상품 재고 여부를 직접 전화로 알아보기 위해 국제클로버 서비스가 가능한지 확인해 보았다.

② 업무상 자리를 두 시간 정도 비울 예정이라 발신 전화번호 서비스를 이용하였다.

③ 상사가 회의 중일 때 당사 대표이사로부터 직접 전화가 와서 비서는 상사가 지금 회의 중임을 말씀드리고 회의가 끝나는 대로 바로 전화 연결하겠다고 응대하였다.

④ 상사가 연결해달라고 요청한 상대방이 지금 통화가 힘들다고 하여 비서는 다시 전화 하겠다고 한 후 이를 상사에게 보고하였다.

다음 상황을 읽고 비서의 응대가 적절하지 <u>않은</u> 것을 모두 고르시오.   2019.11.10. (1급) 5번

> (전화벨이 울림)
> 비　서：안녕하십니까? 사장실입니다.(a)
> 상대방：사장님 계신가요?
> 비　서：사장님은 지금 안 계십니다. 누구신가요?(b)
> 상대방：잘 아는 사람인데 언제 통화 가능할까요?
> 비　서：지금 유럽 출장 중이셔서 다음 주나 돼야 돌아오십니다.(c)
> 상대방：알겠습니다.
> 비　서：그럼 다음 주 전화해 주시면 사장님과 통화되실 겁니다.(d)
> (전화 통화를 마침)

① (a), (b)   ② (b), (c)

③ (b), (c), (d)   ④ (a), (b), (c), (d)

다음은 비서의 전화응대 사례이다. 다음의 사례 중 비서의 응대로 가장 적절한 것은? 2019.11.10. (1급) 6번

① 사장 비서인 엄비서는 상사가 자녀의 졸업식에 참석 후 출근하는 상황에서 가나유통 한전무가 전화하여 상사를 찾자 "사장님은 오늘 외부일정으로 오후 1시쯤 사무실에 도착하실 예정입니다."라고 하였다.

② 사장 비서인 박비서는 회장이 전화하여 상사와 통화를 원하자 통화 연결 전 "회장님, 어떤 용건으로 전화 하셨다고 전해 드릴까요?"라고 공손하게 여쭈어보았다.

③ 사장 비서인 고비서는 전화를 받고 자신이 잘 모르는 이름이었지만 상대방이 상사와 친한 사이라고 이야기하자 미처 몰랐다고 사죄드린 후 바로 상사에게 연결해 드렸다.

④ 사장 비서인 최비서는 총무팀으로 연결될 전화가 비서실로 잘못 연결되자 "연결에 착오가 있었나봅니다. 제가 연결해 드리겠습니다."라고 한 후 전화를 연결했다.

비서를 통하지 않고 주요 인사가 직접 전화를 하여 상사와 통화를 원한다. 상사는 현재 통화 중 이라고 말씀드리자 기다리겠다고 한다. 이 때 비서의 업무 수행으로 가장 적절한 것은? 2019.05.13.(1급) 3번

① 주요 인사가 기다리는 것은 예의에 어긋나므로 상사가 통화를 마치는대로 바로 전화를 드리겠다고 말씀드리고 전화번호를 받아 둔다.

② 상대방이 기다리는 동안 상대방과 관련된 최근 소식, 예를들어 최근 신문 인터뷰 기사 잘 보았다 등을 언급하며 상대방에 대한 관심을 표현해도 좋다.

③ 상사의 통화가 길어져서 상대방이 계속 기다려야 할 경우 전화를 건 상대방에게 상황을 말씀드리고 계속 대기할지 여부를 다시 확인한다.

④ 통화 중인 상사의 집무실로 즉시 들어가서 말씀드리고 통화하실 수 있도록 한다.

다음 중 비서의 전화 메모 작성 및 처리와 관련하여 가장 적절한 것은? 2019.05.13. (2급)

① 전화메모를 적을 때 상사가 잘 알고 있는 사람인 경우 굳이 이름 전체를 적을 필요는 없다. 성과 직함만 적으면 된다.

② 전화 메모 시 일시, 발신자, 수신자, 통화내용을 메모한다. 통화 내용을 적을 때는 가능한 모든 내용을 메모한다.

③ 전화 메모는 일정량이 모인 다음 상사에게 전달함으로써 상사의 업무 방해를 최소화한다.

④ 상사 부재 중에 중요한 전화를 받게 되면 상사에게 가능한 빨리 문자나 전화로 알린다.

25

다음은 비서의 내방객 응대에 관한 대화이다. 가장 <u>부적절한</u> 것은? 2020.11.08. (1급) 6번

> (약속된 내방객이 들어선다.)
> 비서 : 안녕하세요. 10시에 약속하신 통일위원회 김영호 위원장님이시죠?......㉠
> 김 위원장 : 네, 그렇습니다.
> 비서 : 원장님께서 기다리고 계십니다. 이쪽에 앉아 잠시만 기다려 주십시오......㉡
> 김 위원장 : 네.
> 비서 : 위원장님, 원장님께 어떠한 용건이라고 말씀드릴까요?...... ㉢
> 김 위원장 : 직접 뵙고 말씀드릴 겁니다.
> (원장님께 김 위원장님이 도착하셨음을 알린다.)
> 비서 : 위원장님, 기다려 주셔서 감사합니다. 이쪽으로 모시겠습니다........㉣
> (좌석을 안내한다.)
> 비서 : 차는 녹차와 커피가 있습니다. 어느 것으로 올릴까요?

① ㉠
② ㉡
③ ㉢
④ ㉣

상공기획(주) 이영준 대표이사는 중요한 업무 파트너인 서준희 회장님과 중식당에서 오찬을 마친후 회사 회의실에서 1시간 정도 실무진 임원과 함께 미팅 예정이다. 김미소 비서가 내방객을 맞이하기 위한 준비 업무로 가장 적절치 <u>않은</u> 것은? 2020.11.08. (1급) 7번

① 김비서는 상사의 회사 도착시각을 예측하기 위해 기사에게 사전에 오찬장소에서 출발할 때 연락을 하도록 부탁한다.

② 김비서는 서준희 회장의 내방객 카드를 찾아 평소 즐기는 차의 종류를 미리 확인하여 준비한다.

③ 김비서는 상사와 서준희 회장이 회의실에 도착하기 전에 회의에 동석하기로 되어 있는 홍보 담당 전무에게 연락하여 회의실에 미리 와 있도록 한다.

④ 회의자료는 회의 참석자에게 며칠 전에 이메일로 전송하였으므로 참석자에게 상사와 서준희 회장이 회의실에 도착하기 직전에 자료 확인 문자를 넣도록 한다.

현재 시각은 11시 10분이다. 다음 상황에서 비서의 내방객 응대자세로 가장 적절한 것은?

2020.11.08. (2급) 6번

① 손님 B에게 죄송하지만 앞의 면담이 길어지고 있으니 더 기다리실 수 있는지 여쭈어본다.
② 면담 중인 상사에게 11시 약속 손님 B가 계속 기다리고 있음을 메모로 전달한다.
③ 상사 면담에 방해되지 않도록 손님 B가 20분 전에 도착해서 기다리고 있음을 상사에게 문자로 알려드린다.
④ 상사가 미팅을 마무리할 수 있도록 상사 방에 들어가서 11시 약속 손님 B가 오셨음을 구두로 알린다.

다음 중 비서의 내방객 안내 자세로 가장 적절한 것은?

2020.11.08. (2급) 7번

① VIP 손님과 사내 임원진들의 회의 시 VIP 손님을 입구에서 가까운 창가 쪽 좌석으로 안내하였다.
② 상사의 대학교 후배 내방 시 후배부터 차를 대접하였다.
③ 기사가 운전하는 차에 비서가 상사와 함께 타게 되어 뒷자리의 상사 옆좌석에 탑승하였다.
④ 수동 회전문 앞에서 비서가 손님보다 먼저 들어가서 안내하였다.

다음은 정도물산 김정훈 사장의 비서인 이 비서의 내방객 응대태도이다. 가장 적절하지 않은 것은?

2020.05.10. (1급) 4번

① 김정훈 사장이 선호하는 내방객 응대 방식을 파악해 두었다.
② 약속이 되어 있는 손님에게는 성함과 직책을 불러드리면서 예약 사항을 비서가 알고 있음을 알려드렸다.
③ 비서가 관리하는 내방객 카드에 회사 방문객의 인상이나 특징을 적어두었다.
④ 내방객 중 상사와 각별하게 친분이 있는 경우, 선착순 응대에 예외를 둔다.

30

비서의 방문객 응대 태도로 가장 적절한 것은?

2020.05.10. (1급) 10번

① 비서 홍여진씨는 사장님을 만나고 싶다는 손님이 안내데스크에서 기다린다는 연락을 받았다. 현재 사장님은 부재중이고 선약이 된 손님은 없는 시간이었으므로 사장님이 안 계신다고 손님에게 전해달라고 안내데스크에 이야기 하였다.

② 비서 박희진씨는 약속한 손님이 정시에 도착하였으나 상사가 면담 중이라 양해를 구하고 접견실로 안내하였다. 그리고 면담 중인 상사에게 손님이 기다린다는 메모를 전달하였다.

③ 비서 김영희씨는 평소처럼 손님에게 차 종류를 여쭈어보았더니 시원한 물로 달라고 했으나 손님에게 물 대접하는 것은 예의가 아닌 듯하여 시원한 주스를 드렸다.

④ 비서 채미영씨는 2시에 예약된 A 손님이 기다리고 있는 시간에 상사와 개인적으로 약속을 한 B 손님과 겹치게 되어 당황했으나 A 손님에게 양해를 구하고 B 손님을 먼저 안내하였다.

31

선약 없이 방문한 내방객의 응대로 가장 적절하지 <u>않은</u> 것은?

2020.05.10. (2급) 11번

① "죄송합니다. 지금 회의 중이시라 명함을 남기시면 연락을 드리겠습니다."

② "죄송합니다. 사장님께서 지금 외출 중이신데 오후에나 돌아오실 예정입니다. 급한 용건이신지요?"

③ "죄송합니다. 사장님은 지금 가나호텔에서 회의가 있어 오늘은 만나기 어려우실 것 같습니다."

④ "죄송합니다. 사장님께서 방금 외출하셨는데, 전하실 말씀있으시면 알려 주십시오."

다산제강 대표이사의 비서인 이빛나가 회사에 방문한 손님을 응대하는 태도로 가장 적절한 것은?

2019.11.10. (1급) 1번

① 상사와 선약되지 않은 손님이 방문 시 "잠시 자리에 앉아 계시면 사장님께 안내해 드리겠습니다."라고 말하며 손님이 상사를 만날 수 있도록 친절히 도왔다.

② 상사와 개인적으로 약속한 손님이 방문한 경우 이를 사전에 알지 못했을 때 손님에게 "죄송합니다. 사장님께서 제게 알려주지 않으셔서 오늘 방문하시는 것을 미처 몰랐습니다."라고 솔직히 말한다.

③ 상사의 대리로 내방객을 응대할 때 상사로부터 지시 받지 못한 부분에 대해 질문을 받자 자신이 알고 있는 모든 지식과 추측을 더하여 손님의 질문에 답하였다.

④ 선약된 손님이 방문하였을 때 상사가 먼저 방문한 손님과 면담이 길어지자 약속이 지연될까 염려되어 손님이 기다리고 있다는 내용을 상사에게 메모로 전달하였다.

내방객 배웅 시 유의해야 할 점으로 가장 적절하지 않은 것은? 2019.11.10 (2급) 20번

① 손님이 돌아갈 때는 비서는 하던 업무를 멈추고 배웅한다.
② 손님을 배웅할 때는 손님이 보이지 않을 때까지 다른 행동으로 옮기지 않는다.
③ 운전기사가 있는 경우 주차장이나 운전기사에게 연락해 승용차를 현관에 대기하도록 한다.
④ 손님을 배웅할 때는 엘리베이터 앞에서 배웅한다.

우리 회사는 미국에 본사를 두고 있는 다국적 기업이라 본사에서 오는 손님이 많은 편이다. 이번에 미국에서 2명의 남자 임원과 1명의 여성 임원이 우리 회사를 방문하였다. 외국인 내방객 응대 시 비서의 업무 자세로 가장 적절한 것은? 2019.05.13. (1급) 4번

① 본사 현관 입구에 환영 문구를 적을 때 이름 알파벳 순서로 배치하였다.
② 차 대접을 할 때는 선호하는 차의 종류를 각 손님에게 여쭈어 본 후 내·외부인사의 직급 순으로 대접하였다.
③ 처음 인사를 할 때는 Mr. Ms. 존칭 뒤에 full name을 넣어 불렀다.
④ 처음 인사를 나눈 후에는 친근감의 표시로 first name을 불렀다.

우리 회사를 처음 방문하게 된 ABC회사의 전영식 상무(남성)와 김미리 과장(여성)을 우리회사 강영훈 본부장(남성)에게 소개할 때 올바른 소개 순서는? 2019.11.10 (2급) 5번

① "강 본부장님, 이분은 ABC 회사에서 오신 김미리 과장이시고 그 옆은 전영식 상무님이십니다."
② "김과장님, 이 분은 우리 회사의 강영훈 본부장님이십니다."
③ "강 본부장님, 이 분은 김미리 과장님이시고 이 분은 전영식 상무님이십니다."
④ "상무님, 이 분은 저희 회사의 강영훈 본부장님이십니다."

사무실에 자주 내방하시던 상사의 오랜 지인이 어느 날 강 비서에게 늘 도와줘서 감사하다며 함께 점심 식사를 하자고 하신다. 이에 대처하는 강 비서의 태도로 가장 바람직한 것을 고르시오. 2020.11.08. (1급) 8번

① 감사하지만 다른 일정으로 참석이 어려움을 밝힌다. 이후 상사에게는 관련 사실을 보고한다.
② 상사 지인에게 단호하게 거절하며 불쾌함을 분명히 표현한다.
③ 사내 여사원 온라인 게시판에 익명으로 관련 내용을 문의한다.
④ 평소에 잘 알고 지내온 터라 편한 마음으로 식사를 함께 하며 상사에게는 특별히 언급하지 않는다.

다음 중 비서의 직장 내 인간관계에 대한 설명으로 가장 적절하지 <u>않은</u> 것은? 2020.11.08. (2급) 4번

① 상사의 부하 또는 직접 접촉이 없는 부서에 소속한 사람들을 회사 내에서 마주치면 굳이 자신을 소개하거나 인사할 필요는 없다.

② 동료비서의 업무가 바쁘거나 본인과 직접 관련이 있는 부서의 업무가 바쁠 때는 자신의 업무와 상사에게 지장이 없는 범위 내에서 자발적으로 협력한다.

③ 마감일 전에 혼자 처리하기 힘든 일은 믿을 만한 선배나 동료에게 도움을 청할 수 있다.

④ 후배의 잘한 일에 대해서는 공개적인 칭찬과 격려를 아끼지 않으며 실수에 대해서는 여러 사람의 면전이 아닌 곳에서 실수를 일깨워 준다.

다음 중 상사와 원만한 인간관계를 위하여 비서가 취할 가장 적절한 행동은? 2020.05.10. (1급) 9번

① 비서 A는 상사의 급한 성격 때문에 스트레스를 받아 사내 스트레스관리 프로그램에 참여하여 매주 자신의 사례를 공유하며 조언을 받았다.

② 비서 B는 상사의 업무지시가 과다하다고 판단되어 상사에게 이메일로 자신의 상황을 전달하였다.

③ 비서 C는 본인 역량을 넘어선 높은 수준의 업무가 주어지자 상사에게 본인의 업무영역이 아니므로 적절한 사람을 추천하겠다는 의견을 제시하였다.

④ 비서 D는 상사의 지시를 받고 나와 보니 이전의 지시와 상반된 내용이 있어 업무를 시작하기 전에 상사에게 확인하였다.

다음 중 비서로서 구성원들을 대하는 행동으로 가장 바람직한 것은? 2020.05.10. (2급) 5번

① 사내 직원들과의 모임에서 들었던 직원들의 업무상 고충이나 애로사항 등을 상사에게 전달한다.

② 상사와의 원만한 관계를 위해 비서의 업무스타일을 상사에게 알려 상사와 비서간의 파트너쉽 역할을 잘 할 수 있게 한다.

③ 입사 초기에 선임비서의 업무 처리 방식이 내가 학교에서 배운 내용과 달라 업무 개선을 위한 솔직한 대화를 시도한다.

④ 비서실 입사 후배지만 나이가 나보다 많은 경우 공식적인 자리에서는 연령 우선의 예우를 한다.

비서팀장인 김원희씨는 신입비서를 위한 업무매뉴얼을 작성하여 경력지도의 자료로 삼고자 한다. 업무 매뉴얼에 대한 설명으로 가장 <u>부적절한</u> 것은?　2020.05.10. (2급) 6번

① 모범 사례를 기록하고 업무수행에 필요한 Tip이나 자주 하는 질문(FAQ) 등을 포함시킨다.

② 모범 사례가 충분치 않아 타 조직을 벤치마킹하거나 참고 문헌의 사례를 참조하여 매뉴얼을 완성한다.

③ 서식, 템플릿 작성 방법에 대한 안내도 포함시켜 OJT 기간에도 업무가 가능하도록 만든다.

④ 매뉴얼이 완성되면 사내에 배포하여 구성원들의 피드백을 받은 후 회사 홍보 블로그에 업로드하여 누구나 열람할 수 있도록 한다.

다음 중 비서가 조직 구성원과의 관계를 위해 취하는 행동으로 가장 바람직한 것은?　2020.05.10. (2급) 18번

① 비서는 타부서에 상사의 지시를 전달할 경우 상사의 권위에 맞게 상사의 지시 사항을 하달하였다.

② 경제적으로 어려움에 처해있는 동료의 이야기를 듣고 비서는 상사에게 이 사실을 알리고 도울 방법을 제시한다.

③ 비서는 동료직원의 업무 고충을 직접 듣게 되었을 경우 상사가 필요로 할 때 상사에게 말씀드린다.

④ 비서는 직장 내에서 힘든 일이 있을 때 혼자 해결하기보다는 가까운 사내 동료들에게 솔직하게 문제를 이야기 하여 도움을 받는다.

다음 중 신입 비서의 행동으로 가장 적절하지 <u>않은</u> 것은?　2019.11.10. (1급) 4번

① 비서실뿐 아니라 일반부서의 직원들과도 좋은 인간관계를 형성하기 위해 노력하였다.

② 상사 두 분이 동시에 업무를 지시할 때는 직급이 높은 상사의 일을 항상 먼저 처리하였다.

③ 예약하지 않은 방문객이 회사에 찾아와도 하던 일을 멈추고 친절하게 인사하였다.

④ 선배비서가 알려준 업무처리 방식이 학교에서 배운 것과 조금 달랐지만 아직은 회사의 처리방법과 규정을 모르므로 우선은 선배가 알려주는 방법에 따라 일을 처리하였다.

비서 A는 회장 비서로 3년차이고 비서 B는 사장 비서로 6개월 전에 입사하였다. 둘은 같은 층에서 근무하고 있다. 다음 예시 중 원만한 인간관계를 위한 비서의 행동으로 가장 적절한 것은?　2019.11.10. (1급) 8번

① 비서 A는 비서 B에게 비서라는 직업은 상사와 회사에 관한 보안업무가 많으므로 직장 내 동호회에 가입하지 말라고 조언하였다.

② 비서 B는 A가 입사 선배이고 상사 직위도 높으므로 A의 지시를 따르기로 하였다.

③ 비서 업무평가표가 합리적이지 않다고 판단하여 A와 B는 의논하여 시정 건의서를 작성하여 각자의 상사에게 제출하였다.

④ 비서 B는 사장을 보좌할 때 애로사항이 많아 입사 선배인 A에게 상사보좌의 노하우를 물어보고 업무 시 적용해 보는 노력을 했다.

44

강비서는 컴퓨터 일정관리 소프트웨어와 스마트폰의 일정 관리 어플리케이션을 연동하여 상사의 일정을 관리하고 있다. 이에 대한 설명으로 옳지 않은 것은? 2020.11.08. (2급) 9번

① 일정관리 어플리케이션은 Awesome note, Ms-outlook, Jorte 등이 있다.

② 컴퓨터와 스마트폰을 연동하여 일정을 관리하므로 비서는 언제 어디서나 상사의 일정을 관리할 수 있어 효율적이다.

③ 상사와 비서의 스마트폰 운영체제가 일치하여야 일정관리 프로그램과 스마트폰을 연동하여 사용할 수 있다.

④ 컴퓨터 일정관리 프로그램과 스마트폰을 연동하여 사용하는 것을 일정 동기화라고 한다.

45

상사의 출장일정표 작성 업무에 관하여 가장 올바르게 설명한 것은? 2020.11.08. (2급) 12번

① 상사 해외 출장 시 출장일정표의 일시는 우리나라 일시와 현지 일시를 동시에 표기해야 한다.

② 출장일정표 작성 시 글자를 작게 해서라도 일정을 한눈에 볼 수 있게 한 장의 표로 작성한다.

③ 상사의 스마트기기에 출장일정을 연동해 두어 상사가 언제 어디서나 출장일정을 확인할 수 있도록 해 둔다.

④ 출장 일정표에는 보안상 숙소의 이름이나 면담자 성명과 연락처 등 상세한 정보는 기재하지 않는다.

46

비서가 상사의 일정을 관리하는 방법으로 가장 적절하지 않은 것은? 2020.05.10. (2급) 8번

① 임원 회의 일정을 정할 때 신속하고 정확하게 일을 처리하기 위해서는 회의 참석 당사자와 직접 통화하는 것이 가장 바람직하다.

② 일정 변경이 불가피할 경우 관련자뿐만 아니라 연계된 장소나, 교통편 등에 대한 취소나 변경이 함께 이루어지도록 연락을 취한다.

③ 상사가 일정관리를 전적으로 위임하지 않았다면 상사의 일정은 반드시 상사의 허락을 받고 확정한다.

④ 상사의 회의 일정을 정할 때 회의 일정 사이에 여유시간을 둔다.

김 비서는 태평양지역 본부장의 비서로 근무하고 있다. 매월 말에 각 지역 본부장의 월별 일정을 본사에 보고해야 하므로 일정관리 소프트웨어인 아웃룩(Outlook)을 이용하려고 한다. 다음 중 비서의 행동으로 가장 <u>부적절한</u> 것은?   2020.05.10. (1급) 1번

① 상사가 아웃룩에 익숙하지 않다면 비서가 작성한 아웃룩 상의 일정을 상사가 원하는 때에 살펴볼 수 있도록 '캘린더 공유하기(Share Calendar)' 기능부터 설명해 드린다.
② '캘린더 공유하기' 기능에서 비서가 상사의 일정을 볼 수 있도록 설정하면 편리하다.
③ 상사가 '캘린더 공유하기'를 승낙하면 관련된 사람들과도 공유하여 상사의 일정을 열람, 수정 가능하도록 설정한다.
④ 아웃룩으로 일정을 작성해서 비서의 업무용 핸드폰과도 연결하여 수시 확인이 되도록 한다.

A씨는 입사한 지 1개월 된 신입비서이다. A씨의 상사는 아직은 개인적인 일정뿐 아니라 공식적인 일정까지도 직접 연락해서 결정하고 있어 다른 사람들이 상사의 일정을 물어볼 때 매우 난감하였다. A씨가 상사의 일정관리 업무를 위해 취한 행동 중 가장 적절하지 <u>않은</u> 것은?   2020.05.10. (2급) 16번

① 정기적인 일정은 일정표에 미리 기재해 두고, 매일 아침 정기업무 보고 시 상사에게 일정을 여쭈어보고 기록하였다.
② 상사 집무실을 정돈하면서 상사 책상 위 달력에 적혀있는 상사의 일정을 참고하였다.
③ 업무 관련 문서들을 읽으면서 상사와 관련된 일정을 비서의 일정표에 기록하였다.
④ 상사의 일정을 상사 스마트폰과 연동시키기 위해 일정관리의 재량권을 정식 요청했다.

경영진 일정관리에 대한 설명으로 적절하지 <u>않은</u> 것은?   2019.11.10 (2급) 1번

① 요즘 PC와 스마트폰에 연동되는 전자일정표를 활용하는 상사와 비서의 증가로 언제 어디서나 일정을 확인하고 수정하기가 수월해졌다.
② 정기적인 행사와 비정기적인 행사를 구분하여 계획을 세우고 체계화한다.
③ 어떤 경우라도 일정은 변동될 수 없다는 사실을 기억하고 일정을 빈틈없이 관리하여야 하며, 상사에게는 항상 최종 일정을 알려 드려야 한다.
④ 일정관리를 위해 다이어리를 이용하는 비서가 많은데 다이어리는 보통 1년 기준으로 되어 있으며 사용 후 버리지 말고 일정 기간 보관하여 참고 자료로 활용 가능하다.

일정을 자주 변경하는 상사를 보좌하는 비서의 자세로 가장 적절하지 <u>않은</u> 것은?   2019.05.13. (1급) 11번

① 막판에 일정을 변경 및 취소해야 할 경우를 대비해 즉각 연락해야 할 사람과 전화번호를 정리해 둔다.

② 일정을 수없이 바꾸더라도 비서는 상사를 보좌하는 데에 전념해서 상사가 일정 변경으로 어려움을 겪지 않도록 보좌한다.

③ 일정의 변경으로 상사의 대내외 신뢰도가 낮아지고 있음을 상사에게 말씀드려 상사가 일정을 변경하지 않도록 보좌한다.

④ 상사는 업무가 바빠 일정을 모두 잘 기억하기 어려우므로 일정을 자주 상기시킨다.

다음 중 비서의 업무일지에 대한 설명으로 가장 적절하지 <u>않은</u> 것은?   2018.05.13. (2급) 4번

① 업무일지의 내용을 기초로 성과 평가시 근태, 업무량 등에 대한 근거자료로 제시할 수 있다.

② 업무 유형별 소요시간을 파악하여 일정관리에 대비할 수 있다.

③ 시기별 업무량을 예측할 수 있어 바쁜 시기를 미리 대비할 수 있다.

④ 업무일지에는 비서의 창의적 업무 내용만을 기록한다.

다음 중 상사의 교통편을 예약할 시, 가장 적절한 업무 태도는?   2020.11.08. (1급) 9번

① 해외 항공권 예약 시에는 e-티켓으로 예약 확인하고 한 번 더 예약확인서를 문자로 요청하였다.

② 성수기로 항공권 예약이 어려울 것을 예측하여 우선 비서의 이름과 여권번호로 항공권 예약을 해서 좌석을 확보해 둔다.

③ 상사가 선호하는 항공편의 좌석이 없을 때는 일단 다른 비행기를 예약하고, 상사가 원하는 항공편의 좌석이 나왔는지 수시로 확인한다.

④ 상사가 동행인이나 관계자가 있는 경우, 상대방의 형편도 고려하여 출발시간을 잡아 예약한다.

예약 매체에 따른 예약방법에 대한 설명으로 가장 적절하지 <u>않은</u> 것은? 2020.05.10. (1급) 14번

① 전화 예약은 담당자와 직접 통화하여 실시간으로 정보 확인을 하여 구두로 예약이 가능하므로 **추후 다시 확인**을 하지 않아도 되는 방법이다.

② 전화 예약 시에는 예약 담당자와 예약 정보를 기록해 두고 가능하면 확인서를 받아 두는 것이 좋다.

③ 인터넷 사이트를 통한 예약은 시간 제약 없이 실시간 정보를 확인하여 직접 예약을 할 수 있으나 인터넷 오류로 인해 문제가 발생되는 경우가 있으므로 반드시 예약 확인이 필요하다.

④ 팩스나 이메일을 통한 예약은 정보가 많거나 복잡하고 문서화가 필요한 경우 주로 사용하는 예약 방법이며, 발신 후 반드시 수신 여부를 확인할 필요가 있다.

골프장 예약 시 가장 적절하지 <u>않은</u> 것은? 2018.05.13. (1급) 9번

① 예약 전에 동반자 수를 확인한다.

② 티오프 타임(tee-off time)이 06:38a.m이어서 06:30a.m의 오타인 것으로 보여 상사에게 06:30a.m이라고 보고한다.

③ 상사가 처음 가는 골프장이라 가는 길을 검색하여 알려드린다.

④ 골프장 예약 취소 규정을 확인한다.

다음 예약업무 중 가장 올바르게 처리한 것은? 2020.05.10. (1급) 18번

① 출장지 숙박업소에 대한 정보는 출장지 관계자에게 문의하면 그 곳의 사정을 잘 알고 있기 때문에 도움을 받을 수 있다.

② 항공편 예약 시 상사가 선호하는 항공사와 좌석 선호도를 우선으로 예약하되 항공 기종은 신경쓰지 않았다.

③ 도착지에 공항이 여러 개가 있는 경우, 가능하면 시설이 편리한 큰 공항으로 도착하는 비행기 편으로 예약하였다.

④ 해외에서 사용할 렌터카의 예약 시 여권이 운전면허증을 대신하므로 여권 앞장을 복사해서 보내고, 만약에 대비해 여권 앞장을 상사 스마트폰에 저장하였다.

다음 중 식당 예약업무를 진행하는 비서의 태도로 가장 적절한 것은? 2019.11.10. (1급) 10번

① 이금자 비서는 상사가 요청한 식당으로 4월 15일 오후 6시 예약을 시도하였지만 그 날 자리가 만석으로 예약이 불가하다는 식당측 답변을 들었다. 하지만 포기하지 않고 4월 14일까지 취소자리를 기다리다가 그때도 자리가 없자 상사에게 보고하였다.
② 한영희 비서는 상사가 횟집 '서해마을' 예약을 지시하자 여러 지점 중 상사가 주로 이용하는 '서해마을 일산점'으로 예약을 진행하였다.
③ 윤영아 비서는 상사가 지시한 이태리 식당에 예약을 하며 상사의 이름과 비서의 연락처로 예약을 진행하였다.
④ 고은정 비서는 상사가 7시 가나호텔 식당 예약을 지시하자 오후 7시 만찬으로 예약을 하였다.

상사가 출장 출발 전에 비서가 확인해야 할 사항으로 가장 적절하지 않은 것은? 2020.11.08. (1급) 10번

① 출장 중 상사 업무 대행자가 처리할 업무와 출장지의 상사에게 연락해야 할 업무 등을 구분하여 상사로부터 미리 지시를 받는다.
② 상사와 일정한 시간을 정해 놓고 전화 통화를 하거나 email, SNS 등을 이용하면 편리하게 업무보고와 지시를 받을 수 있다.
③ 비서는 상사 출장 중에 그동안 밀렸던 업무를 처리한다.
④ 상사 업무 대행자 지정은 상사가 출발한 후 조직의 규정에 따라 지정하면 된다.

상사 해외 출장 시 선물을 준비할 때 고려해야 할 사항으로 잘못된 것은? 2020.11.08. (2급) 15번

① 영국은 시계를 선물하는 것은 시간보다 중요한 것은 없다는 긍정적 의미이므로 선물해도 무방하다.
② 중국은 시계를 선물하는 것은 '시계를 선물한다'가 '장례를 치르다'는 의미인 쑹중(送終)과 발음이 같으므로 이제 관계를 끝내자는 의미로 부적절하다.
③ 중국은 신발을 선물하는 것은 신발의 발음이 셰(鞋)로 사악하다는 의미인 셰(邪)와 발음이 같아 부적절하다.
④ 일본에 한국 도자기를 선물하는 것은 역사적인 의미를 담으므로 금기시 된다.

다음은 상사의 미국 출장 일정이다. 비서의 업무 수행 내용으로 가장 적절한 것은? 2020.05.10. (1급) 7번

NO	편명	출발	도착	기종
1	KE085	Seoul(ICN) 4 Apr 11 : 00	New York(JFK) 4 Apr 10 : 25	Boeing 747
2	KE086	New York(JFK) 9 Apr 21 : 50	Seoul(ICN) 06 : 45(+1)	Boeing 747

※ INC : 인천공항 JFK : 존F 케네디 공항

① 비서는 상사의 출장기간을 고려하여 출장 후 국내 협약식 참가 일정을 4월 10일 오전 11시로 계획하였다.
② 출장 전에 참가하여야 할 전략기획회의 일정이 조정되지 않아 4월 4일 오전 7시 조찬으로 전략기획회의 일정을 변경하였다.
③ 비서는 예약된 호텔의 check - in과 check - out 시간을 확인하여 상사에게 보고하였다.
④ 상사는 4월 9일 새벽에 인천공항에 도착하므로 시간 맞춰 수행기사가 공항에 나가도록 조치하였다.

한 달 후 미국 뉴욕으로 출장 가는 상사의 출장 준비 업무 처리로 가장 적절한 것은? 2020.05.10. (2급) 7번

① 상사의 여권의 유효기간이 4개월 남아있어 뉴욕 출장에서 돌아오면 여권갱신을 신청하려고 업무일지에 메모해 두었다.
② 상사의 출장 일정표에는 호텔명과 예약확인번호만 기입해 두었다.
③ 뉴욕 현지 출장일 날씨정보와 식당, 관광 정보 등을 수집하여 상사에게 보고하였다.
④ 호텔 예약 시 상사의 체크인, 체크아웃 예상시간은 상사의 개인 정보이므로 호텔에 알려 주지 않았다.

상사의 출장 후 업무처리에 관한 내용이다. 가장 부적절한 것은? 2019.05.13. (1급) 8번

① 출장보고서 제출 마감일과 보고 대상을 확인한다.
② 출장보고서에는 출장 기간, 출장 지역, 출장 목적, 출장 업무내용 등을 포함시킨다.
③ 출장경비 정산서를 기한 내에 관련 부서에 제출한다.
④ 출장보고서를 업무 관련자들에게 참고용으로 배포한다.

62

다음 중 비서의 상사 해외 출장관리 업무로 가장 적절한 것은? 2019.11.10. (1급) 12번

① 휴가철이라 인천공항이 붐비는 관계로 상사 자택과 가까운 도심공항터미널에서 탑승수속을 먼저하고 수하물은 인천공항에서 바로 부칠 수 있게 했다.
② 3주 후 상사의 유럽 출장이 계획되어 있어 비서는 전임비서가 추천한 기업요금(commercial rate)이 적용되는 호텔을 예약하였다.
③ 상사가 출장지에서 업무지시를 원활하게 할 수 있도록 스마트기기에 애플리케이션을 설치해 드렸다.
④ 6개월 전 미국 출장을 다녀온 상사가 다시 미국으로 출장을 가게 되어 사전입국 승인을 위해 ESTA 작성을 했다.

63

해외출장 준비에 대한 설명으로 적절하지 않은 것은? 2019.11.10 (2급) 11번

① 여권의 유효 기간이 남아 있더라도 유효 기간이 6개월 이상 남아있는지 평소에 상사의 여권을 관리한다.
② 우리나라와 비자 면제 협정인 나라를 방문할 때에는 단기 입국의 경우 비자가 필요 없으나 상사의 출장이 결정되면 비자의 필요 여부를 사전에 확인해 보아야 한다.
③ 중국으로 출장 계획 중인 상사의 중국 비자는 상사가 직접 중국대사관에 방문해서 받아야 한다.
④ 분실을 대비하여 여권 정보, 신용카드 번호, 항공권 번호, 여행자수표 일련번호 등을 정리하여 비서가 보관한다.

64

다음 중 회의 용어를 올바르게 사용하지 못한 것은?
2020.11.08. (1급) 4번

① "이번 회의는 정족수 부족으로 회의가 성원 되지 못했습니다."

② "김영희 부장이 동의(動議)를 해 주셔서 이번 발의를 채택하도록 하겠습니다."

③ "동의를 얻은 의안에 대해 개의해 주실 분 있으신가요?"

④ "이번 안건에 대해 표결(表決)을 어떤 식으로 할까요?"

65

회의기획서에 포함될 내용으로 보기 어려운 것은?
2019.05.13. (2급) 17번

① 회의 일시 및 장소   ② 회의 주제 또는 회의 목적

③ 회의 예산   ④ 회의 참석자 명단

66

현재는 3시 50분이다. 상사는 오늘 4시에 사내에서 회의가 있어 회의에 참석할 준비를 하고 계신다. 회의 시간이 10분 남았는데 갑자기 상사 지인이 방문하여 상사와 대화 중이다. 김 비서는 건물 내의 우체국에 금융 업무를 처리하러 갈 일도 있다. 이 때 비서의 업무 자세로 가장 적절한 것은?   2020.11.08. (2급) 10번

① 금융업무 마감시간은 4시 30분까지이므로 손님에게 차를 대접하고 우체국으로 간다.

② 우체국 업무가 급하므로 손님에게 차를 대접하고 상사에게 4시 회의 참석하시라고 말씀드린 후 우체국으로 간다.

③ 우체국 업무가 급하므로 손님에게 차를 대접할 때 상사에게 4시 회의 참석이라는 쪽지를 같이 드리고 우체국으로 간다.

④ 손님에게 차를 대접하고 상사가 4시 회의 시간에 맞게 나가시는 지 확인 후 우체국으로 간다.

67

다음의 회의용어에 대한 설명 중 바르지 않은 것은? 2019.05.13. (1급) 9번

① 동의 : 의결을 얻기 위해 의견을 내는 일, 또는 예정된 안건 이외의 내용을 전체 회의에서 심의하도록 안을 내는 것
② 의안 : 회의에서 심의하기 위해 제출되는 안건
③ 정족수 : 회의를 개최하는 데 필요한 최소한의 출석 인원수
④ 의결 : 몇 개의 제안 가운데서 합의로 뽑는 것

회의 진행시 새로운 안건을 위한 의사 진행순서로 바르게 나열된 것을 고르시오. 2019.05.13. (1급) 20번

> ㄱ. 동의 채택을 선언한다.
> ㄴ. 발언권을 얻는다.
> ㄷ. 동의를 지지한다.
> ㄹ. 동의를 제안한다.
> ㅁ. 제안 이유를 설명한다.

① ㄴ - ㅁ - ㄷ - ㄹ - ㄱ
② ㅁ - ㄹ - ㄴ - ㄷ - ㄱ
③ ㄴ - ㄹ - ㄷ - ㄱ - ㅁ
④ ㄱ - ㄴ - ㅁ - ㄷ - ㄹ

다음 중 비서의 회의 지원업무로 가장 적절한 것은? 2018.11.13. (2급) 11번

① 강사료는 깨끗한 지폐의 현금으로 지급하고, 수령인으로부터 수령증을 받아 경리과에 제출한다.
② 외부에서 많은 손님이 참석하는 대규모의 회의는 경비 절감을 위해 이메일로만 회의 일정을 통지한다.
③ 참석 여부에 대한 회신율이 저조하여 비서가 연락하여 참석여부를 확인한다.
④ 의제나 회의 순서를 작성할 때 집중도를 고려해서 복잡한 내용을 먼저 진행하도록 배열한다.

상사가 주재하는 회의 참석을 위해 파트너 기업 임원진의 사내 첫 방문이 예정되어 있다. 다음 비서의 업무 중 가장 적절하지 <u>않은</u> 것은? 2018.11.13. (2급) 5번

① 방문단 소속 회사 홈페이지 및 최근 뉴스 자료를 수집하였다.

② 회의에 참석할 사내 임원들이 회의 시작 10분 전 회의 장소에서 대기할 수 있도록 사전에 공지하였다.

③ 방문단 수행 차량을 미리 확인하여 주차장 확보를 위해 해당 부서에 협조를 요청했다.

④ 비서가 회의 장소에서 회의 준비를 하는 동안 방문단이 도착하게 되면 회의 장소로 안내해 달라고 안내데스크에 미리 전달해 놓았다.

행사 당일에 최종 점검해야 하는 사항으로 올바르지 <u>않은</u> 것은? 2020.05.10. (2급) 9번

① 행사장 집기 및 장비 : 국기게양, 의자배열, 음향시설 등

② 행사준비물 : 기념사 등 연설문, 행사진행 시나리오, 안내 입간판 등

③ 행사진행요원 : 영접 및 환송 시 위치, 역할별 담당자 등

④ 초청인사 : 주요인사 참석명단, 초청장 문안, 초청인사 프로필 등

회사 50주년을 축하하는 기념식 행사를 준비하는 비서가 행사장의 좌석배치 계획을 수립할 때 다음 중 가장 부적절한 것은? 2020.11.08. (1급) 11번

① 단상에 좌석을 마련할 경우는 행사에 참석한 최상위자를 중심으로 단 아래를 향하여 우좌의 순으로 교차 배치한다.

② 단하에 좌석을 마련할 경우는 분야별로 좌석 군을 정하는 것이 무난하여, 당해 행사의 관련성을 고려하여 단상을 중심으로 가까운 위치부터 배치한다.

③ 단하에 좌석을 마련할 경우 분야별로 양분하는 경우에는 단상에서 단하를 바라보아 연대를 중심으로 왼쪽은 외부 초청 인사를, 그 오른쪽은 행사 주관 기관 인사로 구분하여 배치한다.

④ 주관 기관의 소속 직원은 뒤에, 초청 인사는 앞으로 한다. 행사 진행과 직접 관련이 있는 참석자는 단상에 근접하여 배치한다.

73

외국에서 중요한 손님이 우리 회사를 방문할 때 비서의 의전관련 업무 수행 시 적절하지 <u>않은</u> 것은?

2020.11.08. (1급) 20번

① 외국 손님의 인적사항은 공식 프로필에서 확인하는 것이 원칙이다.
② 국가에 따라 문화가 다르므로 상호주의 원칙을 따른다.
③ 의전 시 서열 기준은 직위나 행사 관련성에 따라 서열기준이 바뀔 수 있다.
④ 손님의 선호하는 음식이나 금기 음식을 사전에 확인하여 식당 예약을 한다.

74

초청장에 명시된 복장규정의 설명이 맞지 <u>않는</u> 것은?

2020.11.08. (1급) 13번

① business suit : 남성정장으로 색, 무늬, 스타일 등의 제한을 받는다.
② lounge suit : 남성 정장으로 조끼와 자켓을 갖추어 입는다.
③ black tie : 예복으로 남성의 경우 검은 나비 타이를 착용한다.
④ smart casual : 티셔츠에 면바지가 허용되는 편안한 복장이다.

75

의전 원칙 5R을 설명한 것으로 적절한 것을 모두 고른 것은?

2018.05.13. (1급) 19번

> a. 의전은 상대에 대한 배려(respect)이다.
> b. 의전은 문화의 반영(reflecting culture)이다.
> C. 의전은 합리성(rationality)이 원칙이다.
> d. 의전에서 원칙적으로 상석은 오른쪽(right)이다.

① a, b, c, d   ② a, b, d
③ b, c, d   ④ a, b, c

박 비서는 상사가 개최하는 행사를 보좌하는 업무를 수행하게 되었다. 다음 중 박 비서의 업무태도로 가장 옳지 <u>않은</u> 것은?　　　　　　　　2020.05.10. (1급) 8번

동마은행 김영수 행장 비서로 근무하는 박 비서는 서울에 있는 25개 외국계 금융 기관의 지점장과 본행 임원 및 영업 담당실무자 15명이 참여하는 회의 개최 준비를 지시받았다. 회의의 명칭은 '사업 추진 전략 회의'이며, 의제는 '현장 지원 중심의 마케팅 활동 강화', 회의 일정은 2020년 6월 26일 오전 9시～오후 6시이다. 오전에는 마케팅 현장 전문가 강연, 오후에는 우수 은행 A와 B의 마케팅 사례발표가 있다. 회의장소는 웨스틴호텔 2층 다이너스티 룸이며, 회의 이후 black-tie dinner가 예정되어 있다.

① 박 비서는 회의 이후 예정된 만찬의 좌석 배치에 관해 상사에게 보고하였다.
② 박비서는 6하 원칙에 따라 who(김영수 행장), when(2020년 6월 26일), where(웨스틴호텔 2층 다이너스티 룸), why(현장지원 중심의 마케팅 활동 강화), What(사업 추진 전략 수립), how(전문가 강연, 사례발표)로 회의 내용을 정리하였다.
③ 참석자들에게는 행사 후 일주일 이내에 감사장을 보내되, 내용은 우선 감사의 말을 쓰고, 당일 행사 중에 혹 실례를 범했다거나 불편을 준 것은 없는지 염려하는 마음을 담아 보냈다.
④ 저녁 만찬은 참석자의 서열에 따라 원형 테이블로 배치하고 드레스코드는 격식을 갖춘 연미복 차림이므로 사전에 참석자와 행장님에게 알려 드렸다.

국제회의를 준비하며 국기를 게양할 때 가장 적절한 것은?　　　　　　　　2020.05.10. (1급) 19번

① 한국, 브라질, 칠레 3개 국가의 국기를 게양 시, 한국 국기를 단상을 바라보았을 때 맨 왼쪽에 게양하고, 브라질과 칠레의 국기는 알파벳순으로 그 오른쪽에 차례대로 게양하였다.
② 한국과 외국 3개 국가의 국기를 게양 시 우리 국기를 단상을 바라보았을 때 오른쪽에 게양하고 외국 국기를 알파벳순으로 그 왼쪽에 게양하였다.
③ 한국과 중국의 국기를 교차 게양하는 경우, 왼쪽에 태극기가 오도록 하고 그 깃대는 중국 국기의 깃대 앞쪽에 위치하게 하였다.
④ 여러 나라 국기를 한꺼번에 게양할 때는 우리나라의 국기의 크기를 가장 크게 게양하였다.

상사 외부 행사 참석 시 비서의 의전업무 순서로 가장 알맞은 것은? 2018.11.13. (1급)

> ① 상사의 좌석배치를 확인한다.
> ② 상사의 동선을 파악한다.
> ③ 행사에서 상사의 역할을 확인한다.
> ④ 행사장 배치도를 확인한다.
> ⑤ 운전기사와 행사 정보를 공유한다.

① ①-②-③-④-⑤

② ③-④-①-②-⑤

③ ③-④-②-①-⑤

④ ④-③-②-①-⑤

송파구청장 비서A양은 서울시 주최, 송파구청 주관으로 한성백제박물관 개관식 행사를 준비하고 있다. 행사개요는 아래와 같다. 주요 인사들이 많이 초청된 행사라, 자리배치 등 의전에 각별히 신경을 써서 준비하라는 구청장의 특별 지시가 있었다. 테이프커팅식 때 일반적으로 주요 인사들의 서 있는 위치가 정면에서 보았을 때 올바르게 배치된 것은? 2020.05.10. (1급) 20번

행사개요
• **일시** : 20XX. 4. 30(월) 09 : 00~11 : 05 • **장소** : 한성백제박물관(송파구 방이동 올림픽 공원) • **참석** : 500여명 • **주요 참석인사** : 서울시장, 송파구청장, 국회의원, 시의회의장, 문체부차관
※ ① 서울시장 ② 문체부차관 ③ 시의회의장 ④ 국회의원 ⑤ 송파구청장

① ④②①③⑤

② ⑤③①②④

③ ①②③④⑤

④ ⑤④③②①

다음 달에 미국 샌디에고에 위치한 다국적 기업인 **ABC회사**와 기술제휴 업무협약식을 가질 예정이다. 이를 위해 ABC회사의 대표이사, 국제교류 이사, 그리고 기술개발 연구팀장 3인이 방문할 예정이다. 우리 회사 측에서는 김영철 사장, 권혁수 상무, 김진표 해외영업 팀장, 이진수 기술개발 팀장 4인이 업무협약식에 참석할 예정이다. 김영철 사장 비서는 협약식장의 좌석을 아래 그림과 같이 배치하였다. 다음 내용 중 가장 잘못된 것은?

2019.11.10. (1급) 13번

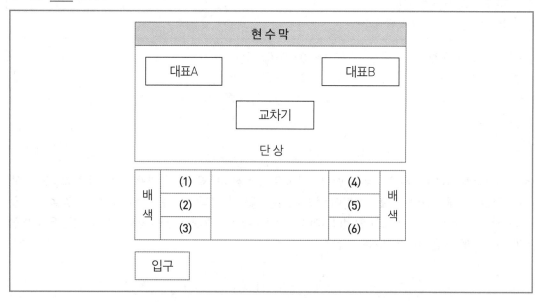

① 단상에 위치한 교차기는 앞에서 볼 때 왼쪽에 태극기가 오도록 한다.
② 단상의 대표 A자리에는 우리 회사의 대표인 김영철 사장이 앉는다.
③ 참석자의 기관명, 직함, 이름을 기재한 명패는 참석자 앞에 상대방에게 글자가 보이도록 놓는다.
④ 협약서는 참석자 수대로 준비하여 식순과 함께 참석자 앞에 준비해 둔다.

다음 중 일반적인 테이블 매너로 가장 적절한 것은?

2019.11.10 (2급) 18번

① 만찬의 메인메뉴가 스테이크로 결정되어 와인은 화이트와인으로 준비하였다.
② 식사 도중 포크가 바닥에 떨어졌을 때 직접 줍지 않고 웨이터를 불러 새 것을 달라고 하였다.
③ 식사 도중 잠시 자리를 뜰 때는 냅킨을 접어 테이블에 올려 놓았다.
④ 나이프와 포크는 안쪽에 있는 것부터 순서대로 사용하였다.

비서가 국제회의 의전을 지원할 때 다음 중 올바른 것은? 2018.11.13. (2급) 12번

① 축하만찬에서 주요 임원들이 앉을 헤드테이블 위에 착석자의 예약좌석카드(Reserved Table Card)를 연회장 담당자에게 요청하였다.

② 국제회의에 3개국의 초청 인사가 주제발표를 하게 되어 있어 공용어인 영어로 동시통역을 할 수 있도록 장비를 마련하도록 했다.

③ 터키와 이란 등 여러 국가에서 온 초청 인사들이 참석하는 만찬 시에는 특정 국가의 문화와 종교적인 부분은 가급적 배제하고 중립적으로 행사를 준비한다.

④ 여러 나라 국기를 한꺼번에 게양할 때는 국기의 크기나 깃대의 높이를 똑같이 한다.

83

가. 보고와 지시

다음 중 한자어가 잘못 기입된 것은?　　2020.11.08. (1급) 12번

① 단자(單子) : 부조나 선물 따위의 내용을 적은 종이
② 장지(葬地) : 장사하여 시신을 묻는 장소
③ 빈소(殯所) : 상여가 나갈 때까지 관을 놓아두는 방
④ 발인(發人) : 상여가 떠나는 절차

84

가. 보고와 지시

다음 중 경조사 업무를 처리하는 비서의 태도로 가장 바람직 하지 않은 것은?　　2019.11.10. (1급) 19번

① 경조사가 발생하면 화환이나 부조금을 준비하는 데 회사의 경조 규정을 참고한다.
② 신문의 인물 동정 관련 기사를 매일 빠짐없이 확인하고, 사내 게시판 등에 올라오는 경조사도 확인한다.
③ 경조사가 발생했을 경우에는 시기가 중요하므로 비서가 먼저 처리한 후 추후 상사에게 보고한다.
④ 평소 화원이나 꽃집을 한두 곳 선정해두고 경조사 발생 시 전화나 인터넷을 통하여 주문한다.

85

가. 보고와 지시

출장 후 오늘 복귀한 상사에게 오늘의 일정을 보고하려고 한다. 비서가 보고하면서 확인을 위하여 질문해야할 사항으로 가장 부적절한 것은?　　2020.05.10. (2급) 19번

> **오늘의 일정**
>
> 10시 임원회의
> 11시 30분 내방객 방문(성함 모름)
> 12시 점심(약속 없음)
> 16시 인사팀 최팀장 보고
> 17시 30분 자재부 이과장 보고

① "출장 기간 동안 걸려온 전화는 언제 연결해 드릴까요?"
② "오늘 점심 약속이 없으신데 혹시 내방객과 점심 계획이 있으신지요?"
③ "사장님께서 개인적으로 약속하신 손님이 11시 30분에 방문하십니다. 그 분께 전화 드려 성함을 여쭈어볼까요?"
④ "자재부 이과장 보고 시간이 너무 늦으면 내일로 늦출까요?"

다음 중 경조사 종류에 해당하는 한자어가 잘못 연결된 것은?

① 결혼 : 祝結婚, 祝華婚, 祝聖婚
② 문병 : 賻儀, 謹弔, 弔意
③ 축하 : 祝就任, 祝昇進, 祝榮轉
④ 개업, 창업 : 祝開業, 祝開館, 祝創立

다음 중 보고 업무를 수행하고 있는 비서의 자세로 가장 적절하지 않은 것은?

① 위기에 처했을 때 보고하는 것도 중요하지만 평소에 중간보고를 충실히 하여 예측되는 문제를 미연에 방지한다.
② 업무 진행 상황을 자주 보고하여 상사가 일이 어느 정도 속도로, 또 어떤 분위기로 진행되고 있는지 알 수 있도록 한다.
③ 업무의 절차적 당위성을 확보하기 위해 조직 내 공식적인 채널을 통해서만 보고한다.
④ 업무 중간 중간에 상사의 의견을 물어 잘못되었을 경우 수정할 수 있는 시간을 갖는다.

사장은 김 비서에게 다음과 같이 지시를 내렸다. 이 때 비서의 지시 받는 모습 중 가장 올바른 대처는?

> "김 비서! 요즘 '직장내 괴롭힘 금지법'이 큰 이슈라 우리회사도 이에 대한 매뉴얼을 얼른 만들어야 할 것 같아요. 인사팀장에게 지금 연락해서 위원 구성이랑 앞으로 어떻게 대책을 마련할 것인지에 대해 구상해서 내게 보고 좀 하라고 해주세요."

① "네 알겠습니다."라고 대답을 한 뒤 바로 인사팀장에게 전화를 걸어 "팀장님, 사장님께서 '직장내 괴롭힘 금지법'에 관한 매뉴얼을 만들어서 보고하라고 하십니다. 언제까지라는 말씀은 없으셨습니다."라고 말씀드린다.
② 지시를 받은 후 "사장님, 그럼 팀장님께는 '직장내 괴롭힘 금지법' 매뉴얼을 언제까지 만들어서 보고하라고 전달할까요?"라고 질문을 하였다.
③ "네. 알겠습니다."라고 대답을 한 뒤 바로 인사팀장에게 전화를 걸어 "팀장님, 사장님께서 '직장내 괴롭힘 금지법' 관련 위원회를 구성해 매뉴얼 구상을 보고하라고 하십니다. 언제까지라는 말씀은 안하셨습니다."라고 말씀드린다.
④ 지시를 받은 후 "사장님! '직장내 괴롭힘 금지법'과 관련해서 우리 회사의 대책 방안에 관한 보고는 언제까지 올리라고 전달할까요?"라고 질문을 하였다.

89

국회의원 비서로 일하고 있는 비서 A씨는 상사 의정 활동 홍보업무를 하고 있다. 다음 중 가장 적절한 것은?

2020.11.08. (1급) 18번

① 보좌하고 있는 의원의 활동을 보도하기 위해 배포할 내용을 언론사의 배포 부서별로 선정을 해 두었다.

② 작성된 보도 자료는 보안을 위해 언론사에 직접 방문하여 제출하였다.

③ 보도하고자 하는 내용은 최대한 상세하게 6하원칙에 의해 작성한다.

④ 연설문, 기고문, 축사는 홍보의 내용이 아니므로 전문가의 의견까지 받을 필요가 없다.

90

비서의 상사 이력서 관리 원칙으로 가장 적절하지 <u>않은</u> 것은?

2020.11.08. (2급) 19번

① 새로운 내용이 추가되어야 할 때는 상사 이력을 수정하고 수정한 일자를 기록해 둔다.

② 상사의 이력은 상사의 허락을 받은 후 대내외에 공개할 수 있다.

③ 대내외에 공개할 때는 모든 경력이 기재된 이력서 원본을 공개하는 것이 좋다.

④ 전임자에게 인수인계 받은 이력서라도 학교명이나 학위 등의 정확한 표기를 다시 한 번 확인하는 것이 좋다.

91

상사의 인간관계 관리자로서 비서의 역할에 대한 설명으로 가장 적절하지 <u>않은</u> 것은?

2020.05.10. (1급) 13번

① 상사가 조직 내외의 사람들과 유기적인 관계가 잘 유지될 수 있도록 상사의 인간관계에 항상 관심을 기울인다.

② 조직 내에 소외되는 사람들이 있을 경우 상사에게 보고하여 상사가 적절한 조치를 취할 수 있도록 한다.

③ 상사의 대내외 인사들과의 만남이 균형 있게 이루어지도록 관련 내용을 데이터베이스화 해 둔다.

④ 상사가 지역 유관기관들과 지속적인 관계를 유지하도록 비서는 스스로 판단하여 필요한 정보를 유관기관들과 공유하도록 한다.

비서가 상사의 대외활동을 위해 지원하는 업무로 가장 적절한 것은?　　　2020.05.10. (1급) 5번

① A 비서는 상사의 소셜미디어를 관리하는 차원에서, 올라오는 질문이나 댓글에 답변을 달고 주제별로 답변을 분류하여 매주 보고 드리고 있다.

② SNS를 통하여 기업 내·외와 소통을 하는 상사를 위해, B비서는 자신의 개인 소셜미디어를 활용해 회사와 상사에 관한 글들을 자주 올리고 있다.

③ C 비서는 자신의 개인 소셜미디어에 본인의 소속과 이름, 직책을 명확하게 밝힌 상태에서 회사 제품을 홍보하고 있다.

④ D 비서는 상사의 SNS에 팔로워로 동참하면서 불만사항으로 올라온 글들을 이슈별로 정리하여 상사에게 보고하고 소통할 수 있는 방안을 제시해 드리고 있다.

상사의 인적사항을 정리한 파일을 관리하는 방법으로 가장 부적절한 것은?　　　2019.11.10 (2급) 16번

① 파일은 암호화하고 별도의 폴더를 만들어 보관하여 보안관리에 힘썼다.

② 상사의 이력서를 제출해야 할 경우 원파일을 제공하여 상대방이 충분한 정보를 확인할 수 있도록 하였다.

③ 상사가 꽃가루 알레르기가 있다는 것을 알게 되어 사무실 환경 조성에 유의하였다.

④ 상사의 인적 네트워크를 관리하기 위해 명함, 동창 주소록 등과 인물정보 사이트의 자료를 수집해 데이터베이스를 구축하였다.

마케팅부 이미영 비서는 '기업의 SNS 마케팅' 특강을 준비하였다. 특강비용처리와 관련하여 가장 적절하지 않은 것은?　　　2020.11.08. (1급) 18번

> 마케팅부 이미영 비서는 마케팅부서 직원 50명을 대상으로 '기업의 SNS 마케팅' 특강을 준비하고 있다.

① 특강에 필요한 물품을 먼저 구입 후 12만원 비용처리를 위해 경리부에 간이영수증을 전달하였다.

② 특강료를 지급하기 위해 외부강사의 주민등록증과 은행계좌를 받아 원천징수한 금액을 외부 강사의 통장으로 입금하였다.

③ 특강강사에게 3만원 이하로 선물을 준비하라는 사장님의 지시를 받고, 선물 구입 후 간이영수증을 제출하였다.

④ 특강 후 상사와 강사, 그리고 특강 수강자들과의 저녁식사가 있어 법인카드를 사용하였다.

95

전자세금 계산서란 인터넷 등 전자적인 방법으로 세금 계산서를 작성 및 발급하여 그 내역을 국세청에 진송하는 깃을 말한다. 전자세금 계산서에 대한 설명으로 가장 적절하지 <u>않은</u> 것은? 2018.05.13. (1급). 17번

① 전자세금 계산서는 매출자, 매입자 모두 조회가 가능하다.
② 매출자가 ERP 시스템을 이용하여 세금계산서를 발급한 경우에 합계표 조회는 당일 바로 가능하다.
③ 전자세금 계산서에 있는 공급자의 사업자 등록번호가 정확한지 확인한다.
④ 전자세금 계산서를 발급하면 세금 계산서 합계표 명세 제출 및 세금 계산서 보관 의무가 면제되어 편리하다.

96

비서의 경비처리업무에 대한 설명으로 가장 적절하지 <u>않은</u> 것은? 2020.11.08. (2급) 20번

① 비서실 사무용품 구입 시, 경비 지출 규정집 등을 참고하여 경비 처리 규정 준수 여부를 확인한다.
② 경비 처리 규정을 넘는 품목은 결재권자의 사전 승인을 얻은 후 구매 주문을 실행한다.
③ 상사가 지출한 접대비 중 그 성격상 지출 내역을 밝힐 수 없는 비용이나 증빙을 갖추지 못한 접대비는 지출 결의서를 작성해야하며 세법상 비용을 인정받을 수 있다.
④ 영수증은 거래의 유효성을 뒷받침하는 증거 서류이므로 훼손되거나 분실하지 않도록 주의한다.

97

업무추진비 등 비서실의 예산관리 업무 수행 방법으로 적절하지 <u>않은</u> 것은? 2019.05.13. (1급) 18번

① 상사의 업무추진비 정산 시 비서는 업무추진 결과도 보고해야 한다.
② 업무추진비는 집행 목적, 일시, 장소, 집행 대상 등을 증빙서류에 기재해야 한다.
③ 비서실에서 사용되는 경비 등 예산 지출에 대해서는 사소한 것이라도 예산 수립 목적에 맞게 사용될 수 있도록 꼼꼼히 관리해야 한다.
④ 업무추진비는 기관의 장 등이 기관을 운영하고 정책을 추진하는 등 업무를 처리하는 데 사용되어야 한다.

98

상사의 신용카드 관리에 대한 비서의 업무처리로 가장 적절하지 <u>못한</u> 것은? 2018.11.13. (2급) 17번

① 신용카드 사용한 후 받은 매출 전표는 매월 카드 명세서가 올 때까지 보관해 두었다.
② 신용카드 분실을 대비해 상사 파일에 신용카드 종류 및 유효기간, 번호 등을 기재해 두었다.
③ 상사가 법인카드를 소지하지 않아 일단 현금으로 지급 후 상사 개인 이름으로 등록된 현금영수증을 발급받아 첨부하여 경리과에 제출하였다.
④ 회사 규정상의 접대비 월 사용액의 상한선을 초과하지 않았는지 매출 전표를 확인한다.

김비서의 업무용 프린터가 갑자기 고장 났다. 업무 지연을 방지하기 위하여 서둘러 구매하려고 한다. 다음 중 바르지 <u>않은</u> 것은?

2020.11.08. (1급) 19번

① 지출결의서를 작성하여야 하는데, 지출결의서란 올바른 회계처리를 하기 위한 기초 자료임과 동시에 대표자나 경영진이 올바른 자금 집행을 하기 위한 중요한 서식이다.

② 업무용 프린터 구입이므로 일반 경비 지출 결의서에 작성한다.

③ 매년 정기적으로 구매하는 프린터 용지, 프린터 토너 등의 구입 시에도 지출 요청일 최소 5일 이전에 결재 받아야 한다.

④ 예산 한도 내에서 결제할 때는 결재 받을 필요가 없다.

비서의 사무실 환경 관리에 관한 내용이다. 가장 적절하지 <u>않은</u> 것은?

2018.05.13.(1급) 14번

① 상사 접견실에 있는 난초 화분은 매일 아침 물을 준다.

② 탕비실에 구비된 다양한 차의 유통기한을 눈에 띄게 상자에 적어놓았다.

③ 상사 책상 위의 필기구는 확인하여 잘 나오지 않으면 바로 교체한다.

④ 기밀 문서 작업이 많은 비서의 컴퓨터 모니터는 화면보호 기가 자주 작동하도록 설정해 둔다.

기출문제 Ⅱ

경영일반100제

경영일반100제

1.경영환경 및 기업형태

01
가.경영환경

기업의 다양한 이해관계자에 대한 설명으로 가장 옳은 것은? 　　　　2020.11.08. (1급) 21번

① 지역사회 : 비즈니스 환경에서 동행하며 이들의 요구를 충족시키는 것은 기업 성공의 최고 핵심 조건이다.

② 파트너 : 기업과 파트너십을 맺고 있는 협력업체와의 신뢰확보는 기업 경쟁력의 버팀목이다.

③ 고객 : 기업이 사업장을 마련하여 이해관계를 같이 하는 곳이다.

④ 투자자 : 기업을 믿고 지지한 주주로서 기업의 고객과 가장 가까운 곳에 위치한다.

02
가.경영환경

다음 중 기업의 외부환경분석 중 포터(M. Porter)의 산업구조 분석모형에서 다섯 가지 세력(5 - Forces)에 해당하지 <u>않는</u> 것은? 　　　　2020.11.08. (1급) 25번

① 기존 산업 내 경쟁 정도

② 공급자의 협상력

③ 신규 시장 진입자의 위협

④ 정부의 금융·재정정책

03
가.경영환경

다음의 경영환경요인은 무엇을 의미하고 있는지, 바르게 짝지어진 것은? 　　　　2020.11.08. (2급) 21번

주주, 경영자, 종업원, 조직문화 등

① 외부환경 – 직접환경

② 내부환경 – 간접환경

③ 내부환경 – 직접환경

④ 내부환경 – 일반환경

다음은 기업의 외부환경 상황을 기술한 것이다. 이 중 기업간 경쟁구도분석에서 치열한 경쟁강도를 나타내는 경우로 가장 거리가 <u>먼</u> 것은?

2020.11.08. (2급) 23번

① 시장점유율이 비슷한 경우　　② 산업성장률이 높은 경우
③ 시장진입장벽이 낮은 경우　　④ 대체재 수가 많은 경우

다음이 설명하고 있는 기업으로 가장 적합한 것은?

2020.11.08. (2급) 26번

> 비영리조직과 영리기업의 중간 형태로, 사회적 목적을 추구하면서 영업활동을 수행하는 기업을 말한다. 취약계층에게 사회서비스 또는 일자리를 제공하여 지역주민의 삶의 질을 높이는 등의 목적을 수행하며 재화 및 서비스의 생산, 판매 등 영업활동을 수행하는 기업이다.

① 벤처기업　　　　② 협동조합
③ 사회적기업　　　④ 공기업

김OO 비서는 입사 후 비서로서 경영현황 지식을 갖추기 위해 다음과 같은 활동을 하였다. 가장 거리가 <u>먼</u> 행동은?

2019.05.13. (1급) 21번

① 조직의 재무제표를 수집하여 분석하였다.
② 기업의 경영관련 모든 루머를 수집해서 바로 상사에게 보고하였다.
③ 기업에서 생산되는 제품과 서비스에 대한 정보를 수집하여 공부하였다.
④ 기업의 경영이념을 숙지하여 업무에 적용하였다.

07

다음은 기업윤리를 설명한 내용이다. 이 중 가장 적합한 내용은? 2020.05.10. (1급) 21번

① 기업은 소비자와의 관계에서 고객을 통해 얻은 이익을 소비자 중심주의를 채택하여 소비자의 만족도를 높여야 한다.

② 기업이 종업원과의 관계에서 종업원의 승진, 이동, 보상, 해고 등에 대한 내용들은 기업윤리와 상관이 없다.

③ 기업은 투자자와의 관계에서 그들의 권리보장은 관계없이 수익을 최우선적으로 증대시키기 위해 노력해야 한다.

④ 기업은 매일 수 없는 윤리논쟁에 직면하고 있는데, 일반적으로 크게 소비자와의 관계, 기업구성원과의 관계, 기업투자자와의 관계, 국제기업과의 관계로 나눌 수 있다.

08

다음의 경영환경요인들이 알맞게 연결된 것은 무엇인가? 2020.05.10. (1급) 22번

> A. 소비자, 경쟁자, 지역사회, 금융기관, 정부
> B. 경제적, 기술적, 정치, 법률적, 사회/문화적 환경

① A : 외부환경, 간접환경   ② B : 외부환경, 과업환경

③ A : 외부환경, 직접환경   ④ B : 내부환경, 일반환경

09

다음은 카르텔에 대한 설명이다. 옳지 않은 것은? 2020.05.10. (1급) 23번

① 카르텔은 동종 내지 유사 산업에 속하는 기업이 연합하는 것이다.

② 독립적인 기업들이 연합하는 것으로 서로 기업활동을 제한하며 법률적, 경제적으로도 상호 의존한다.

③ 카르텔의 종류로 판매 카르텔, 구매 카르텔, 생산 카르텔이 있다.

④ 일부 기업들의 가격담합 등의 폐해가 심각하여 국가에 의한 강제 카르텔 외에는 원칙적으로 금지 또는 규제하고 있다.

10

다음(㉠)은/는 무엇에 대해 기술한 것인지 보기 중 가장 가까운 답을 고르시오. 2020.05.10. (1급) 24번

① 경영통제   ② 경영환경

③ 조직문화   ④ 정부정책

11

다음 중 기업의 사회적 책임 범위에 대한 설명으로 가장 적절하지 <u>않은</u> 것은?　　　2019.11.10. (2급) 21번

① 기업은 이해관계자 집단 간의 이해충돌로 발생하는 문제해결을 위한 이해조정의 책임이 있다.
② 정부에 대해 조세납부, 탈세 금지 등 기업의 영리활동에 따른 의무를 갖는다.
③ 기업은 자원보존의 문제나 공해문제에 대한 사회적 책임을 갖는다.
④ 기업은 이윤 창출을 통해 주주의 자산을 보호하고 증식시켜줄 의무는 갖지 않는다.

12

다음의 기업 사례들은 무엇으로부터 비롯된 것인지, 보기 중 가장 적합한 것은?　　　2019.11.10. (2급) 27번

- A기업 : 최고경영진 3명과 중간관리자들의 분식회계를 통한 이익 허위공시, 2001년도 파산
- B기업 : 분식회계를 통한 수익조작, 2002년도에 410억 달러의 부채와 함께 파산 신고

① 조직의 창업주 및 경영이념
② 조직 규범 및 문화
③ 경영자의 도덕적 해이
④ 조직의 사업 및 회계범위의 확장

13

기업의 입장에서 볼 때 그 대상을 파악할 수 있기 때문에 영향력 행사가 가능하며, 관리가능한 환경은 다음 중 무엇인가?　　　2018.11.13. (1급) 22번

① 일반환경　　　　② 문화환경
③ 과업환경　　　　④ 경쟁환경

14

다음은 기업의 윤리적 기준을 기술하는 윤리적 행동에 대한 여러가지 접근법에 대한 설명이다. 다음 중 가장 옳지 <u>않은</u> 것은?　　　2018.11.13. (1급) 21번

① 이기주의 접근법은 이윤극대화, 능률성, 경쟁 등 조직이익 우선의 개념을 정당화한다.
② 공리주의 접근법은 비용 - 효익 분석이라고도 하며 행위의 동기가 아닌 객관적 결과에 의해 판단하려는 것이다.
③ 도덕적 권리 접근법의 일환으로 나온 법안으로 공정거래법, 공해방지법 등이 있다.
④ 사회적 정의 접근법에서는 정당성, 공정성, 공평성을 중시한다.

아래 내용의 ⓐ, ⓑ에 해당되는 용어를 짝지어 놓은 것으로 가장 적절한 것은?

2018.11.13. (1급) 28번

> • ⓐ는 동일지역 또는 인접지역에 있고 서로 관련성이 있는 여러 업종의 기업이 유기적으로 결합된 2개 이상의 기업결합체를 말한다.
> • ⓑ는 몇 개의 기업이 법률적 독립성을 유지하면서 금융적, 자본적으로 결합된 기업결합형태를 말한다.

① ⓐ 콤비나트(kombinat) - ⓑ 콘체른(concern)
② ⓐ 컨글로메리트(congolmerate) - ⓑ 트러스트(trust)
③ ⓐ 컨글로메리트(congolmerate) - ⓑ 콘체른(concern)
④ ⓐ 콤비나트(kombinat) - ⓑ 트러스트(trust)

다음은 어떤 기업형태를 설명한 것인지 가장 가까운 보기를 고르시오.

2018.05.13. (1급) 24번

> 두 사람 이상의 당사자가 조합계약을 체결하고 각각 출자하여 공동으로 사업을 경영하며 그 손익을 분배하는 조직체를 말한다. 두 사람 이상이 경영주체가 되는 공동기업일지라도 외부에 대해 활동할 때는 단일의 회사나 조합으로서 행동하는 것이 아니고 별개의 조합원으로서 행동한다.

① 합명회사　　　　② 합자회사
③ 유한회사　　　　④ 조합기업

다음 중 협동조합에 관한 설명으로 가장 적절한 것은?

2020.11.08. (1급) 23번

① 협동조합은 출자액의 규모와 관계없이 1인 1표의 원칙을 갖고 있다.
② 협동조합은 영리를 목적으로 설립한 공동기업의 형태이며 조합원들에게 주식을 배당한다.
③ 소비자협동조합은 비영리 조합원 소유의 금융협동체로서 조합원들에게 대출 서비스를 주요 사업으로 한다.
④ 협동조합은 소수 공동기업으로 운영되며 이익이나 손실에 대해 조합장이 유한책임을 진다.

ᄉ

18

으

나. 기업형태

협상을 통해 두 기업이 하나로 합치는 인수 합병(M&A)은 '실사-협상-계약-합병후 통합' 과정을 거치는데, 각 단계에 대한 설명으로 가장 옳은 것은? 2020.11.08. (1급) 24번

① 실사 : 기업의 인수합병계약 전 대상기업의 재무, 영업, 법적현황 등을 파악하는 절차
② 협상 : M&A 과정중 가장 중요한 단계로 계약서를 작성하는 단계
③ 계약 : 계약 체결을 위해 대상기업과의 교섭 단계
④ 합병후 통합 : 대상기업과의 인수가격, 인수형태 등 법적 절차를 협상하는 단계

19

나. 기업형태

대기업과 비교할 때 중소기업의 특징에 대한 다음 설명 중 가장 옳지 않은 것은? 2020.11.08. (1급) 26번

① 자금과 인력의 조달이 어렵다.
② 경영진의 영향력이 커서 실행이 보다 용이하다.
③ 규모가 작아 고용 증대에 큰 기여를 하지 못한다.
④ 환경의 변화에 보다 신속하게 대응할 수 있다.

20

나. 기업형태

다음은 인수합병의 장점과 단점을 요약한 것이다. 이 중 가장 거리가 먼 것은? 2020.05.10. (1급) 26번

① 시장에의 조기 진입 가능
② 취득자산 가치 저하 우려
③ 투자비용의 절약
④ 자금유출로 인한 재무 강화

21

나. 기업형태

다음 중 주식회사의 특징으로 가장 거리가 먼 것은? 2020.05.10. (1급) 27번

① 자본의 증권화, 즉 출자 단위를 균일한 주식으로 세분하여 출자를 용이하게 하고, 이를 증권시장에서 매매가 가능하도록 한다.
② 주식회사가 다액의 자본을 조달하기 쉬운 이유는 출자자의 유한책임제도를 이용하기 때문이다.
③ 주주는 자신의 이익을 위하여 활동하고, 주주들의 부의 극대화기 저해될 때 대리인문제가 발생할 수 있다.
④ 출자와 경영의 분리제도로 주주는 출자를 하여 자본위험을 부담하고, 중역은 경영의 직능을 담당하게 한다.

22

이사회는 주식회사의 제도적 기관으로 필요상설기관이다. 다음 중 이사회의 결의만으로 효력을 가질 수 <u>없는</u> 내용으로, 이사가 집행할 수 있는 업무 권한으로 보기에 가장 적절하지 <u>않은</u> 것은?

2019.11.10. (2급) 23번

① 대표이사의 선임
③ 주주총회의 소집
② 감사의 선임
④ 사채발행의 결정

23

다음은 기업 형태에 대한 설명이다. (　　　　)안에 알맞은 말로 올바르게 짝지은 것은? 2019.11.10. (2급) 22번

(A)는(은) 자본적인 결합없이 동종업종 또는 유사업종 기업들이 경쟁을 제한하면서 수평적으로 협정을 맺는 기업결합 형태이며,(B)는(은) 자본적으로나 법률적으로 종래의 독립성을 상실하고 상호결합하는 기업집중 형태를 말한다.

① A - 콘체른, B - 지주회사
③ A - 지주회사, B - 콤비나트
② A - 카르텔, B - 트러스트
④ A - 트러스트, B - 콘체른

24

다음은 대기업과 비교하여 중소기업의 필요성 및 특징을 설명한 것이다. 이 중에서 가장 거리가 <u>먼</u> 것은?

2019.11.10. (2급) 25번

① 시장의 수요변동이나 환경변화에 탄력적으로 대응하기 어렵지만 효율적인 경영이 가능하다.
② 기업의 신용도가 낮아 자본조달과 판매활동에 불리하여 대기업의 지배에 들어가기 쉽다.
③ 악기나 도자기, 보석세공 같이 소비자가 요구하는 업종으로 대량생산에 부적당한 업종도 있기 때문이다.
④ 가발제조업과 같이 대규모 시설투자는 필요하지 않고 독특한 기술이나 숙련된 수공을 요하는 업종이 존재하기 때문이다.

25

다음 중 공동기업의 기업형태에 대한 설명으로 옳은 것은? 2019.11.10. (2급) 26번

① 합자회사는 2인 이상의 무한책임사원이 공동출자하여 정관을 법원에 등기함으로써 설립되는 기업형태이다.
② 합명회사는 출자만 하는 유한책임사원과 출자와 경영을 모두 참여하는 무한책임사원으로 구성된 기업형태이다.
③ 익명조합은 조합에 출자를 하고 경영에 참여하는 무한책임 영업자와 출자만 하고 경영에는 참여하지 않는 유한책임사원의 익명조합원으로 구성되는 기업형태이다.
④ 주식회사는 2인 이상 50인 이하의 사원이 출자액을 한도로 하여 기업채무에 유한책임을 지는 전원 유한책임사원으로 조직되는 기업형태이다.

26

다음 중 대기업의 특성에 대한 설명으로 가장 옳은 것은? 2019.05.13. (1급) 26번

① 대기업은 수평적 조직으로 조직이동 등의 유연한 관리가 가능한 유기적 조직이다.
② 대기업은 경기 침체기에 가장 먼저 위상이 흔들리고 경기성 장기에 쉽게 살아난다.
③ 아웃소싱을 다양화함으로써 기업전체의 비용절감과 사업다각화가 가능하다.
④ 대기업은 수요량이 적은 틈새시장 공략에 유리하다.

27

다음은 주식회사에 대한 설명이다. 옳지 않은 것은? 2019.05.13. (1급) 27번

① 주식회사는 투자자와 별개의 법적 지위를 갖는 법인이다.
② 주식회사의 투자자는 회사가 파산하거나 손해를 보아도 자신이 출자한 지분에 대해서만 책임을 진다.
③ 주식회사의 설립과 청산은 상대적으로 복잡하나 법적 규제는 약한 편이다.
④ 주식회사는 많은 사람들로부터 출자를 유도할 수 있어 거대자본으로 회사운영이 가능하다.

28

다음 중 기업의 인수 합병(M&A)에 관한 설명으로 가장 적절하지 않은 것은? 2019.05.13. (1급) 25번

① 투자자본과 운전자본 소요액이 증가하여 기업의 재무구조가 악화될 우려가 있다.
② 원가가 절감되는 규모의 경제성을 기대할 수 있으며 특히, 수직적 M&A의 경우 영업효율성이 증대될 수 있다.
③ 상이한 성격의 기업끼리 M&A를 하면 분산투자에 의한 위험분산의 이점이 있다.
④ 수평적 M&A의 경우 시장점유율 확대로 지배적 위치를 확보할 수도 있다.

다음은 대기업과 비교하여 상대적인 중소기업의 유리한 점에 대해 기술한 것이다. 보기 중 가장 거리가 먼 것은? 2018.11.13. (1급) 24번

① 대기업에 비해 신제품 출시와 개발 속도가 빠르고 자금과 인력이 적게 든다.
② 개인별 맞춤서비스를 원하는 특수 분야 시장에는 중소기업이 유리하다.
③ 소수의 몇 사람이 출자하여 직접 경영에 참여하며 기업의 생명이 소유주 개인에 달려있다.
④ 대기업이 쉽게 진출하지 않는 수요량이 적은 틈새시장 공략에 유리하다.

다음 중 공기업의 특징에 대한 설명으로 가장 적절하지 않은 것은? 2018.11.13. (1급) 25번

① 국가예산의 범위에 한정된 자금으로 운영되므로 자본조달의 어려움이 따르는 경우가 많다.
② 법령이나 예산에 구속되어 경영상의 자유재량이 결여되기 쉽다.
③ 조세감면의 특혜를 받아 세금이나 공과금이 면제되거나 낮은 경우가 많다.
④ 공기업은 이익추구와 함께 공익추구도 함께 고려하여야 하며, 투자의사결정은 공기업의 공공성을 달성할 수 있도록 수행되는 경우가 많다.

다음은 주식회사에 대한 설명이다. 이 중 가장 적절하지 않은 것은 무엇인가? 2018.05.13. (1급) 26번

① 현대사회에서 가장 대표적인 기업으로 모두 유한책임사원으로 구성되는 자본적 공동기업이다.
② 자본을 모두 증권화하고 있으며, 이러한 증권화제도를 의제 자본이라고도 한다.
③ 주식회사는 소유와 경영이 분리될 수 있으며, 주주가 많아지고 주식분산이 고도화될수록 투자자들은 경영에 대한 관심보다 주로 자본이득에 관심을 갖게 된다.
④ 주식회사의 사원은 주로 출자자와 경영자로 분류되며, 자신의 투자액, 즉 주식매입가격 한도 내에서만 책임을 지는 엄격한 유한 책임제도를 갖는다.

다음 중 중소기업과 대기업의 비교에 대한 설명으로 가장 적절하지 않은 것은? 2018.05.13. (1급) 27번

① 대기업은 경기변동에 있어서 중소기업보다 상대적으로 탄력적이고 신축적이다.
② 대기업은 소품종 대량생산에 의하여 시장수요에 대응하고 중소기업은 주문에 의한 다품종 소량생산에 의존하는 경향이 있다.
③ 대기업과 비교해서 중소기업은 저생산성과 저자본비율이라는 특성을 가지고 있다.
④ 중소기업의 지역사회관계는 일반적으로 대기업보다 밀접 하며 지역문화 형성에 큰 역할을 담당한다.

다음의 대리인 문제에 대한 설명 중 가장 거리가 <u>먼</u> 것은? 2018.05.13. (1급) 29번

① 대리인 문제는 주체와 대리인의 이해관계가 일치하지 않아 생기는 문제를 의미한다.

② 주주는 대리인이 주주들을 위해 일하고 있는지 감시해야하는 데 이때 소요되는 비용을 확증비용(bonding cost)이라고 한다.

③ 전문경영자가 기업을 위한 최적의 의사결정을 하지 않음으로써 발생하는 기업가치손실비용을 잔여손실(residual loss)이라고 한다.

④ 전문경영자는 주주의 이익보다 개인의 이익을 우선할 때 도덕적해이(moral hazard)가 생길 수 있다.

34

경영 조직화의 설명 중 가장 거리가 먼 것은?　　　　　　　　　　2020.11.08. (1급) 27번

① 조직화의 의미는 부서수준에서 부장, 과장, 대리 등으로 직무를 설계하여 업무가 배분되고 조정되도록 하는 것을 의미한다.

② 조직화 과정에는 일반적으로 계획된 목표달성을 위해 필요한 구체적인 활동을 확정하는 단계가 있다.

③ 구체적인 활동이 확정되면 개개인이 수행할 수 있도록 일정한 패턴이나 구조로 집단화시키는 단계가 있다.

④ 조직화란 과업을 수행하기 위해 구성원과 필요한 자원을 어떻게 배열할 것인가를 구상하는 과정이다.

35

SWOT분석은 기업의 전략적 계획수립에 빈번히 사용하는 기법이다. 다음 A반도체의 SWOT분석 내용 중 O에 해당하지 않는 것은?　　　　　　　　　　2019.11.10. (2급) 29번

① 브랜드 신뢰도 확보 및 반도체 시장점유율 확대

② 미국과 중국의 반도체 수요 증가

③ 4차 산업혁명에 따른 메모리 반도체 수요 증가

④ 반도체 산업의 활황세

36

다음 중 조직구조의 유형에 관한 설명으로 가장 적합하지 않은 것은?　　　　　　　　　　2020.11.08. (1급) 28번

① 유기적 조직은 환경이 급변하고 복잡한 경우 기계적 조직보다 적합하다 할 수 있다.

② 기계적 조직은 유기적 조직에 비해 집단화 정도와 공식화 정도가 높다.

③ 유기적 조직은 직무내용이 유사하고 관련성이 높은 업무를 우선적으로 결합하여 업무의 전문성을 우선시하는 조직이라 할 수 있다.

④ 라인(line)구조는 조직의 목표 달성에 직접적인 책임을 지고 있는 기능을 가지고 있다.

37

다음은 경영자의 의사결정역할에 대한 설명이다. 경영자의 의사결정역할에 대한 설명으로 거리가 <u>먼</u> 것은?   2020.05.10. (1급) 29번

① 경영자는 새로운 아이디어를 내고 자원 활용과 기술 개발에 대한 결정을 한다.
② 경영자는 기업 외부로부터 투자를 유치하고 기업 홍보와 대변인의 역할을 수행한다.
③ 경영자는 주어진 자원의 효율적 활용을 위해 기업 각 기능의 역할 및 자원 배분에 신중을 기한다.
④ 경영자는 협상에서 많은 시간과 노력을 들여 유리한 결과를 이끌어내도록 최선을 다한다.

38

다음 중 공식조직을 구조화할 때, 고려해야 할 사항에 대한 설명으로 옳지 <u>않은</u> 것은?2020.05.10. (1급) 30번

① 그레이프바인 시스템 활성화   ② 권한의 위양 정도
③ 조정 절차 매뉴얼   ④ 구체적인 정책 수립

39

다음 중 경영자의 대인관계 역할에 관한 설명으로 가장 거리가 <u>먼</u> 것은?   2020.05.10. (2급) 29번

① 경영자는 회사를 대표하는 여러 행사를 수행하고 조직의 대표자로서의 역할을 수행한다.
② 경영자는 조직의 리더로서 경영목표를 달성하기 위해 종업원에게 동기부여하고 격려하는 역할을 한다.
③ 경영자는 필요한 정보를 탐색하고 수집된 정보를 선별하여 내부 조직구성원에게 제공해야 한다.
④ 경영자는 상사와 부하, 기업과 고객, 사업부와 사업부 등의 관계에서 연결고리역할을 한다.

40

다음 중 매트릭스 조직에 대한 설명으로 가장 적합하지 <u>않은</u> 것은?   2020.05.10. (2급) 30번

① 조직의 내부자원을 효율적으로 사용할 수 있으며 외부환경의 변화에 신속히 대응할 수 있다.
② 기능부문 담당자와 프로젝트 책임자에게 각각 보고하는 이중적인 명령체계를 갖고 있다.
③ 특정 과업의 목표를 달성하기 위해 구성된 임시적 조직으로 과업이 완료된 후에는 해산되는 조직구조이다.
④ 관리층의 증가로 인한 간접비가 증가되어 일반적 조직형태 보다 비용이 많이 든다.

41

기업조직의 통제기능의 필요성을 설명한 내용으로 가장 거리가 <u>먼 것</u>은? 2020.05.10. (1급) 28번

① 끊임없이 변화하는 경영환경으로 이미 수립된 계획의 타낭성확인을 위해

② 조직의 규모와 활동이 복잡하고 다양화됨에 따라 조직 내에서 발생하는 다양한 활동의 조정 및 통합을 위해

③ 경영자의 의사결정의 오판이나 예측오류의 발생을 예방하고 정정하기 위해

④ 경영자가 조직의 중앙집권화를 위해 권한위임을 최소화하고 부하 구성원 활동에 대한 감독을 강화하기 위해

42

다음 중 최고경영자 계층의 유형과 역할에 대한 설명으로 가장 거리가 <u>먼 것</u>은? 2019.11.10. (2급) 28번

① 최고경영자 계층은 수탁관리층, 전반관리층, 부문관리층 등으로 나눌 수 있으며 이중 부문관리층은 대개 이사로 선임되어있는 각 사업부문의 장을 의미한다.

② 최고경영자 계층은 조직 전체와 관련된 총괄적이고 종합적인 의사결정을 행한다.

③ 공장건설, 신제품개발, 기술도입, 기업의 인수과 같은 전략적인 의사결정 문제를 주로 한다.

④ 불확실하고 대개 반복적인 경영전략 수립 등 장래의 정형적인 업무의 의사결정을 주로 한다.

43

다음 중 조직문화의 구성요소인 7S에 대한 설명으로 가장 적절한 것은? 2019.11.10. (2급) 30번

① 기업의 구조(Structure)는 기업의 컴퓨터 및 기계장치 등 물리적 하드웨어를 의미한다.

② 공유가치(Shared Value)는 구성원을 이끌어 가는 전반적인 조직관리 형태로 경영 관리제도와 절차를 포함한다.

③ 구성원(Staff)은 기업의 인력구성, 능력, 전문성, 구성원의 행동패턴 등을 포함한다.

④ 전략(Strategy)은 기업의 단기적 방향에 따라 실행하는 비공식적인 방법이나 절차를 의미한다.

44

다음의 괄호에 들어가는 말을 순서대로 열거한 것을 고르시오. 2019.05.13. (1급) 29번

> (   )은 특정제품에 관련되는 경영활동은 해당 사업부문의 책임자가 맡는다.
> (   )은 특정한 목표를 달성하기 위해 팀을 구성하며, 목표달성 후 해체되는 형태로서, 전체 조직의 구조와 업무에 영향을 미치지 않는다.
> (   )은 전통적인 기능부분조직과 프로젝트 조직의 결합 형태로 구성원은 2중으로 소속어있다.

① 사업부제조직 – 프로젝트조직 – 매트릭스조직
② 사업부제조직 – 매트릭스조직 – 결합조직
③ 라인스탭조직 – 프로젝트조직 – 매트릭스조직
④ 라인스탭조직 – 매트릭스조직 – 결합조직

45

다음 경영의 기능 중에서 조직화(organizing)와 관련된 내용으로 가장 적합한 것은? 2018.05.13. (1급) 30번
① 조직이 달성해야 할 목표를 설정한다.
② 조직구성원을 동기부여한다.
③ 성과를 측정하고 피드백을 제공한다.
④ 수행할 업무를 분할하고 필요한 자원을 배분한다.

46

다음 중 여러 가지 조직구조에 대한 설명으로 가장 적절하지 않은 것은? 2018.11.13. (1급) 27번
① 수평적 분화는 부문화와 직무의 전문화 등으로 나타난다.
② 조직의 공식화 수준이 높을수록 조직 구성원 개인의 직무수행에 대한 재량권이 증가한다.
③ 집권화가 큰 조직은 의사결정권한을 상위층의 경영자가 보유하게 된다.
④ 분권적 관리조직은 신속한 의사결정이 가능하지만 공동비용의 발생으로 비용증가의 가능성이 있다.

기업들은 글로벌시장에서 경쟁하기 위해 다양한 전략을 구사한다. 다음의 내용을 읽고 어떤 전략을 설명한 것인지 가장 가까운것을 고르시오.
2019.05.13. (1급) 24번

> 외국의 기업이 생산한 개별제품에 자신의 브랜드와 상표를 부착하는 개념으로, 예를들어 델은 대만의 노트북제조회사인 쿼타 컴퓨터와 계약을 맺고 제조되는 노트북에 델의 브랜드를 부착하도록 하는 방법이다. 이러한 방법은 공장설립과 같은 과중한 진입비용에 따른 부담을 주지 않고 새로운 시장을 경험할 기회를 제공한다.

① 라이선싱(licensing)　　　　　　　　　② 프랜차이징(franchising)
③ 위탁제조(contract manufacturing)　　④ 해외자회사(foreign subsidiaries)

다음 중 민츠버그(Minzberg)가 주장한 조직의 경영자에 대한설명으로 가장 옳은 것은?
2018.11.13. (1급) 30번

① 경영자는 대인적, 정보적, 의사결정적 역할을 수행한다고 주장하였다.
② 종업원을 채용, 훈련, 동기유발시키는 등의 리더로서의 역할은 경영자의 의사결정적 역할을 보여주는 것이다.
③ 기업 내외의 여러 이해집단과 접촉하는 것은 경영자의 정보적 역할을 보여주는 것이다.
④ 분쟁 해결자, 협상가로서의 역할을 수행하는 것은 경영자의 대인적 역할을 보여주는 것이다.

다음은 경쟁가치모형에 따른 조직문화의 유형을 나타낸 그림이다. 다음 중 A~D의 조직문화를 가장 맞게 표현한 것으로 짝지어진 것은?
2018.05.13. (1급) 28번

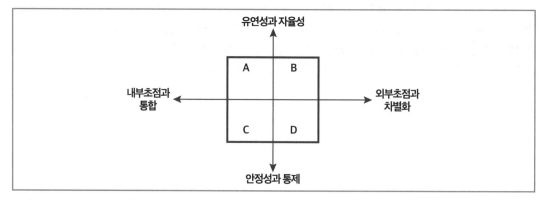

① 혁신문화(A) - 시장문화(B)　　　　② 관계문화(A) - 혁신문화(B)
③ 시장문화(C) - 관계문화(D)　　　　④ 위계문화(C) - 혁신문화(D)

50

민쯔버그가 제시한 경영자의 역할 중에서 종업원을 동기부여하는 역할로서 가장 적절한 것은?

2020.11.08. (1급) 29번

① 정보적 역할
② 대인적 역할
③ 의사결정적 역할
④ 협상자 역할

51

개인의 특성이 리더로서의 성공의 결정 요인으로 중요하게 보는 리더십 이론은 무엇인가?

2019.05.13. (2급) 31번

① 행동이론
② 특성이론
③ 상황이론
④ 규범적 리더십이론

52

다음 중 매슬로우(Maslow)의 욕구단계이론을 저차원에서 고차원의 단계별로 나열한 것으로 가장 적합한 것은?

2020.11.08. (2급) 31번

① 안전 욕구→사회적 욕구→성취 욕구→자아실현 욕구→존경 욕구
② 존재 욕구→안전 욕구→사회적 욕구→성장 욕구→자아실현 욕구
③ 안전 욕구→사회적 욕구→권력 욕구→자아실현 욕구→존경 욕구
④ 생리적 욕구→안전 욕구→사회적 욕구→존경 욕구→자아실현 욕구

53

허쯔버그(Herzberg)의 동기 - 위생이론에 대한 설명으로 옳은 것은?

2019.05.13. (2급) 32번

① 동기요인은 높은 수준의 욕구와 관련이 있으며, 개인으로 하여금 열심히 일하게 하고 성취도를 높혀주는 요인이다.
② 동기요인은 직무 자체보다는 직무환경과 연관성이 있다.
③ 위생요인은 구성원들에게 주는 만족요인이다.
④ 위생요인은 심리적 성장을 추구하는 요인이다.

다음 중 리더십이론에 대한 설명으로 가장 적절하지 <u>않은</u> 것은? 2020.11.08. (1급) 30번

① 블레이크와 모튼의 관리격자이론에서(1.9)형은 과업형 리더유형이다.

② 피들러는 리더십의 결정요인이 리더가 처해있는 조직 상황에 있다고 주장한다.

③ 허쉬와 블랜차드는 부하의 성숙도가 가장 높을 때는 지시형 리더보다는 위임형 리더가 더 효과적이라고 제안한다.

④ 번즈의 변혁적 리더십은 카리스마, 지적자극, 개별적 배려로 구성되어 있다.

다음 중 변혁적 리더십에 관한 설명으로 가장 적절하지 <u>않은</u> 것은? 2018.05.13. (1급) 32번

① 변혁적 리더는 부하 개개인의 감정과 관심, 그리고 욕구를 존중함으로써 동기유발 시킨다.

② 변혁적 리더는 부하들에게 비전을 제시하고 비전달성을 위해 함께 협력할 것을 호소한다.

③ 변혁적 리더십의 구성요인은 조건적 보상과 예외에 의한 관리이다.

④ 변혁적 리더는 부하들에게 자신의 이익을 초월하여 조직의 이익을 위해 관심을 가지고 공헌하도록 고무시킨다.

아래 도표와 같이 부하직원을 내집단과 외집단을 구분하여 설명하고 있는 리더십 이론은 무엇인가?

2020.05.10. (1급) 31번

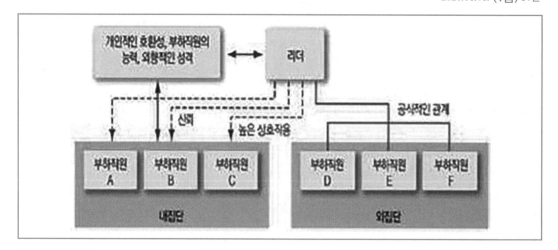

① 리더참여이론   ② 상황적합이론

③ 경로-목표이론   ④ 리더-부하 교환이론

다음 중 타인을 위한 봉사에 초점을 두며 종업원, 고객 등을 우선으로 헌신하는 리더십은 무엇인가?

2018.05.13. (2급) 38번

① 변혁적 리더십
② 카리스마적 리더십
③ 서번트 리더십
④ 슈퍼 리더십

다음은 매슬로우의 욕구이론과 앨더퍼의 ERG이론을 비교 설명한 것이다. 가장 거리가 먼 내용은 무엇인가?

2020.05.10. (1급) 32번

① 매슬로우의 생리적욕구와 앨더퍼의 존재욕구는 기본적으로 의식주에 대한 욕구로 조직에서의 기본임금이나 작업환경이 해당된다.
② 앨더퍼의 관계욕구는 매슬로우의 안전의 욕구 및 사회적욕구, 존경의 욕구 각각의 일부가 이에 해당된다.
③ 앨더퍼의 성장욕구는 매슬로우의 자아실현욕구에 해당하는 것으로 조직 내에서의 능력개발이라기 보다는 개인이 일생을 통한 자기능력 극대화와 새로운 능력개발을 말한다.
④ 매슬로우 이론과는 달리 앨더퍼는 욕구가 좌절되면 다시 퇴행할 수 있고, 동시에 여러 욕구가 존재할 수 있다고 주장한다.

59

다음 중 리더가 갖는 권력에 대한 설명으로 옳은 것은?

2019.11.10. (2급) 31번

① 준거적 권력과 강제적 권력은 공식적 권력의 예이다.
② 합법적 권력은 부하직원들의 봉급인상, 보너스, 승진 등에 영향력을 미치는 리더의 권력이다.
③ 전문가 권력은 부하직원의 상사에 대한 만족도에 긍정적 영향을 미친다.
④ 보상적 권력은 부하직원의 직무수행에 부정적 영향을 미친다.

다음의 의사소통에 관한 설명 중 가장 적절하지 않은 것은?

2018.05.13. (1급) 31번

① 의사소통이란 정보와 구성원들의 태도가 서로 교환되는 과정이며, 이때 정보는 전달 뿐 아니라 완전히 이해되는 것을 의미한다.
② 의사소통의 목적은 통제, 지침, 동기부여, 문제해결, 정보전달 등이 포함된다.
③ 직무지시, 작업절차에 대한 정보제공, 부하의 업적에 대한 피드백 등은 하향식 의사소통에 포함된다.
④ 동일계층의 사람들 간의 의사전달, 부하들의 피드백, 새로운 아이디어 제안 등은 수평식 의사소통에 포함된다.

다음 중 동기부여이론에 대한 설명으로 가장 옳지 않은 것은?　　　　2019.05.13. (1급) 31번

① 알더퍼(Alderfer)의 ERG이론은 인간의 욕구는 존재욕구 – 관계욕구 – 성장욕구로 분류한다.
② 허쯔버그(Herzberg)의 이요인이론(two factor theory)에 의하면, 임금 인상이나 작업환경 개선으로는 종업원의 만족도를 높일 수 없다.
③ 아담스(Adams)의 공정성 이론(equity theory)은 욕구를 5단계로 분류하여 하위에서 상위욕구까지를 설명한 과정이론이다.
④ 브룸(Vroom)의 기대이론은 직무수행을 위한 구성원의 노력에서 보상까지의 과정에 있어 동기유발을 이해하기 위한 접근방법이다.

다음은 여러 학자들의 동기부여이론을 설명한 것이다. 이 중 가장 적합하지 않은 것은?
　　　　2018.05.13. (2급) 29번

① 매슬로우는 인간의 욕구를 생리적, 안전, 소속, 존경, 자아 실현의 5가지로 나누었으며, 초창기 이론은 저차원의 욕구가 만족되어야 고차원의 욕구를 추구한다고 한다.
② 맥그리거는 X, Y이론을 설명하였는데, X이론에 의하면 관리자는 종업원을 스스로 목표달성을 할 수 있는 존재라고 보았다.
③ 허쯔버그는 위생 – 동기이론을 발표하였는데 위생요인은 방치하면 사기가 저하되기에 이를 예방요인이라고도 한다.
④ 맥클랜드는 현대인은 주로 3가지 욕구 즉 권력, 친교, 성취욕구에 관심이 있다고 한다.

다음 중 리더십이론의 설명으로 가장 옳지 않은 것은?　　　　2019.05.13. (1급) 32번

① 특성이론은 가장 오래된 이론으로 성공적인 리더들은 타인과 다른 개인적 특성을 가지고 있으며, 이는 선천적으로 태어난다는 이론이다.
② 행동이론은 리더의 행동양식에 초점을 맞춘 것으로 리더의 행동이 구성원에게 만족도와 생산성에 영향을 준다는 이론이다.
③ 상황이론은 상황에 따라 바람직한 유형의 리더가 달라진다는 이론이다.
④ 변혁적 리더십은 오직 상사의 막강한 권력만이 부하를 변혁시킨다는 이론이다.

다음 중 리더십 이론에 대한 설명으로 가장 적절하지 <u>않은</u> 것은? 2018.11.13. (1급) 31번

① 피들러(Fiedler)의 상황이론에 따르면, 집단상황이 리더에게 매우 호의적인 상황에서 관계지향적 리더가 가장 효과적인 것으로 나타났다.

② 허시(Hersey)와 블랜차드(Blanchard)의 상황이론에 의하면, 부하의 성숙도가 매우 높은 경우에는 위임형 리더십 스타일이 적합하다.

③ 블레이크(Blake)와 머튼(Mouton)의 관리격자모형은 생산에 대한 관심과 인간에 대한 관심으로 리더의 행동을 유형화 하였다.

④ 하우스(House)의 경로 – 목표이론에 의하면, 리더는 개인이나 집단 구성원이 추구하는 목표에 길잡이가 될 수 있을 때 효과적인 리더라고 할 수 있다.

다음은 각 동기부여 이론에서 주장하고 있는 특성을 설명한 것이다. 가장 옳지 <u>않은</u> 것은?

2018.11.13. (1급) 33번

① 욕구단계이론 : 하위계층의 욕구로부터 단계적으로 나타난다.

② ERG이론 : 사람은 존재, 관계, 성장에 관한 세 단계의 욕구를 갖는다.

③ 동기 – 위생이론 : 동기요인은 만족요인, 위생요인은 불만족 요인으로 설명하고 있다.

④ 강화이론 : 사람은 행동과정에서 동기력 값이 가장 큰 대안을 선택하여 강화한다.

66

인사관리 중 선발의 경우, 면접 시 생길 수 있는 오류의 설명 중 바르게 설명된 것은? 2020.11.08. (1급) 34번

① 현혹효과는 후광효과라고도 하는데, 이는 한 측면의 평가결과가 전체 평가를 좌우하는 오류를 말한다.

② 관대화경향은 평가할 때 무조건 적당히 중간 점수로 평가하여 평가치가 중간에 치중하는 현상을 나타나게 하는 오류이다.

③ 스테레오타입오류는 피그말리온효과라고도 하는데, 자기충족적 예언을 의미한다.

④ 다양화오류는 사람들이 경험을 통한 수많은 원판을 마음에 가지고 있다가 그 원판 중에 하나라도 비슷하게 맞아 떨어지면 동일한 것으로 간주해버리는 오류를 의미한다.

67

다음 중 인적자원관리 기능프로세스 중 가장 거리가 <u>먼</u> 것은? 2019.05.13. (1급) 38번

① 확보관리　　② 스카웃관리

③ 평가관리　　④ 개발관리

68

BSC(Balanced Score Card) 인사평가에서 균형이란 성과평가에서 재무적·비재무적 성과를 모두 균형 있게 고려한다는 것이다. 재무적 성과와 비재무적 성과를 고려하는 BSC 평가관점이 <u>아닌</u> 것은? 2020.11.08. (1급) 35번

① 재무적 성과 : 고객 관점　　　　② 재무적 성과 : 재무 관점

③ 비재무적 성과 : 외부 프로세스 관점　　④ 비재무적 성과 : 학습과 성장 관점

69

다음은 재무상태표(대차대조표)를 작성할 때 각각의 계정과목에 대한 설명이다. 이 중 가장 거리가 <u>먼</u> 것은? 2020.05.10. (1급) 37번

① 유동자산은 재고자산과 당좌자산으로 구성되며, 차변에 기재한다.

② 부채는 유동부채와 비유동부채로 구성되며, 대변에 기재한다.

③ 비유동자산은 유형자산, 무형자산, 투자자산으로 구성되며, 차변에 기재한다.

④ 자본은 자본금, 자본잉여금, 이익잉여금으로 구성되며, 차변에 기재한다.

70

다음 중 기업에서 활용되는 다양한 마케팅 활동에 대한 설명으로 가장 적합하지 <u>않은</u> 것은?

2020.11.08. (1급) 36번

① 디마케팅(demarketing)은 자사 제품이나 서비스에 대한 수요를 일시적 또는 영구적으로 감소시키려는 마케팅이다.
② 퍼미션(permission)마케팅은 같은 고객에게 관련된 기존상품 또는 신상품을 판매하는 마케팅이다.
③ 자극(stimulation)마케팅은 제품에 대한 지식이나 관심이 없는 소비자에게 자극을 주어 욕구를 가지게 하는 마케팅이다.
④ 바이럴(viral)마케팅은 네티즌들이 이메일이나 다른 전파매체를 통해 자발적으로 제품을 홍보하는 메시지를 퍼트리는 것을 촉진하는 마케팅이다.

71

은행이 고객으로부터 받은 예금 중에서 중앙은행에 의무적으로 적립해야 하는 비율을 일컫는 용어는?

2020.11.08. (1급) 40번

① 현금통화비율
② 현금비율
③ 지급준비율
④ 본원통화

72

다음은 4P 마케팅 믹스의 구체적 내용이다. 옳지 <u>않은</u> 것은?

2020.05.10. (1급) 33번

① Place : 재고, 서비스, 품질보증
② Price : 할인, 보조금, 지불기간
③ Promotion : 광고, 인적판매, 판매촉진
④ Product : 품질, 디자인, 브랜드명

73

금융기관간의 영업활동 과정에서 남거나 모자라는 자금을 30일 이내의 초단기로 빌려주고 받는 것을 이것으로 부르며, 이때 은행·보험·증권업자 간에 이루어지는 초단기 대차에 적용되는 금리를 일컫는 용어는?

2020.05.10. (2급) 38번

① 제로금리
② 콜금리
③ 기준금리
④ 단기금리

포괄손익계산서 보고서 양식은 다음과 같다. 각 과목에 대한 산정방식으로 옳지 않은 것은?

2020.11.08. (1급) 37번

보기	1	과목	계산 방식
①	(1)	순매출액	
	(2)	매출원가	
	(3)	매출총이익	(1)-(2)
	(4)	영업비용(판매비와 일반관리비)	
	(5)	영업이익	
②	(6)	영업외손익(금융손익 등)	
	(7)	법인세비용 차감전 순이익	(5)-(6)
	(8)	법인세 비용	
③	(9)	당기순이익	(7)-(8)
	(10)	기타포괄손익	
④	(11)	총포괄손익	(5)+(9)

① (3) 매출총이익 = (1)-(2) ② (7) 법인세비용 차감전 순이익 = (5)-(6)
③ (9) 당기순이익 = (7)-(8) ④ (11) 총포괄손익 = (5)+(9)

경영활동에 활용되는 정보기술의 보고기능에 대한 설명으로 가장 적합하지 않은 것은?

2020.05.10. (1급) 35번

① 데이터마트는 기업경영자료를 2차원 또는 3차원으로 나타내어 사용자가 시각적으로 쉽게 자료를 이해할 수 있도록 지원한다.
② 온라인분석처리(OLAP)는 사용자가 다차원 분석도구를 이용하여 의사결정에 활용하는 정보를 분석하는 과정을 말한다.
③ 데이터마이닝은 데이터 사이의 관련성을 규명하여 의사결정에 도움을 주는 고차원의 통계적 알고리즘을 사용한 기법을 의미한다.
④ 의사결정시스템은 경영자들에게 요약, 조직화된 데이터와 정보를 제공함으로써 의사결정을 지원하는 정보시스템을 말한다.

다음 중 인사고과에서 발생할 수 있는 오류에 관한 설명으로 가장 적절하지 <u>않은</u> 것은?

2020.05.10. (1급) 36번

① 종업원을 실제보다 높거나 후하게 평가하는 관대화경향이 발생할 수 있다.
② 출신지역, 직무, 인종 등의 특징이나 고정관념으로 평가자의 편견에 비추어 종업원을 평가하는 상동적 태도가 나타날 수 있다.
③ 비교 대상이 무엇인지에 따라 평가결과가 달라지는 대비오류가 나타날 수 있다.
④ 종업원의 한 면만을 기준으로 다른 것까지 평가해 버리는 중심화경향이 나타날 수 있다.

다음 보기의 내용은 마케팅 전략 중 무엇을 설명하는 것인가?

2019.11.10. (2급) 36번

- A 커피회사는 미국 서부에는 진한 커피를, 동부에는 약한 커피를 공급한다.
- B 백화점은 각 층별로 영캐주얼층, 남성층, 여성층 등으로 나누어 전시한다.

① 포지셔닝(positioning)　　② 시장세분화(segmenting)
③ 표적시장(targeting)　　④ 통합화(integrating)

A기업의 자본총계는 1억 6천만 원이고 부채총계는 4천만 원이다. 이때 A기업의 자산총계와 부채 비율은 각각 얼마인가?

2019.11.10. (2급) 38번

① 자산총계 – 1억 2천만 원이며, 부채비율 – 20%
② 자산총계 – 1억 6천만 원이며, 부채비율 – 400%
③ 자산총계 – 2억 원이며, 부채비율 – 25%
④ 자산총계 – 2억 4천만 원이며, 부채비율 – 17%

다음 중 기업의 자금조달 방식에 대한 설명으로 가장 적합하지 <u>않은</u> 것은? 2019.11.10. (2급) 40번

① 주식은 주식회사의 자본을 이루는 단위로 주주의 권리와 의무를 나타내는 증권이다.

② 회사채는 기업이 일정기간 후 정해진 액면금액과 일정한 이자를 지급할 것을 약속하는 증서를 말한다.

③ 직접금융은 기업의 장기설비 투자를 위한 자금 조달에 용이하다.

④ 간접금융은 자금의 공급자와 수요자 사이에 정부가 신용을 보증하는 방식으로 주식, 채권 등을 통해 이루어진다.

다음 중 손익계산서에서 나타내는 산식으로 가장 옳은 것은? 2018.11.13. (1급) 37번

① 매출총이익 = 매출액 - 판매비

② 영업이익 = 매출총이익 - 판매비와 일반관리비

③ 법인세차감전 순이익 = 영업이익 + 영업 외 수익

④ 당기순이익 = 매출총이익 - 영업이익

다음 중 경영정보시스템(MIS)에 대한 설명으로 가장 옳지 <u>않은</u> 것은? 2018.11.13. (1급) 34번

① 경영정보시스템은 인사관리, 판매관리, 재고관리, 회계관리 등의 분야에 걸쳐 다양하게 적용된다.

② 기업의 외부자원과 내부자원을 통합하여 고객의 요구에 맞게 서비스함으로써 업무생산성을 향상시키고, 고객 외부사업 파트너, 내부 종업원을 통일된 인터페이스를 통해 하나로 묶을 수 있는 e-Business를 의미한다.

③ 경영정보시스템의 역할은 운영적 역할, 관리적 역할 뿐 아니라 기업전체의 전략적 우위확보를 지원하는 전략적 역할을 포함하고 있다.

④ 경영정보시스템의 기능구조로는 거래처리시스템, 정보처리시스템, 프로그램화 의사결정시스템, 의사결정지원시스템, 의사소통 시스템 등이 있다.

다음의 사례에서 제품의 수명주기(product life cycle)중(A)는 어떤 시기에 해당되는 것인지 보기에서 고르시오.

2018.05.13. (1급) 34번

> 인스턴트 커피가 도입되었을 때 사람들은 레귤러커피만큼 좋아하지 않았으나, 어느 정도 시간이 흐르고 어떤 시점 이후에서는 인스턴트커피가 빠르게 대중화되었고, 많은 브랜드들이 출시되었다(A). 그 이후 점차 시간이 지나면서 사람들은 한 브랜드를 선호하게 되고 매출은 안정상태가 되었다.

① 성숙기   ② 성장기
③ 도입기   ④ 쇠퇴기

다음 중 아래의 설명이 나타내는 용어로 가장 적합한 것은?

2020.11.08. (1급) 38번

> 고객 중에는 간혹 물건을 오랜 기간 사용하고 물건에 하자가 있다고 환불이나 교환을 요구하거나 멀쩡한 음식물에 고의적으로 이물질을 넣어 보상금을 챙기는 사람들이 있다. 이와 같이 악성민원을 고의적, 상습적으로 제기하는 소비자를 뜻하는 말이다.

① 블루슈머   ② 레드슈머
③ 트윈슈머   ④ 블랙컨슈머

다음 중 아래와 같은 상황을 뜻하는 용어로 가장 적절한 것은?

2020.11.08. (1급) 39번

> 어느 한 제품의 가격을 올리면 그 제품을 만드는 기업이 유리해진다. 그러나 모든 기업이 유리해진다. 그러나 모든 제품의 가격이 오르면 모든 기업이 이익을 얻으므로 아무도 유리해지지 않으며 오히려 물가만 올라가 나쁜 영향만 미치는 상황이 만들어진다.

① 구성의 오류   ② 매몰비용의 오류
③ 인과의 오류   ④ 도박사의 오류

스테가노그래피(steganography)는 어떤 것을 일컫는 말인가?   2020.11.08. (2급) 38번

① 은행계좌 추적 프로그램   ② 네드웍 마비 프로그램
③ 암호화해 숨기는 심층암호기술   ④ 스마트폰 장치 제어프로그램

아래의 글이 설명하는 용어로 가장 적합한 것은?   2020.05.10. (1급) 38번

> 무리한 인수·합병으로 회사 전체가 위험에 빠지고 결국 경영에 독이 되는 현상이 나타나는 경우를 말한다. 예를 들면, 인수자금을 마련하기 위해 빌린 돈의 이자를 부담할 수 없는 상황에 빠져 모기업의 현금흐름마저 이를 감당할 수 없게 되어 기업전체가 휘청거리는 상황에 이르는 현상이다.

① 곰의 포옹   ② 흑기사
③ 독약 처방   ④ 승자의 저주

최근 승차공유서비스인 카풀의 경우 택시업계와 갈등을 빚어 왔으며, 승합차 호출서비스와 개인택시 간에 서비스 불법논란이 불거지고 있다. 이처럼 한번 생산된 제품을 여럿이 함께 협력소비를 기본으로 한 방식을 일컫는 용어를 무엇이라 하는가?   2020.05.10. (1급) 39번

① 공유소비   ② 공유경영
③ 공유경제   ④ 공유사회

가격 대비 마음의 만족이 큰 제품을 택하는 '가심비(價心費)'를 따지는 소비를 무엇이라 하는가?   2020.05.10. (2급) 40번

① 착한소비   ② 기호소비
③ 플라시보 소비   ④ 소비대차

89

제조 설비를 가지지 않은 유통 전문업체가 개발한 상표로, 유통전문업체가 스스로 독자적인 상품을 기획한 후, 생산만 제조업체에게 의뢰하여 제조된 제품을 무엇이라 하는가?　　　2019.11.10. (1급) 39번

① NB 제품(National Brand)　　　　　　② PB 제품(Private Brand)
③ OB 제품(Objective Brand)　　　　　　④ IB 제품(International Brand)

90

아래의 사례를 설명하기에 가장 적합한 경제용어는?　　　2019.11.10. (2급) 33번

> (사례1) 비서 C씨의 사무실 근처 거리에 같은 메뉴를 파는 두 음식점이 있다. A음식점은 줄을 서서 기다리는 반면 B음식점은 한두 테이블에만 사람이 앉아 있다 비서 C씨는 '사람이 없는 곳은 다 이유가 있겠지'라는 생각에 A음식점을 선택한다.
> (사례2) 비서 C씨는 유행에 따라 물건을 구입하는 경향이 있다.

① 백로효과　　　　　　② 밴드왜건효과
③ 베블런효과　　　　　　④ 분수효과

91

아래의 사례를 설명할 수 있는 게임이론으로 가장 적절한 것은?　　　2019.05.13. (2급) 40번

> 경쟁기업인 A기업과 B기업이 서로를 꺾기 위해 손실을 감수하며 파격적인 할인을 반복하는 '죽기살기식 가격경쟁'을 하고있다.

① 제로섬게임　　　　　　② 죄수의 딜레마
③ 세 명의 총잡이　　　　　　④ 치킨게임

92

브릭스(BRICS)는 2000년대를 전후해 경제성장 가능성이 높은 신흥경제국 5개국을 하나의 경제권으로 묶어 지칭하는 용어이다. 매년 정상회담을 개최하여 브릭스 회원국간의 상호 경제협력을 강화하는 움직임을 이어가고 있다. 다음의 국가 중 브릭스(BRICS)의 회원국이 아닌 국가는?　　　2019.05.13. (1급) 37번

① 러시아　　　　　　② 중국
③ 남아프리카공화국　　　　　　④ 멕시코

설계·개발, 제조 및 유통·물류 등 생산과정에 디지털 자동화솔루션이 결합된 정보통신기술(ICT)을 적용히여 생산성, 품질, 고객만족도를 향상시키는 지능형 생산공장을 일컫는 용어는 다음 중 무엇인가?

2018.11.13. (1급) 38번

① 인더스트리 4.0　　　② 스마트 공장
③ 사물인터넷　　　　　④ 공장자동화

(A)는 저소득층의 소득증가가 결과적으로 국가전체의 경기부양으로 이어진다는 경제용어이다. 이는 저소득층의 소득수준이 올라가면 총 소비가 늘어나고, 기업측면에서는 생산 투자할 여력이 많아지기 때문에 경기가 활성화돼 부유층의 소득도 높아진다는 것이다. 이는 부유층으로부터 세금을 더 걷어 저소득층의 복지정책을 늘리자는 정책과 상통한다. 여기서 (A)를 뜻하는 용어는 무엇인가?　2019.05.13. (1급) 39번

① 낙수효과　　　　　② 낙타효과
③ 분수효과　　　　　④ 풍선효과

다음 중 '작은 돈을 장기간 절약하여 꾸준히 저축하면 목돈을 만들 수 있다'는 의미로 장기간 저축하는 습관의 중요성을 강조하는 용어로 가장 적절한 것은?　2019.05.13. (2급) 38번

① 스파게티볼 효과　　② 카푸치노 효과
③ 카페라테 효과　　　④ 블랙스완 효과

다음 중 아래의 내용과 관련된 용어로 가장 적절한 것은?　2018.11.13. (1급) 40번

> 투자자들 사이에 어떤 회사의 주식가치, 더 나아가 전체주식 시장의 가치가 고평가 되었는지 가늠할 수 있는 잣대로서 현재 시장에서 매매되는 특정회사의 주식가격을 주당순이익으로 나눈 값을 말한다. 이것이 낮은 주식은 앞으로 주식 가격이 상승할 가능성이 크다.

① ROI　　　② PER
③ KPI　　　④ CVR

97

적대적 M&A의 위협을 받고 있는 기업의 경영권을 지켜주기 위해 나서는 우호적인 제3의 세력을 나타내는 용어로 다음 중 가장 옳은 것은?

2018.05.13. (2급) 22번

① 흑기사
② 백기사
③ 황금낙하산
④ 황금주

98

다음의 설명에 해당되는 용어는 보기 중 무엇인가?

2018.11.13. (2급) 34번

> 전체 원인의 20%가 전체 결과의 80%를 지배하는 현상을 의미하는 용어로 20:80법칙이라고도 하는 용어로 특히, 상위 20%사람들이 전체 부의 80%를 차지하기도 하고, 20%의 핵심인재가 80%의 성과를 올린다.

① 페레스트로이카 법칙
② 파레토 법칙
③ 페이퍼컴퍼니 법칙
④ 윔블던 법칙

99

아래의 보기에서 나타난(A)에 해당하는 용어로 가장 적절하지 <u>않은</u> 것은?

2018.05.13. (1급) 38번

> 글로벌 디스플레이시장에서 중국의 물량공세가 본격화되면서 LCD패널시장에서(A)이/가 나타날 전망이다.(A)에 따른 경쟁은 지속적으로 가격을 인하하고 과감히 설비투자를 집행하면서 손해를 감수하더라도 점유율을 늘리는 방식으로, 시장에서 상대방을 밀어내는 출혈경쟁을 하게 되는 것을 말한다. 결국 타 업체들이 항복함에 따라 마지막까지 버틴 기업이 최후의 승자가 될 수 있다.

① 치킨게임
② 죄수의 딜레마
③ 제로섬게임
④ 세명의 총잡이게임

100

다음의 내용을 읽고 괄호에 들어갈 용어로 가장 적합한 것은?

2017.11.12. (1급) 40번

> (   )을 실생활에 응용한 예를 보자, 뷔페식당은 다양한 음식을 갖추어 놓고 일정한 식사비만 내면 얼마든지 먹게 한다. 어떻게 그런 무모한 마케팅 전략을 세울 수 있는가? 이는 (   )이 성립되기 때문이다.

① 무차별곡선 법칙
② 총효용의 법칙
③ 수요균등의 법칙
④ 한계효용체감의 법칙

기출문제 III

사무영어 100제

사무영어 100제

1. 비즈니스 용어 및 문법

01
가. 비즈니스 용어

Which pair is NOT proper?
2020.11.08. (1급) 41번

① 도착 서류함 - in - tray
② 연필깎이 - sharpener
③ 소화기 - fire end
④ (회사명이 들어있는)편지지 - letterhead paper

02
가. 비즈니스 용어

다음 밑줄 친 단어의 사용이 바르지 <u>않은</u> 것은?
2020.05.10. (1급) 49번

① The minutes of a meeting is the written records of the things that are discussed or decided at it.
② Exchange rate is the money that you need to spend in order to do something.
③ When someone gives you a quotation, he/she tells you how much he/she will charge to do a particular piece of work.
④ An agenda is a list of the items that have to be discussed at a meeting.

03
가. 비즈니스 용어

Which is the LEAST correct match?
2020.11.08. (2급) 41번

① 홍보부 : Public Relations Department
② 인력개발부 : Human Resources Department
③ 구매부 : Purchasing Department
④ 사업부 : Accounting Department

04

Which is the LEAST correct match?

① CFO : Chief Financial Officer   ② COD : Cash on Delivery
③ BCC : Blind Carbon Copy   ④ N/A : Not Alone

05

Choose one that does NOT match each other.

① AKA : Also knows as   ② ISP : Internet Service Product
③ ROI : Return on Investment   ④ BOE : Board of Executives

06

Choose one that does NOT match each other.

① Branch is one of the offices, shops, or groups which are located in different places.
② Personnel department is responsible for hiring employees and interviewing with candidates.
③ Marketing department talks to clients and persuades them to buy products.
④ Accounting department organizes financial aspects of business.

07

Which English sentence is grammatically LEAST correct?

① 경제 성장률이 현재 4%에 머무르고 있다. → Economic growth now stands at 4 percent.
② 우리는 3년간 흑자입니다. → We have been in the red for three years.
③ 올해 순이익은 3천 4백만 달러에 달했다. → Net income of this year was $34 million.
④ 파업으로 우리의 매출이 급감했다. → Our profits fell sharply because of strikes.

08

Choose one that does NOT match each other.

① NRN : No reply necessary   ② GDP : Gross Domestic Product
③ MA : Marvel of Arts   ④ N/A : Not applicable

09

Choose one that does NOT match each other.   2019.05.13. (1급) 41번

① IOW : In other words
② ROI : Return on Interest
③ NRN : No reply necessary
④ YOLO : You only live once

10

Ms. Han's company needs to import some fibers from a foreign company. After examining the advertisements in the magazine, Ms. Han wants to get more information. Whom does she have to contact?   2019.05.13. (1급) 42번

① credit manager
② sales manager
③ HR manager
④ public relations manager

11

Who is Ms. Chillingworth MOST likely to be?   2018.05.13. (1급) 42번

Date : 14 February	Subject : Slembrouck BVBA
From : Manager	To : Ms. Chillingworth

I am very surprised that Slembrouck BVBA are not going to deliver the coffee and the rest of the tea until the end of the month. We have now found a new supplier, so please cancel our order with them.

You can also tell them that we are sorry, but we do not intend to do any more business with them.

① a purchasing &sales supervisor
② HR manager
③ a PR manager
④ a production manager

12

Choose one that does not correctly explain each other.   2018.05.13. (1급) 43번

① Voice mail : a system where people leave recorded telephone messages
② Staple : a metal object pressed through papers to hold them together
③ Tape : a sticky material that keeps objects together
④ Atlas : a room or building where books are kept

Choose one to fill in the blank below with the MOST appropriate vocabulary term.

2020.05.10. (1급) 57번

> _____ immediately, the marketing services division has been reorganized as follows. There will be four separate departments; Customer Services, Market Research, Advertising, and Field Sales.

① Efficient   ② Efficiently

③ Effective   ④ Effection

14

Choose the sentence which does NOT have a grammatical error.

2020.11.08. (1급) 43번

① First, let me congratulate you the rapid growth of your operation.

② I'm pleased to learn of the succession you have been.

③ He will be scheduled an appointment with you within a few day.

④ I would like to arrange an appointment with you so that we can go over any questions you might have.

Choose the one which has the MOST UNGRAMMATICAL part.

2020.11.08. (2급) 43번

① We see few lightning bugs even on a farm.

② The number of foreign investors is on the rise.

③ Some of the applicants arrived late for their job interview.

④ All of the merchandise have tested carefully before the launch.

16

Which is the BEST word(s) for each blank?

- Is the message ⓐ_____ ? Will the other person be able to read it?
- The telephone call was in ⓑ_____ to our airline reservation.
- Did you complete and return the ⓒ_____ we sent you recently?
- We will be able to ⓓ_____ at least ten more guests at the banquet.

① ⓐ legible, ⓑ regarding, ⓒ question, ⓓ accommodate
② ⓐ legible, ⓑ regard, ⓒ questionnaire, ⓓ accommodate
③ ⓐ vague, ⓑ regarding, ⓒ question, ⓓ accommodate
④ ⓐ vague, ⓑ regard, ⓒ questionnaire, ⓓ accommodate

17

Choose the one which has MOST UNGRAMMATICAL part.

① 지원자들은 그 일자리에 필요한 자격요건을 갖추어야 한다. → Candidates should meet the qualifications for the job.
② 신입사원들은 일주일 동안 교육을 받을 것이다. → New employees will receive training for a week.
③ 전 직원은 월요일마다 회의에 참석한다. → All staff members attends a meeting for Monday.
④ 방문객은 접수원에게 신분증을 제시해야 한다. → Visitors have to show the receptionist an identification card.

18

Which English sentence is grammatically LEAST correct?

① May I ask what your visit is in regard to?
② I'd like to schedule a meeting for discuss with the project.
③ I think we need at least two hours to plan for that project.
④ You may be asked to help yourself to a soft drink.

Followings are sets of Korean sentence translated into English. Which is the LEAST appropriate expression? 2020.05.10. (1급) 55번

① 그 마을에 있는 역사적인 건물들의 본래 외관은 보존될 것이다. → The original appearance of the town's historic buildings will be preserved.

② 다른 회사와 합병하는 것은 언제나 어렵고 민감한 문제이다. → Merging another company are always a difficult and sensible issue.

③ 숙련된 조립라인 작업자들이 좀 더 세심한 경향이 있다. → Experienced assembly-line workers tend to be more attentive.

④ Mr. Nick Jordan은 나의 직속 상사이다. → Mr. Nick Jordan is my immediate supervisor.

Which English sentence is grammatically LEAST correct? 2018.11.13. (1급) 43번

① 10년 내에, 저는 이 회사 최고의 비서가 되고 싶어요. → Within 10 years, I would like to become the very best secretary in this company.

② 문서를 팩스로 보내 주실 수 있나요? → Could you fax the document to us, please?

③ 요청하신 자료입니다. → This is the information you requested.

④ 첨부 파일을 보세요. → Please look for the attaching file.

Belows are sets of English sentence translated into Korean. Choose one which does NOT match correctly. 2019.05.13. (1급) 43번

① Thank you for your hard work. → 당신의 노고에 감사드립니다.

② On behalf of my boss, I am here to sign the contract. → 사장님을 대신해서 제가 계약서 사인을 하러 왔습니다.

③ I forgot to attach the file in my email. → 제 이메일에 파일을 첨부했던 것을 깜박했습니다.

④ We are running out of time. → 우리는 시간이 얼마 없습니다.

22

나. 영문법

Belows are sets of English sentence translated into Korean. Choose one which does not match correctly each other.

2018.05.13. (1급) 49번

① You shouldn't hurry through a business report. → 사업 보고서를 대충대충 작성해서는 안 됩니다.
② We're about a month behind schedule. → 예정보다 한 달 정도 빨리 끝날 것 같습니다.
③ I think we need to wrap it up for today. → 오늘은 이만 해야겠네요.
④ Refer to the quarterly report for the last year. → 작년 분기별 보고서를 참조하세요.

23

나. 영문법

Which is a LEAST proper English expression?

2019.11.10. (1급) 44번

① 주문하신 제품을 배송하였음을 알려드립니다. This is to let you know that we've shipped your order.
② 저는 품질 보증부의 Jack Owen입니다. My name is Jack Owen in the Warranty Department.
③ 저희 로스엔젤레스 지사의 부장, Michael Hong께서 귀하의 존함을 알려주셨습니다. I was given by your name of the Director Michael Hong for our Los Angeles office.
④ 제가 도와드릴 수 있는 일이 또 있으면 연락 주십시오. If there's anything else I can help you, please let me know.

24

나. 영문법

What are the BEST expressions for the blank ⓐ and ⓑ?

2019.11.10. (1급) 53번

Most hotels have an alarm clock in each room : however, some hotels use ____ⓐ____ . Check-out time is usually between 11:00 a.m. and 1:00 p.m. Most hotels have a ____ⓑ____ , if you need to store your luggage after checking out.

① ⓐ get up calls, ⓑ baggage claim area
② ⓐ morning calls, ⓑ luggage allowance
③ ⓐ give up calls, ⓑ laundry service
④ ⓐ wake up calls, ⓑ luggage storage room

What are the BEST expressions for the blank ⓐ and ⓑ? 2019.11.10. (1급) 54번

Waiting areas for visitors ⓐ 다릅니다. different companies. Usually visitors wait near the receptionist, but sometimes they may be shown directly to the meeting room and wait there.

Coffee or tea is not always served. If you are served coffee, it may be in a cup, a mug or even a ⓑ 일회용 컵. You may also be asked to help yourself to coffee or a soft drink.

① ⓐ differ on, ⓑ recycled cup   ② ⓐ varies on, ⓑ tumbler

③ ⓐ vary in, ⓑ disposable cup   ④ ⓐ have various, ⓑ paper cup

Which of the following is the MOST appropriate expression for the blank? 2019.05.13. (1급) 44번

A : Let's look at the agenda for this meeting.

B : Yes. I'm hoping for a productive outcome in the end.

A : How long do you think our meeting will last?

B : This meeting will be two hours with a short break in the middle.

A : OK, I may need to step out early. I have to (　　　　　) 3 o'clock.

B : No problem. I understand.

① leave a phone call by   ② call an important phone of

③ take an important phone call on   ④ make an important phone call at

Read the following conversation and choose one which has a grammatical error.

2019.05.13. (2급) 45번

A : Oh my goodness, I'm late again today.

B : Everybody ⓐhas been waiting for you.

A : I'm sorry ⓑfor being late for the meeting.

B : Why are you so late?

A : I'm late because the subway ⓒis break down.

B : ⓓWhy didn't you call me then?

A : My cell phone died.

B : No more execuses, please.

① ⓐ has been waiting   ② ⓑ for being late

③ ⓒ is break down   ④ ⓓ Why didn't you

Which of the followings is the MOST appropriate expression for the blanks ⓐ, ⓑ, and ⓒ?

2019.05.13. (2급) 60번

A: Hi, Fiona. How's it going?

B: Very well. Thank you. Spencer, this is my colleague Kaden. We started ⓐ(   ) here at the same time, but he's ⓑ(   ) me in the company. He ⓒ(   ) at the Jeju branch before he came to Seoul.

A: Hello, Kaden, you can call me Spencer.

C: Hello, Spencer. It's nice to meet you.

① ⓐ to working, ⓑ junior, ⓒ is used to working

② ⓐ working, ⓑ senior, ⓒ used to work

③ ⓐ join, ⓑ peer, ⓒ worked

④ ⓐ worked, ⓑ supevisor, ⓒ used to working

Put the sentences in the most appropriate order.

2018.11.13. (2급) 44번

(a) Unfortunately, business commitments on the West Coast will make it impossible for me to attend.

(b) I will give you a call when I return from Los Angeles so we can set up a lunch date.

(c) Thank you for the invitation to be your guest at the information systems conference next month.

(d) I appreciate your thoughtfulness and hope that I will be able to attend next year.

① (b) -(d) -(a) -(c)   ② (d) -(a) -(b) - (c)

③ (c) -(a) -(d) -(b)   ④ (d) -(b) -(a) - ⓒ

30

Choose the one which does NOT correctly explain the abbreviations.

2020.11.08. (1급) 42번

① MOU : Merging of United
② IT : Information Technology
③ CV : Curriculum Vitae
④ M&A : Merger and Acquisition

31

What is INCORRECT about the following envelope?

2020.11.08. (1급) 44번

```
┌─────────────────────────────────────────────────────┐
│  ┌────────────────────────────────────────────────┐  │
│  │                                        ┌───────┐ │  │
│  │                                        │ stamp │ │  │
│  │  XYZ CORPORATION                       └───────┘ │  │
│  │  12 Broadway                                     │  │
│  │  Tulsa, OK 74102                                 │  │
│  │                              SPECIAL DELIVERY    │  │
│  │                                                  │  │
│  │    CONFIDENTIAL          Mr. Charles Lockwood    │  │
│  │                          Marketing Director      │  │
│  │                          Sharpie Electronics Company │
│  │                          1255 Portland Place     │  │
│  │                          Boulder, CO 80302       │  │
│  └────────────────────────────────────────────────┘  │
└─────────────────────────────────────────────────────┘
```

① 수신인은 마케팅 이사인 Charles Lockwood이다.
② 이 서신은 빠른우편으로 배송되었다.
③ 이 서신의 내용은 인비이므로 Lockwood가 직접 개봉해야 한다.
④ 이 서신의 발송지는 미국 Oregon주이다.

What is the LEAST correct information about the below fax?   2020.11.08. (1급) 45번

FAX from : Jefferey Duncan
         ICN Co. ESH Singapore
         Tel. +65 6426 7823
         Fax +65 6426 7824
\# of Pages : 1 including this page
DATE : May 2, 2020
FAX to : Kevin Meier of ABC company +81 3 5277 061

MESSAGE

Dear Mr. Meier :

Thank you for your fax. Most of all, we apologize for the delay in shipping your order.

We normally keep to our delivery dates, but in this case our suppliers shipped to us late. Your order will be shipped today, and the date of delivery will be May 11.

We are very sorry for the inconvenience, and will make every effort to prevent a recurrence.

---

① ICN Co. has had a business with ABC company.
② Kevin Meier is expected to get the ordered goods on May 2.
③ The main purpose of this fax is to apologize for the delay and inform the delivery date.
④ Kevin Meier must have sent a fax to ask for the shipment of his order.

Which of the following is the MOST appropriate expression for the blanks ⓐ, ⓑ, and ⓒ?

2020.11.08. (1급) 46번

Dear Dr. Grondahl,
Charles Lewis has asked me to ⓐ_____ your luncheon meeting with him and a representative of Third Millennium at noon on Monday, June 3.

The Moonsoon Restaurant, ⓑ_____ the Metropolis Hotel at 29 West 49th Street, is convenient to numerous midtown offices and the prime shopping and entertainment districts, and you should have no trouble finding it. You will be Mr. Lewis's guest for lunch.

I am ⓒ_____ a map of the New York City area for your convenience.

Sincerely,
Jane Jones

---

① ⓐ cancel ⓑ placed in ⓒ sending   ② ⓐ confirm ⓑ located in ⓒ enclosing
③ ⓐ remake ⓑ to be placed ⓒ attaching   ④ ⓐ call off ⓑ located on ⓒ forwarding

---

34

What kind of letter is this?

Mr. Benjamin Button
HR Director
New Bridge Finance, Ltd.

Dear Mr. Button :

It is my great pleasure to write for Stacy Truman for the opening position in your company.

During the past three years that Ms. Truman was with us, I have come to know her as a hard-working, diligent and optimistic person with tremendous initiative. She began as a part-time secretary in Finance division but quickly demonstrated her potential and was promoted to executive secretary within a year's time.

Though I will be disappointed to see her go, I also know that Ms. Truman's ambition should not be held back, I'm sure she will make a valuable asset to any company.

Sincerely,

Aichard Branson

Richard Branson,
Executive Vice President

① Condolence Letter
② Congratulatory Letter
③ Resignation Letter
④ Recommendation Letter

35

Which is the LEAST correct about the letter?

Sincerely,

Elden Jones

Elden Jones
Executive Director

Enclosures

CC Mr. David M. Houghton
   Mr. Chris D. Burr

bcc Ms. Jamie Lee

① 이 서신의 발송인은 Elden Jones이다.
② 이 서신에는 동봉물이 있다.
③ 이 서신의 사본을 받는 사람은 4명이다.
④ 이 서신의 내용을 Jamie Lee도 확인할 수 있다.

Followings are the mailing information phrases of an envelope. Which is the MOST appropriate description? 2020.05.10. (1급) 56번

① Do not bend : It will break easily.

② Fragile : It should be sent as quickly as possible.

③ Urgent : Keep it flat.

④ Confidential : Only the addressee should read it.

Below is the email from hotel A regarding the conference preparation. Which is LEAST correct according to the email? 2020.11.08. (2급) 48번

> There is no problem for us to assign you a number of meeting rooms that you indicate you would need, Enclosed is a brochure which has all the meeting rooms. You can see that our large convention ballroom can be subdivided into three meeting rooms. In addition, we have five meeting rooms on the same level as the ballroom. If necessary, we can provide meeting rooms (which are smaller in size) on a lower level of our facility. We also have a few audio-visual aids to supply when you require for the meeting rooms.

① 이 이메일에는 A호텔의 모든 회의실에 대한 안내 책자가 동봉되어 있다.

② A호텔의 대 연회장은 3개의 회의실로 재구성될 수 있다.

③ A호텔은 연회장과 같은 층에 5개의 회의실을 이미 갖추고 있다.

④ A호텔은 모든 회의실에 시청각 기자재를 갖추고 있다.

Belows are in the envelope. Which of the followings is INCORRECT? 2019.05.13. (1급) 60번

① 항공 우편 - Via Air Mail

② 속달 우편 - Express Delivery

③ 반송 주소 - Inside Address

④ 긴급 - Urgent

Which is the LEAST correct about the below invitation card?

Ambassador Christopher D. Johnson and Mrs. Johnson
request the pleasure of the company of :
Mr. Cho Soo - Min
for a Dinner at the Residence
Friday 17 November 2020 at 19 : 00.
(dinner served at 19 : 30)

Ambassador's Residence Dress : Business Suit w/o tie Address......

① 저녁식사는 대사관저에서 진행된다.
② 식사는 오후 7시 30분부터 시작된다.
③ Mr. Cho가 행사장소에 도착하여야 하는 시간은 오후 7시이다.
④ 드레스코드는 예의를 갖춘 정장차림이다.

Read the following letter and choose the one which is NOT true.

Dear Ms. Kim :

In reply to your advertisement in Korea Time, I am applying for the position of a secretary. Words such as "responsible and "administrative ability" in the description of the position immediately appealed to me

I believe I have the necessary qualification : therefore, I would like to be considered for this position. An examination of my personal data sheet will show that I am well prepared by training and experience for secretarial work, In addition, my extracurricular activities, described in the enclosed personal data sheet, have prepared me work with other people.

I would very much like the opportunity to work in your company and convert my knowledge and well - prepared training to practical use. I should be grateful if you would grant me an interview

I look forward to hearing from you soon.

① 이 편지는 지원자가 기관의 채용 광고를 본 후 관심 있는 직종에 지원의사를 밝히기 위해 작성한 것이다.
② 지원자는 본 문서에 본인의 이력서를 첨부하였다.
③ 지원자는 비서 경험이 없는 신입비서로서, 입사 후 비서직에서 훈련받기를 원한다는 내용이다.
④ 지원자는 다양한 과외 활동을 통해 협업 능력을 길렀다.

다음 편지의 구성요소 중 가장 바르게 표현된 것은 무엇인가?

November 15, 2020

Ms. Catherine A Cox
Manager
Worldwide Travel, Inc.
450 Canyon View Drive East
① Flagstaff, AZ 86001

Dear Ms. Cox:

Our company has decided to hold its regional sales meeting in Scottsdale, Arizona, during the second week of December, I need information on a suitable conference site.

We will need a meeting room with 30 computer workstations, a LCD display, and a microphone and podium.

A final decision on the conference site must be made within the next two weeks. Please send me any information you have for a suitable location in Scottsdale immediately. Thank you for your help.

Sincerely yours,

② Mr. Bill McKay

③ Marketing Manager

④ Enclosing

/jse

① Flagstaff. AZ 86001

② Mr. Bill McKay

③ Marketing Manager

④ Enclosing

What is MOST proper in the blank?

Dear Mr. Lawler,

We received your purchase Order 456-99. Unfortunately, the item below is _____ :

Item No. 45-BC Black Chair.

We will back order this item and ship it by February 15. The rest of your order is being processed and will be shipped by January 20.

We appreciate your business and look forward to serving you in the future.

① in stock

② ready

③ not in stock

④ packed

다음 email에 대한 설명으로 가장 바르지 <u>않은</u> 것은?

2020.05.10. (2급) 43번

To : Dixon, Robert D. Woo, Jennifer : Levis, Robert W. ; Mok, Wilbur W. Kramer, Jeffrey ; Painter, Corning F. ;
Delaney. John M ; Allen, William C. Bones. Graham M
From : Eunji Jang
Date : Mon, January 30, 2020 11 : 07 : 30
Subject : Staff meeting - Feb 15

Please be informed that next staff meeting will be held on February 15th (Mon) at 9 : 00 am in the Seoul office.

Agenda will be distributed by Matt Cho next week. However, if you have any particular issues to discuss, please submit them to me as Matt Cho's e-mail is not working currently. We expect it to be fixed by early next week according to IT team.

Rgs,

① 이 이메일의 수신인은 총 9명이다.
② 회의 안건은 Matt Cho가 배부할 예정이다.
③ 메일 수신인 중에 논의하고자 하는 특별한 안건이 있을 경우 Matt Cho에게 보내면 된다.
④ 직원 회의는 서울 사무실에서 2월 15일 월요일 오전 9시에 개최된다.

44

What kind of letter is this?

2019.11.10. (2급) 49번

To : All Recipients
From : Hanna Kwon

Dear all,

I will be out of the office and will be back on July 15. If you need immediate assistance, please contact Ms. SE Choi at sechoi@daehan.com.

Please also note my e-mail address change to(hanna_kwon@daehan.co.kr) as of July 18.

Regards,

Hanna Kwon

① Announcement Letter
② Congratulation Letter
③ Appointment Letter
④ Inquiry Letter

다음은 김수미 지원자의 이력서 중 일부 내용이다. 이에 대한 설명으로 가장 바른 것은?

2020.05.10. (2급) 45번

Sumi kim

122-8. Jangan 4 Dong, Dongdaemun Gu, Seoul

(Home) 02-789-1234 (Cell) 010-9500-1234

e-mail : sumi_kim@naver.com

Education

Mar. 2008-Feb. 2013 B.A Degree, Daehan
University, Seoul
Major : Business
Management

Mar. 2005-Feb. 2008 Busan High School, Busan

Work Experience

Mar, 2017-Present Shinsung Electronic Co., Ltd.
Seoul Executive Secretary to Vice President *Responsibilities* : Writing letters and reports, doing research, planning conferences and meetings

Jan. 2015-Feb. 2017 Shinsung Securities Co.
Ltd, Seoul Secretary to Executive Director
Aesponsibilities : General ecretarial activities, such as greeting callers, receiving calls, making appointments, taking dictation, writing routine letters, etc.

References Available on request

---

① 대학에서 비서학을 전공하였다.

② 신성증권에서는 일반적인 비서업무인 전화 응대, 내방객 응대, 일정관리와 회의 기획 업무를 수행하였다.

③ 신성전자에서는 대표이사의 수석비서로서 서신 및 보고서 작성, 리서치 업무 등을 수행하였다.

④ 신원보증인은 특별히 명기하지 않았다.

In the Resume, which is NOT properly categorized?

2019.11.10. (2급) 45번

① Personal Data-Full Name
② Employment record-Company Name
③ Special Skills-Computer competence
④ Education-Job title

Which of the followings is the MOST appropriate order?

Mr. Banta
Personnel Director
AAA Ltd.

Dear Mr. Banta,

(a) I have been working as a marketing manager at Media.com. I am in charge of directing market research in addition to recommending business strategies and planning.

(b) I believe my education and experience have given me the background you desire for the position.

(c) I would like to apply for the position of marketing manager, which you advertised in the recruiting site on November 10, 2018.

(d) Thank you very much for your consideration, and I look forward to hearing from you soon.

(e) The enclosed resume will provide you further details of my qualifications, and I would appreciate it if you could give me a chance to have an interview.

Sincerely yours,

① (c) - (b) - (a) - (e) - (d)
② (b) - (c) - (e) - (a) - (d)
③ (c) - (d) - (b) - (e) - (a)
④ (b) - (e) - (c) - (d) - (a)

Which is INCORRECT about the following letter?

Dear Mr. Smith,

Within the next four months, I will be moving to Chicago where I would like the opportunity to put my ten years of accounting experience to work for your company. I am currently working as a financial controller for the Morano Supermarket Group in Seattle. I am responsible for the group's financial direction and control. I have not yet informed my employer of my intention to leave the company. Therefore, I would appreciate your confidentiality in this regard.

Sincerely,

Mary Tailor

① Mary wants to move into another company.
② Mr. Smith is a HR manager.
③ Mary wants to move to Chicago.
④ Mary quit her job temporarily to apply for another company.

According to the following text, which one is NOT true?

To : "Jackie Yang" < jyang@cellfirst.com >

From : "Samuel Lewis" < slewis@cellfirst.com >

Date : Monday, October 1, 2019 13 : 25 : 30

Subject : Dinner

Dear Jackie,

This is to remind you of our dinner meeting next Thursday, October 14. Are you okay at 19 : 00 at the Plough on Harborne Road? I heard this new restaurant has a terrace and it's fabulous. My treat, of course.

Please confirm and I look forward to seeing you then.

Warm regards,

Sam

---

① Plough restaurant has a good condition for dinner.

② It was sent via e-mail.

③ Jackie will be serving meals to Samuel.

④ Dinner was promised in advance.

Which is INCORRECT about the letter?

Dear Mr. Trump,

In Ms. Silverman's absence, I am answering your request for information about our Model XX3 Laserprinter. I enclose a brochure describing its many new features.

I hope this information will be of some help to you until Ms. Silverman returns to the office early next week. She will be in touch with you then to answer any further questions you may have about this new model which we have in stock.

Sincerely yours,

Kate Brown

---

① Mr. Trump asked for the information about Model XX3 Laserprinter before.

② Next week, Ms. Silverman will answer to Mr. Trump directly.

③ Kate Brown is a buyer of the Laserprinter.

④ This is a reply to the inquiry.

아래 팩스에 대한 설명으로 가장 적절하지 <u>못한</u> 것은?

Facsimile Transmission

PARKER MILLS
2605 Commerce Boulevard
Omaha, NE 68124
Telephone: 402-241-7425
Fax: 402-241-7426

To:	Reservations Manager	Date:	May 13, 2019
Company:	Willoughby Hotel	Fax Number:	413-731-5979
From:	Mary Anderson, Manager	Page sent:	2 (including this page)

Please let us know if all pages are NOT received.

Message

① 이 팩스의 수신인은 총 2장의 팩스 문서를 받는다.

② Mary Anderson은 Parker Mills 소속이다.

③ 이 팩스의 수신인은 Willoughby Hotel의 예약관리자이다.

④ 이 팩스를 받는 사람의 이름은 Mary Anderson이다.

Choose one that is the LEAST appropriate expression for the blank.　2019.05.13. (2급) 47번

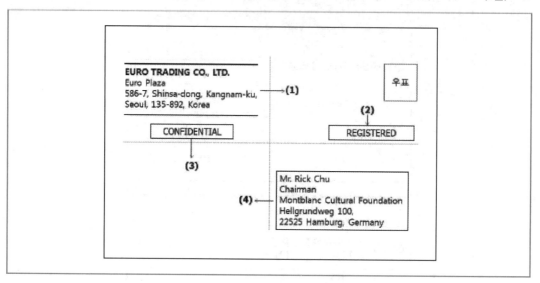

① (1) Return Address
② (2) Postal Directions
③ (3) On – Departure Notation
④ (4) Mail Address

Which is NOT true according to the following guidelines?　2019.05.13. (2급) 50번

We'll have BPR Conference next Tuesday. Please keep in mind everything is ready before the conference.

- Opening ceremony starts at 9 : 30 am.
- After opening ceremony, the keynote speech will be done by Mr. J. Y. Lee for 10 minutes.
- Individual presentation starts at 10 : 00 am. All facility check – up should be done before 9 : 00 am.
- There will be 4 presentations, and handouts are necessary for all the presentations.
- Coffee break will be after the 2nd presentation.
- Smoking is prohibited in the conference room.

① 회의 개회식은 오전 9시 30분에 시작된다.
② 기조 연설자는 Mr. J. Y. Lee이며 기조 연설 시간은 10분이다.
③ 회의실에서의 흡연은 금지된다.
④ 모든 시설에 대한 확인은 개회식 직전까지 마무리되어야 한다.

Refer to the following envelope and choose one which is not true.   2018.11.13. (1급) 48번

Asia Technology Co., Ltd.
43, Sambong-ro, Jongno-gu
Seoul, Korea 11042

STAMP

VIA AIRMAIL

PERSONAL

Mr. John M. Baker
12/Floor, St. John's Building
33 Garden Road
Central, Hong Kong

① Sender works in Asia Technology Company in Seoul.
② The lower right hand side deals with the recipient's information.
③ This letter will be sent by airplane.
④ Mr. Baker's executive assistant can open the letter without permission.

What kind of letter is this?   2018.11.13. (2급) 45번

Dear Mr. Kevin Lui:

I'm writing to apply for the position of secretary as advertised in the May edition of Business Monthly.

I am a fully-trained secretary with a diploma in Secretarial Administration and I have 6 month Internship experience. I currently study at Hankook University in Seoul, Korea.

I feel I am qualified for the job. I have an experience working at a law firm as a secretary. I have excellent computer skills and good communication.

I look forward to hearing from you soon.

Sincerely yours,

Jisoo Park

① Announcement Letter   ② Cover Letter
③ Public Relations Letter   ④ Requirement Letter

What is the main purpose of this letter?   2018.11.13. (2급) 46번

HANLEY
INTEROFFICE MEMORANDUM

To : Lottie G. Wolfe, Vice President
From : Hugh C. Garfunkle
Date : April 16, 2017

This note will confirm that the Public Affairs Meeting will be held on Monday, April 30, at 9 am in the Purchasing Conference Room Agenda is as follows :

(1) New - Product Publicity
(2) Chamber of Commerce Awards Ceremony
(3) Corporate Challenge Marathon

Please notify Ms. Maggie Young if you cannot attend.

---

① In order to understand the number of attendees
② In order to let all the members know the meeting agenda
③ In order to invite guests to the meeting
④ In order to inform the vice president of the public affairs meeting

What type of writing is this?   2018.05.13. (2급) 45번

Goleta Motors, Inc.
TO : All Sales Representatives
FROM : Peter Koulikourdis
DATE : January 27, 2018
SUBJECT : Rescheduling of Monthly Sales Meeting

The February Monthly Sales Meeting has been rescheduled. Instead of Tuesday, February 3, we will meet on

Wednesday, February 4, at 10 : 30 AM

in the Conference Room. Please mark your calendar accordingly.

---

① Interoffice Memorandum   ② Minutes of the meeting
③ Company to company business letter   ④ Draft about the sales report

Which is not true according to the following guidelines?   2018.05.13. (2급) 51번

> We'll have BPR Conference next Tuesday. Please keep in mind everything is ready before the conference.
> - Opening ceremony starts at 9 : 30 a.m.
> - After opening ceremony, the keynote speech will be done by Mr. J. Y. Lee for 10 minutes.
> - Individual presentation starts at 10 : 00 a.m. All facility check-up should be done before 9 : 00 a.m.
> - There will be 4 presentations and handouts are necessary for all the presentations.
> - Coffee break will be after the 2nd presentation
> - Smoking is prohibited in the conference room.

① 모든 발표마다 유인물을 준비하여야 한다.
② Mr. J. Y. Lee가 10분 동안 기조연설을 할 예정이다.
③ 매 발표 후 휴식시간이 있을 예정이다.
④ 발표에 필요한 기자재 확인은 9시 전에 마쳐야 한다.

Which English sentence is LEAST proper for the given Korean meaning?   2020.11.08. (1급) 49번

① 이사회에 정성어린 축하를 전해주시기 바랍니다.
→ Please pass on our kindest wishes to the board of directors.
② 귀사의 주요 고객 중 한 분인 Mr. Anderson 씨에게 귀사에 대해 들었습니다.
→ I've heard about your company from Mr. Anderson, one of your major clients.
③ 용도에 맞게 쓰시라고 전자 상품권을 발행해 드렸습니다.
→ An electronic voucher has issued for your use.
④ 귀하가 우리 대리점에서 겪으신 불편에 대해 알고 염려가 되었습니다.
→ We were concerned to learn that you have experienced an inconvenience in our agency.

According to the following conversation, what is the secretary supposed to do? 2020.11.08. (2급) 52번

B : Please tell me about my business trip schedule to New York next week.

S : You are leaving Seoul at 10 am, this Sunday and arriving at JFK New York airport at 9:30 am, local time. You'll take a limousine to Waldorf Hotel.
  On Monday, the National Office Systems Conference will start at 9:30 am. At 12:00 you have a luncheon with Mr. Raymond Bernard, Vice President of GM at Oakdale City Club in Waldorf Hotel, And you will have a tour of Advanced business Systems with Ms. Helen Adams, Office Automation Consultant. Here is your itinerary

B : Good. When am I leaving New York?

S : You'll leave JFK at 11:55 am, on Tuesday via KE 804 and arrive at Incheon Int'l Airport at 3:00 p.m. next day.

B : Thank you. Please email my itinerary to the head office in New York,

① 출장 일정표를 뉴욕 본사에 이메일로 보낸다.
② 서울-뉴욕간 왕복 비행기편을 예약한다.
③ Ms. Adams에게 상사의 출장 일정표를 보낸다.
④ 상사의 회의 자료를 준비한다.

According to the conversation, which of the following is MOST correct? 2020.11.08. (2급) 53번

A : Pacific Airlines, May I help you?

B : I'd like to book a business-class seat for the 3rd of March flight from Seoul to Shanghai.

A : Two flights are available : one at 11:00 in the morning and the other 1:30 in the afternoon.

B : I'd like to book a morning flight. Can you tell me what time it arrives in Shanghai?

A : The arrival time is 11:00 am, the local time. Do you want to reserve a return flight?

B : Yes, I want an open-ended return ticket. Can I have a window seat away from toilet?

A : Let me see... Yes, A-30 window seat is booked for you. Can I have your name and phone number, please?

B : My name is Michael Chang and my cell phone number is 000-0000-0000.

A : Thank you, Mr. Chang. Your reservation number is Ar224876z.

B : Could you tell me what the baggage allowance is?

A : You can check in one baggage up to 30kgs at no cost. US$10 will be added by 1kg if you carry more than 30kgs.

① Mr. Chang은 3월 3일 오후 비행기를 탈 것이다.
② Mr. Chang은 편도 비행기편을 예약했다.
③ Mr. Chang은 상해발 인천행 귀국날짜는 결정하지 않았다.
④ Mr. Chang은 2개의 수화물을 30kg까지 무료로 체크인 할 수 있다.

According to the following invitation, which is NOT true?

You are invited to attend Sales Managers Workshop of March 21, 2020.

To Register
- Click on the registration link for the session you wish to attend. Three sessions will be held.
- On the resulting page, select the "Enrol" button located on the top-right side of the page.
- You will receive an email confirmation and a calendar entry.

Each session has a maximum capacity of 24 seats. Enrolment is on a 'first come first served' basis. If you register but are unable to attend, please send an email to Mirae Lee to cancel your registration.

① 영업관리자 워크숍에 참석가능한 최대 인원은 총 72명이다.
② 워크샵 참석 신청은 컴퓨터를 이용해서 3개의 세션에 모두 신청 등록을 해야 한다.
③ 'Enrol' 버튼은 결과 페이지의 상단 오른쪽에 위치한다.
④ 워크숍 참석 신청을 위한 등록은 선착순이다.

Which is NOT correct about this?

The Honorable Tony Knowles, Goveror, the State of Alaska
&
Mrs. Susan Knowles
request the pleasure of your company
at a reception
to honor the growing ties
between the Republic of Korea and State of Alaska on Monday,
the 23rd day of September, 2019,
from 6 until 8 p.m.

R.S.V.P. 739-8068/9(Ms. Susan Kim)
The favor of a reply is requested by September 13.

The Grand Ballroom
Westin Chosun Hotel

① This is the invitation letter to a reception.
② The letter specifies the time, date and venue to invite.
③ The receiver of this letter should notify of the attendance.
④ Tony Knowles and Mrs. Susan Knowles are the receivers of the letter.

Which is LEAST correct according to the following?   2019.11.10. (1급) 51번

I have been attempting to schedule a trip to Korea for the past 6 weeks without success. I have been think-ing about my schedule this fall and I have realized that it has been a year since the last audit. I would like to schedule an Audit visit on the 1st week of Oct. (6th-10th). Please let me know if there are two consecutive days of this week that are available. I will send the paperwork and agenda for this activity by Sept. 5, 2019.

Sincerely yours,

John Kim

① John could not visit Korea for the last six weeks.
② John is planning to visit Korea.
③ The recent audit was done last year.
④ John would like to do the audit only on Oct. 6th and 10th.

According to the following invitation, which is NOT true?   2019.05.13. (1급) 48번

New Media Showcase

• Date & Time : 09 : 30 - 11 : 00 a.m. on Tuesday, February 17, 2019
• Venue : Cheil Mills Factory next to the Time Square in Kangnam
• Presenter : James Lee, Stuat Morris, Susan Sullivan
• Participants : 200 nation - wide media and social influencers and 50 corporate guests
• Program : Refer to details in the timetable below
• Dress Code : Business suit(dark color) w/ tie

Please check your calendar and RSVP by return email to Meesook Lee lmslee@gmail.com by February 10.

If you have any questions, please let me know.

① 이 New Media Showcase 행사에는 250명의 주요 인사들이 참석한다.
② 행사 참석 복장은 넥타이를 착용한 짙은 색의 정장 차림이다.
③ 행사 참석 여부는 행사일 1주일 전까지 담당자에게 이메일로 알려야 한다.
④ 행사 프로그램은 행사 당일 제시된다.

According to the followings, which is NOT true?

Hotel Information

At check in, the front desk will verify your check-out date. Rates quoted are based on check-in date and length of stay. Should you choose to depart early, price is subject to change.

Check-in : 3:00 pm
Check-out : 12:00 pm

Smoking : Non-Smoking(THIS HOTEL IS 100% NON-SMOKING)

Parking : Self parking : $21.00($21.00 plus tax)
         Valet : $55.00, + $10.00 SUV

Pets : Pets not allowed

Wi-Fi : In-Room and Lobby Wi-Fi : Free for Hilton Honors members who book direct : $14.95 for all other guests.

① If you check-out the hotel early in the morning, the room rate can be changed.
② Dogs &pets are not allowed at the hotel.
③ Self parking charge is cheaper than Valet parking charge.
④ Every hotel guest can use free Wi-Fi at the lobby.

Which of the following is the MOST appropriate expression for the blanks ⓐ, ⓑ and ⓒ?

A : Do you have any plans after this?
B : Nothing in particular. I will go back to the hotel and get some rest.
A : Then, now that you have tried Korean food, ⓐ＿＿＿＿＿＿ go to a Korean tourist attraction near here?
B : Great. Do you know anywhere you'd like to ⓑ＿＿＿＿＿＿?
A : There is Insadong in Jongno, a very popular place among foreign visitors. You can experience traditional Korean culture in Insadong. This includes Korean paintings, handicrafts and traditional clothing.
B : That sounds interesting. Maybe I could shop for Some ⓒ＿＿＿＿＿＿ there as well.
A : Good!

① ⓐ how do you, ⓑ suggest, ⓒ gift wrap
② ⓐ why do you, ⓑ propose, ⓒ valuable
③ ⓐ why don't we, ⓑ recommend, ⓒ souvenirs
④ ⓐ when do you, ⓑ notify, ⓒ product

According to the below, which of the followings is not true?   2018.11.13. (1급) 44번

Secretary Wanted

Royal Insurance has an opening for a motivated, independent, self-starter. Must be a team player with good organizational and communication skills. Knowledge of Word Perfect 9.0 for Windows, Excel, Power-point experience required. Responsible for clerical duties including expense reports and schedules. A mini-mum of 60 wpm typing. We offer an excellent benefits package.

For immediate consideration, mail/fax resume to : Human Resource Manager, Royal Insurance, 2 Jericho Plaza, Jericho, NY 11733, Fax # 516-937.

- **Royal Insurance**

---

① Royal Insurance는 조직력과 의사소통 기술을 갖춘 비서를 채용하고자 한다.

② Royal Insurance 비서직에 관심이 있는 사람은 이력서를 인사부장에게 우편이나 팩스를 통해 보내기 바란다.

③ 컴퓨터 활용 능력 뿐 아니라 비서 경력을 갖춘 사람이어야한다.

④ 최소 1분에 60단어 이상의 타이핑 능력을 갖추어야 한다.

69

Fill in the blanks with the BEST word(s).

2020.11.08. (2급) 59번

Chris : Could you give Sam a message for me when he gets in? Ready?

Secretary : _____ .

Chris : His sister Myra is arriving tonight, but I'm tied up at work.

Secretary : _____ ? Could you spell her name for me?

① Take. – Tied?　　　② Go ahead. – Excuse me?

③ Go. – What?　　　④ Set. – Go ahead?

70

Which is true according to the following conversation?

2020.05.10. (1급) 43번

Mr. Smith : Good morning, Miss Kim.

Secretary : Good morning, Mr. Smith. What can I do for you?

Mr. Smith : Can I see Mr. Wilson if he is free?

Secretary : Mr. Wilson is quite busy now. But let me check with him. Mr. Wilson, Mr. Smith wants to see you now.

Mr. Wilson : Well, I don't want to be interrupted now. I have to finish this report on which I am working. Could you ask Mr. Smith whether it is an urgent matter?

Secretary : Certainly. Mr. Smith, Mr. Wilson is working on important report and he wants to know if you want to talk about something urgent, Mr. Smith : I have a VIP Resort Club brochure with me and I want to explain it to Mr. Smith. It's not that urgent and I can come back tomorrow.

Secretary : Then, let me check his schedule, How about tomorrow afternoon, 3 o'clock?

Mr. Smith : That will be fine. Thank you, Miss Kim.

① Mr. Smith는 Mr. Wilson과 선약이 되어 있었다.

② Mr. Smith는 급한 업무로 Mr. Wilson을 만나기를 원했다.

③ Mr. Smith는 VIP Resort Club 브로셔를 Mr. Wilson에게 설명하고자 하였다.

④ Mr. Wilson은 자신의 일을 미루고 Mr. Smith를 바로 만나기로 하였다.

71

According to the following memo, which is true?

```
                TELEPHONE MEMO

Date: May 7, 2020 Time: 2:30 p.m.

For:   Mr. Max Fisher
From: Ms. Barbara Black of HSB Bank

Tel No. 554-2302 ext.  122
■ Telephoned          □ Please call
□ Wants to see you    □ Will call again
□ Returned your call  □ URGENT
□ Was here to see you

□ Message: Ms. Black says the meeting on
Monday is postponed. Please reschedule for
Thursday morning if possible.

Taken by  Julie Smith
```

① Mr. Fisher에게 걸려온 전화의 메모를 Julie Smith가 작성하였다.
② HSB Bank의 Ms. Black은 월요일 회의가 목요일로 연기되었음을 알리기 위해 연락하였다.
③ Mr. Fisher의 전화번호는 554-2302이고 내선번호는 122이다.
④ Ms. Black은 Mr. Fisher가 가능한 빨리 전화해주기를 바란다.

72

What is the MOST proper expression for the underlined part?

A : Can I speak to Mr. Chung?
　Secretary : He is not in the office at the moment.
A : Oh really? Then, 미스터 정씨가 돌아오는 즉시 저에게 전화해 주도록 해 주시겠습니까?

① Could you let him to call me back as soon as he gets in?
② Could you have him call me back as soon as he will get in?
③ Could you have him call me back as soon as he gets in?
④ Could you let him calling me back as soon as he will get in?

아래 전화메모의 내용에 해당되지 <u>않는</u> 것은? 2020.05.10. (2급) 41번

```
For: Mr. Hernadez
Date: September 17, 2020 Time: 11:30 A.M.

WHILE YOU WERE OUT
Mr. Jason Hong from CDF Computer
```

TELEPHONED	O	PLEASE CALL	O
CAME TO SEE YOU		WILL CALL AGAIN	
RETURNED YOUR CALL		URGENT	

```
☎ Contact Information
Phone: 02-356-7890 Fax: _____
Mobile: _____
Special Message: Mr. Hong wants to talk about
the laptop computer that you're planning to
purchase. He will be in his office until 4:00.

Taken by: Sooyeon Lee
```

① Mr. Hernadez은 Sooyeon Lee에게 전화를 걸었다.
② 이 전화메모는 Sooyeon Lee가 작성하였다.
③ Mr. Jason Hong은 그의 사무실에 4시까지 있을 예정이다.
④ Mr. Jason Hong은 Mr. Hernadez가 구입할 계획인 노트북 컴퓨터에 대해 논의하고자 한다.

Which of the following is the Most appropriate expression for the blank? 2019.05.13. (1급)54번

A : Hello. Export and Import Department.
B : Can I speak to Mr. Taylor, please?
A : Sorry, but (   ).
B : Gee. It's only 2 o'clock.
A : Yes, but he was coming down with flu. So he left early. Will you leave a message?
B : No, just tell him John called.

① he comes back. ② he went home already.
③ he didn't come today. ④ his line is busy.

75

Which is CORRECT according to the phone conversation?　　　　2019.11.10. (1급) 55번

> SI : Good morning. Is that Sales Manager's office?
>
> S2 : Yes, it is. How can I help you? SI : I'm Miss Chang, secretary to Mr. Brown, Vice President of Diwon Company. Mr. Brown would like to see him to discuss the new products around this week, if that is convenient.
>
> S2 : Yes, Miss Chang. I shall have to check with the Sales Manager. May I call you back?
>
> SI : Certainly. I'll be here all morning. My number is 254-3928 extension 133.

① Mr. Brown himself called first.

② Sales manager called the Vice President.

③ Vice President had an appointment to meet the Sales Manager this afternoon.

④ Secretary of Sales Manager will call back to Miss Chang.

What is the BEST sentence for the blank?　　　　2019.11.10. (1급) 56번

> Operator : This is the United States operator.
> 　　　　　Is this 395-4007?
>
> S : Yes, it is.
>
> Operator : We have an overseas collect call for Mr. Kim from Mr. John Smith of Pittsburgh. Will you accept the charges?
>
> S : : Yes, thank you.
>
> Operator : _____ Go ahead, please.

① How much do you charge?

② Your party is on the line.

③ Put him through.

④ Who do you want to speak to?

Which is a LEAST proper English expression?

① 인터넷에서 뷰어를 내려 받으십시오.
 →Download a viewer from the Internet.
② 첨부된 신청서를 작성해 주시기 바랍니다.
 →Please fill out the attached application.
③ 아래는 요청하신 정보입니다.
 →The information you've reserved is as follows.
④ 죄송하지만 그 주는 제가 일이 있습니다.
 →I am sorry but I'll be occupied that week.

Choose one which is NOT true to the given text.

```
                    TELEPHONE MEMO

        To   Mr. S. Y. Kim
         of  Min Company
        Date  2019. 2. 2.      Time   2:20 pm

                  WHILE YOU WERE OUT

        Mr. Paul Robinson
          of  International Home Appliances
        phone 555 - 2485      Ext    144

        ■ Telephoned         □ Please Call
        □ Returned Your Call  □ Will Call Again
        □ Came to see You     □ Wants to see you

        Message: Mr. Robinson'd like to cancel the meeting
        of February 5th, Monday at 2 o'clock.  He has to leave
        for New York tonight and will be back on February 12th.

                    taken by  Michelle Lee
```

① Mr. Robinson left this message to Ms. Michelle Lee.
② Mr. Robinson called Mr. Kim to cancel the meeting of February 5th.
③ Ms. Michelle Lee is working for International Home Appliances.
④ This message should be given to Mr. S. Y. Kim as soon as possible.

Fill in the blanks of the phone call with the best word(s). 2018.05.13. (2급) 55번

Linda : Could you give Sam a message for me when he gets in? Ready?
Chris : _____ .
Linda : His boss Ms. Tae is arriving tonight, but I'm tied up at work.
Chris : Okay. Could you spell her last name for me?
Linda : That's T – A – E She's on the 7 : 50 flight from Denver.
Chris : _____ . Did you say 7 : 15?
Linda : No, fifty. Five zero. From Denver.

① Go ahead. – Pardon me   ② You're welcome. – Certainly
③ Never mind. – You might say that   ④ You can say that again. – Don't mention it

80

Fill in the blank with the MOST suitable one. 2019.11.10. (2급) 57번

A : Would you like something to drink?
B : Coffee, please.
A : _____
B : With sugar, please. Thank you.
A : You're welcome.

① What do you like it?   ② How would you like it?
③ How do you want it like?   ④ What would you like to do?

Choose the one which is NOT true about the given conversation. 2020.05.10. (2급) 46번

S : Good morning. May I help you?
V : Yes, I'm here to see Mr. Robinson.
S : Did you make an appointment?
V : Yes, Mr. Robinson asked me to be here by 10 a.m. My name is Fred Williams.
S : Could you please wait for a moment since he is on the phone now? I'll give him a memo saying that you are here, Mr. Williams.

① The secretary will tell his/her boss over the phone that Mr. Williams is here.
② Mr. Williams was asked to wait for a while.
③ Mr. Robinson was on the line when Mr. Williams visited.
④ Mr. Robinson and Mr. Williams made an appointment to meet at 10 a.m.

According to the following dialogue, which one is NOT true?

> Ms. Park : Good morning. May I help you?
> Mr. Lee : Good morning. My name is John Lee of ABC Company. I have an appointment with Mr. Howard at 10 o'clock.
> Ms. Park : Yes, Mr. Lee. I'll call Mr. Howard's office. One moment, please.
> (Mr. Howard의 비서에게 Mr. Lee의 방문을 알려줌)
> Ms. Shin : Oh, yes. Please send him up.
> Ms. Park : Yes, thank you.
> Thank you for waiting, Mr. Lee. Mr. Howard is expecting you.
> Please take the elevator on your right to the 7th floor. Mr. Howard's office is on the left side.
> Mr. Lee : Thank you.

① Ms. Shin is a secretary of Mr. Howard.
② Ms. Park's occupation is receptionist.
③ Mr. Lee made an appointment in advance and visited Mr. Howard.
④ Ms. Park and Ms. Shin are on the same floor.

Which of the followings are MOST appropriate expressions for the blank ⓐ and ⓑ?

> S : Good morning, Mr. Robinson. How have you been?
> V : Oh, fine, Ms. Oh. Thanks. Can I see Mr. Kim for a few minutes?
> S : Let me see if he's available.
> (to boss)
> S : Mr. Kim, Mr. Robinson of Daehan Company is here to see you.
> B : _____ⓐ_____ Ms. Oh.
> S : Yes, sir.
> (to visitor)
> S : _____ⓑ_____ Mr. Robinson.
> Mr. Kim is available now.

① ⓐ Show him within, ⓑ Please have a seat over there
② ⓐ Send her at, ⓑ Would you come this way?
③ ⓐ Send him in, ⓑ Please go right in
④ ⓐ Take it inside, ⓑ This way

What are the BEST expressions for(a) and(b)? 2019.05.13. (2급) 57번

Secretary : Mr. Kim, Mr. Robinson is here.
Mr. Kim : (a)안으로 모시세요.
Secretary : Certainly, Mr. Kim
(to Mr. Robinson)
Secretary : (b)들어가세요. Mr. Robinson.

① (a) Take him out. (b) Please go ahead.
② (a) Bring him out. (b) Please go on.
③ (a) Send him in. (b) Please go right in.
④ (a) Force him in. (b) Please go by.

Which of the following is the MOST appropriate expression for the blank? 2019.11.10. (2급) 56번

Secretary : Good afternoon, Cheil Flectronics.
     May I help you?
Newman : This is Paul Newman from ABC Company.
     Is Mr. Stewart there?
Secretary : I'm sorry. He's in a meeting right now.
     May I take a message?
Newman : Yes, could you ask him to call me back?
Secretary : Does he have your number?
Newman : It's 345 – 1670.
Secretary : 345 – 1670? And _____ ?
Newman : It's N – E – W – M – A – N.
Secretary : Thank you I'll give him the message.
     Good bye.

① How do I address you?
② Could you spell your last name, please?
③ Can I spell your given name?
④ How can I pronounce your surname?

86

What is MOST appropriate expression for the underlined part?

Secretary : Do you have an appointment?
Visitor : No, 이 회사의 로스엔젤레스 지점장인 박선생님 으로부터 소개를 받았습니다.
Here's my business card.

① I referred to you by Mr. Park of your Los Angeles Branch Manager.
② I referred you from Mr. Park of your Los Angeles Area Manager.
③ I was referred to you by Mr. Park of your Los Angeles Branch Manager.
④ I was referred by you to Mr. Park of your Los Angeles Area Manager.

According to the following conversation, which one is NOT true?

A : Ms. Lee, could you tell me my schedule for today?
B : Yes, Mr. Taylor, there'll be a meeting on our new product promotion at 10 : 30. Mr. Y. G. Seo, Marketing Director, would like you to join the meeting. At 12 : 00 you have a lunch appointment with Ms. Jill Sander at the cafeteria.
A : Cafeteria on the first floor?
B : Yes, it is. After lunch, at two o'clock Lawyer Park will visit you to discuss the labor agreement.
A : All right. Tell me how you've planned my business trip to New York.
B : You're leaving Seoul at 9 : 30 on Tuesday morning on OZ 780 and arriving at JFK Airport at 10 o'clock on the same day. Mr. John Park will meet you at the airport and take you to the headquarters.
A : Good.
B : You will be staying at the Royal Garden Hotel for 5 nights.
A : And on the way back?
B : The return flight leaves at 4 o'clock on Sunday afternoon and arrives at the Incheon Airport at 9 : 00 pm, next Monday. Mr. Kim, driver, will meet you at the airport

① Mr. Taylor has a meeting at 10 : 30 regarding new product promotion.
② Mr. Taylor has a lunch appointment with Ms. Jill Sander at the cafeteria on the first floor today.
③ Mr. Taylor will fly to New York on a business trip.
④ Mr. John Park will stay at the Royal Garden Hotel for 5 days.

What is MOST appropriate expression for the underlined part?　　　2020.11.08. (1급) 52번

Visitor : I'd like to see Mr. Han for a few minutes.

Secretary : <u>어떤 용무로 그를 만나시려는지 여쭤 봐도 될까요?</u>

Visitor : I'd like to talk to him about our new sales strategies.

---

① May I ask why you wish to see him?

② May I ask why do you wish to see him?

③ May I ask the reason you wish to see him about?

④ May I ask the reason do you wish to see him?

According to the following Mr. Lee's schedule, which one is NOT true?　　　2020.05.10. (1급)

Day & Date	Time	Schedules	Location
Monday 06/22/2020	10:20 am	Appointment with Mr. James Brook of KBC Bank	Office
	11:00 am	Division Meeting with Managers	Meeting Room 304
	6:00 pm	SME Association Monthly Meeting	ABC Hotel, 3rd Floor, Emerald Hall
Tuesday 06/23/2020	9:30 am	Meeting with Branch Managers	Meeting Room 711
	12:00 pm	Lunch with Ms. David Smith of Madison Company	Olive Garden
	4:00 pm	Keynote Speech at the 5th Annual Conference for Administrative Specialists	City Conference Center, 2nd Floor

① Mr. Lee는 월요일 오후 6시에 SME 협회 월간 회의에 참석할 예정이다.

② Mr. Lee는 화요일 오전 9시 30분에 지점 관리자들과 회의실에서 회의가 있다.

③ Mr. Lee는 화요일 오후 4시에 씨티 컨퍼런스 센터에서 폐회사를 한다.

④ Mr. Lee는 월요일 오전 10시 20분에 사무실에서 Mr. James Brook과 만날 예정이다.

Fill in the blanks with the BEST ones.

> A : Reservations. How can I help you?
> B : I'd like to cancel the room reserved for tomorrow.
> A : What name is it _____?
> B : Supeun Kim.
> A : O.K Your reservation for tomorrow _____.
>   Thank you for calling.

① below - was cancelled   ② over - has cancelled

③ under - has been cancelled   ④ off - cancelled

Which is LEAST correct about Mr. Kim's itinerary?

Itinerary for Mr. Kim
April 3(Monday)
Note: All times are local times.

16:00	Check in at Incheon Airport, Korea Airlines counter.
18:00	KAL724 to San Francisco
10:45 a.m.	Arrive at San Francisco International Airport
12:00	Check in at St. Francisco Hotel 100 Post Street San Francisco, CA94110
13:00	Lunch with Mr. Jones at Grotto #9 Restaurant at Fishermen's Wharf
15:00 ~ 17:00	Staff Meeting at San Francisco Downtown Branch office

① Mr. Kim will have lunch with Mr. Jones in USA.

② The destination of Mr. Kim's flight is San Francisco.

③ Mr. Kim will attend staff meeting in the afternoon at San Francisco.

④ At 14 : 00 of local time in San Francisco, he is in flight.

Which is LEAST correct about Mr. Kim's itinerary?   2019.11.10. (2급) 54번

Itinerary for the visit of Mr. Kim to the C&C Factory 23 January	
9:00	Arrival
9:05–9:45	Meeting with the Overseas Sales Manager (Conference Room 215)
9:45–10:15	Company Presentation Video
10:15–11:00	Demonstration of the Online System
11:00–12:00	Meeting with Professional Engineers
12:00–2:00	Lunch with Overseas Sales Manager and Marketing Director (Restaurant La Seine)
2:30–3:30	Tour of C&C Factory
3:30–4:10	Final Discussion with the Overseas Sales Manager
5:00	Car to Terminal 7, Seattle Airport
6:30	Flight to Texas, DT107

① At 9:30 a.m., Mr. Kim is supposed to be in Conference Room 215.

② Mr. Kim is going to have lunch with Professional Engineers.

③ At 12:30 p.m., Mr. Kim will have lunch in restaurant La Seine.

④ At 7:00 p.m., Mr. Kim will be in flight.

Which is most INCORRECT about the schedule?   2019.05.13. (1급) 58번

Secretary : Mr. Smith, Mr. Kim would like to see you this week.

Mr. Smith : Let me see. Well, Tuesday's not possible. I'm at a seminar until Wednesday lunchtime.

Secretary : Are you coming back to the office Wednesday afternoon?

Mr. Smith : No, the seminar is in Pusan and I'm driving back to our factory in Chongju.

Secretary : How about Thursday then?

Mr. Smith : Yes, that's fine but I prefer the morning.

Secretary : O.K. Would 10 o'clock be fine with you?

Mr. Smith : Actually it's a bit early. Can we adjust it?

① On Wednesday morning, Mr. Smith is in Pusan.

② Mr. Smith visits Chongju in the afternoon of Wednesday.

③ Mr. Smith wants to have an appointment before 10 o'clock.

④ Mr. Smith and Mr. Kim will meet on Thursday.

According to the itinerary, which is NOT true?

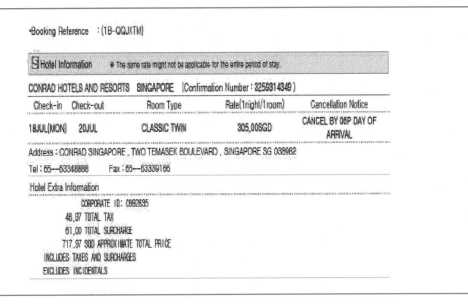

① 이 호텔에 2박 3일 숙박한다.

② 호텔 룸은 twin bedroom이다.

③ 호텔 예약 취소는 호텔 도착 6일전에 호텔에 통보해야 한다.

④ 305.00SGD에 전체 숙박과 부대비용이 포함된 금액이다.

According to the following, which is MOST proper? 2018.05.13. (1급) 50번

January 22 (Monday) (Mr. Yoon)
10:30 - 11:30 Investor Relations Presentation, First Securities Corporation
25 Portman Square, London W1H7BH
12:00 - 14:00 Luncheon with Executives of the FSC
Strand Restaurant, Sofitel St. James London
15:00 - 16:30 Final Discussion with the Investment Banking Team
17:00 - 18:30 Dinner on your own
19:00 Arrive at Eurostar London Waterloo Station
19:30 Eurostar to Paris
21:45 Arrive at Eurostar Paris Gare du Nord Station
22:30 Check in at Hotel Astra Opera
30, rue Caumartin, 75010 Paris

① This is the Europe sightseeing trip itinerary for Mr. Yoon.

② Mr. Yoon will sleep in London on January 22.

③ Dinner is important for Mr. Yoon to discuss the current issues with others.

④ Mr. Yoon has dinner in London.

Among the phone conversations, which is LEAST proper? 2020.11.08. (1급) 53번

① A : Is this Bill speaking?

　 B : No, it isn't. He is not in right now.

② A : I'm sorry, may I ask who's calling, please?

　 B : I'm afraid Jaeho Kim doesn't work here.

③ A : Hello, is this Sinae Travel Service?

　 B : I'm sorry. You have the wrong number.

④ A : May I take a message for him?

　 B : No, thanks. I will call later.

Which of the followings is MOST appropriate for the blank?

S : Good afternoon. How may I help you?

V : Excuse me, Can I see Mr. Parker for a moment?

S : May I have your name, please?

V : I am Kelly Lee.

S : I'm sorry, but Mr. Parker is booked up all day today. But let me check if he is available to see you. _____

_____

V : Oh, I just want to say hello to him, I'm his old friend.

(비서가 상사에게 방문객에 대해 보고한다.)

S : Mr. Parker, Ms. Kelly Lee is here to see you. She said she just dropped by to say hello to you.

B : Oh, really? Please show her in. By the way. do I have any scheduled meeting now?

S : Not right now. But you have an appointment in 20 minutes

B : OK, Please let her in.

(비서가 내방객에게)

S : Ms. Lee. Please go in.

V : Thank you.

① May I take your message?

② May I ask what the business is?

③ May I ask your name and the nature of your business?

④ May I have your contact number just in case?

Which is LEAST correctly inferred about the schedule?

Boss : What is today's afternoon schedule?

S : At 3. Mr. Robert White of AIO Insurance Co. will be here to introduce the new chairman. At 4 o'clock, Mrs. Brown wants to see you about purchasing our new products. At 5 o'clock, Mr. Thomas Lee of China Trading Co. would like to see you about your business trip to Taiwan next month. At 6 o'clock, there is a formal sitdown dinner party at the Imperial Hotel to commemorate our 25th anniversary in our business.

Boss : Please call my wife and remind her about the party tonight.

S : Yes, Mr. Kim.

① The schedule of Mr. Kim is occupied this afternoon.

② Mr. Kim is supposed to be introduced a new chairman at 3 p.m.

③ Mr. Kim's wife is supposed to attend the dinner party.

④ Casual clothes are appropriate for dinner party.

99

Which of the following is LEAST appropriate?   2019.11.10. (2급) 51번

① 어제 영업 회의를 다음과 같이 정리하였습니다. The following is a summary of yesterday's sales meeting.

② 다음 주에 있을 연례 평가 회의에 대해 상기시켜 드리고자 합니다. I want to remind you of our annual evaluation meeting next week.

③ 회의 요약 내용을 첨부하였습니다. An agenda of the meeting is forwarding.

④ 저희 월요일 정기 회의가 화요일로 옮겨집니다. Our regular Monday meeting will be moved to Tuesday.

100

Choose the MOST appropriate expression.   2020.11.08. (1급) 51번

> A : Miss Jung,
> (a) 이사회가 몇 시로 예정되어 있죠?
> B : (b) 9일, 금요일 오후 1시입니다.

① (a) when is the board meeting scheduled?
   (b) On the 9th, Friday at 1 : 00 p.m.

② (a) when is the board meeting scheduling?
   (b) On Friday, the 9th at 1 : 00 p.m.

③ (a) when does the board meeting scheduling?
   (b) In the 9th, Friday at 1 : 00 p.m.

④ (a) when has the board meeting been scheduled?
   (b) By Friday, the 9th at 1 : 00 p.m.

memo

기출문제 IV

사무정보관리 100제

사무정보관리100제

1. 문서작성

01

다음은 공문서 작성 시 항목(1., 2., 3., 4., …)을 구분하여 작성하는 방법이다. 항목 작성 시 표시 위치와 띄어쓰기에 관한 설명이 가장 적절하지 <u>않은</u> 것은?   2020.11.08. (1급) 61번

① 첫째 항목기호는 왼쪽 처음부터 띄어쓰기 없이 왼쪽 기본선에서 시작한다.
② 하위 항목부터는 상위 항목 위치에서 오른쪽으로 2타씩 옮겨 시작한다.
③ 항목이 한줄 이상인 경우에는 항목 기호(1., 2., 3., 4., …) 위치에 맞추어 정렬한다.
④ 항목이 하나만 있는 경우 항목기호를 부여하지 아니한다.

02

다음 중 문장부호의 사용이 가장 올바르지 <u>않은</u> 것은?   2020.11.08. (1급) 61번

① ≪영산강≫은 사진집 <아름다운 우리나라>에 실린 작품이다.
② 이번 회의에는 두 명[이혜정(실장), 박철용(과장)]만 빼고 모두 참석했습니다.
③ 내일 오전까지 보고서를 제출할 것.
④ "설마 네가 그럴 줄은…." 라고 경수가 탄식했다.

03

다음 중 행정기관에서 공문서를 작성할 때에 올바른 것을 모두 고르시오.   2020.11.08. (2급) 68번

> 가. 시간을 표기할 때는 오후 3시 20분 보다는 15:20으로 기재한다.
> 나. 금액을 표시할 때에는 아라비아 숫자로 쓰되, 숫자 다음에 괄호를 하고 한글로 기재하기도 한다.
> 다. 문서에 시각장애인 등의 편의 도모를 위해 음성정보 또는 영상정보 등이 수록되거나 연계한 바코드 등을 표기할 수 있다.
> 라. 날짜는 숫자로 표기하되 연, 월, 일의 글자는 생략하고 그 자리에 마침표를 찍어 표시한다.

① 가, 나, 다, 라   ② 가, 나, 라
③ 나, 라   ④ 나, 다, 라

04

다음 중 문장부호와 띄어쓰기가 공공언어 바로 쓰기에 맞춰 올바르게 바뀐 것은? 2020.05.10. (1급) 66번

항목	수정 전	수정 후
가	4.29~10.31	4.29~10.31
나	1950. 7월~1953. 1월	1950.7.~1953. 1.
다	융·복합	융복합
라	장·차관	장차관
마	21,345천원	2,134만 5천 원

① 가, 나, 다, 라, 마   ② 가, 나, 라, 마
③ 가, 나, 다, 마   ④ 가, 나, 마

05

다음은 여러 가지 문서 작성을 위한 자료 수집 방법이다. 가장 적절하지 않은 것은? 2020.05.10. (1급) 65번

① 초대장을 작성하는 경우 해당 장소로의 접근 방법(이동 경로, 교통편, 주차장 이용 등)에 대한 자료수집이 필요하다.

② 감사장을 작성할 경우 감사장을 받을 상대가 어떤 호의를 왜 베풀었는지에 관한 내용을 수집하는 것이 가장 중요하다.

③ 상사를 대신하여 일처리를 하기 위해 위임장을 작성하는 경우 위임할 사람의 정보, 위임받을 사람의 정보 등이 필요하다.

④ 이메일로 문서를 작성할 경우 전달 방법이 전자적인 형태일 뿐, 문서의 내용상 수집할 사항은 종이 문서와 비교하여 특별히 달라지는 것은 아니다.

06

다음은 사내 문서의 유형을 분류한 것이다. 유형과 종류가 잘못 연결된 것끼리 묶인 것은?

2020.05.10. (1급) 67번

유형	종류
연락 문서	명령서, 통지서, 기획서 등
보고 문서	업무 보고서, 출장 보고서, 조사 보고서, 영업 보고서 등
지시 문서	안내문, 게시문, 업무 협조문, 조회문, 회람문, 통지서 등
기록 문서	회의록, 인사카드, 장표 등
기타 문서	상사의 연설문, 발표 문서 등

① 연락 문서, 기타 문서   ② 보고 문서, 지시 문서
③ 기록 문서, 기타 문서   ④ 연락 문서, 지시 문서

다음 중 문서작성 시 발의자와 보고자에 대한 설명이 가장 적절하지 <u>않은</u> 것은?   2020.05.10. (2급) 69번

① 발의자란 기안하도록 지시하거나 스스로 기안한 사람을 말하며 보고자란 결재권자에게 직접 보고하는 자를 말한다.
② 발의자는 '⊙'로, 보고자는 '★'로 표시하고, 발의자와 보고자가 동일인인 경우에는 '⊙', '★'를 함께 표시한다.
③ 업무관리시스템 또는 전자문서시스템을 이용하여 보고하거나 결재권자에게 직접 보고하지 아니하는 경우에는 보고자 표시를 생략한다.
④ 각종 증명 발급, 회의록, 그 밖의 단순 사실을 기록한 문서는 발의자 및 보고자의 표시를 생략한다.

08

다음 중 외래어 표기법에 따라 올바르게 표기된 것으로 묶인 것은?   2018.11.13. (1급) 61번

① 팜플렛, 리더십, 까페
② 리더쉽, 악세서리, 타블렛
③ 악세사리, 리플렛, 팸플릿
④ 카페, 리더십, 리플릿

다음은 공문서의 두문과 결문이다. 이 문서에 관한 설명으로 올바른 것은? 2019.11.10. (1급) 61번

① 대한사회과학회에서 상공대학교 사회과학데이터센터로 발송되는 문서이다.
② 홍미순 연구원이 기안해서 김주현 국장의 검토를 거쳐서 양지석 학회장이 결재한 후 윤정혜 사무국장에게 협조 받은 문서이다.
③ 이 문서는 사회과학데이터센터의 사무국에서 발송되었다.
④ 이 문서를 최종적으로 받는 사람은 상공대학교 인문사회 연구소장이다.

문장부호별 주요 용법 관련 설명이 **틀린** 것은? 2019.11.10. (2급) 78번

① 제목이나 표어가 문장 형식으로 되어 있더라도 마침표, 물음표, 느낌표 등을 쓰지 않는 것이 원칙이다.
② '2019년 10월 27일'은 마침표를 활용하여 '2019. 10. 27.'과 같이 나타낼 수 있다.
③ 줄임표는 앞말에 붙여 쓰는 것이 원칙이지만, 문장이나 글의 일부를 생략함을 보일 때에는 줄임표의 앞뒤를 띄어 쓴다.
④ 줄임표를 사용할 때에는 가운데 여섯 점뿐만 아니라 가운데 세 점을 찍는 것은 가능하지만, 아래 여섯 점, 아래 세 점을 찍는 것은 허용하지 않는다.

11

다음 중 문서의 발신기관과 관련된 내용이 가장 잘못된 것은?　　2018.05.13. (1급) 61번

① 대외문서의 경우 기획부에서 작성한 문서라 할지라도 행정기관 또는 행정기관의 장의 명의로 발송한다.

② 발신기관 정보는 문서의 내용에 관하여 의문사항이 있을 때 질의하거나 당해 업무에 관하여 협의할 때 용이
　　하게 활용할 수 있는 중요한 정보이므로 반드시 기록한다.

③ 발신기관 주소는 층수와 호수까지 기재한다.

④ 전자우편 주소는 최종결재권자의 행정기관 공식 전자우편 주소를 기재한다.

**한국상공(주)의 대표이사 비서인 이나영씨는 거래처 대표이사가 새로 취임하여 축하장 초안을 작성하고
있다. 다음 축하장에서 밑줄 친 부분의 맞춤법이 바르지 않은 것끼리 묶인 것은?**　　2018.05.13. (1급) 63번

> 귀사의 무궁한 번영과 발전을 기원합니다.
> 이번에 대표이사로 새로 취임하심을 진심으로 기쁘게 생각하며 ⓐ축하드립니다. 이는 탁월한 식견과 그동안의
> 부단한 노력에 따른 결과라 생각합니다. 앞으로도 저희 한국상공(주)와 ⓑ원할한 협력 관계를 ⓒ공고이 해 나가
> 게 되기 를 기대하며, 우선 서면으로 축하 인사를 대신 합니다.
> ⓓ아무쪼록 건강하시기 바랍니다.

① ⓐ, ⓑ　　　　　　　② ⓑ, ⓒ

③ ⓑ, ⓓ　　　　　　　④ ⓒ, ⓓ

**사단법인의 팀비서로 일하고 있는 전비서가 문서의 수발신 업무를 아래와 같이 하고 있다. 다음 보기 중
올바르지 않은 것끼리 묶은 것을 고르시오.**　　2018.05.13. (1급) 63번

> 가. 접수문서를 접수하여 문서 등록대장에 기 재한 후 담당자에게 전달하였다.
> 나. 기밀문서를 발송할 때는 기밀유지를 위해서 발신부 기록을 생략하였다.
> 다. 상품 안내서와 광고문의 경우는 즉시 폐기해서 유통량을 줄였다.
> 라. 여러 부서원이 보아야할 문서는 원본으로 회람하였다.
> 마. 공문서 발송 직전 법인 이사장 관인을 날인 받아서 복사본을 보관해두었다.
> 바. 팀원에게 온 친전문서를 개봉하며 확인 후 전달하였다.
> 사. 팀장님의 지시로 경조금 10만원을 통화등기로 결혼식장에 바로 발송하였다.

① 가, 나, 다, 사　　　　② 나, 다, 라, 바

③ 나, 다, 마, 사　　　　④ 나, 라, 마, 사

다음과 같이 감사장을 작성하고 있다. 아래에서 메일머지의 데이터를 이용해서 작성하는 것이 더 효율적인 것이 모두 포함된 것은?　　　　　2020.11.08. (1급) 65번

> (가)상공에너지 (나)대표이사 (다)김채용 귀하 안녕하십니까? 지난 (라)9월 10일 개최된 (마) 4차산업도래로 인한 사회 변혁 포럼에 참석해주셔서 진심으로 감사의 말씀 드립니다. 이번 포럼에서 강연해 주신 (바)"빅데이터의 기업활용 성공 사례" 덕분에 포럼이 더욱 성황리에 마무리되었습니다. 회의 중에 불편한 점이 있으셨다면 양해해 주시기 바랍니다. 일일이 찾아 뵙고 인사드리는 것이 도리이오나 서면으로 대신함을 양해해 주시기 바랍니다. 앞으로도 더 좋은 자리에서 다시 뵙게 되기를 바라며, 항상 건강과 행운이 함께 하시길 바랍니다.
> (사)2020. 9. 15.
> (아)한국상공포럼 대표 (자)김준하

① (나), (다), (바), (사)　　　　　② (라), (마), (아), (자)
③ (가), (나), (다), (바)　　　　　④ (가), (나), (다), (마)

1상공무역의 최주혁 비서는 회사의 사옥준공식 안내장을 작성했다. 안내장마다 수신인에 따라 본문 내용 중 수신인, 직위, 부서명, 회사명을 다르게 하여 보내는 방법은?　　　　　2020.11.08. (2급) 62번

① 라벨링　　　　　② 편지병합
③ 하이퍼링크　　　　　④ 매크로

박진우 비서는 다음 달에 있을 창립 기념 파티에 초대장 초안을 작성하려고 한다. 마인드맵을 이용해 내용 구상을 하는 박진우 비서의 방법이 가장 적절하지 못한 것은?　　　　　2020.11.08. (2급) 63번

① 종이 한 가운데 원을 그리고 문서의 주제인 '창립 기념 파티초대'를 원 안에 작성했다.
② 주제와 관련한 핵심 단어를 중앙의 원과 연결된 선을 그어 배치한다.
③ 핵심 단어로는 '초대 이유', '초대 장소', '초대 일시', '세부일정' 등을 작성할 수 있다.
④ 마인드 맵은 문서 작성 시 일반적으로 자유로운 아이디어를 떠올리는 정보 수집 단계에서 사용한다.

아래 감사장 내용과 작성에 관련한 설명이 가장 적절하지 <u>않은</u> 것은?   2019.11.10. (1급) 64번

감사의 글

  신록의 계절을 맞이하며 귀하의 건강과 발전을 기 원합니다.
  이번 본인의 대표이사 취임을 축하해 주신 문철수 사장님의 많은 관심과 배려에 감사드립니다. 미약한 능력이나마 제게 맡겨진 역할과 임무에 최선을 다해 노력하겠습니다. 아무쪼록 지금과 같이 아낌없는 관심과 지원 부탁드립니다.
  시간을 내어 축하해 주신 모든 분을 찾아뵈어야 하는데 서면으로 인사를 드리게 되어 송구스럽습니다.

주식회사 상공상사
대표이사 최진우

---

① 대표이사 취임을 축하해준 문철수 사장에 대한 감사인사를 하기 위해 작성한 것이다.
② 많은 사람에게 동일한 내용을 발송하는 경우 수신자의 이름과 직책은 메일머지를 사용하면 편리하다.
③ 축하해 주신 분을 직접 찾아뵙고 감사인사를 드릴 예정임을 미리 알리는 서신이다.
④ 취임에 대한 축하를 받은 후에 일주일 이내에 작성해서 발송하는 것이 좋다.

다음은 의례문서작성 시 유의사항이다. 내용 중 잘못 기술된 것은?   2019.11.10. (2급) 77번

① 교육이나 모임, 행사 등 참가 요청을 목적으로 하는 안내장 작성 시 참가비가 있는 경우일지라도 금액을 안내장에서 안내하는 것은 지양한다.
② 초대장은 특정인에게 꼭 참석해 주기를 바라는 성격이 강하므로 안내장보다 더욱 예의와 격식을 갖추어야 한다.
③ 축하장은 상대방이 기뻐할 때 축하해 줄 수 있도록 신속하게 작성해서 보내는 것이 좋다.
④ 감사장은 대부분 기업에 보내는 것이 아니라 개인에게 직접 감사하는 형식이므로 너무 형식에 치우지지 않도록 한다.

19

다음은 각종 인사장 및 감사장에 대한 설명이다. 내용이 잘못 기술된 것은? 2019.05.13. (1급) 64번

① 협조에 대한 감사장 작성 시에는 앞으로 성원을 부탁하는 내용과 함께 상대의 발전을 기원하며 축원하는 내용을 덧붙여 기재하는 것이 좋다.

② 신년 인사장은 작성 목적에 따라 자유롭게 내용을 구성할 수 있으며, 새해를 상징하는 이미지 등을 삽입하여 개성 있게 작성할 수 있다.

③ 취임 인사장은 새로운 취임자가 취임에 대한 감사의 인사와 포부를 전하기 위한 것으로 전임 직무자들이 이룩한 성과에 대한 언급과 함께 앞으로의 포부와 계획 등을 밝힌다.

④ 축하에 대한 감사장 작성시에는 내용을 일반화하고 정형화하여 감사를 표하고자 하는 사람의 상황과 성격, 감정 등과 무관하게 격식을 차려 정중하게 작성하여야 한다.

20

다음은 김미소 비서가 상사의 지시로 마케팅 팀장들에게 보내는 이메일이다. 다음 중 수정이 가장 적절하지 <u>않은</u> 것은? 2019.05.13. (1급) 68번

TO : ㉠pup u@abc.com
제목 : ㉡안녕하십니까? 비서실 김미소 대리입니다.

[본문]

마케팅 팀장님들께,
㉢안녕하십니까?

- - - - - - - 중략 - - - - - - -

첨부된 회의자료를 미리 검토하여 주시기 바랍니다. 그러면 본사 마케팅 회의날 뵙겠습니다.
감사합니다.

[결문]

㉣비서실 김미소 대리 귀하
서울시 양천구 오목로 298
직통번호 : 02)123 - 1234
이메일주소 : aaa@abc.com

① ㉠ : 박철수 팀장님 < pupu@abc.com >
② ㉡ : 마케팅 팀상 회의 자료 선날
③ ㉢ : 이메일에는 인사말을 생략한다.
④ ㉣ : 비서실 김미소 대리 배상

다음 중 감사장을 적절하게 작성하지 않은 비서를 묶인 것은? 2018.11.13. (1급) 78번

가. 김비서는 상사가 출장 후 도움을 준 거래처 대표를 위한 감사장을 작성하면서 도움을 준 내용을 상세하게 언급하면서 감사장을 작성하였다.

나. 이비서는 창립기념행사에 참석해서 강연해준 박교수에게 감사편지를 작성하면서 강연 주제를 구체적으로 언급하면서 감사의 내용을 기재하였다.

다. 최비서는 상사 대표이사 취임축하에 대한 감사장을 작성하면서 포부와 결의를 언급하면서 보내준 선물 품목을 상세히 언급하면서 감사의 글을 작성하였다.

라. 나비서는 상사의 부친상의 문상에 대한 답례장을 작성하면서 메일머지를 이용하며 부의금액을 정확하게 기재하면서 감사의 내용을 기재하였다.

마. 서비서는 문상 답례장을 작성하면서 계절인사를 간략하게 언급하고 담백하게 문상에 대한 감사의 내용을 기재하였다.

① 김비서, 이비서
② 김비서, 서비서
③ 최비서, 이비서
④ 최비서, 나비서

아래와 같은 이메일 머리글의 일부분을 보고 알 수 있는 사항으로 가장 적절하지 않은 것은? 2018.11.13. (1급) 66번

From : Ashley Taylor < ashley@abc.com >
To : Yuna Lee < yuna2016@bcd.com >
CC : < tiffany@bod.com > ; < irene@abc.com > ; < sjones@bcd.com >
Bcc : < secretaryjean@abc.com >
Date : Fri 10 Aug 2018 08 : 27 : 18 AM
Subject : Monthly Report(July 2018)

① 이 이메일을 받아서 다른 사람에게 포워드 할 수 있는 사람은 모두 5명이다.
② Yuna Lee가 이메일을 받은 일시는 2018년 8월 10일 오전 8시 27분 18초이다.
③ secretaryjean@abc.com이 받은 메일에는 자신의 메일주소가 기재되어 있지 않다.
④ tiffany@bcd.com은 secretaryjean@abc.com이 해당 메일을 받았다는 사실을 모른다.

한국주식회사는 2018년 3월 1일자로 새로 대표이사가 취임하면서, 취임축하 인사 및 축하 화분을 많이 받았다. 대표이사 비서는 축하에 대한 감사장을 작성하고 있다. 다음 보기 중 이 감사장에 사용할 수 있는 가장 적절한 표현은?

2018.11.13. (2급) 67번

① 결실의 계절을 맞이하여 귀사의 무궁한 발전을 기원합니다.

② 보내주신 10만원 상당의 동양란을 소중하게 잘 받았습니다.

③ 이는 모두 저의 부덕의 소치로 인한 것입니다.

④ 직접 찾아뵙고 인사드려야 하오나 서면으로 대신함을 양해해 주시기 바랍니다.

24

다음은 상사가 해외 출장 후 박비서에게 전달한 명함이다. 정리순서대로 올바르게 나열한 것을 고르시오.

2020.11.08. (1급) 66번

(가) Stephen Lee
(나) Dr. Stephanie Leigh
(다) Kimberley, Charles
(라) Mr. Charlie Kimberly, CAP
(마) Eugene Maslow, Jr.
(바) Eric-Charles Maslow, Ph.D

① (나)-(바)-(마)-(다)-(라)-(가)
② (다)-(라)-(가)-(나)-(바)-(마)
③ (라)-(바)-(마)-(다)-(나)-(가)
④ (다)-(라)-(나)-(가)-(마)-(바)

25

다음 중 유통대상에 의해 분류한 경우 문서의 성격이 다른 하나는?

2019.05.13. (1급) 67번

① 보고서   ② 사내 장표
③ 견적서   ④ 회의록

26

다음 보기를 읽고 최문영 비서가 문서를 효율적으로 관리하기 위해 1차적으로 어떤 문서 정리방법을 이용하는 것이 가장 적절한지 고르시오.

2020.11.08. (1급) 68번

최문영 비서가 입사한 회사는 축산 가공 식품 회사이다. 전국에 걸쳐 지역별로 이백여 개의 공급처에서 소와 돼지의 고기를 납품받아 햄이나 소시지 등으로 제품으로 가공하고 있다. 전국의 납품 업체에서는 하루에도 수십 건씩 관련 문서가 팩스로 수발신되고 있다.

① 거래 회사명으로 명칭별 분류법
② 거래 회사 전화번호로 번호식 문서정리방법
③ 부서별로 주제별 문서정리방법
④ 거래 회사 지역별로 명칭별 분류법

27

다음 우편서비스 중에서 기본적으로 등기 취급되는 것에 해당하지 <u>않은</u> 것은?   2019.05.13. (1급) 62번

① 국내특급우편   ② 민원우편
③ e-그린우편   ④ 배달증명

28

우편봉투 작성 시 사용한 경칭의 예시가 맞는 것을 모두 고르시오.   2020.11.08. (1급) 78번

> (가) 대한비서협회장 귀중
> (나) 대표이사 김철수 님
> (다) 이소민 귀하
> (라) (주)정석컴퓨터 귀중
> (마) 회원 제위

① (가), (나), (다), (라), (마)   ② (나), (다), (라), (마)
③ (가), (라), (마)   ④ (다), (마)

29

다음 중 기업이 존재하는 한 영구 보존해야 하는 종류의 문서가 <u>아닌</u> 것은?   2018.05.13. (1급) 69번

① 주주총회 회의록   ② 정관
③ 특허 관련 서류   ④ 재무제표

30

다음 명함관리 방법 중 올바른 방법을 모두 고르시오.   2020.11.08. (2급) 70번

> 가. 스마트폰으로 관리할 명함을 촬영해 명함관리 앱에 등록해 관리한다.
> 나. 리멤버, 캠카드 등이 대표적인 명함 관리 어플이다.
> 디. 명함의 이름, 소속회시, 직책, 전회번호, 이메일 등괴 같은 관리 항목은 데이터베이스 필드마다 구별, 입력하며 관리한다.
> 라. 명함을 정리할 때는 이름이나 회사명을 기준으로 정리하며 명함이 많지 않을 때는 이름으로 정리하는 것이 효율적이다.

① 가, 나, 다, 라   ② 가, 나, 다
③ 가, 나   ④ 가, 나, 라

외부기관에서 우리기관으로 수신된 문서를 처리 및 관리하고 있다. 다음의 문서관리 흐름의 순서가 바르게 된 것은?

2020.05.10. (2급) 73번

① 배부 - 접수 - 기안 - 선람 - 시행 - 결재 - 분류 - 보관 - 보존 - 폐기
② 접수 - 배부 - 선람 - 기안 - 결재 - 시행 - 분류 - 보관 - 보존 - 폐기
③ 접수 - 배부 - 선람 - 기안 - 시행 - 결재 - 보관 - 분류 - 보존 - 폐기
④ 배부 - 접수 - 분류 - 선람 - 기안 - 시행 - 결재 - 보존 - 보관 - 폐기

32

다음 중 문서의 보존기간과 문서의 종류가 잘못 짝지어진 것은?

2020.05.10. (1급) 72번

연번	문서 보존 기간	문서의 종류
ㄱ	영구 보존	정관, 중요 계약 서류, 등기·특허 서류, 품의서, 주주 총회 관련서류 등
ㄴ	10년 보존	세무 관련 서류, 월차, 결산서·상업장부, 주주 명의부 등
ㄹ	3~5년 보존	왕복 문서, 통지 서류, 일보·월보, 조사서, 참고서 등
ㄹ	6개월~1년 보존	주요 전표, 거래 관련 서류, 문서의 수발신 기록, 사원 이동, 급료 수당 관련 서류 등

① ㄱ, ㄴ
② ㄴ, ㄷ
③ ㄷ, ㄹ
④ ㄹ, ㄱ

다음 중 우편제도를 가장 부적절하게 사용한 경우는?

2019.11.10. (1급) 62번

① 김비서는 상사의 지시로 결혼식장으로 바로 경조금을 보내기 위해 통화등기를 이용하였다.
② 배비서는 50만원 상당의 백화점 상품권을 전달하기 위해서 유가증권등기를 이용하였다.
③ 안비서는 미납금 변제 최고장 발송을 위해 내용증명을 이용하였다.
④ 신비서는 인터넷으로 작성한 내용을 우편으로 발송하기 위해 e - 그린우편을 이용하였다.

34

다음 보기 중에서 문서유형 구분이 동일한 것끼리 묶인 것은?

2019.11.10. (1급) 66번

① 사내문서, 사문서
② 접수문서, 배포문서
③ 대외문서, 폐기문서
④ 공람문서, 의례문서

35

상공건설에 근무하는 김비서가 아래와 같이 문서 수발신 업무를 처리하고 있다. 다음 중 바람직하지 <u>않</u>은 것끼리 묶인 것은?   2019.11.10. (1급) 63번

> 가. 내일까지 상대편에서 받아야 하는 문서여서익일특급으로 발송하고 등기번호를 기록해두었다.
> 나. 다른 부서에 전달할 기밀문서는 봉투에 넣어서 봉한 후 직접 전달하였다.
> 다. 직인을 찍어 시행문 발송 후 보관용으로 최종 수정한 워드 파일을 보관해두었다.
> 라. 기밀문서를 발송할 경우에도 문서 발송 대장에 기입해 두었다.
> 마. 문서접수 부서에서 전달받은 문서 중 상품안내와 광고문은 즉시 폐기 처리하였다.

① 가, 라   ② 나, 다
③ 다, 마   ④ 라, 마

36

엑세스를 활용한 명함 데이터베이스 관리의 특징으로 가장 잘못된 것은?   2018.05.13. (1급) 71번

① 엑셀보다 다양한 데이터 형식인 OLE개체, 일련번호, 첨부 파일 등을 지원한다.
② 엑셀에서 입력한 데이터파일을 엑세스로 불러와서 활용할 수 있다.
③ 엑셀로 데이터를 내보내서 안내장, 편지 라벨 작업 등을 할 수 있다.
④ 엑세스에서는 편지 병합 기능을 이용한 편지 작성, 라벨 작업 등을 사용할 수 없다.

37

다음과 같이 문서 및 우편물을 발송하는 업무를 진행하고 있다. 이때 가장 적절하지 <u>않은</u> 업무처리끼리 묶인 것은?   2018.11.13. (1급) 80번

> 가. 문서를 발송하기 전에 상사의 서명 날인을 받은 후 스캔본을 보관해두었다.
> 나. 월임대료를 석 달째 미납하고 있는 임차업체에 최고장을 작성하여 내용증명으로 발송하였다.
> 다. 창립기념식 초청장 발송용 우편물 레이블을 파워포인트를 이용하며 메일머지해서 작성하였다.
> 라. 고객 사은품으로 상품권을 현금등기로 발송하였다.
> 마. 주주총회 안내문을 우편으로 발송하면서 요금후납제도를 이용하였다.

① 가, 나, 다, 라, 마   ② 나, 다, 라, 마
③ 다, 라, 마   ④ 다, 라

38

윈도우 운영체제를 사용하는 내 컴퓨터의 IP주소를 찾기 위해서, cmd를 실행하여 명령 프롬프트를 연후 사용할 수 있는 명령어는? 2020.05.10. (1급) 74번

① IPCONFIG ② CONFIGIP
③ IPFINDER ④ MSCONFIG

39

공공기관의 전자문서에 대한 설명이 가장 적절하지 <u>않은</u> 것은? 2020.11.08. (1급) 69번

① 전자이미지서명이란 기안자·검토자·협조자·결재권자 또는 발신명의인이 전자문서상에 전자적인 이미지 형태로 된 자기의 성명을 표시하는 것을 말한다.
② 전자문자서명이란 기안자·검토자·협조자·결재권자 또는 발신명의인이 전자문서상에 자동 생성된 자기의 성명을 전자적인 문자 형태로 표시하는 것을 말한다.
③ 전자문서는 업무관리시스템 또는 전자문서시스템에서 전자문자서명을 하면 시행문이 된다.
④ 전자문서의 경우에는 수신자가 관리하거나 지정한 전자적시스템에 입력됨으로써 그 효력을 발생하는 도달주의를 원칙으로 한다.

40

다음 중 전자결재 시스템의 특징에 관한 설명으로 옳지 <u>않은</u> 것을 모두 고르시오. 2019.11.10. (1급) 75번

가. 문서 작성 양식이 적용되어 작성이 용이하다.
나. 문서 사무처리 절차가 복잡하다.
다. 문서 작성자의 익명성이 보장된다.
라. 문서 유통 과정이 투명해진다.
마. 문서 보관시 공간확보가 용이하다.

① 가, 나 ② 나, 다
③ 나, 다, 라 ④ 나, 다, 라, 마

41

다음 중 전자문서 보관과 보존에 대한 설명이 가장 적절하지 못한 것은?   2020.11.08. (2급) 71번

① 종이 문서나 그 밖에 전자적 형태로 작성되지 않은 문서를 정보 처리 시스템이 처리할 수 있게 하려면 전자화 문서로 변환한다.

② 전자 문서 장기 보존을 위해서는 전자 문서 장기 보존 국제표준 PDF/A 형식으로 변환하여 저장한다.

③ 전자 문서의 폐기는 복원이 불가능하게 재포맷하거나 덮어 쓰기를 통해 파괴하여야 한다.

④ 전자문서는 보존이 용이하므로 종이문서보다 보존기한을 더 길게 적용한다.

42

전자 문서 관리 절차의 단계에 대한 설명으로 잘못 제시된 것은?   2020.11.08. (2급) 79번

① 이관 : 전자 문서의 관리 및 소유 권한이 내부에서의 이전, 외부로의 이전에 따라 전자 문서를 비롯한 모든 관리 정보를 물리적으로 이전하는 것

② 보존 : 보관 기한은 만료되었으나 업무상 기타 보존의 필요로 인해 일정 시점(보존 기간)까지 저장하고 관리하는 것

③ 등록 : 전자 문서가 관리되기 위해서 정보 처리 시스템에 공식적으로 저장되는 과정

④ 분류 : 전자 문서가 진본으로서 신뢰받을 수 있도록 변형이나 훼손으로부터 보호받으며 필요할 때, 이용 가능한 상태로 정보 처리 시스템에 저장되어 관리하는 과정

43

전자문서 관리에 대한 설명으로 틀린 것은?   2020.05.10. (1급) 68번

① 파일명이 문서 내용을 충분히 반영하여 파일명만으로도 충분히 문서 내용을 유추할 수 있는지 확인한다.

② 전자 문서의 경우, 종이 문서와 동일하게 두 가지 이상의 주제별 정리를 이용할 경우 cross-reference를 반드시 표시해 두어야 한다.

③ 조직의 업무 분류 체계를 근거로 하여 문서의 종류, 보안 등급에 따라 접근에 대한 권한을 부여하여 분류한다.

④ 진행 중인 문서의 경우, 문서의 진행 처리 단계에 따라서 문서의 파일명을 변경하거나 변경된 폴더로 이동시켜서 정리·보관한다.

전자결재시스템의 특징으로 볼 수 없는 것은? 2020.05.10. (1급) 73번

① 전자결재시스템을 통해 시간적, 공간적 제약성을 극복할 수 있으나, 여러 사람이 동시에 내용을 열람하는 것은 불가능하다.
② 결재권자가 출장 중이라도 평소와 같은 통상적인 업무 수행이 가능하다.
③ 경영 의사결정 사이클을 단축하는 효과를 지닌다.
④ 결재 과정을 단축시키고 직접 접촉에 의한 업무 수행의 제한점을 극복할 수 있다.

다음 중 컴퓨터나 원거리 통신 장비 사이에서 메시지를 주고 받는 양식과 규칙의 체계에 해당하지 않는 것은? 2020.05.10. (1급) 75번

① HTTP   ② TELNET
③ POP3   ④ RFID

다음 중 전자결재 및 전자문서에 관한 설명으로 가장 적절하지 않은 것은? 2019.11.10. (1급) 67번

① 전자결재를 할 때에는 전자문서 서명이나 전자이미지 서명 등을 할 수 있다.
② 전자문서 장기 보관 관리를 위한 국제표준 포맷은 EPUB이다.
③ 전자결재는 미리 설정된 결재라인에 따라 자동으로 결재파일을 다음결재자에 넘겨준다.
④ 전자결재는 기본적으로 EDI 시스템 하에서 이루어지는 것이다.

건설회사에 근무하는 고비서는 정보 보안에 신경 쓰라는 상사의 지시에 따라 대외비 전자 문서에 보안을 설정하고 있다. 다음 중 전자 문서에 보안 및 암호 설정에 관한 내용이 가장 적절하지 않은 것은? 2018.11.13. (1급) 68번

① 한글 2010 파일은 [보안]탭에서 [암호설정]을 선택 후 설정한다.
② PDF 파일은 Acrobat Pro 소프트웨어를 이용해서 암호를 설정한다.
③ 엑셀 2010 파일은 암호를 1자 이상으로 설정 가능하다.
④ 한글 2010 파일은 인쇄를 제한하는 배포용 문서로 저장하는 것은 불가능하다.

48

다음 중 광디스크에 해당하는 것은?   2019.11.10. (2급) 71번

① 플래시메모리   ② 블루레이
③ SD카드   ④ SSD

49

데이터베이스를 사용할 때 데이터베이스에 접근하여 데이터의 속성을 정의하고 데이터를 검색, 삽입, 갱
신, 삭제하는 데 사용 되는 데이터베이스의 하부언어는?   2018.11.13. (2급) 72번

① HTML   ② VBA
③ SQL   ④ C언어

50

다음 비서의 정보 수집 방법이 가장 적절하지 않은 것은? 2020.11.08. (1급) 71번

① 강비서는 상사의 지인에 관련한 부음을 신문에서 보고 해당인물의 비서실에 전화를 걸어서 확인하였다.
② 민비서는 보고서 작성을 위해 사내 인트라넷을 이용하여 1차 관련자료를 수집한 후 외부자원을 위해서 추가 자료를 수집하였다.
③ 정비서는 웹자료를 검색할 때에 정보의 질이 우수하여, 출처가 불분명한 글을 인용하였다.
④ 박비서는 인터넷검색이 불가능한 오래된 귀중본 열람을 위해서 소장여부 및 열람가능여부 확인 후 도서관에 직접 방문하였다.

51

프레젠테이션 과정은 발표 내용결정, 자료작성, 발표준비, 프레젠테이션 단계의 4단계로 구분할 수 있다. 보기 중 나머지와 단계가 다른 하나를 고르시오. 2020.05.10. (1급) 80번

① 프레젠테이션의 목적 및 전략 설정 과정
② 프레젠테이션 스토리 설정 과정
③ 수신인에 대한 정보 수집 및 분석 과정
④ 청중이 이해하기 쉽게 일상적인 것과 비교할 수 있는 수치제시 과정

52

다음은 데이터베이스 관련 용어이다. 용어에 대한 설명이 가장 적절하지 못한 것은? 2020.11.08. (1급) 72번

① Big Data : 데이터의 생성 양, 주기, 형식 등이 기존 데이터에 비해 너무 크기 때문에, 어려운 대량의 정형 또는 비정형 데이터로 이로부터 경제적 가치를 추출 및 분석할 수 있는 기술이다.
② DQM : 데이터베이스의 최신성, 정확성, 상호연계성을 확보하여 사용자에게 유용한 가치를 줄 수 있는 수준의 품질을 확보하기 위한 일련의 활동이다.
③ null : 데이터베이스를 사용할 때, 데이터베이스에 접근할 수 있는 데이터베이스 하부 언어를 뜻하며 구조화 질의어라고도 한다.
④ DBMS : 데이터베이스를 구축하는 틀을 제공하고, 효율적으로 데이터를 검색하고 저장하는 기능, 응용 프로그램들이 데이터베이스에 접근할 수 있는 인터페이스 제공, 장애에 대한 복구, 보안 유지 기능 등을 제공하는 시스템이다.

53

다음 인터넷 주소를 통해 유추할 수 있는 기관의 특징으로 올바르지 <u>않은</u> 것은? 2018.11.13. (2급)80번

① www.XXX.edu : 교육기관
② www.XXX.net : 네트워크 관련 기관
③ www.XXX.org : 비영리기관
④ www.XXX.gov : 군사기관

54

다음 그래프는 한중 교역량 추이와 중국 입국자 및 한국 관광수지 변화를 보여주는 그래프이다. 이 그래프를 통하여 알 수 있는 내용 중 가장 올바른 정보는? 2020.11.08. (1급) 73번

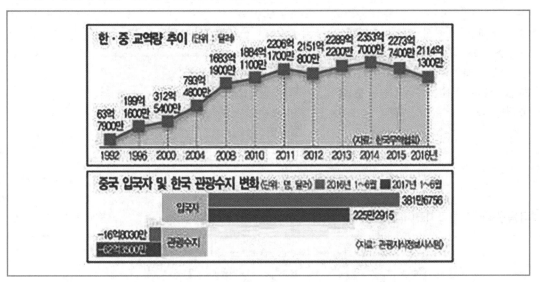

① 한·중 교역 규모는 2016년 2114억 1300만 달러로 1992년 교역 규모 대비 33배 축소되었다.
② 관광지식정보시스템 자료에 따르면 한·중 교역 규모가 가장 컸던 때는 2014년이였다.
③ 2017년 상반기 방한 중국인은 225만 2915명으로 전년 동기 대비 증가했다.
④ 관광수지 적자폭도 2017년 상반기에 전년동기 16억 8030만 달러에서 62억 3500만 달러로 커졌다.

55

복지 정책 관련 보고서를 작성하고 있는 김비서는 복지 관련 민원접수에 대한 다음 표를 작성했다. 아래 표를 읽고 유추할 수 있는 사실과 거리가 가장 먼 것은?　　2020.11.08. (1급) 76번

급수 \ 민원구분	민원접수			민원처리완료	
	건수	2018 이관	2019 신규	건수	백분율
1급	350	174	176	202	58%
2급	206	68	138	109	53%
3급	152	46	106	101	66%
4급	520	212	308	386	74%
합계	1,228	500	728	798	65%

① 위 데이터를 이용해 민원접수건수 전체 중 각 급수의 비중을 나타내는 차트로 가장 적절한 차트는 세로 막대형 차트이다.

② 3급 민원 접수 건중 2018년도에서 이월된 비율은 약 30% 정도이다.

③ 민원처리완료 비율이 가장 높은 순서는 4급 - 3급 - (1급) - (2급)순이다.

④ 평균 민원 처리율은 65%이다.

56

다음은 외국환율고시표이다. 표를 보고 가장 적절하지 못한 분석은?　　2020.11.08. (1급) 77번

국가명 통화	전신환		현금		매매 기준율	대미 환산율	달러당 환산율
	송금 할때	송금 받을때	현금 살때	현금 팔때			
미 국 달러	1,163.10	1,160.30	1,192.20	1,151.20	1,171.70	1.0000	1.0000
일 본 엔	1,079.69	1,058.75	1,087.93	1,050.51	1,069.22	0.9125	1.0959
유로통화 유로	1,321.52	1,295.36	1,334.47	1,282.41	1,308.44	1.1167	0.8955
중 국 위안	169.72	166.36	176.44	159.64	168.04	0.1434	6.9727

외국환율고시표 〈12월 13일〉　　(자료=KEB하나은행)

※ 일본 JPY는 100단위로 고시됩니다.

① 전신환으로 송금하는 경우 현금으로 살 때보다 돈이 덜 든다.

② 미화 100달러를 현금으로 팔아서 받은 돈으로 엔화 10,000엔을 송금하면 돈이 남는다.

③ 10,000위안을 송금받은 돈으로 2,000달러를 현금으로 사는 경우에 돈이 부족하다.

④ 대미환산율을 기준으로 볼 때 1.1167유로가 1달러에 해당한다.

마케팅 이사의 비서로서 상사 및 회사의 소셜미디어 관리를 지원하고 있다. 소셜미디어 관리에 관한 사항으로 가장 적절하지 <u>않은</u> 것은?

2019.11.10. (1급) 68번

① 소셜미디어에 올라온 우리회사 및 상사와 관련한 정보에 대해 항상 유의한다.

② 우리회사 SNS의 주요 게시물 및 고객의 반응에 대해 모니터링한다.

③ 경쟁사의 소셜미디어 게시물 및 고객 반응에 대해서 모니터링한다.

④ 사용자 수가 감소세에 있는 매체보다는 최근에 사용자 수가 증가하고 있는 매체 중심으로 내용을 업데이트한다.

다음 그래프는 30대 남녀 정규직, 비정규직 추이를 나타낸 그래프이다. 이 그래프에 대해 가장 적절하지 <u>않은</u> 분석은?

2020.05.10. (2급) 61번

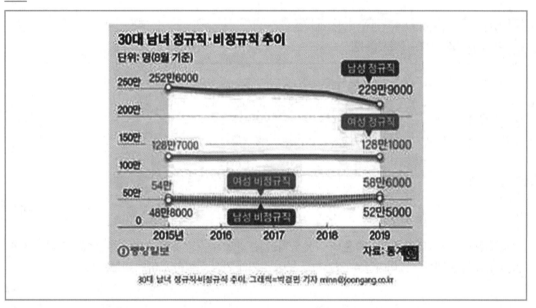

① 2015년부터 2019년도까지 시간의 흐름에 따른 데이터의 크기를 비교하기 적합한 그래프 종류를 사용했다.

② 2019년 8월 기준으로 2015년에 비해 여성 정규직이 감소된 비율이 남성 정규직이 감소된 비율보다 높다.

③ 2015년도에 비해 2019년도에는 성별에 관계없이 비정규직 수가 증가하였다.

④ 30대의 경우 여성 정규직보다 남성 정규직의 수가 많다.

상공홀딩스 대표이사 비서로 일하고 있는 지우정 비서는 상사의 명함 및 내방객 관리 데이터베이스를
MS - Access 프로그램을 이용하여 업무에 활용하고 있다. 다음 중 관리 및 활용이 <u>잘못된</u> 것은?

2019.11.10. (1급) 73번

① 명함스캐너를 이용하여 수집된 데이터를 테이블로 내보내기 하여 저장하였다.
② 연하장 봉투에 붙일 주소를 출력하기 위해서 페이지 기능을 활용하였다.
③ 명함 내용과 방문현황을 화면상에서 한눈에 보기 위해서 하위 폼 기능을 이용하였다.
④ 월별 내방객 수를 계산하여 데이터시트 형태로 보기 위해서 쿼리를 이용하였다.

대한기업 대표이사 비서는 회의자료 작성을 위해서 다음의 자료를 챠트화 하려고 한다. 각 자료에 가장
적합한 그래프의 유형으로 순서대로 표시된 것은?

2019.11.10. (1급) 78번

> (가) 대한기업의 지역별 1월 ~ 10월 영업실적 비교
> (나) 대한기업의 주요 주주 구성 현황

① (가) 분산형 그래프 - (나) 선그래프
② (가) 가로막대 그래프 - (나) 100% 누적 막대그래프
③ (가) 다중 선그래프 - (나) 도넛형 그래프
④ (가) 누적 막대그래프 - (나) 원그래프

상사를 위해 프레젠테이션 자료를 준비 중에 있다. 일련의 단계를 통해 여러 개의 혼란스러운 내용이 통
합된 목표 또는 내용으로 이어질 수 있는지를 보여 주기에 가장 적절한 스마트 아트는?

2019.11.10. (1급) 77번

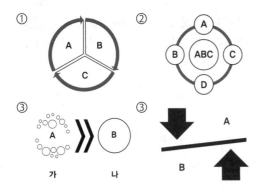

투자회사에 근무하는 이비서는 상사인 김부사장으로부터 몇몇 상장기업에 관해 아래 표와 같은 정보를 정리해 보고하라는 지시를 받았다. 이 경우 가장 최신의 공신력있는 정보를 일괄적으로 수집할 수 있는 곳은?

2019.05.13. (1급) 73번

	영문 회사명	대표자명	법인 구분	법인등록번호	사업자등록번호	최근 공시정보
A회사						
B회사						
…						

① 각 회사의 홈페이지   ② 국가통계포털 KOSIS
③ 연합뉴스 기업 정보   ④ 금융감독원 DART

다음은 2017년 8월 신문에 기재된 기사에 포함된 경상수지 추이 그래프이다. 이 그래프를 통해 유추할 수 있는 기사 내용으로 가장 적절한 것은?

2019.05.13. (1급) 74번

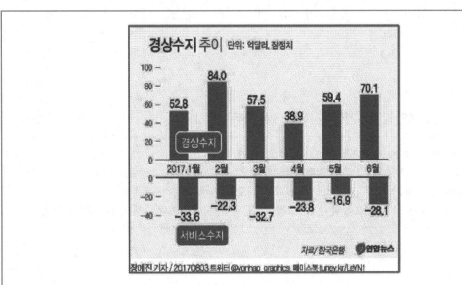

① 2017년 1월 서비스수지 적자폭은 전년 동월 대비 증가하였다.
② 2017년 상반기 중 전년 동월대비 감소율이 가장 낮은 달은 5월이다.
③ 2017년 상반기 경상수지가 흑자이기 때문에 서비스 수지가 적자를 면치 못하였다.
④ 2017년 상반기의 서비스수지의 적자로 인해서 경상수지 흑자폭이 축소되었다.

사물인터넷에 대한 설명으로 잘못된 것은? 2020.11.08. (1급) 74번

① 사물인터넷(Internet of Things, IoT)은 사물 등에 센서를 달아 실시간으로 데이터를 수집하고 주고받는 기술이다.
② IoT라는 용어는 1999년에 케빈 애쉬튼이 처음 사용하기 시작했다.
③ 보안 취약성, 개인정보 유출 등에 관한 우려가 존재하여 이에 대한 대응이 요구된다.
④ IoT에 관련한 국제표준이 부재하여 시장 전망에 비해 시장확대 속도가 느린 편이다.

다음 중 사이버 보안위협 내용으로 옳은 것을 모두 고르시오. 2020.11.08. (1급) 79번

> (가) 지능형 공격과 결합한 랜섬웨어 공격의 증가
> (나) 가상화폐 관련 서비스와 금전이익을 노리는 공격 증가
> (다) 보안에 취약한 IoT 기기를 악용한 범죄
> (라) 사회적 이슈 관련 대규모 사이버 공격 위협 (마) 불특정 다수를 대상으로 한 스피어피싱의 증가

① (가) - (나) - (마)　　　　② (가) - (나) - (다) - (마)
③ (가) - (나) - (다) - (라)　　④ (나) - (다) - (라)

다음 중 비서의 정보 보안 방법이 적절하지 않은 것을 모두 고르시오. 2020.11.08. (2급) 69번

> 가. 비서는 상사가 선호하는 정보 보안 방식으로보안 업무를 한다.
> 나. 비서는 조직의 중요 기밀 정보의 접근 권한과범위에 대해 사내 규정을 무선 기준으로 삼는다.
> 다. 비서는 컴퓨터 바이러스에 대비해 최소 2개 이상의 백신프로그램을 사용하도록 한다.
> 라. 비서는 조직과 상사의 비밀 정보에 대한 외부요청이 있을 경우, 요청 이행 후 즉시 상사에 게 보고한다.

① 나, 다　　　　② 나, 다, 라
③ 다, 라　　　　④ 다

다음 중 컴퓨터 바이러스를 예방하기 위한 비서의 행동으로 가장 적절하지 않은 것은?

2020.11.08. (2급) 75번

① 김비서는 인터넷에서 다운 받은 파일은 반드시 바이러스검사를 수행한 후 사용한다.
② 박비서는 USB메모리 자동실행을 활성화하였다.
③ 이비서는 바이러스 예방 프로그램을 램(RAM)에 상주시켜 바이러스 감염을 예방한다.
④ 황비서는 최신 버전의 백신 프로그램을 사용하여 주기적으로 검사를 한다.

다음 중 랜섬웨어 감염을 예방하기 위한 행동이 나열되어 있다. 이 중 적절하지 않은 것은?

2020.05.10. (1급) 78번

> 가. SNS에 올라온 사진 다운로드 시 주의가 필요하다.
> 나. 신뢰할 수 없는 사이트의 경우 가급적 방문하지 않는다.
> 다. P2P 사이트에서 파일을 다운로드받지 않는다.
> 라. 출처가 분명한 이메일이라도 첨부파일 실행은 주의한다.
> 마. 중요한 자료는 자주 백업해둔다.
> 바 PC운영체제 및 소프트웨어를 최신 버전으로 유지한다.
> 사. 백신을 반드시 설치하고 주기적으로 업데이트 및 점검한다.

① 없다.   ② 가
③ 다   ④ 라

사이버 환경에 적용가능한 인증기술 동향에 대한 설명으로 가장 부적절한 것은?   2020.05.10. (1급) 77번

① 지식기반 사용자 인증방식은 사용자와 서버가 미리 설정해 공유한 비밀 정보를 기반으로 사용자를 인증하는 것으로 패스워드 인증이 일반적이다.
② 패스워드 인증 방식은 별도 하드웨어가 필요 없어 적은 비용으로 사용자 편의성을 높이는 장점이 있다.
③ 소유기반 사용자 인증방식은 인증 토큰을 소유하고 이를 기반으로 사용자를 인증한다. 소프트웨어 형태의 예로 OTP 단말기와 하드웨어 형태의 예로 공인인증서로 구분된다.
④ 소유기반 사용자 인증방식은 사용자 토큰에 관련한 인증시스템 구축이 어렵고, 최소 1회 이상 인증기관 또는 등록기관과 본인임을 확인해야 한다.

70

다음 중 이메일 수신시의 정보 보안을 위한 유의사항으로 가장 적절하지 않은 것은? 2020.05.10. (2급) 79번

① 바이러스의 종류에 따라 첨부파일을 실행하지 않고 본문 내용을 보기만 해도 감염될 수 있으므로 의심스러운 이메일은 열어보지 않는다.

② 비밀번호를 수시로 변경하거나 이중 로그인을 통해 보안을 강화한다.

③ 업무 메일의 첨부파일은 신속한 처리를 위해 바로 열람하여 처리한다.

④ 이메일에 링크된 홈페이지에 개인정보나 비밀번호를 입력하지 않는다.

인터넷 및 정보 관리와 관련된 다음의 용어 중 설명이 잘못된 것은? 2019.05.13. (1급) 76번

① 사이버불링(Cyber Bullying): 이메일, 휴대전화, SNS 등 디지털 서비스를 활용하여 악성댓글이나 굴욕스러운 사진을 올림으로써 이루어지는 개인에 대한 괴롭힘 현상

② 빅데이터(Big Data): 기존 데이터보다 너무 방대하여 기존의 방법으로 도구나 수집/저장/분석이 어려운 정형 및 비정형 데이터

③ 큐레이션 서비스(Curation Service): 정보과잉시대에 의미있는 정보를 찾아내 더욱 가치 있게 제시해 주는 것으로서 개인의 취향에 맞는 정보를 취합하고, 선별하여 콘텐츠를 제공해주는 서비스

④ 핑크메일(Pink Mail): 사내 활성화된 온라인 의사소통을 통하여 동료들에게 동기부여를 고취하는 일련의 메시지

다음 중 정보보안을 위한 비서의 행동으로 가장 올바르지 않은 것은? 2019.05.13. (2급) 76번

① 비서는 상사가 선호하는 정보 보안 방식으로 보안 업무를 한다.

② 비서는 조직의 중요 기밀 정보의 접근 권한과 범위에 대하여 사내 규정을 숙지한다.

③ 비서는 조직과 상사의 비밀 정보에 대한 외부 요청이 있을 경우 즉시 상사에게 보고한다.

④ 비서는 상사의 집무실에서 나온 문서를 이면지로 사용한다.

73

다음의 신문기사 내용에 해당하며 ★에 들어가야 할 컴퓨터범죄는? 2019.05.13. (1급) 76번

'중요한 보안 경고'란 제목으로 포털사에서 전송한 것 처럼 위장한 ★메일이 발견됐다. 안전하게 계정을 보호하고 싶은 이용자의 심리를 이용한 사회공학적 기법의 공격으로 이용자들의 세심한 주의가 필요하다. 지난 21일 전송된 ★메일은 포털사이트 D사에서 보낸 것처럼 위장하고 있다. '중요한 보안 경고 제목과 함께 다른 IP위치에서 귀하의 메일 계정에 불법적인 시도를 발견 했다"며 "안전을 위해 계정을 계속 사용하려면 '지금 여기를 누르십시오' 버튼을 클릭 할 것을 권고하고 있다. 특히, 보낸 사람은 D사로 되어 있지만, 이메일 주소 를 살펴보면 발전기 관련 업체 메일이 기재돼 있다. 이는 공격자가 특정 기업을 해킹해 해당 기업이 악용된 것으로 추정할 수 있는 대목이다. <후략>

< 보안뉴스, 2018.8.23. 발췌 >
www.boannews.com

① 파밍　　　　　　② 피싱
③ 스미싱　　　　　④ 디도스

74

자동차 부품회사에 근무하는 김비서는 상사에게 정보 보안에 대해 더 철저하게 신경쓰라는 지시를 받았다. 김비서의 정보 보안 업무 중 가장 적절하지 못했던 것은? 2019.05.13. (1급) 77번

① 상사의 일정과 관련하여 공개 및 공유할 수 있는 범위를 상사와 명확히 의논하여 업무에 반영하였다.
② 상사의 중요 서류나 문서를 팩스로 송신할 경우, 문서를 받을 상대방에게 먼저 전화를 걸어 팩스를 보낼 것이라고 알려주었다.
③ 상사와 친분이 있는 고객이 상사의 정보를 요청할 경우라도 반드시 원칙대로 상사와 의논 후 지시에 따라 행동하였다.
④ 처리가 완료되지 못한 문서 작업을 집으로 가져가 작업하기 위해 대외비문서반출 목록에 기입한 후 반출하였다.

75

다음 중 저작권 침해와 가장 거리가 먼 사례는? 2018.05.13. (2급) 77번

① 회사 관련 뉴스를 모아 사내 게시판에 게재했다
② 관리하는 블로그에 뉴스가 직접 뜨도록 연결해 놓았다.
③ 비영리 회사 사보에 저작권자의 이용 허락없이 뉴스 저작물을 인쇄해 사용하였다.
④ 인터넷에서 검색한 뉴스 기사를 이용하여 시험문제를 작성 하였다.

다음 중 컴퓨터 바이러스 랜섬웨어에 대한 설명이 가장 적절하지 않은 것은? 2018.05.13. (1급) 75번

① 랜섬웨이는 이메일, 웹사이드, P2P 서비스 등을 통해 주로 퍼진다.

② 랜섬웨어에 걸렸을 경우 컴퓨터 포맷은 가능하나 파일을 열거나 복구하기가 힘들다.

③ 랜섬웨어 예방법으로는 컴퓨터를 켜기 전에 랜선을 뽑아두거나 와이파이를 꺼두는 방법이 효과적이다.

④ 랜섬웨어 예방을 위해서는 랜섬웨어가 생기기 전의 오래된 윈도우즈가 효과적이므로 오래된 운영체계로 변경하도록 한다.

다음 중 사무정보기기 사용이 가장 올바르지 <u>않은</u> 것은? 2019.11.10. (1급) 72번

① 자동공급투입구(ADF)를 이용해 스캔하기 위해 스캔할 면을 아래로 향하게 놓았다.

② 라벨프린터를 이용하여 바코드를 출력하였다.

③ NFC기능 프린터를 이용하여 스마트폰의 문서를 출력하였다.

④ USB를 인식하는 복합기를 사용해서 USB저장매체에 저장된 문서를 바로 출력했다.

다음은 USB 인터페이스에 대한 설명이다. 가장 적절하지 <u>못한</u> 것은? 2020.11.08. (1급) 75번

① USB 2.0에 비해 USB 3.0 버전은 빠른 데이터 전송이 가능하다.

② USB 인터페이스는 전원이 켜진 상태에서도 장치를 연결하거나 분리, 혹은 교환이 가능한 간편한 사용법이 특징이다.

③ USB 3.0 버전은 USB 2.0 버전과 구별하기 위해 보라색 포트사용을 권장하고 있다.

④ 별도의 소프트웨어 설치 없이도 상당수의 USB 장치(키보드, 마우스, 웹캠, USB 메모리, 외장하드 등)들을 간단히 사용할 수 있다.

다음 중 사무정보기기의 사용법이 가장 적절하지 <u>않은</u> 비서는? 2020.11.08. (2급) 67번

① 김비서는 사내 인사이동에 따른 임원보직변동을 확인 후 발령일자에 맞춰 키폰 번호를 재입력하고 레이블을 교체했다.

② 이비서는 자리를 비우게 될 경우 비서실의 전화를 비서 개인의 휴대폰으로 착신하는 무료 서비스를 114에 전화해 신청했다.

③ 차비서는 여분의 프린트 토너를 항상 구입해 놓는다.

④ 김비서는 문서 세단기를 고칠 경우에는 항상 전원을 OFF로 해놓고 고친다.

80

다음은 네트워크와 관련 장비에 대한 설명이다. 가장 적절하지 <u>않은</u> 설명은? 2020.05.10. (1급) 61번

① 랜카드(LAN card) : LAN선을 연결하기 위한 장치로서 회선을 통해 사용자 간의 정보를 전송하거나 전송받을 수 있도록 변환하는 역할을 한다.

② 허브(Hub) : 여러 대의 컴퓨터를 LAN에 접속시키는 네트워크 장치이다.

③ 포트(Port) : 컴퓨터가 통신을 위해 사용해야 하는 컴퓨터의 연결 부분으로 이 장치를 통하여 전용 회선, 프린터, 모니터 등의 주변 장치와 연결이 가능하고 주로 컴퓨터 뒷면에 부착되어 있다.

④ 엑스트라넷(Extranet) : 기존의 인터넷을 이용해 조직 내부에서만 사용하는, 조직 내부의 정보를 공유하며 업무를 통합하는 정보시스템이다.

81

다음 중 모바일 기기의 특징으로 가장 적절하지 <u>않은</u> 것은? 2020.05.10. (1급) 61번

① 무선통신 ② 휴대성
③ 긴 라이프사이클 ④ 터치방식의 입력

82

사무정보기기 및 사무용 SW를 다음과 같이 사용하고 있다. 이중 가장 <u>부적절한</u> 것은? 2020.05.10. (2급) 64번

① 김비서는 좀 더 빠른 정보처리를 위해 USB 3.0 포트를 2.0포트로 변경했다.

② 백비서는 상사와 일정을 공유하기 위해 네이버 캘린더에서 공유 캘린더를 사용하였다.

③ 이비서는 데이터베이스 관리를 위해 Excel과 Access 프로그램을 사용하고 있다.

④ 최비서는 상사의 명함 관리를 위해서 리멤버 앱과 캠카드 앱을 비교해보았다.

83

다음은 사무정보기기의 구분에 따른 종류를 나열한 것이다. 구분에 <u>부적합한</u> 사무기기가 포함된 것은? 2019.05.13. (1급) 79번

① 정보 처리 기기 : PC, 노트북, 스마트폰

② 정보 전송 기기 : 전화기, 스캐너, 팩스, 화상 회의 시스템

③ 정보 저장 기기 : 외장하드, USB, CD-ROM

④ 통신 서비스 : LAN. VAN, 인터넷, 인트라넷

상공상사(주) 김미소 비서는 상사 집무실의 프린터를 스마트폰에서 바로 인쇄를 할 수 있는 기종 으로 바꾸기 위하여 적당한 프린터를 3개 정도 조사하여 상사에게 보고하려고 한다. 이때 프린터에 필요한 기능끼리 묶인 것은?

2018.11.13. (1급) 75번

① 와이브로 기능, 와이파이 기능   ② 블루투스 기능, 와이파이 기능
③ 와이파이 기능, MHL 기능   ④ 블루투스 기능, MHL 기능

사무정보기기 및 사무용 SW를 다음과 같이 사용하고 있다. 이 중 가장 적절하게 활용을 하고 있는 비서는?

2019.05.13. (1급) 78번

① 김비서는 상사가 180도 펼쳐지는 상태의 제본을 선호하기 때문에 열제본기를 주로 사용한다.
② 백비서는 상사의 컬러로 된 PPT 자료가 잘 구현되도록 실물화상기를 셋팅했다.
③ 황비서는 각종 자료를 한곳에서 정리하고 관리하며, 공유도하기 위해서 에버노트 앱을 이용하였다.
④ 윤비서는 상사의 업무일정 관리를 원활하게 하기 위해서 리멤버 앱을 사용하였다.

다음의 상황을 대비하기 위하여 김비서가 이행할 수 있는 방법으로 가장 <u>부적절한</u> 것은?

2019.05.13. (1급) 80번

컨퍼런스에서 발표를 맡게 된 김비서는 발표자료를 조금 수정도 할 겸 리허설 시간보다 일찍 행사장에 도착했다. 이 행사장은 발표 자료를 발표자 포디엄에 직접 USB를 꽂아 연결할 수 있도록 되어 있어 그 자리에서 수월하게 자료 수정도 마칠 수 있었다. 무사히 발표를 마치고 사무실로 복귀한 김비서는 업무용 노트북에 USB에 저장해온 발표자료 최종본을 옮겨 놓았다. 그런데 며칠 뒤 사내 보안 팀에서 연락이 왔다. 김비서의 컴퓨터를 통해 사내에 악성코드가 확산했다는 것이다.

① 외부 컴퓨터에서 사용했던 이동식 저장매체를 사무실에서 사용할 경우 바이러스 검사를 실시한다.
② 이동식 저장매체의 자동 실행 기능을 비활성화하여 자동으로 USB가 시스템에 연결되는 것을 예방한다.
③ 편리한 USB 사용을 위하여 USB 자동실행 기능을 평상시에 켜 둔다.
④ 노트북의 USB 드라이브 자동 검사 기능을 활성화해 둔다.

87

다음 중 스마트 디바이스의 활용에 대한 설명이 가장 적절하지 <u>않은</u> 것은?   2019.05.13. (2급) 74번

① PDA는 한손으로 휴대할 수 있는 크기에 정보처리기능과 무선통신기능으로 통합한 휴대용 단말기로 팜톱으로 불리며 스마트폰의 전신이다.
② 태블릿 PC는 노트북의 장점에 터치스크린 기능이 결합된 방식의 디바이스이다.
③ 스마트폰은 안드로이드 운영 체제 방식과 iOS 운영 체제 방식의 2가지로만 양분되어 있다.
④ 스마트폰에 회의 관련 애플리케이션인 에버노트나 리모트미팅 등을 활용하면 업무 수행에 도움이 된다.

88

김 비서는 신제품 런칭을 위한 상사의 프레젠테이션을 준비하고 있다. 다음 업무를 처리하기 위해 필요한 사무기기가 순서대로 나열된 것은?   2018.05.13. (1급) 79번

(가) 프레젠테이션 발표용 시각자료 준비
(나) 발표 자료 제본
(다) 프레젠테이션 보여주기 위한 준비
(라) 신제품을 청중에게 선보이기

① (가) 파워포인트 - (나) 열제본기 - (다) OHP - (라) 팩시밀리
② (가) 키노트 - (나) 인쇄기 - (다) 실물환등기 - (라) 프로젝터
③ (가) 프레지(Prezi) - (나) 문서재단기 - (다) 빔프로젝터 - (라) 실물화상기
④ (가) 프레지(Prezi) - (나) 링제본기 - (다) LCD프로젝터 - (라) 실물화상기

89

아래의 애플리케이션 중 그 성격이 다른 한 가지는?   2020.11.08. (1급) 80번

① 드롭박스　② 구글 드라이브
③ 스카이프　④ 마이크로소프트 원드라이브

90

다음 중 종류가 동일한 앱끼리 묶이지 <u>않은</u> 것은?   2020.11.08. (2급) 66번

① 조르테, 구글캘린더　② 원드라이브, 에버노트
③ 맵피, 아틀란　④ 라인, 카카오톡

91

다음 중 사무정보기기의 사용법이 가장 적절하지 <u>못한</u> 것은?   2020.11.08. (3급) 59번

① 휴대용 사무정보기기 사용을 위해 여분의 배터리를 준비한다.

② 상사와 비서 본인의 컴퓨터 파일을 안전하게 보관하기 위하여 외장 하드와 USB메모리 등의 정보 저장기기를 사용한다.

③ 사내 행사에서 사용한 디지털 카메라와 캠코더의 경우 사용한 직후 메모리 카드내 미디어 파일을 컴퓨터에 업로드한 후 메모리카드를 포맷한다.

④ 여러 장의 팩스를 한꺼번에 보낼 경우 팩스 커버는 맨 뒤에 놓고 팩스를 받을 담당자에게 전화를 걸어 팩스 전송을 알린다.

92

아래 비서들의 대화를 보고 문제를 해결하기 위해서 가장 적절한 어플을 고르시오.   2020.05.10. (2급) 63번

> 김 비서 : 고민이에요. 사장님이 부산으로 출장을 가셨는데 출장 관련 문서 파일을 보내 달라고 하시네요.
> 이 비서 : 이메일로 보내면 되잖아요.
> 김 비서 : 파일 용량이 커서 보안 문제 때문에 우리회사 이메일로는 첨부가 되지 않아요.

① 캠카드   ② TLX

③ 드롭박스   ④ 파파고

93

사무정보기기 및 사무용 SW를 다음과 같이 사용하고 있다. 이중 가장 <u>부적절한</u> 것은?

2020.05.10. (2급) 64번

① 김비서는 좀 더 빠른 정보처리를 위해 USB 3.0 포트를 2.0포트로 변경했다.

② 백비서는 상사와 일정을 공유하기 위해 네이버 캘린더에서 공유 캘린더를 사용하였다.

③ 이비서는 데이터베이스 관리를 위해 Excel과 Access 프로그램을 사용하고 있다.

④ 최비서는 상사의 명함 관리를 위해서 리멤버 앱과 캠카드 앱을 비교해보았다.

상공주식회사에서 이사회 개최 지원업무를 담당하고 있는 왕수현비서는 보안유지를 위하여 이사회 자료를 직접 제본하고 있다. 회의 참석하는 이사님들은 360도로 자료를 펼치거나 접기 쉬운 형태로 제본해 주기를 원하고 있다. 이러한 요구사항에 가장 적합한 형태의 제본은 무엇인가?   2019.11.10. (2급) 61번

① 와이어 제본   ② 열접착 제본
③ 스트립 제본   ④ 무선 제본

아래 보기에 스마트폰 애플리케이션이 2개씩 짝지어져 있다. 2개의 사용목적이 서로 다른 것끼리 짝지어 진 것은?   2018.05.13. (1급) 68번

> ㉠ 월드카드모바일(WorldCard Mobile)
> ㉡ 캠카드(CamCard)
> ㉢ 이지플래너
> ㉣ 조르테(Jorte)
> ㉤ 리멤버

① ㉠, ㉡   ② ㉠, ㉣
③ ㉡, ㉤   ④ ㉢, ㉣

다음 중 명함 어플리케이션의 사용법이 가장 올바르지 않은 것은?   2018.05.13 (2급)

① 비서 본인이 사용하기 편리한 명함 어플리케이션을 핸드 폰에 다운로드 받는다.
② 명함 어플리케이션에 저장한 후 종이 명함은 폐기한다.
③ 상사의 핸드폰에도 동일한 명함 어플리케이션을 다운로드 받아 연동시킨다.
④ 명함 어플리케이션의 비용 지불은 사내 비용 담당자와 상의한다.

다음과 같이 어플리케이션을 이용하여 업무처리를 하고 있다. 이중 가장 적합하지 않은 경우는?   2018.11.13. (1급) 69번

① 상사가 스마트폰에서도 팩스를 수신하실 수 있도록 모바일팩스 앱을 설치해 드렸다.
② 상사가 스마트폰으로 항공기 탑승 체크인을 하기를 원해서 항공권을 구입한 여행사 앱을 설치해 드렸다.
③ 상사가 스마트폰을 이용하여 발표자료 편집을 원하셔서 Keynotes 앱을 설치해 드렸다.
④ 종이 문서를 스마트폰으로 간단히 스캔하기 위해서 Office Lens 앱을 사용하였다.

다음 중 스마트폰 애플리케이션을 활용한 업무처리와 관련한 내용으로 가장 부적절한 것은?

2019.05.13. (2급) 77번

① 일정관리를 위해 기사님의 핸드폰에도 블루리본서베이를 다운받도록 하고 사용법을 설명한다.

② 명함 애플리케이션을 사용하더라도 종이 명함을 버리지 않고 보관한다.

③ 항공 예약 관련 애플리케이션은 상사가 선호하는 항공사의 것을 다운받는다.

④ 회의 녹취를 위해 핸드폰의 레코더 어플을 활용하여 녹음한다.

의료기관에서 근무하는 최비서는 지원금 신청을 위해 고용보험 홈페이지에 접속하였다. 고용보험 홈페이지는 업무 처리를 위해 공인인증서가 필요하여 인증서를 발급받으려고 한다. 공인인증서와 관련된 내용이 가장 적절하지 않은 것은?

2018.11.13. (1급) 71번

① 공인인증서는 유효기간이 있으므로 발급 기관으로부터 갱신해서 사용해야 한다.

② 공인인증서 안에는 발행기관 식별정보, 가입자의 성명 및 식별정보, 전자서명 검증키, 인증서 일련번호, 유효기간 등이 포함되어 있다.

③ 공인인증서의 종류는 범용 공인인증서와 용도제한용 공인인증서로 나뉜다.

④ 공인인증서 발급 비용은 종류에 관계없이 모두 무료이다.

다음 중 상사가 사용하는 스마트 디바이스 관리가 가장 적절하지 못한 비서는? 2018.11.13. (2급) 74번

① 김비서는 상사가 사용하는 스마트 디바이스의 제품별 특징과 운영 체제를 파악하고 있다.

② 최비서는 상사의 스마트 디바이스에서 사용 중인 중요한 자료를 드롭박스에 별도로 보관하고 있다.

③ 이비서는 상사의 스마트 디바이스 안의 애플리케이션은 자료 유출의 위험으로 업데이트하지 않는다.

④ 박비서는 스마트 디바이스의 휴대용 배터리 충전기를 준비하여 상사 외출 시 제공한다.

memo

비서실무100제

ANSWER 1

ANSWER 1
비서실무100제

<table>
<tr><td colspan="10" align="center">정답표</td></tr>
<tr><td>01 ②</td><td>02 ③</td><td>03 ③</td><td>04 ①</td><td>05 ②</td><td>06 ④</td><td>07 ①</td><td>08 ③</td><td>09 ③</td><td>10 ③</td></tr>
<tr><td>11 ④</td><td>12 ③</td><td>13 ①</td><td>14 ③</td><td>15 ②</td><td>16 ③</td><td>17 ④</td><td>18 ③</td><td>19 ③</td><td>20 ①</td></tr>
<tr><td>21 ④</td><td>22 ①</td><td>23 ③</td><td>24 ④</td><td>25 ③</td><td>26 ④</td><td>27 ②</td><td>28 ④</td><td>29 ④</td><td>30 ②</td></tr>
<tr><td>31 ③</td><td>32 ④</td><td>33 ④</td><td>34 ②</td><td>35 ④</td><td>36 ①</td><td>37 ①</td><td>38 ④</td><td>39 ①</td><td>40 ④</td></tr>
<tr><td>41 ①</td><td>42 ②</td><td>43 ④</td><td>44 ③</td><td>45 ③</td><td>46 ①</td><td>47 ③</td><td>48 ④</td><td>49 ③</td><td>50 ③</td></tr>
<tr><td>51 ④</td><td>52 ④</td><td>53 ①</td><td>54 ②</td><td>55 ①</td><td>56 ③</td><td>57 ④</td><td>58 ④</td><td>59 ③</td><td>60 ③</td></tr>
<tr><td>61 ④</td><td>62 ③</td><td>63 ③</td><td>64 ②</td><td>65 ④</td><td>66 ④</td><td>67 ④</td><td>68 ④</td><td>69 ③</td><td>70 ④</td></tr>
<tr><td>71 ④</td><td>72 ③</td><td>73 ①</td><td>74 ④</td><td>75 ②</td><td>76 ④</td><td>77 ③</td><td>78 ④</td><td>79 ①</td><td>80 ④</td></tr>
<tr><td>81 ②</td><td>82 ④</td><td>83 ④</td><td>84 ①</td><td>85 ③</td><td>86 ②</td><td>87 ③</td><td>88 ④</td><td>89 ①</td><td>90 ③</td></tr>
<tr><td>91 ④</td><td>92 ④</td><td>93 ②</td><td>94 ①</td><td>95 ②</td><td>96 ③</td><td>97 ①</td><td>98 ③</td><td>99 ④</td><td>100 ①</td></tr>
</table>

01

답 ②

해 우수한 비서에게는 조직의 목표 달성과 연계하여 뛰어난 직무수행을 보이는 고성과자의 차별화된 행동특성과 태도가 필요하다. 일반적인 역량구조를 기반으로, 비서에게 필요한 역량을 추가한 지식(Knowledge), 기술(Skill), 능력(Ability), 가치(Value), 태도(Attitude) 등 5가지로 구분할 수 있다.

02

답 ③

해 직업에 대한 소명의식과 윤리의식을 바탕으로 전문 직업인의 자세를 갖추기 위해 노력해야 하며, 조직의 정책과 규정을 준수하며 항상 정직해야 한다.

03

답 ③

해 비서의 업무처리 권한은 상사로부터 어느 정도의 신임과 권한을 받았는지에 따라 차이가 있다.

04

답 ①

해 상황을 보고하는 것은 올바르지만 참석여부 결정에 대해 상사에게 부탁하지는 않는다.

05

답 ②

해 인공지능 기술이 발달해도 예측 불가능한 업무 등으로 경영활동의 보좌가 줄어들지는 않는다.

06

답 ④

해 역량으로는 경영학, 경제학, 정보학 등을 포함한 사회과학 지식과 문제해결능력, 의사소통능력, 외국어 능력 및 국제화 감각, 정보활용 능력 등이 있다. 조직의 특성에 따라 비서실의 팀장 등에게는 행정학, 정책학, 법학 등에 대한 지식이 추가로 요구된다. 미국경영자협회(American Management Association)에서 비서를 제2의 상사(shadow executive)라고 이야기하는데, 비서는 다양한 직무 역량을 보유하고 상사의 뒤에서 그림자처럼 보좌하는 역할을 충실히 수행해야 하기 때문이다.

07

답 ①

해 업무 범위는 타 부서의 업무처럼 명확하지 않을 수 있기 때문에 상사의 기대 수준을 빨리 파악하는 것이 중요하다. 상사가 외부에서 오셨을 경우 낯선 조직에 잘 적응하실 수 있도록 좀 더 적극적인 역할 수행이 필요하다. 예를 들어, 해당 조직에만 적용되는 각종 제도(윤리·복무 등)와 해당 조직만의 문화를 알려드려야 하며, 인사나 조직관리 관련 내부 현안도 전달해드릴 필요가 있다. 비서의 최종 목표는 상사가 더 높은 성과를 낼 수 있도록 지원하는 것이라는 점을 항상 기억해야 한다.

08

답 ③

해 비서는 업무 특성상 다양한 계층의 사람을 상대하게 되기 때문에 인간관계에서 고도의 기술이 요구된다. 비서의 직무 특성상 고위의 임원을 보필하다 보면 동료들로부터 소외당하기 쉬우며, 임원의 지위와 권력을 자신의 것으로 동일시하여 자신의 위치를 정확히 파악하지 못하고 행동하는 오류에 빠지기 쉽기 때문이다. 또한 비서는 조직 내에서 의사 전달의 통로가 되기 때문에 조직 내 상황을 상부에 정확히 알림과 동시에 상부의 입장과 의사를 하부에 전달하는 역할을 한다. 그러므로 임원과의 인간관계나 동료와의 인간관계가 원만한 비서가 아니면 중간 통로 역할을 효과적으로 수행할 수 없다.

09

답 ③

해 임원과의 업무 및 시간조절 : 임원과 지속적인 의사소통으로 업무일정을 조율하고 임원의 일정에 맞추어 자신의 시간을 조절한다.

10

답 ③

해 비서에게는 조직 구성원 및 외부와 다양한 방법(전화, 대화, 회의, 프리젠테이션, 문서 등)을 이용하여 원활하고 효과적인 의사소통을 할 수 있는 능력이 요구된다.

11

답 ④

해 1) 경력개발의 개념 : 경력이란 한 개인이 일생에 걸쳐 일과 관련하여 얻게 되는 경험을 통해 직무관련 태도, 능력, 성과를 향상시켜 나가는 체계적인 활동이며, 개인이 경험하는 직무를 조직과 개인이 함께 계획하여 관리해야 하는 것으로 장기적인 접근이 필요하다.
2) 경력관리의 의미 : 개인의 인생에서 조직생활의 비중이 높아지는 현대 사회에서 비서의 경력개발에 대한 관심이 날로 높아지고 있다. 비서가 인식하는 경력의 경계가 과거와는 달리 폭넓게 확대되고 있으며, 최근에는 비자발적인 실업 또는 조직의 경계를 넘나드는 수평적인 이동에 대한 관심이 높아지고 있다. 또한 학교 교육을 통해 배운 지식과 기술로 직장생활에서의 경험만으로는 비서의 새로운 전환점을 대비하기 어려워지게 된다. 끊임없이 변화하는 환경에 적응하여 역량과 경력을 개발하여야 비서의 커리어를 개발할 수 있다.

12

답 ③

해 개인적 차원에서의 경력 : 비서의 삶의 목표에 의해 결정된다. 따라서 이 차원에서는 경력개발의 목표가 자기개발을 통해 평생 직업으로 연결될 수 있도록 필요한 자질을 갖추어 평생 현역에 도전하고 활동할 수 있도록 개발하고 관리해야 할 것이다.

13

답 ①

해 ②, ③, ④는 자기개발 방법이 아니고, 인간관계 방법이나 업무태도에 관련된 것이다.

14

답 ③

해 ③ 번은 자기개발 보다는 비서의 스트레스 관리방법에 해당된다.

15

답 ②

해 신입비서를 교육할 때는 다양한 직무교육, 핵심가치 교육, 현장체험 등을 실시하여 업무수행 시 요구되는 신입비서의 기본 역량을 체계적으로 배양하여 신속한 조직 적응력을 갖추어 주어야 한다. 또한 신입의 역할 인식 및 태도와 마인드 셋을 도와주며, 경력개발을 위해 기본역량 함양을 목적으로 체계적 교육을 실시해야 한다.

16

답 ③

해 1) 경력 : '개인이 경력목표를 분명하게 설정하고, 이를 달성하기 위하여 경력계획을 수립하여 조직의 요구와 개인의 요구가 합치될 수 있도록 각 개인의 경력을 개발하고 지원해 주는 활동'이다.
2) 경력개발의 목적 : 기본적으로 비서의 능력을 최대로 개발시켜, 이것을 직장의 경력기회에 적용시킴으로서 비서의 경력욕구를 충족시켜 주는 것이고 경력기회를 제공하는 직장에서는 적시적소에 비서능력을 활용함으로써 조직의 유효성을 높이는 것이다.
3) 개인적 차원에서의 경력 : 비서의 삶의 목표에 의해 결정된다. 따라서 이 차원에서는 경력개발의 목표가 자기개발을 통해 평생 직업으로 연결될 수 있도록 필요한 자질을 갖추어 평생 현역에 도전하고 활동할 수 있도록 개발하고 관리해야 할 것이다.

17

답 ④

해 상사가 통화 중일 때, 상대에게 상사가 통화 중임을 알리고 기다릴 것인지, 메시지를 남길 것인지, 아니면 상사가 통화를 마치면 우리 쪽에서 전화해 주기를 원하는지 등을 확인해 응대한다. 상대방의 의사를 확인하지도 않고 전화 보류 버튼을 누르는 것은 예의가 아니며, 상대방이 기다릴 경우 중간중간 전화를 다시 연결해서 상대방의 의사를 재확인해야 한다.

18

답 ③

해 **전화 기록부 작성 및 관리**

임원이 회의나 출장으로 부재중이어서 전화 메모가 많아진다면 이를 정리하여 전화기록부의 형태로 작성해서 임원에게 전달하면 효율적이다. 임원 스스로 비서가 작성한 전화 기록부를 보고 먼저 전화해야 할 곳을 선정할 수 있고 관련 내용을 메모하기도 한다. 전화 기록부는 날짜, 시간, 전화 건 사람의 이름 및 직책, 소속, 전화 메모 내용, 전화번호, 메모를 받은 사람 등을 반드시 기입한다.

19

답 ③

해 직위가 높은 사람에게 전화를 걸어야 하는 경우 상대방의 비서에게 전화하여 용건을 전달한다. 비서가 없는 경우, 또는 상대방과 직접 통화가 되었을 때는 당황하지 말고 직접 전화를 드리게 된 것에 대해 양해를 구하고 용건을 전달하는 것이 예의이다.

20

답 ①

해 해외 고객과의 전화통화를 요금 걱정 없이 마음 놓고 받을 수 있는 국제전화 서비스이다.

21

답 ④

해 비서는 전화 응대 시 비서로서의 태도를 갖춤으로써 대내·외에 조직과 상사의 이미지를 제고할 수 있음을 기억해야 한다. 비서의 예의바른 전화응대는 조직에 활력을 불어넣을 뿐 아니라 상사와 조직의 업무 성과에 영향을 미치므로 전화응대 업무의 중요성을 잊지 않도록 한다.

22

답 ①

해 상사가 출장, 회의, 기타 용무 등으로 자리를 비울 경우 비서는 재치 있고 현명하게 응대해야 한다. 상사의 부재 이유를 부정적으로 응답하여 상대방에게 좋지 않은 이미지를 주지 않아야 한다. 또는 상사의 부재 이유를 지나치게 자세히 설명하여 정보를 흘리지 않도록 주의한다. 특히 상사의 부재 이유를 자세히 물어보는 상대방에게는 각별히 주의를 기울여야 한다.

23

답 ③

해 상사가 통화 중일 때, 상대에게 상사가 통화 중임을 알리고 기다릴 것인지, 메시지를 남길 것인지, 아니면 상사가 통화를 마치면 우리 쪽에서 전화해 주기를 원하는지 등을 확인해 응대한다. 상대방의 의사를 확인하지도 않고 전화 보류 버튼을 누르는 것은 예의가 아니며, 상대방이 기다릴 경우 중간 중간 전화를 다시 연결해서 상대방의 의사를 재확인해야 한다.

24

답 ④

해 상사 부재 시 상사를 찾는 전화를 받을 경우, 자신의 소속과 이름을 분명히 밝히고 전화를 건 상대방의 소속과 이름, 용건, 전화 받은 날짜와 시간, 회신의 필요성 여부, 상대방의 전화번호 등을 메모한다. 상대방의 전화번호를 상사가 알고 있더라도 비서가 다시 한번 확인하도록 한다. 상사 부재중에 걸려온 전화의 경우, 내용을 메모지에 적어 상사의 책상 위에 문진(文鎭) 등으로 눌러 놓고, 후에 상사가 볼 수 있도록 한다. 또한 상사가 전화메모를 보았는지의 여부도 반드시 확인하도록 한다. 상사가 장시간 자리를 비울 경우 상사 요청 시, 문자나 메신저 등을 이용해 전화수신 내역을 상사에게 알린다. 메모는 적은 즉시 상사의 책상 위에 올려놓는 습관을 들이도록 한다. 나중으로 미루다가 메모를 전달하는 것을 잊어버려 상사가 중요한 전화를 놓치지 않도록 유의한다. 전화메모는 상사의 눈에 잘 띄는 곳에, 혹은 상사와 사전에 약속한 장소에 놓도록 한다.

25

답 ③

해 어떠한 용건으로 내방했는지 정확히 파악하는 것이 기본이나, 선약이 되어있는 내방객에게는 용건을 묻지 않는다. 신년 인사 및 신임·전임의 인사는 의례적인 방문이므로 예약없이 방문하는 경우도 있으므로 상황에 따라 유연하게 대처하는 것이 좋다.

26

답 ④

해 최근 내방객 관리가 중요시됨에 따라 양질의 내방객 정보를 활용하여 기업의 운영 이익과 이미지를 높일 수 있는 내방객 관리 경영이 중요하게 비춰지고 있다. 이러한 내방객의 정보 구축 및 활용을 위해서는 정보 기술을 기반으로 한 데이터베이스 관리가 효과적인 방법이 될 수 있다. 상사와 친분이 있는 손님, 업무상 중요한 손님 등 방문객에 대한 정보를 관리하기 위해 내방객 기록부와 내방객 카드를 작성하게 되는데, 내방객 기록부나 내방객 카드에 방문내용을 적어둠으로써 다음 방문에 대비할 수 있다.

27

답 ②

해 앞의 일정지연으로 상사가 약속시간을 지킬 수 없는 경우 손님에게 상황을 설명하고 양해를 구한 후 상사에게 상황을 메모로 전달한다. 대기하는 내방객에게는 정중하게 이유를 설명하고 대기실로 안내한다. 기다리는 동안 신문이나 잡지 또는 차를 미리 권하면 좋다. 대기실에 여러 사람이 함께 기다릴 경우에는 그 사람들 간의 관계에도 주의를 기울여야 한다.

28

답 ④

해 복잡한 장소에서는 미리 안내를 해 방문객이 당황하지 않도록 하며, 수동 회전문 앞에서는 비서가 먼저 앞서 손님을 안내한다.

29

답 ④

해 비서는 내방객의 말을 집중해서 듣고 명확하지 않은 점은 재확인 하기 위해 가능하면 메모하며 경청하고, 신속하게 내방객 응대에 임한다. 부득이하게 기다리게 할 경우에는 대기시간 및 사유를 설명해야 한다. 여러 내방객 방문 시 선착순·접수순으로 공평하게 안내하고, 무엇보다 내방객을 존중하는 마음으로 좋은 인상을 주도록 친절하게 대한다.

30

답 ②

해 동시에 두 사람 이상이 방문했을 경우 먼저 온 사람이나 선약된 사람을 우선 안내한다.

31

답 ③

해 갑작스러운 내방객의 방문 시에도 민첩하게 행동할 수 있도록 항상 상사의 소재·접견실의 상황 등을 파악해 둔다. 선약이 안 된 내방객도 정중하고 반갑게 맞이한다. 절대 "무슨 일로 오셨습니까?"라는 태도는 취하지 않는다.

32

답 ④

해 비서는 상사의 대리인으로 내방객을 응대해야 할 경우 언행을 각별히 조심한다. 내방객의 면담이 불가능할 경우 비서는 자신의 위치를 밝히고 상사가 면담이 불가능한 이유를 설명하며, 상사가 전달하도록 지시한 내용만을 상대방에게 전달해야 한다. 상사로부터 지시 받지 못한 부분에 대해 질문을 받았을 때는 추측으로 답하지 말고 그 부분에 대해서는 상사의 지시를 받은 후 연락하겠다고 한다. 특히, 대리로 면담했을 경우 면담 결과를 빠르고 정확하게 상사에게 보고한다.

33

답 ④

해 손님이 돌아갈 때는 비서는 하던 일을 멈추고 배웅해야 하며, 손님의 물품을 보관하고 있으면 잊지 말고 미리 준비했다가 손님에게 전한다. 배웅 장소는 현관, 엘리베이터, 비서실 등 손님에 따라 다르다. 배웅 시 손님이 보이지 않을 때까지 다른 행동으로 옮기지 않는다. 필요한 경우 주차장이나 운전기사에 연락해 손님의 승용차를 현관에 대기시키도록 하며, 방문객의 승용차번호, 운전사 연락처 등을 상대편 비서에게 물어 미리 알아둔다. 전송이 끝나면, 신속히 접견실을 정리해 다음 방문객이 사용하는 데 불편함이 없도록 한다.

34

답 ②

해 차 대접할 때 내국인과 같은 형식으로 대접하며, 인사 후 아무리 친밀하다고 해도 first name으로만 부르지 않는다.

35

답 ④

해 소개하거나 받을 때는 일어서서 하며, 소개할 때는 소개하는 사람의 성명, 직함, 소속 등을 모두 말한다. 동행인과 타사를 방문할 때는 동행인을 먼저 소개한 후 자신을 소개하며, 연령, 직급이 같을 때는 소개자로부터 가까운 거리의 사람부터 소개한다.

36

답 ①

해 내방객을 응대하는 입장에서는 내방객을 공평하게 대우하는 것이 필요하다. 모든 내방객에게 한결같은 친절한 마음으로 성의껏 응대하도록 노력하며, 상사의 지인과 개인적으로 만남을 갖지는 않는다.

37

답 ①

해 비서는 업무 특성상 다양한 계층의 사람을 상대하게 되기 때문에 인간관계에서 고도의 기술이 요구된다. 비서의 직무 특성상 고위의 임원을 보좌하다 보면 동료들로부터 소외당하기 쉬우며, 임원의 지위와 권력을 자신의 것으로 동일시하여 자신의 위치를 정확히 파악하지 못하고 행동하는 오류에 빠지기 쉽기 때문이다.

38

답 ④

해 임원과 비서의 관계가 존경과 신뢰의 관계로 이루어지는 것이 이상적이다. 이를 위해서 비서는 임원의 업무 영역에 필요 이상으로 개입해서는 안 되며, 사전에 합의되고 이양된 업무에 한하여 융통성을 발휘한다. 비서는 성숙한 태도로 임원의 단점이나 실수를 이해하며 조용히 보완, 해결하는 태도로 임해야 한다. 임원의 업무나 성격을 잘 이해하고 항상 임원의 입장이 되어서 생각하고 행동하는 것이 필요하다.

39

답 ①

해 비서의 직무 성격상 조직 내의 고위 직급자와 주로 근무를 하다 보면 일반 직원에 대해서는 일반 직원에 대해서는 자신도 모르는 사이에 불친절하게 대한다는 오해를 받기 쉽다. 따라서 일반 부서의 사원들과도 직장 내 모임이나 취미 활동 등을 통해서 폭넓은 인간관계를 형성하도록 한다. 하지만 개인적인 인간관계 안에서 일어난 일들을 상사에게 전달하여 곤란한 상황을 만들지 않도록 한다.

40

답 ④

해 업무매뉴얼을 사내 구성원의 피드백으로 작성할 필요는 없다.

41

답 ①

해 임원의 지위와 권력을 자신의 것으로 동일시하여 자신의 위치를 정확히 파악하지 못하고 행동하는 오류를 범하지 않도록 노력한다.

42

📝 ②

📖 업무처리의 우선순위는 단순히 직급만 가지고 판단하지 않는다. 또한 업무처리 방식에 대해 선배에게 지도받을 때는 선배를 존중하는 태도를 가지고 지도받으며, 그것이 자기 생각과 다르다고 해도 처음에는 종래의 방법에 따라서 일을 처리하고 자신이 상당한 책임을 가지고 업무를 수행할 수 있게 되었을 때 개선을 시도하는 것이 좋다.

43

📝 ④

📖 자신의 미래에 되고자 하는 위치에 있는 인생의 선배를 직장에서 찾아 도움이나 조언을 구할 수 있다면 더욱 바람직하다.

44

📝 ③

📖 상사와 비서의 스마트폰 운영체제 일치와 일정관리 프로그램은 관련이 없다.

45

📝 ③

📖 일일 일정표의 일종으로 중요 일정을 휴대할 수 있도록 간략화한 경우가 많다. 최근엔 스마트폰이 이를 대신하는 경우가 많다.

46

📝 ①

📖 신속하고 정확하게 일을 처리하기 위해서는 회의 참석 당사자와 직접 통화하는 것이 가장 바람직하며, 대리로 전달하여 문제가 생기는 상황을 미연에 방지하도록 한다.

47

답 ③

해 daum calendar, google calendar, naver calendar 등은 스마트폰이나 아이패드에 설치된 앱과도 농기화가 되고 PC에 설치한 브라우저를 이용해 사용할 수 있어 잃어버릴 우려도 없고 언제, 어디서나, 어떤 디바이스를 통해서든 수시로 확인하고 사용할 수 있다. 또한, 스마트폰 등에 전용 캘린더 앱을 이용하면 좀 더 편리하게 스케줄을 확인할 수 있다. 하지만 편리하다고 해서 상사의 일정을 다른사람과 공유하지는 않는다.

48

답 ④

해 비서가 상사의 일정 관리업무를 담당하는 정도는 조직의 특성, 상사의 업무 처리 방식, 비서의 능력, 비서에 대한 상사의 신뢰 정도 등 여러 변수에 의하여 결정된다. 상사의 신뢰를 받는 전문비서의 경우 상사의 일정업무를 대부분 위임받아 일정 수립부터 사후 관리까지 담당한다. 그러나 초보 비서인 경우는 일정 확인 및 조정, 일정표 작성 등의 보조적 역할을 수행하는 경우가 많다.

49

답 ③

해 일정관리의 목적은 회의, 출장 등으로 바쁜 상사가 한정된 시간을 효율적으로 활용할 수 있도록 일정을 관리하는 것이다. 효율적인 일정관리를 위해서는 계획을 잘 세우는 것이 중요하다. 업무의 우선순위, 업무 수행에 걸리는 시간, 수행 방법 및 수행 시기 등에 관해 사전에 잘 계획한 경우는 그렇지 않은 경우에 비해 업무의 효율성과 성과에서 크게 차이가 난다.

50

답 ③

해 일정이 결정되면 상사와 비서의 일정표에 동시 기입하고, 일정이 예정대로 진행될 수 있도록 일정 재확인 및 변동 사항 등을 수시로 확인한다. 일정 변경 등의 불가피한 상황을 위해 상사의 일정을 자주 확인하여 일정이 이중으로 잡히지 않도록 한다. 또한 일정이 수립되면 바로 일정표에 기입하고 불가피하게 일정이 겹칠 경우엔 우선 순위는 상사가 정하도록 해야 하며, 일정이 변경된 경우 관계되는 모든 곳에 신속하게 연락을 취한다. 그러나 어떠한 경우든 상사가 선호하는 일정 수립 방식을 따른다.

51

답 ④

해 업무일지를 읽는 사람이 작성자의 뜻을 충분히 이해할 수 있도록 기재하는 것이 무엇보다 중요하다. 문장의 형태를 서술적으로 작성하지 말고 각 내용을 일목요연하게 구성하여 핵심 포인트를 정확하게 전달한다.

1) 명확한 요점 : 문장은 내용이 너무 길어지지 않게 하되 핵심적 내용을 기재한다. 비서의 전문 업무에 대하여 세부적으로 기재하여도 상대가 쉽게 이해하기 어려울 수 있으므로 가능하면 요약하되 상대가 이해하기 쉽도록 작성하는 것이 중요하다.

2) 업무일지 양식 : 업무일지의 양식은 회사의 특성과 업무 효율성을 높이기 위하여 언제든지 자유롭게 변형할 수 있다. 그러나 자유롭게 양식을 구성하더라도 작성자 정보, 업무보고(종료업무 및 미종료 업무), 업무계획(미 종료 업무의 추후 진행일정)은 반드시 포함되어야 업무 일지의 목적에 부합한다.

3) 업무 진행 사항의 정확한 전달 : 비서는 장기적 진행사항과 단기적으로 끝날 수 있는 업무를 구분하여 기재하여 지속적으로 업무를 추진할 수 있도록 서포트해야 한다. 당일의 업무처리현황은 그대로 기재하면 되고 미진행 업무는 따로 기재를 하여 후일에 처리를 하도록 할 필요가 있다. 그밖에 임원의 당일 지시사항을 기재하여 업무이행에 차질이 없도록 하는 것도 필요하다.

52

답 ④

해 교통편 예약 시, 관련 규정에 맞추어 이용할 교통수단과 등급을 정해야 한다. 교통편 예약은 일정확인이 중요하며, 성수기에는 예약이 어려우므로 일정이 결정되면 곧바로 예약한다. 기차표 정도는 비서실에서 예약하고, 항공편은 출장 주관부서에서 하는 경우가 많으므로 참고한다. 항공권 예약 시, 발권 시한을 확인하며, 발권 시한 내 발권 하지 않으면 자동 취소되므로 주의한다. 수하물 중량을 확인하고 예약 취소 및 변경·환불 규정을 확인해 출장 교통편에 차질이 없도록 한다. 출발 및 도착일시, 교통편의 종류 및 번호, 좌석번호, 승·하차역 이름 등을 기록해 두어야 한다.

53

답 ①

해 예약 담당자의 이름, 예약한 날짜와 시간, 예약번호 등을 기록해 두고, 예약 확인서를 요청한다. 또한 취소할 경우를 대비하여 환불 조건도 알아둔다.

54

답 ②

해 티 오프 타임(tee off time)은, 골프장의 1번홀(아웃 코스)이나 10번홀(인 코스)에서 골프를 시작하는 타임을 말한다. 보통 골프장은 tee off time이 6분~10분 간격이기 때문에 tee off time의 시간이 분 단위로 나와 있다고 해서 오타라고 착각하지 않는다.

55

답 ①

해 직항 비행기 편이 없는 곳에 출장을 가야 할 경우에는 가능한 중간기착이 없고 갈아 타는데 소요되는 시간이 길지 않은 항공편을 예약한다. 항공편 예약 시 항공기종을 확인하여 상사에게 보고하며, 출발 3일 전에 항공사에 예약을 확인하고 출발 당일에도 비행기가 예정대로 출발하는지 재확인 한다.

56

답 ③

해 식당에 예약을 할 경우에는 상사의 이름과 비서의 연락처로 예약을 진행하지만, 상사의 요청이 있을 경우에는 상사의 연락처로 예약하도록 한다.

57

답 ④

해 상사가 해외에서 전자 결재가 가능할지라도 상사 출발 전에 상사의 출장으로 인해 업무가 지연되지 않도록 결재 등 가능한 업무를 미리 처리하거나 상사가 대리인을 지정한다. 관련부서에도 알려서 상사의 출장으로 업무가 지연되지 않도록 조치한다. 또한, 수행하는 직원 명단과 연락처를 알아둬야 한다.

58

답 ④

해 선물의 부피가 너무 크거나 무거운 것, 깨지기 쉬운 것은 피하기 때문에 도자기를 선물하지 않을 수는 있어도 역사적인 의미 때문에 선물하지 않는 것은 아니다. 과거에 한 선물과 중복되지 않도록 평소 선물내역을 기록해두는 것이 좋다. 방문국의 종교나 관습상 금기 되는 물품은 사전에 확인해야 결례를 피할 수 있고, 상대방의 수준과 취향을 고려하는 것은 기본이다.

59

답 ③

해 해당국가의 시차를 고려하여 호텔의 check-in과 check-out 시간을 확인하여 상사에게 보고한다.

60

답 ③

해 해외출장은 기본적으로 다른 나라를 방문하는 것이다. 따라서 그 나라에 대한 이해가 필수적인데, 출장을 가기 전 임원에게 해당국가의 중요한 사항을 요약하여 제공한다.

61

답 ④

해 상사가 출장을 마친 뒤, 비서는 출장지에서 받은 서류 및 명함 등을 정리하고, 상사의 지시에 따라 출장지에서 도움을 준 사람들에게 감사카드 및 편지를 작성하여 상사 명의로 빠른 시일 내 발송한다. 출장보고서를 작성하여 필요한 절차를 진행하면 출장관련 모든 업무가 종료된다. 하지만 이때 작성한 출장 보고서를 배포하지는 않는다.

62

답 ③

해 상사 출장 중에는 중요한 안건의 경우 필요에 따라 출장지의 상사에게 보고하고 지시받도록 한다. 또한 출장지의 상사로부터 오는 지시에 따라 업무를 처리한다. 상사와 일정한 시각을 정해 놓고 통화를 하거나 이메일(e-mail), SNS, 애플리케이션 등을 이용하면 편리하게 업무보고와 지시를 받을 수 있다.

63

답 ③

해 비서가 신청서류를 지참하여 중국비자신청서비스센터에 방문하면 비자를 신청할 수 있다. 하지만 필요시에는 중국대사관이나 총영사관이 신청인에게 면담을 요청할 수 있다.

64

답 ②

해 동의(動議)라 함은 회의체에서 의원(위원)이 통상적으로 안을 갖출 필요 없이 발의하는 것을 말하는데 이는 회의체의 의사결정을 위해 안을 맨 처음 제안하는 과정이 된다. 동의는 회의진행 과정에서 논의하고 있는 의제와는 독립한 의제로서 의결의 대상이 되는 것으로 통상 구두로 발의(서면동의 가능)하게 되고 특별한 규정이 없는 한 동의자 외 1인 이상이 찬성하면 그 동의는 성립되었다고 하고 성립된 동의는 회의체에서 논의할 수 있는 대상 즉 의제가 되는 것이다.

65

답 ④

해 회의기획서에 회의 참석자 명단은 포함되지 않는다.

66

답 ④

해 갑작스러운 상황이지만 일정에 차질이 없도록 체크하도록 한다.

67

답 ④

해 의결(議決)은 의사결정 행위를 말한다.

68

답 ③

해 발언권 - 동의제안 - 동의지지 - 동의채택선언 - 제안이유설명

69

답 ③

해 회의 하루 전이나, 시작 1~3시간 전에는 참석자들에게 회의가 있음을 상기시킨다.

70

답 ④

해 방문단 방문 시엔 몇 시에 누가 방문하는지 확인해 안내데스크에 미리 연락해 둔다. 방문단이 도착한 다는 연락을 받으면 안내데스크 쪽으로 나가서 직접 방문객을 맞이하며, 안내데스크가 없는 경우 방문객을 직접 자리에서 맞이하도록 한다. 중요한 손님인 경우, 방문 시간에 맞추어 현관이나 엘리베이터 등에서 대기한다.

71

답 ④

해 초청인사는 행사준비단계에 해당하는 사항이다.

72

답 ③

해 연대를 중심으로 오른쪽은 외부 초청 인사를, 그 왼쪽은 행사 주관 기관 인사로 구분해 배치한다.

73

답 ①

해 외국인을 응대할 때는 각 나라의 문화를 이해하는 것이 중요하다.

74

답 ④

해 스마트 캐주얼과 비즈니스 캐주얼은 드레스 코드 중 가장 혼동이 심한 복장이다. 포멀한 데님과 세련된 스니커즈, 재킷을 착용하는데, 넥타이나 재킷을 입지 않아도 되지만 하의가 지나치게 캐주얼한 면바지나 티셔츠는 허용되지 않는다.

75

답 ②

해 의전은 매우 복잡하고 끼다롭기 때문에 일반인들이 불편하고 부정적인 인식을 갖기 쉽다. 하지만 아무리 복잡한 의전이라 해도 그 기본 정신은 '상식과 배려'다. 국가마다 조금씩 다른 의전적 특징을 갖고 있지만 모든 국가에서 통용될 수 있는 약속이기 때문에 상식에 기초해야 한다. 흔히 의전에는 5가지 원칙(5R)이 있다. Respect(존중), Reciprocity(상호주의), Rank(서열), Right(오른쪽 우선), 문화의 반영(Reflecting Culture).

76

답 ④

해 블랙 타이(Black tie)는 저녁 행사와 사회 기능을 목적으로 하는 19세기 앵글로아메리카 복식 관습에서 유래한 드레스 코드이다. 오후 6시 이후 행사에서만 입는 블랙 타이는 화이트 타이보다 낮고 약복보다 높은 격식의 차림이다. 남성의 경우 블랙 타이 차림은 주로 검은색 모직으로 이루어져 있으며 상의 겉깃과 바지 수술에 비단이나 대비되는 재료가 쓰이는 정장, 하얀색 드레스 셔츠, 검은색 보타이, 웨이스트코트나 커머번드, 검은색 정장 구두로 이루어져 있다.

77

답 ③

해 국기를 게양하여야 하는 날을 아래와 같이 정하고 있으나 다른 날에도 국기는 24시간 게양할 수 있다. 또한 상황별 국기 게양 방법을 숙지하여 업무에 차질이 없도록 한다.

78

답 ③

해 상사역할확인 - 행사장배치도 확인 - 상사 동선확인 - 상사 좌석배치 확인 - 운전기사와 정보 공유

79

답 ①

해 국회의원 - 문체부차관 - 서울시장 - 시의회의장 - 송파구청장

80

답 ④

해 단상에 위치한 교차기는 왼쪽에 태극기가 오고, 오른쪽에 상대편 국기가 위치한다.

81

답 ②

해 실수로 나이프나 포크를 떨어뜨리는 것은 흔히 있을 수 있는 일이다. 식탁에서 나이프와 포크를 떨어뜨렸을 때는 자신이 직접 줍지 않으며 웨이터를 불러 줍게 하고 새것을 요구하는 것이 좋다. 본인이 떨어뜨린 것을 집으려고 하면 그 모양새도 나쁘고 더 큰 불상사가 일어날 수도 있으니 주의하도록 한다. 남녀가 같이 자리할 때 여자가 나이프나 포크를 떨어뜨렸으면 남자가 대신 웨이터를 부른다. 그리고 식사 도중 음식을 식탁 위에 떨어뜨렸을 때는 슬며시 포크로 주워서 접시 한구석에 놓으며 이것을 먹지 않는다.

82

답 ④

해 국제회의에서 여러 나라 국기를 한꺼번에 게양할 때는 국기의 크기나 깃대의 높이를 맞추도록 한다.

83

답 ④

해 상가 또는 장례식장에서 영구를 운구하여 장지로 떠나는 일

84

답 ③

해 상사와 평소에 친분 또는 거래 관계를 맺고 있는 사람에게 경사 또는 조사가 생겼을 때 경조금, 화환, 전보, 방문, 선물 등의 방법을 이용하여 예(禮)를 표하는 것은 인간관계에서 매우 중요하다. 따라서 비서는 신문의 인물 동정란이나 인물 관련 기사를 매일 빠짐없이 확인하고, 기관 내 게시판 등에 올라오는 경조사도 확인해야 한다. 경조사가 발생했을 경우에는 상사에게 즉시 보고 한 후 필요한 조처를 한다.

85

답 ③

해 상사가 개인적으로 약속한 내방객의 이름을 모른다고 해서 전화를 해 알아보는 것은 실례이다.

86

답 ②

해 문병(問病)이란 한자 단어로 '병을 묻는다'는 뜻이다.

87

답 ③

해 보고할 때 가장 중요한 점은 보고를 받는 임원 입장에서 모든 것을 생각해야 한다는 점이다. 임원은 하루에도 너무 많은 보고를 받기 때문에 비서가 만든 보고서의 중요성을 인지하지 못하며, 인지한다고 하더라도 보고서를 꼼꼼히 볼 시간이 부족하고 시간이 있더라도 보고서에 있는 데이터의 의미를 정확히 파악하지 못할 수 있다. 파악을 한다고 해도 올바른 결정을 못 할 수 있으며 임원은 비서만큼 그 보고를 위해서 생각하고 고민하고 수정하고 검토하는 시간을 갖지 못했을 것이다. 그래서 보고할 때는 '적절한 타이밍에, 쉽고, 간단하고, 짧게 한 문장으로 그리고 판단과 결정을 할 수 있게' 해줘야 한다. '비서가 얘기하고 싶은 내용을 보고 하는 것이 아니라 임원이 알고 싶어 하는 것에 집중' 해야 한다.

88

답 ④

해 임원의 지시를 받았으면 요점을 복창해서 확인하는 것이 좋다. 이때는 임원이 지시한 말을 그대로 읽지 말고 자신이 정리한 요점을 말하여 확인하면 서로의 관점의 차이에서 오는 착오를 방지할 수 있다.

89

답 ①

해 보좌하고 있는 의원의 활동을 보도하기 위해 배포할 내용을 언론사의 배포 부서별로 선정하거나 업데이트 관리를 주기적으로 한다.

90

답 ③

해 대내외에 공개할 때는 모든 경력이 기재된 이력서 원본은 공개하지 않는다.

91

답 ④

해 기업을 책임지는 상사의 경우 개인적인 차원과 조직 차원의 교제 활동이 잦다. 비서는 이러한 대·내외 행사에 있어 상사의 대리인으로 참석하거나 상사의 일을 대신 수행하는 경우가 많다. 이때, 비서는 다각적으로 준비하고 점검해 상사의 교제활동을 원활하게 유지할 수 있어야 한다.

92

답 ④

해 비서는 상사의 대외활동을 위하여 이슈 상황을 항상 점검한다.

93

답 ②

해 상사에게 중요한 인물에 대한 정보를 수집하는 것은 매우 중요하다. 성명, 회사, 직위, 전화번호(회사, 자택, 휴대폰, 수행 비서), 주소(회사, 자택), 출생지, 생년월일, 학력, 경력, 상사와의 관계, 가족 사항, 취미, 좋아하는 운동, 좋아하는 음식, 인터뷰 기사, 대외 활동 등 수집 가능한 모든 자료를 정리할 수 있도록 한다. 그 외에도 상사와 미팅한 기록 등을 남겨두면 추후에 활용 가능하다.

94

답 ①

해 간이영수증은 3만원 이하만 처리 가능하다.

95

답 ②

해 국세청에 전송된 분에 대한 합계표는 다음 날 조회 가능하다.

96

답 ③

해 2021년 1월 기준으로 증빙이 없더라도 접대비비용으로 처리할 수 있는 금액이 1만원에서 3만원으로 인상되었다. 원칙적으로 적격증빙이 없는 경우 접대비 처리를 할수 없지만, 기준금액 이하면 인정이 된다. 3만원을 초과하는 금액은 적격증빙(신용카드매출전표, 현금영수증, 세금계산서 등)이 필요하며, 성격상 지출내용을 밝힐 수 없는 비용이라도 세법상 인정이 되지 않는다.

97

답 ①

해 업무추진비 정산과 업무추진 결과는 별개의 문제이다.

98

답 ③

해 상사 개인이름으로 현금영수증을 발급받을 경우 사용금액의 20%를 연말정산시 300만원 한도내에서 소득공제가 되기 때문에 회사이름으로 받아서 필요경비로 인정받아야 한다.

99

답 ④

해 한도 내에서 결제하더라도 결재받아야 한다.

100

답 ①

해 관수 주기는 봄/가을 : 4~5일 정도, 여름 : 6~7일 정도, 겨울 : 7~10일 정도의 주기로 한다.

memo

경영일반100제

ANSWER 2

ANSWER 2
경영일반100제

01

답 ②

해 Sisodia가 제시한 이해관계자들은 5개 영역들로, Society/Environment(사회/환경), Partners/Suppliers(파트너), Investors/Financiers(투자자), Customers(고객), Employees(직원) 등으로 줄여서 'SPICE'라고 지칭한다. Environment를 별도로 구분해 6대 이해관계자들로 나누기도 하는데, 이 경우는 특별히 'SPICEE'라고 축약해 지칭한다.

1) Society : 지역사회, 국가, 인류 등 궁극적인 이해관계자에 해당하는 것으로, 인적, 물적 자원을 상호 보완적으로 공유하여 공동체의 자생력과 경쟁력 기반을 향상

2) Partners : 명확한 파트너십의 자격 요건과 투명한 거래 기준을 제시하고 공동으로 가치를 창출함으로써 동반 성장을 추구

3) Investors : 이해관계자 전체의 이익을 추구하는 것이 주주의 부를 창출하기 위해서도 반드시 필요하다는 공감대를 갖고 소유의 가치를 넘어 주주, 투자자로서의 자부심까지 부여

4) Customers : 고객에게 물질적 경제적 가치를 넘어 치유(Healing), 자아실현(Self-Realization), 도덕(Moral), 신뢰(Trust)라는 감성적 정신적가치까지를 제공해 유대감이 강한 마니아층을 확보, 유지

5) Employees : 종업원과 그 가족까지도 기업의 존재 목적 추구를 위한 경영의 파트너이자 경영성과 창출의 출발점으로 인식하여 지식근로자를 양성하고 행복한 일터를 구현

02

답 ④

해 포터는 HBR 논문(1979)을 통해, 산업 환경에 영향을 미치는 다섯 가지 요인(5 forces)으로 신규 진입의 위협, 공급자의 협상력, 구매자의 협상력, 대체재, 기존 사업자를 들고 있다. 포터는 이 다섯 가지 원동력을 분석하고, 기업의 내부 역량을 함께 고려함으로써 어떤 위협에 맞서 싸우고, 어떤 위협을 회피해야 할 것인지를 효과적으로 결정할 수 있을 것이라고 말하고 있다.

03

답 ③

해 직접환경은 기업과 일상적인 거래관계가 있고, 경영성과에 직접적으로 영향을 미치는 환경요인으로서 외부직접환경과 내부직접환경으로 나뉜다. 외부직접환경은 소비자, 경쟁자, 공급자, 금융기관, 지역사회, 정부로 나뉘고 내부직접환경은 주주, 종업원, 경영자, 조직의 문화로 나뉜다.

04

답 ②

해 경쟁구도분석에서 경쟁강도를 나타내는 경우는 시장점유율이 비슷한 경우, 시장진입장벽이 낮은 경우, 대체재 수가 많은 경우에 해당한다.

05

답 ③

해 사회적기업이란 영리기업과 비영리기업의 중간 형태로, 사회적 목적을 우선적으로 추구하면서 재화·서비스의 생산·판매 등 영업활동을 수행하는 기업(조직)을 말한다. 영리기업이 주주나 소유자를 위해 이윤을 추구하는 것과는 달리, 사회적기업은 사회서비스를 제공하고 취약계층에게 일자리를 창출하는 등 사회적 목적을 조직의 주된 목적으로 추구한다는 점에서 차이가 있다.

06

답 ②

해 비서가 모든 루머를 시시때때로 보고 할 필요는 없다.

07

답 ①

해 사회적 가치와 라이프스타일의 변화로 소비지 중심주의가 더욱 강해지고 있으며 제품의 성분표시, 경고문구, 영양정보 등의 정보공개가 일상화되면서 제품에 대한 소비자들의 직·간접적인 평가는 기업의 존망을 좌우할 정도로 막강한 영향력을 발휘하고 있다. 소비자들의 권익이 시장경쟁력을 좌우하는 핵심변수로 떠오르면서 일부 기업들을 중심으로 소비자들을 기업의 제품 생산과 판매에 끌어들이는 '프로슈머(Prosumer ; 참여형 소비자) 마케팅' 등 다양한 전략수립을 도모하고 있다.

08

답 ③

해 직접환경은 기업과 일상적인 거래관계가 있고, 경영성과에 직접적으로 영향을 미치는 환경요인으로서 외부직접환경과 내부직접환경으로 나뉜다. 외부직접환경은 소비자, 경쟁자, 공급자, 금융기관, 지역사회, 정부로 나뉘고 내부직접환경은 주주, 종업원, 경영자, 조직의 문화로 나뉜다.

09

답 ②

해 담합(談合, Cartel)은 판매자 간에 상품 또는 용역의 가격이나 생산 수량, 거래 조건, 거래 상대방, 판매 지역을 제한하는 것이며 이러한 담합 행위를 통한 이윤 극대화를 카르텔이라 한다. 공동행위(共同行爲), 기업연합(企業聯合)이라고도 한다.

10

답 ②

해 경영환경이란 기업의 경영 활동에 직접적, 간접적으로 영향을 주는 모든 요인들이라 할 수 있다. 기업의 내부, 외부에서의 경제적, 기술적, 사회 문화적, 정치 법률적, 윤리적, 자연적 측면의 모든 요인들이 해당된다. 일반적인 경영환경은 모든 조직들에 공통적 영향을 미치는 환경으로서, 거시적 환경(macro en-vironment)이라고도 한다. 경영활동에 간접적 영향을 주는 모든 외부환경 요인으로서는 경제적환경, 기술적 환경, 사회 문화적 환경, 정치 법률적 환경, 자연적 환경을 들 수 있다.

11

답 ④

해 이윤창출을 통한 주주가치 증대 및 법 준수와 같은 경제·법률적 영역을 벗어나 주주뿐만 아니라 소비자, 지역사회와 같은 광범위한 이해관계자, 더 나아가 사회전체의 이익을 위해 기업이 자발적이며 책임감 있고 윤리적인 방식으로 전개하는 다양한 사회·환경 이니셔티브 및 이에 대한 의지도 포함된다.

12

답 ③

해 도덕적 해이는 경제학에서 쓰이는 의미는 주인 - 대리인 관계(Principal - Agent Relationship)에서 비대칭정보(Asymmetric Information)로 인하여 대리인이 주인에게는 바람직하지 못하지만 자신의 이해에는 부합하는 행동을 취하려는 경향을 의미한다. 위 사례는 경영자가 자신의 이해에 부합하는 행동을 취하여 문제가 된 경우이다.

13

답 ③

해 기업의 목표달성을 위한 경영활동에 직접(1차적) 영향을 주는 환경요인의 집합을 의미한다.
1) 기업내부 과업환경 : 주주, 경영자, 종업원, 노동조합
2) 기업외부 과업환경 : 소비자, 공급자, 경쟁자, 금융기관

14

답 ①

해 기업에서 규범적인 윤리적 의사결정을 추론하는 이론은 크게 목적론, 의무론 및 상황론으로 구분된다. 목적론은 이기주의와 공리주의로, 의무론은 보편주의이론, 정의이론, 권리이론으로, 그리고 상황론은 이러한 원리적인 접근방법의 한계로 새롭게 대두된 이론이다. 이기주의적 접근법은 자신의 이익동기에 의해 모든 행동이 이루어진다는 것이다.

15

답 ①

해 • 콤비나트는 서로 관련이 있는 몇 개의 기업을 결합하여 하나의 공업 지대를 이루어 생산 능률을 높이는 합리적인 기업 결합이다. 콤비네이션이라고도 하며, 흔히 종합공장, 결합기업, 결합생산, 혼합기업, 기업단체 등으로 번역한다.
• 콘체른은 유럽, 특히 독일에 흔한 기업형태이다. 법률적으로 독립되어 있으나 경제적으로는 통일된 지배를 받는 기업 집단이다. 콘체른에 소속된 회사들은 계열사라고 불린다. 금융적 방법에 의하여 형성되는 집중형태로서 대부관계와 주식참여, 즉 주식보유의 2가지 형태가 있다. 일반적으로 콘체른이라고 하는 경우는 주로 주식보유의 금융적 방법에 의하여 결합되는 것만을 뜻한다.

ANSWER 2

16

답 ④

해 기본적으로 조합기업과 자본기업은 외형과 활동모습이 유사하다. 둘 다 시장경세 영역을 전제로 하고 활동하는 기업이라는 점은 똑같다. 사업자금을 사람들로부터 모아서 이를 바탕으로 사업을 펼쳐서 이익을 추구하며, 총회, 이사회, 감사, 경영자 등 비슷한 조직을 갖추고 있다. 그러나 그 외에 조합기업과 자본기업은 소유형태, 기업목표와 문화, 노동과 경영, 의사결정과 분배에 있어서 뚜렷하게 대립되는 지점을 가지고 있다.

17

답 ①

해 주식회사는 자본이 중심이므로 1주 1표의 의결권을 가지지만, 협동조합은 출자액에 관계없이 1인 1표라는 사람 중심의 의결권을 갖는다.

18

답 ①

해 실사란 거래상대방이 대상회사의 인수에 관계된 필요한 정보를 얻기 위해 대상회사의 경영상태, 자산상태, 재무적·영업적 활동 등 기업의 전반적인 상황에 대하여 조사·검토를 하는 활동을 가리킨다.

19

답 ③

해 중소기업은 고용증대세대 등 일자리 창출을 위한 세제지원으로 고용증대에 기여하고 있다.

20

답 ④

해 1) 장점 : 시장진입 시간 단축, 신규시장 진입 시 기존 업계와 마찰 회피, 인력, 기술, 경영 노하우 흡수, 효율적 투자와 투자비용 절감, 브랜드파워, 영업망 확보 등 시너지효과 창출, 무능력한 경영진 퇴출, 기업구조조정 및 경쟁력 확보, 초기 사업에 대한 위험회피, 절세효과, 사업 다각화, 규모의 경제효과, 무역 장벽 회피, 해외 유통망 확대, 해외 기업 인수를 통해 국제화 경영 촉진
2) 단점 : 정확한 가치산정 어려움, 비우호적 M&A의 경우 인재 유출 우려, 차입급에 인한 M&A의 경우 재무구조 악화 우려, 인수자가 비도덕적일 경우 도덕적해이 문제, 인수자의 경영능력 검증 부족으로 인한 경영상 어려움, 초기 인수자금 과다투자, 이질적 기업문화 극복 어려움, 기업과 기존 경영진에 대한 신뢰성 검토 어려움, 절차의 복잡성, 인수한 자산 또는 주식가치의 절하 가능성, 임직원의 불안심리로 인한 경영활동 위축 가능성

21

답 ③

해 주주는 경영에 참여하는 내부주주와 그렇지 않은 외부주주로 나뉘는데, 내부주주가 외부주주의 이해관계와 상관없이 회사의 재원을 개인적 목적으로 활용하는 경우 자기자본의 대리인문제가 생긴다.

22

답 ②

해 대한민국 상법상, 주식회사에서 이사회는 이사 전원으로 구성되고 회사의 업무집행의 의사를 결정하는 필요적 상설기관이다.

23

답 ②

해 1) 카르텔 : 기업연합. 가맹기업은 일부 활동 제약. BUT 법률적 독립성을 잃지 않는다. 구체적으로 판매 가격, 생산수량, 판매지역 분할, 조업단축, 설비투자제한, 과잉설비폐기, 재고동결 등이 포함되며, 주로 가격과 수량 협정안에서 각 기업이 경쟁한다.
2) 트러스트 : 기업합동, 기업합병, 카르텔보다 강력한 기업집중의 형태이며, 시장독점을 위하여 각 기업체가 개개의 독립성을 상실하고 합동하는 것이다.

24

답 ①

해 소중기업 육성 시책의 대상이 되며, 소유와 경영의 독립성을 일정 부분 갖추고 있으며, 대기업에 비해 규모가 상대적으로 작은 소~중규모 기업들. 대한민국에서는 중소기업의 분류가 업종별로 다르다. 대한민국에서는 직전 년도 재무제표 상 상시 노동자 수 1천 명, 자산 총액(직전 사업년도 말일 현재 대차대조표에 표시된 자산 총액)이 5천억 원 이하, 직전 3년 평균 매출액 1500억 원, 자기 자본 500억 원 이하의 기업을 뜻한다. 하지만 아래에서도 서술되어 있듯이 실제로 중소기업으로 적용받는 기준은 많이 까다롭다.

25

답 ③

해 2인 이상이 상호 출자해 공동사업을 경영하기로 약정하는 일반적인 조합과는 달리 익명조합은 당사자의 일방(익명조합원)이 상대방(영업자)의 영업을 위해 출자하고 상대방은 그 영업으로 인한 이익을 분배할 것을 약정함으로써 성립한다. 익명조합은 한쪽은 영업만 하고, 다른 한쪽은 단순히 출자해 수익을 분배받는 동업계약의 일종으로서 익명조합원이 출자한 재산은 영업자의 재산이 되는 영업자 단독기업이다.

26

답 ③

해 사업다각화는 크게 두 가지로 나뉜다. 기업의 기존 비즈니스의 연장선상에서 상품 라인업을 확장하는 '관련 다각화', 그리고 기존 사업과 다른 새로운 산업에 진출하는 '비관련 다각화'이다. 사업다각화의 성공 사례로는 인터넷 서점 아마존이 책 이외에 음반, 비디오, 보석, 의약품, 식료품 등 다양한 물품 판매로 사업을 확장한 것을 비롯, 전자책리더 Kindle의 제작 및 판매에 성공한 것을 들 수 있다. 현재 아마존은 금융업에도 진출하고 있는 상태다. 컴퓨터 제조업체였던 애플의 음악 사업 및 스마트폰 사업 진출 역시 매우 성공적인 사업다각화로 평가된다.

27

답 ③

해 주식회사(株式會社, Corporation)는 사원, 즉 주주의 권리·의무에 관해서 세분화된 비율적 단위라고도 할 주식을 발행해서 각 주주는 그가 갖는 주식의 인수가액(引受價額)을 한도로 출자의무를 지는 회사이다.

28

답 ①

해 기업의 재무구조가 악화될 우려가 있다기보다는 그 반대의 경우를 위해 M&A를 진행한다.

29

답 ③

해 3번은 거리가 먼 사항으로 기업의 특성에 따라 다르게 적용된다.

30

답 ①

해 공기업(公企業)이란 중앙정부 또는 지방정부가 출자하였거나 거의 대부분의 지분을 소유하는 기업을 말한다. 즉 공기업은 중앙정부나 지방정부가 수행하는 사업 가운데 기업적인 성격의 것을 수행하는 기관이라고 할 수 있다. 이 기업적인 성격이란 정부가 물품, 또는 그 서비스를 국민(공중)에게 제공할 때 그 대가(對價)를 받아들이는 경우를 가리키므로 한정된 자금으로 운영된다고 볼 수 없다.

31

답 ④

해 유한책임 제도 : 주주는 출자액인 주식금액을 한도로 하여 회사의 자본위험으로부터 발생하는 채무에 대해서 책임을 지는 제도이다.

32

답 ①

해 경기를 심하게 타 매출이 급성장하다가도 다음 분기 적자로 돌아서는 등의 경기변동은 산업군에 따라 영향을 받는 편이다.

33

답 ②

해 확증비용(bonding cost) : 대리인이 주체에게 해가 되는 행위를 하지 않고 있음을 확증하기 위해야 대리인이 부담하는 비용을 말한다.

34

답 ①

해 조직화란 기업의 목표를 최상의 방법으로 실현할 수 있도록 어떠한 형태로 조직을 구성할 것인가를 결정하고 각종 경영자원을 배분하고 조정하는 활동을 말한다.

35

답 ①

해 기회(O) : 사건, 시간 및 장소의 혼합이 기업에게 중요한 편익을 주는 환경을 의미한다.

36

답 ③

해 상사와 부하간 또는 부서 간의 업무가 주로 팀 중심으로 구성되어 활발한 의사소통과 상호 이해로 조직 전체의 성과를 올리는 데 많은 장점을 가진다. 권한이양은 많이 이루어지는 편이며 업무 간의 조정은 비공식적으로 개인적인 융통성의 폭이 크다.

37

답 ②

해 경영자의 의사결정 역할 : 선택과 관련한 역할, 창업자, 문제해결자, 자원배분자, 협상자

38

답 ①

해 우리말의 뜻은 포도넝쿨, 소문, 구전, 풍문, 유언비어, 낭설의 뜻을 가진다. 커뮤니케이션 이론에서 그레이프바인은 비공식적 의사소통체계 혹은 경로를 말한다.

39

답 ③

해 다른사람과 개인적 또는 집단적으로 더불어 잘 할 수 있는 능력을 의미한다. 경영자들에게 전반적으로 중요한 능력이다. 하급자 및 조직 외부인사 등과 관계되는 경영역할과 의례적으로 상징적인 성격의 기타임무를 의미한다(대표, 리더, 연결자).

40

답 ③

해 하나 이상의 보고체계를 가진 조직구조를 의미하는 것으로서, 기존 기능부서의 상태를 유지하면서 특정한 프로젝트를 위해 서로 다른 부서의 인력이 함께 일하는 조직설계방식이다.

41

답 ④

해 통제 기능의 필요성 : 경영환경의 변화, 기업규모의 확대, 실수 예방, 권한위양 증대

42

답 ④

해 1) 최고 경영층 : 조직 관리 계층 중 맨 위층에 있는 것이 최고 경영층으로, 기업에서는 회장, 사장, 전무, 상무, 이사 등이 여기에 속한다. 조직 전체의 목표, 나아갈 방향, 여러 부문들 간의 전체적 조화를 꾀하기 위해서 경영 정책이나 경영 전략 등의 의사 결정 문제를 다루게 된다.
2) 중간 관리층 : 조직 관리 계층의 중간에 해당되는 것이 중간 관리층이다. 이 계층에는 기업의 경우, 부장, 차장, 과장 등이 포함된다. 중간 관리층은 최고 경영층이 정한 조직 전체의 목표를 달성하기 위해서 각 부문의 책임을 맡게 된다.
3) 현장 감독층 : 조직 관리 계층의 맨 아래층에 해당되는 현장 감독층은 기업의 경우, 대리, 직장, 조장, 반장 등으로 구성된다. 현장 감독층은 작업을 지시하고, 현장에서 작업을 하면 생기는 여러가지 문제점을 해결하는 것과 관련되는 의사 결정한다.

43

답 ③

해 1) 공유가치(Shared Value) : 조직 구성원들의 행동이나 사고를 특정 방향으로 이끌어 가는 아주 특별한원칙이나 기준을 말한다
2) 전략(Strategy) : 변화하는 시장 환경에 기업이 어떻게 적응하여 능력을 발휘할 것인가 하는 장기적인 목적과 계획, 그리고 이를 달성하기 위한 자원배분방식 등을 말한다.
3) 스킬(Skill) : 장기적인 목적과 계획이 전략이라면, 스킬은 그 전략을 어떻게 실행할 것인가를 말한다.
4) 구조(Structure) : 전략을 실행해 나가기 위한 틀이다. 조직 구조나 직무 분류, 역할과 책임 등이 이에 해당된다.
5) 시스템(System) : 반복되는 의사결정 사항들의 일관성을 유지하기 위해 제시된 틀을 말한다.
6) 구성원(Staff) : 기업이 필요로 하는 사람의 유형을 말하며, 기업 문화 형성의 주체이기도 하다. 여기서 구성원은 단순히 인력 구성을 말하는 것뿐만 아니라, 그들이 갖고있는 능력이나 지식 등의 집합체를 말한다.
7) 스타일(Style) : 구성원들을 이끌어 가는 전반적인 조직 관리 스타일을 말한다.

44

답 ①

해 기능별 조직의 전문화의 원칙과 라인 조직의 명령일원화의 원칙을 결부시켜 경영의 대규모화, 즉 경영관리기능이 복잡하에 대응할 수 있두록 만들어진 오늘날 가장 보편화된 조직형태이다. 조직의 목표달성에 직접적인 책임을 지는 기본적인 기능은 라인이 담당하고 스텝(참모)은 라인에 조언과 권고를 해 주는 보조적 기능을 수행한다.

45

답 ④

해 조직화(organizing)은 조직구성원이 조직의 목표를 달성할 수 있도록 조직의 업무와 권한, 자원들을 배치하고 조정하는 과정이다.

46

답 ②

해 조직은 공식화수준이 너무 높을 경우 조직의 공식화 수준이 너무 높을 경우 조직구성원의 의견이 중시되지 않기 때문에 돌발 상황에 적응이 곤란할 수 있다.

47

답 ③

해 물품의 제조를 자기 스스로 행하지 아니하고 제3자에게 이임하여 제조·가공하는 거래 형태를 말한다.

48

답 ①

해 민츠버그에 의하면 경영자는 인간관계역할(대인적역할), 정보관련역할(정보처리역할), 의사결정역할의 3가지를 수행한다고 하였다.
  1) 대인적 역할은 경영자가 기업을 계속적으로 원만히 운영해 가는 데 도움을 주는 역할이다.
  2) 정보처리 역할은 경영자의 직무에서 가장 중요한 측면이 바로 정보를 수집, 전달하는 것이다.
  3) 의사결정적 역할은 수집된 정보를 바탕으로 여러 경영문제를 해결하는 것을 의미한다.

49

답 ②

해 Quinn의 경쟁가치 모형(Competing Value Model)은 모순적이고 배타적인 다양한 조직문화의 가치요소들을 포괄적으로 분석할 수 있는 틀을 제공해 준다.
  1) 관계지향문화는 집단문화(group culture) 혹은 인간관계 모형(human relation model)이라고도 하며, 구성원들의 신뢰, teamwork를 통한 참여, 충성, 사기 등의 가치를 중시한다.
  2) 혁신지향문화는 발전문화(development culture), 혹은 개방체계모형(open system model)이라고도 하며, 조직의 변화와 유연성을 강조하면서, 조직이 당면하고 있는 외부환경에의 적응능력에 중점을 둔다.
  3) 위계지향문화는 위계문화(hierarchy culture), 혹은 내부과정모형(internal process model)이라고도 하며, 공식적 명령과 규칙, 집권적 통제와 안정지향성을 강조하는 관료제의 가치와 규범을 반영한다.
  과업지향문화는 합리문화(rational culture), 혹은 합리적 목적모형(rational goal model)이라고도 하며, 조직의 성과목표 달성과 과업 수행에 있어서의 생산성을 강조하는 문화유형이다.

50

답 ②

해 인간관계역할(대인적 역할, interpersonal role)

대인적 관계를 통해서 기업을 계속적으로 운영해 나가는 역할이며 경영자의 인간적 기술과 밀접한 관계가 있다.

1) 대표자 역할 : 행사참석, 내빈접견, 고객접대, 법률문서서명 등 의식적이거나 상징적인 임무를 수행.

2) 리더 역할 : 부하직원에 대한 지휘, 동기부여, 훈련, 상담, 커뮤니케이션을 통해 리더역할을 수행함. 하위경영자일수록 리더역할이 중요.

2) 연락자 역할 : 조직의 외부환경과 조직내부를 연결해주는 일. 특히 외부의 공급자나 고객과 같은 이해관계집단과 연결관계를 유지하는 연락자로서의 역할.

51

답 ②

해 특성이론(Trait Theory)은 가장 오랜 역사를 가지고 있는 최초의 체계적인 리더십 이론. 리더가 될 수 있는 고유한 개인적 자질 또는 특성이 존재한다는 가정하에 리더의 외양이나 개인적인 개성에서 공통적인 특성을 찾는 이론으로 리더는 타고나는 것이지 만들어지는 것이 아니라고 주장한다.

52

답 ④

해 매슬로우(Maslow, 1908 ~ 1970)가 주장한 욕구단계설에 의하면 인간의 욕구는 타고난 것이며 욕구의 강도와 중요성에 따라 생리적욕구, 안전욕구, 애정(사회적)욕구, 존경욕구, 자아실현욕구를 5단계로 분류한 이론이다.

53

답 ①

해 직원들의 동기를 부여시키는 요인과 불만을 높이는 요인이 있다는 것으로 '2요인 이론' 이라고도 한다. 허츠버그는 인간에게 동기를 주는 욕구로 두 가지를 제시하는데 불쾌감을 피하려는 욕구와 정신적으로 성숙, 성장하고 자아실현을 하려는 욕구 두가지이다.

54

답 ①

해 관리 격자 모델(Managerial Grid Model)은 Robert Blake와 Jane Mouton이 제시한 이론이다. 관리 격자 이론(Managerial Grid)은 리더십 스타일을 '생산에 대한 관심(Concern for Production)'과 '사람에 대한 관심(Concern for People)'의 두 가지 축의 결합으로 나타낸 행동론 관련 리더십유형이다.

55

답 ③

해 변혁적 리더십은 강한 사명감, 리더와 부하 간의 신뢰감, 존중감을 통한 인격적 관계를 중시하는 데 중점을 둔다.

56

답 ④

해 리더 - 구성원(부하) 교환이론(leader - member exchange theory, LMX)은 리더와 부하들 개개인 사이의 역할형성 과정 및 리더와 부하 간의 교환관계가 시간이 지남에 따라서 발전되어 가는 것을 설명한다. LMX 이론의 기본 전제는 부하들의 업무역할에 대해 리더와 부하가 함께 정함으로써 리더가 부하들 개개인과 개별적인 교환관계를 발전시킨다는 것이다.

57

답 ③

해 서번트 리더십은 다른 구성원들이 공동의 목표를 이루어 나가는데 있어 정신적·육체적으로 지치지 않도록 환경을 조성해 주고 도와주는 리더십이다.

58

답 ③

해 매슬로우의 욕구단계설을 발전시켜 ERG이론을 주장한다. 사람의 욕구가 단계적이라는 부분은 매슬로우와 동일하면서 그 단계를 5개에서 3개로 줄였다(높은 수준/낮은수준의 욕구로 나눔). ERG는 세 욕구의 약자이다. 어느 단계의 욕구가 충족되지 않으면 하위단계의 욕구로 퇴행할 수도 있으며, 퇴행할 경우 욕구좌절, 욕구강도의 과정을 거쳐, 욕구 만족으로 진행되는 기본원리를 설명하고 있다.
1) E : 존재의 욕구(Existence needs) : 배고픔, 쉼, 갈증과 같은 인간이 존재하기 위한 생리적이거나 물질적, 안전에 관한 욕구. 매슬로우의 생리적 욕구와 안전 욕구(물리적측면)와 유사하다.
2) R : 관계의 욕구(Relatedness needs) : 타인과의 의미 있고 만족스러운 인간관계에 의한 욕구. 매슬로우의 사회적, 존경의 욕구(일부)에 해당된다.
3) G : 성장의 욕구(Growth needs) : 개인의 성장과 발전에 대한 욕구로 잠재력을 극대화하고 능력을 개발함으로 충족된디. 매슬로우의 자아실현 욕구와 존경의 욕구에 해당된다.

59

⊞ ③

🖩 1) 강압적권력 : 처벌이나 위협
　2) 합법적권력 : 조직내지위
　3) 보상적권력 : 돈, 승진 등의 보상
　4) 전문적권력 : 전문적인 기술이나 지식 혹은 정보
　5) 준거적권력 : 개인적인특성(카리스마, 인간미, 존경심 등)

60

⊞ ④

🖩 수평적 의사소통은 상호작용적, 횡적, 측면적 의사소통 등으로 불리는 것으로, 위계수준이 같은 부서 간에 이루어지는 의사소통이다.

61

⊞ ③

🖩 아담스(Adams, J. S.)의 공정성이론 : 조직구성원은 자신의 노력과 보상을 유사한 일을 하는 다른 사람의 노력과 보상과 비교하여 공정성이 유지될 수 있도록 동기부여 된다는 것이다.

62

⊞ ②

🖩 X－Y 이론은 맥그리거가 인간관을 동기부여의 관점에서 분류한 이론이다. 맥그리거는 전통적 인간관을 X이론으로, 새로운 인간관을 Y이론으로 지칭하였다.

63

⊞ ④

🖩 변혁적 리더십(transformational leadership)(전환적 리더십) : 리더가 구성원들에게 비전을 제시하고 부하들로 하여금 충성과 신뢰, 존경 등의 감정을 일으켜서 기대보다 높은 노력을 이끌어내고 태도와 가치관의 변화를 통해 성과를 이끌어 내는 리더십

64

답 ①

해 기존의 리더십의 연구가 리더의 특성, 리더의 행동에 관한 연구였다면 효과적인 리디십을 발휘하기 위해서는 리더는 팔로워와 상황에 대한 이해가 필요하다는 것이 특징인 이론이다. 1960년대 상황론적 접근법은 피들러에 의해 개발되었다. Leadership = f(리더, 팔로워, 상황)

65

답 ④

해 스키너 강화이론의 기본 전제는 효과의 법칙(Law of Effect)라고 하여, 조작적 조건화의 개념을 통해서 같은 행동이 반복해서 일어나게 하는 것 또는 학습자의 생각과 태도 지식을 더욱 공고히 하는 것이다.
1) 긍정적 강화(Positive reinforcement) : 바람직한 행위의 빈도를 증가시키기 위해, 좋은 보상을 하는 것
2) 부정적 강화(Negative reinforcement) : 좋지 않은 자극(기분이 상하거나 해가 되는 자극)을 부여하여, 이러한 자극이나 해를 벗어가기 위해 바람직한 행동을 유도하는 것
3) 소거(extinction) : 특정 행위를 감소시키기 위해 과거에 그와 관련되어 있는 긍정적인 강화를 제거하는 것
4) 벌(Punishment) : 행위를 감소하거나 금지하기 위해 부정적인 결과를 제공하는 것

66

답 ①

해 후광 효과란 일반적으로 어떤 사물이나 사람에 대해 평가를 할 때 그 일부의 긍정적, 부정적 특성에 주목해 전체적인 평가에 영향을 주어 대상에 대한 비객관적인 판단을 하게되는 인간의 심리적 특성을 말한다.

67

답 ②

해 인적자원관리는 [1.확보 - 2. 개발 - 3. 보상 - 4. 유지 - 5. 방출]을 계획하고 조직하며 통제하는 프로세스 과정이다.

68

답 ③

해 학습과 성장 관점은 BSC의 4가지 관점 중에서 가장 미래 지향적인 관점이다. 현재에는 그 가치가 보이지 않지만, 회사의 장기적인 잠재력에 대한 투자가 기업 성장에 얼마나 영향을 미칠 수 있을지를 이 관점에서 파악할 수 있다. 학습과 성장 관점은 다른 3가지 관점의 성과를 이끌어내는 원동력으로서, 특히 구성원의 역량을 강조하고 있다.

69

답 ④

해 재무상태표 상에서 자본에 들어가는 항목은 자본금, 자본잉여금, 이익잉여금, 기타포괄손익누계액이다.

70

답 ②

해 기업의 마케팅 활동이 실질적인 효과로 연결되기 위해서는 소비자의 자발적인 허락(permission)이 필요하며, 기업이 보유한 고객의 허락은 장기적인 이윤 창출을 위한 귀중한 자산이 된다는 전략이다.

71

답 ③

해 지급준비율＝은행이 중앙은행에 적립한 금액÷은행의 전체 예금액

72

답 ①

해 마케팅 믹스 4P(Marketing Mix 4P)이다. 보통 이를 줄여서 '4P'로 주로 표현한다. 4P는 Product(제품), Price(가격), Place(유통 채널), Promotion(홍보/촉진) 등 4가지 구성요소의 앞 글자 P를 따서 만들어졌다.

73

답 ②

해 금융기관 간 영업활동 과정에서 남거나 모자라는 자금을 30일 이내의 초단기로 빌려주고 받는 것을 '콜'이라 부르며, 이때 은행 · 보험 · 증권업자 간에 이루어지는 초단기 대차에 적용되는 금리를 일컫는다.

74

답 ④

해 총포괄손익을 구분하면 당기순손익이랑 기타포괄손익으로 구분된다. 당기순손익과 나중에 미처분이 이익잉여금(자본)으로 흘러 들어가고 기타포괄손익은 기타포괄손익누계액(자본)으로 흘러간다.

75

답 ①

해 일반적으로 각 응용 분야별로 구축되는 소규모 형태의 데이터웨어하우스를 의미한다. DSS 사용자의 요구사항에 초점을 맞춘, 특정 사용자 집단에 특화된 데이터 저장고이다.

76

답 ④

해 중심화 경향(central tendency)은 "피평가자들을 모두 중간점수로 평가하려는 경향"을 말한다. 이 오류는 평가자가 잘 알지 못하는 평가차원을 평가하는 경우, 중간점수를 부여함으로써 평가행위를 안전하게 하려는 의도에 의해 이루어지는 오류라고 할 수 있다.

77

답 ②

해 마케팅 전략상 동일한 마케팅 믹스가 통용될 수 있는 시장들로 전체 시장을 세분화하여 제품을 생산하고 마케팅하는 전략이 시장세분화라고 할 수 있다.

78

답 ③

해 자산 = 자본 + 부채

79

답 ④

해 경제에는 자금 잉여주체와 자금 부족주체가 존재하게 되는데 이들 사이에 은행이나 저축은행 신용협동기구 등 금융기관이 개입하여 자금을 중개하는 방식을 간접금융(indirect financing)이라고 한다.

80

답 ②

해 우리나라에서는 4가지 이익을 손익계산서에 표기한다.
　1) 매출총이익(= 매출액 - 매출원가)
　2) 영업이익(= 매출총이익 - 판매비 및 관리비)
　3) 법인세비용차감전순이익(= 영업이익 + 영업외수익 - 영업외비용)
　4) 당기순이익(= 법인세비용차감전순이익 - 법인세)

81

답 ②

해 MIS의 중요기능

1) 거래처리시스템 : 거래처리시스템은 컴퓨터를 이용한 사무업무나 운용적 업무의 신속정확한 처리를 위한 시스템이다.

2) 정보처리시스템 : 이는 데이타베이스시스템이라고도 일컬어지며 의사결정에 필요한 정보를 제공하는 시스템이다.

3) 프로그램화 의사결정시스템 : 구조적 의사결정을 위한 시스템으로서 주로 시스템에 의해서 의사결정이 자동적으로 이루어지게 한다.

4) 의사결정지원시스템 : 프로그램화 할 수 없는 비정형적, 비구조적 의사결정을 위한 다양한 지원을 하는 시스템이다.

5) 의사소통시스템 : 개인용 컴퓨터, 터미널, 팩시밀리, 워드프로세서, 컴퓨터네트워크와 통신장치를 이용하여 환경과 시스템간의 의사소통 또는 정보전달 기능을 담당한다.

82

답 ②

해 도입기는 판매가 완만하게 증가하며 막대한 제품개발비용의 지출로 인해 이익이 나지 않는 단계이고, 성장기는 매출과 이익이 급속하게 증가하는 기간이다.

83

답 ④

해 악성을 뜻하는 블랙(black)과 소비자를 뜻하는 컨슈머(consumer)의 합성신조어로 악성민원을 고의적, 상습적으로 제기하는 소비자를 뜻하는 말이다.

84

답 ①

해 개인적으로는 가장 합리적인 의사결정이지만 전체로 보면 합리적이지 않은 결론에 도달하게 되는 일을 가리키는 경제학 용어. 합성의 오류라고도 한다. 어떠한 문제해결에 있어서 개인이 합리적이라 생각하는 행동을 하더라도 전체가 똑같은 행동을 했을 때는 비합리적인 결과를 초래하는 경우를 가리킨다. 공유지의 비극, 죄수의 딜레마와도 맥이 닿는다.

85

답 ③

해 스테가노그래피(steganography)는 전달하려는 기밀 정보를 파일, 메시지, 이미지 또는 비디오를 다른 파일, 메시지, 이미지 또는 비디오 안에 숨기는 심층 암호 기술이다.

86

답 ④

해 M&A를 통해 기업의 규모를 키우거나 공격적 마케팅으로 시장 전유율 1위를 기록했지만, 경쟁 과정에서 무리하게 M&A를 시도했거나 성급한 성장정책을 사용해 결과가 좋지 못한 경우를 승자의 저주라고 한다. 최근 도요타의 무리한 확장 정책으로 인한 리콜사태, 대우건설과 대한통운을 인수하면서 규모를 키운 금호아시아나그룹이 워크아웃 절차에 들어간 것을 두고 언론에서는 '승자의 저주'란 표현을 자주 사용하고 있다.

87

답 ③

해 개인 소유를 기본 개념으로 하는 전통 경제와 대비되는 개념으로 집이나 자동차 등 자산은 물론 지식이나 경험을 공유하며 합리적 소비·새로운 가치 창출을 구현하는 신개념 경제.

88

답 ③

해 플라시보 소비는 가성비(가격 성능 대비)와 가심비(가격 대비 마음의 만족)를 함께 추구하는 것이다. 소비를 할 때 가격도 중요한 요소이지만, 소비자의 심리적 만족에 따라서 주관적인 소비를 하게 된다는 것이다. 즉 가성비는 기본 베이스로 소비에 중요하게 작용하는 요소이지만 가성비에 플러스 되어 주관적이고 개인 심리적인 특성이 반영된 개념이 바로 플라시보 소비이다.

89

답 ②

해 PB상품이란 대형마트 또는 편의점, 다단계 판매사 등에서 자체적으로 판매하는 상품을 말한다. Private-Label products로도 많이 쓰이기 때문에 'PL상품'이라고도 한다.

90

답 ②

해 밴드웨건효과(Bandwagon effect)는 결국 유행에 동조함으로써 타인들과의 관계에서 소외되지 않으려는 비이성적인 심리에서 비롯된다. 주식시장이나 부동산시장의 거품형성과 붕괴 현상도 밴드웨건효과로 설명할 수 있다.

91

답 ④

해 치킨게임(chicken game)이란 두 명의 운전자가 각각 마주 보고 서로를 향해 돌진하면서 '계속 돌진할 것인가' 아니면 '핸들을 돌릴 것인가'를 결정하는 게임을 말한다. 치킨게임에서 먼저 핸들을 돌린 기업, 즉 경쟁을 이겨내지 못한 기업이 퇴출하고 나면 남은 기업들의 독점력은 더욱 확대된다. 민감한 주제를 놓고 서로 치열하게 논쟁을 벌이는 정치적 상황도 '치킨게임'이라고 부른다.

92

답 ④

해 2000년대를 전후하여 빠른 경제성장세를 보인 브라질, 러시아, 인도, 중국, 남아프리카공화국 등 5개국을 지칭하는 용어이다. 2001년 미국의 투자회사인 골드만삭스의 보고서에서 처음 사용된 용어(BRICs)로서 세계의 생산과 인구에서 큰 비중을 차지하는 브라질(Brazil), 러시아(Russia), 인도(India), 중국(China)을 지칭하기 위해 4개국 영문국명의 첫 글자를 합성하여 만든 것이다.

93

답 ②

해 스마트공장은 제품의 기획부터 판매까지 모든 생산과정을 ICT(정보통신)기술로 통합해 최소 비용과 시간으로 고객 맞춤형 제품을 생산하는 사람 중심의 첨단 지능형 공장이다.

94

답 ③

해 분수효과(trickle-up effect, fountain effect)란 정부가 경제정책으로 저소득층과 중산층의 소득을 먼저 늘려주면 이들의 소비 확대가 생산과 투자로 이어지면서 전체 경제활동이 되살아나고 이로 인해 고소득층의 소득도 늘어날 수 있다는 주장이다.

95

답 ③

해 '카페라떼 효과(caffe latte effect)'란 소액저축의 중요성을 뜻하는 말로 무심코 사소한 것에 쓰는 낭비를 은유적으로 표현한 단어다.

96

답 ②

해 주가수익비율인 'Price Earning Ratio'의 줄임말이다. 즉, 주당 주가가 수익의 몇 배가 되는지를 나타내는 지표인데, EPS와 아주 긴밀한 연관이 있는 지표이기도 하다. 바로 이 PER이 주가를 EPS로 나눈 값이기 때문이다.

97

답 ②

해 상대방 동의 없이 강행되는 '적대적 M&A'가 진행될 경우 이에 맞서는 방어전략으로 '백기사'라고 칭한다.

98

답 ②

해 이탈리아의 경제학자인 빌 프레도 파레토(Vilfredo Pareto)의 이름을 따다가 '파레토 법칙'이라는 용어를 경영학에서 처음으로 사용하였다. 파레토는 '이탈리아 인구의 20%가 이탈리아 전체 부의 80%를 가지고 있다'고 주장하였는데 이 말은 이탈리아의 불균형적인 부(富)의 분배를 지적하는 것으로써 통계학에서는 파레토 분포(Pareto distribution)라는 이름으로 많이 사용하는 확률분포 전문 용어이다.

99

답 ①

해 게임 이론에서 제시하는 간단한 형태의 게임이다. 한적한 도로에서 2명이 서로를 향해 차를 몰고 직진을 한다. 둘 모두 직진을 하면 둘 모두 큰 부상을 입는다. 한 쪽만 피한다면 피한 쪽은 겁쟁이라는 오명을 쓰고 안 피한 쪽은 용기 있는 자로 불린다. 둘 모두 피한다면 둘 다 겁쟁이라는 오명을 쓴다.

100

답 ④

해 어떤 재화의 소비자가 재화 1단위당 얻는 효용의 증가분(한계 효용)이 점점 줄어드는(체감 ; 遞減)현상을 지칭한다. 재화를 한 단위 더 소비했을 때 느끼는 효용은 점점 그 크기가 재화의 소비량을 늘려감에 따라 이전에 비해 감소한다는 것이 한계 효용 체감의 법칙이다. 이는 인간 심리가 가지고 있는 특성에 대한 일종의 가정으로서, 반드시 그러리라는 자연 과학적 보장은 없다. 허나, 이것은 보편적으로 널리 관찰되는 행태로 많은 사람과 학자들의 공감을 얻었기에 모종의 경험적 '법칙성'을 인정받게 되었다.

memo

사무영어100제

ANSWER 2

미쓰캐롯 TIP

✎ 본문을 모두 학습할 시간이 없을때, 해설을 위주로 공부합니다.

✎ 본 서의 해설서는 요약본으로 활용 가능합니다.

ANSWER 3

사무영어100제

01

답 ③

해 소화기 – Fire extinguisher

02

답 ②

해 The exchange rate is the money that you need to spend in order to do something.

03

답 ④

해 사업부 : Division / Department

04

답 ④

해 N/A(해당없음) : not applicable / not available

05

답 ②

해 ISP : international standardized profile

06

답 ③

해 The Marketing department talks to clients and persuades them to buy products.
마케팅 부서는 고객과 이야기를 나누고 제품을 구매하도록 설득합니다.

07

답 ②

해 We have been in the red for three years. → 우리는 3년간 적자입니다.

08

답 ③

해 MA : Master of Arts.

09

답 ②

해 ROI : return on investment

10

답 ②

해 • credit manager → 신용관리자
   • sales manager → 영업관리자
   • HR manager → 인사담당자
   • public relations manager → 홍보담당자

11

답 ①

해 • a purchasing &sales supervisor→구매 및 판매 감독관
   • HR manager→HR관리자
   • a PR manager→PR관리자
   • a production manager→생산관리자

12

답 ④

해 Atlas는 지도책이라는 의미로 사용된다.
   예 : Atlas of the World
   위 Atlas에 대한 설명은 책을 보관하는 방이나 건물에 대한 해석으로 도서관(library)에 대한 해석에 더 가깝다.

13

답 ③

해 • Efficient : 효율적
   • Efficiently : 효율적
   • Effective : 유효
   • Effection : 효력

14

답 ④

해 First, let me congratulate you the rapid growth of your operation.
   →First, let me congratulate you on the rapid growth of your operation.
   He will be scheduled an appointment with you within a few day.
   →He will be scheduled an appointment with you within a few days.

15

답 ③

해 Some of the applicants arrived late for their job interview.
   →Some of the applicants arrived late for their job interviews.

16

답 ②

해 • legible : 읽기쉬움
  • regard : 안부
  • questionnaire : 설문지
  • accommodate : 수용

17

답 ③

해 All staff members attends a meeting for Monday.
  → All staff members attend a meeting for Monday.
  → All staff members attend a meeting on Monday.

18

답 ②

해 I'd like to schedule a meeting for discuss with the project.
  → I'd like to schedule a meeting to discuss the project.
  → I'd like to schedule a meeting for a discussion on the project.

19

답 ②

해 Merging another company are always a difficult and sensible issue.
  → Merging another company is always a difficult and sensible issue.

20

답 ④

해 Please look for the attaching file.
  → 첨부파일을 찾아주세요.

21

답 ③

해 I forgot to attach the file in my email.
  → I forgot to attach the file to my email.(제 이메일에 파일을 첨부하는 것을 잊었습니다.)

22

답 ②

해 We're about a month behind schedule.
→일정보다 한달정도 늦습니다.

23

답 ③

해 I was given by your name of the Director Michael Hong for our Los Angeles office.
→I was given by your name of Director Michael Hong for our Los Angeles office.
→I was given you name by the Director Michael Hong for our Los Angeles office.

24

답 ④

해 • wake up calls : 모닝콜
• luggage storage room : 수화물보관소

25

답 ③

해 • vary in : 다양함
• disposable cup : 일회용컵

26

답 ④

해 • leave a phone call by : 다음으로 전화를 남기다
• call an important phone of : 중요한 전화로
• take an important phone call on : 중요한 전화받기
• make an important phone call at : 중요한 전화걸기

27

답 ③

해
- has been waiting : 기다렸다.
- for being late : 지각
- is break down : ~가 고장났다.
- Why didn't you : 너는 왜 그러지 않니

28

답 ②

해
- working : 일
- senior : 시니어
- used to work : 직장에 익숙함

29

답 ③

해 초대받음→참석하지 못함→감사인사와 함께 내년에 참석하겠다는 내용→돌아오면 연락

30

답 ①

해 MOU : memorandum of understanding(정식계약 체결에 앞서 우선적으로 작성하는 문서)

31

답 ④

해 Tulsa is the second-largest city in the state of Oklahoma and 47th-most populous city in the United States.(OK→Oklahoma)

32

답 ②

해 Kevin Meier는 5월 2일에 주문한 상품을 받을 예정이라고 작성되어 있다.

33

답 ②

해 • confirm : 확인
   • located in : 위치
   • enclosing : 둘러싸다, 동봉하다

34

답 ④

해 • Condolence Letter : 애도편지
   • Congratulatory Letter : 축하편지
   • Resignation Letter : 사직서
   • Recommendation Letter : 추천서

35

답 ③

해 • cc : Mr. David M. Houghton, Mr. Chris D. Burr
   • bcc : Ms. Jamie Lee

36

답 ④

해 기밀 : 수취인만 읽으시길 바랍니다.

37

답 ④

해 필요할 시에 제공 가능한 몇가지의 시청각 기자재를 갖추고 있다.

38

답 ③

해 • 반송 주소 : return address
   • 내부 주소 : Inside Address

39

답 ④

해 넥타이 없는 비즈니스 정장차림이다.

40

답 ③

해 지원자는 본인의 이력에서 비서업무에 관련된 훈련과 경력이 잘 준비되어 있다고 어필하고 있는 경력직 지원자이다.

41

답 ③

해 직급표시가 올바르게 되었다.

42

답 ③

해 not in stock : 재고없음

43

답 ③

해 Matt Cho의 이메일은 수신되지 않는 관계로 발신자에게 보내면 된다.

44

답 ①

해 Announcement Letter : 안내문(안내편지)

45

답 ④

해 전공은 경영이다. 신성증권에서는 전화응대, 서신담당 등 일상적인 비서업무를 담당하였고, 신성전자에서는 서신 및 보고서작성, 연구 기획회의 및 회의개최를 담당하였다.

46

답 ④

해
- Personal Data(개인정보) – Full Name(성명)
- Employment record(경력사항) – Company Name(회사명)
- Special Skills(특기) – Computer competence(컴퓨터능력)
- Education(교육) – Job title(직책)
- Education는 학력(학교명)을 기입해야한다.

47

답 ①

해 채용사이트에 광고한 자리에 지원 – 나의 교육과 경험이 직책에 맞는다고 생각 – 현재 마케팅 매니저로 사업전략과 기획을 추천하는 것 외에 시장조사 지시를 담당함 – 이력서 검토를 바라며 인터뷰 기회를 주었으면 하는 바람 – 배려해주셔서 감사드리고 회신을 기다리겠음

48

답 ④

해 현재 시애틀에 있는 Morana Supermarket에서 재정관리자로 일하고 있으며 고용주에게 퇴사의사를 알리지 않았으니 이 부분은 비밀로 해주었으면 좋겠다고 부탁하고 있다. 그러므로 Mary가 다른 회사에 지원하려고 일을 그만두었다는 것은 사실이 아니다.

49

답 ③

해 Jackie에게 10월 14일 목요일 저녁모임을 상기시키고자 하는 내용이다.

50

답 ③

해 Kate Brown은 Ms. Silverman을 대신하여 판매 관련하여 답변한 사람이다. 오히려 구매자보다 판매자 측의 입장에 더 가깝다.

51

답 ④

해 받는사람(수신인)은 Mary Anderson이 아니고 Willoughby Hotel의 예약관리자이다.

52

답 ③

해
- Return Address : 반송주소
- Postal Directions : 우편안내
- On-Departure Notation : 출국시 표시하는 것이 아니고 빠른우편에 해당한다.
- Mail Address : 주소

53

답 ④

해 개회식 직전이 아니고 모든시설에 대한 확인은 오전 9시 전에 이루어져야 한다.

54

답 ④

해 'personal'의 경우에는 Mr. Baker's의 비서도 편지를 개봉할 수 있다.

55

답 ②

해
- Announcement Letter : 공지사항/안내사항/공지문/안내문
- Cover Letter : 커버레터
- Public Relations Letter : 홍보문/홍보편지
- Requirement Letter : 요구서

56

답 ④

해 부사장에게 공보 회의를 알리기 위해 작성되었다.

57

답 ①

해
- Interoffice Memorandum : 사내각서
- Minutes of the meeting : 회의록
- Company to company business letter : 비즈니스편지
- Draft about the sales report : 판매보고서 초안

58

답 ③

해 매 발표 후 휴식기간이 있는 것이 아니고, 두 번째 발표 이후에 휴식시간을 갖는다.

59

답 ③

해 An electronic voucher has issued for your use.
→An electronic voucher has been issued for your use.
→Electronic gift certificates have been issued so that you can use them according to your purpose.
→We issued an electronic gift certificate to ask you to use it according to your needs.

60

답 ①

해 일정을 이메일로 보내달라고 했기 때문에 출장일정표를 뉴욕 본사에 이메일로 보내야 한다.

61

답 ③

해 • Mr. Chang은 3월 3일 오후 비행기를 탈 것이다.→오전11시 비행기를 탈 것이다.
• Mr. Chang은 편도 비행기편을 예약했다.→편도가 아닌 왕복을 예약했다.
• Mr. Chang은 2개의 수화물을 30kg까지 무료로 체크인 할 수 있다.→1개의 수화물(30kg)이 무료이고 1kg이 추가될 때마다 10달러가 추가된다.

62

답 ②

해 워크샵 참석 신청은 컴퓨터를 이용해서 3개의 세션에 모두 신청 등록을 해야 한다.→한 세션당 24명이 참석 가능하고, 워크숍 참석신청을 3개의 세션에 모두 신청 등록할 필요는 없다.

63

답 ④

해 수신자가 아닌 발신자이다.

64

답 ④

해 10월 1일에 방문일정을 잡으려고 하는데 금주 연속 2일이 가능한지 알려달라고 하고 있다.

65

답 ④

해 뉴미디어 쇼케이스 관련 행사프로그램은 당일 제시되는 것이 아니고, 복장 규정 아래 시간표에 있는 세부사항을 참조하라고 작성되어 있다.

66

답 ④

해 호텔 투숙객 모두에게 Wi-Fi를 제공하는 것이 아니고, $14.95달러를 지불한 회원들에게 룸과 로비의 Wi-Fi를 무료로 제공한다.

67

답 ③

해 • why don't we : 왜 우리는
   • ecommend : 추천
   • souvenirs : 기념품

68

답 ③

해 '조직력과 의사소통 기술을 가진 비서를 채용하고자 하는데, 컴퓨터 활용능력에 대한 지식이 필요하고, 우리 회사의 비서는 경비보고서 및 일정 등 사무를 담당하게 되며 최소 60단어 이상의 타이핑 능력을 가진 사람이어야 한다. 훌륭한 복지혜택을 제공하고 있으니 즉시 지원해보길 바란다.'에 대한 내용은 있으나 경력직을 채용한다는 문구는 없다.

69

답 ②

해 Go ahead. - Excuse me?
   계속하세요. - 실례합니다.

70

답 ③

해 • Mr. Smith는 Mr. Wilson과 선약이 되어 있었다. → 선약이 되어있지 않은 상태이다.
  • Mr. Smith는 급한 업무로 Mr. Wilson을 만나기를 원했다. → VIP 리조트 클럽 안내 책자를 Mr. Smith에게 설명하기 위한 용무로 급하지 않으니 내일 방문한다고 한다.
  • Mr. Wilson은 자신의 일을 미루고 Mr. Smith를 바로 만나기로 하였다. → 보고서를 끝내야 하는 관계로 만나기를 원하지 않는다.

71

답 ①

해 • HSB Bank의 Ms. Black은 월요일 회의가 목요일로 연기되었음을 알리기 위해 연락하였다.
  → 가능하면 목요일 아침으로 일정을 다시 잡길 원하고 있다.
  • Mr. Fisher의 전화번호는 554 - 2302이고 내선번호는 122이다.
  → Mr. Fisher의 전화번호가 아니고 Ms. Black의 전화번호이다.
  • Ms. Black은 Mr. Fisher가 가능한 빨리 전화해주기를 바란다.
  → 전화해 주길 바라는 것이 아니고, 급한 전화이므로 다시 전화하겠다고 하였다.

72

답 ③

해 Could you have him call me back as soon as he gets in?를 제외하고 3가지는 모두 '다시'를 강조하고 있다.
  • Could you let him to call me back as soon as he gets in?
  • Could you have him call me back as soon as he will get in?
  • Could you let him calling me back as soon as he will get in?
   → 들어오자마자 다시 전화하도록 해주실 수 있나요?

73

답 ①

해 Mr. Hernadez은 Sooyeon Lee에게 전화를 걸었다. → Sooyeon Lee가 전화메모를 작성한 것이다.

74

답 ②

해 • he comes back. : 그가 돌아온다.
• he went home already. : 벌써 집에 갔다.
• he didn't come today. : 그는 오늘 오지 않았다.
• his line is busy. : 그는 지금 통화 중이다(그는 전화는 바쁘다).

75

답 ④

해 Sales Manager이 Miss Chang에게 다시 전화할 것이다.

76

답 ②

해 • How much do you charge? : 요금은 얼마입니까?
• Your party is on the line. : 연결되었습니다.
• Put him through. : 그를 통과시키세요
• Who do you want to speak to? : 누구와 통화를 원하십니까?

77

답 ③

해 The information you've reserved is as follows.
→ 예약하신 정보는 다음과 같습니다.

78

답 ③

해 Ms. Michelle Lee is working for International Home Appliances. → Michelle Lee는 International Home Appliances에서 근무하는 것이 아니라 Min Company에서 근무하고 있다.

79

답 ①

해 • Go ahead. : 계속하세요.
• Pardon me : 다시 말씀해 주시겠어요(뭐라고요.)

80

답 ②

해 How would you like it? : 어떻게 하시겠습니까?

81

답 ①

해 The secretary will tell his/her boss over the phone that Mr. Williams is here.→비서는 Mr. Williams가 방문했다는 것을 전화로 상사에게 전하는 것이 아니고 메모로 전달하겠다고 하였다.

82

답 ④

해 Ms. Park and Ms. Shin are on the same floor.→Ms. Park and Ms. Shin은 같은 층에 근무하고 있는 것이 아니다. Ms. Shin은 7층에서 근무하고 있다.

83

답 ③

해 • Send him in : 그를 보내주세요.(그를 안으로 모시세요)
　 • Please go right in : 안으로 들어가세요.

84

답 ③

해 • Take him out. : 그를 데리고 나가세요.
　 • Please go ahead. : 계속하세요.
　 • Bring him out. : 그를 밖으로 데리고 나가세요
　 • Please go on. : 계속해주세요.

85

답 ②

해 Could you spell your last name, please?는 성의 철자가 어떻게 되나요? 라는 질문으로 How can I pronounce your surname? 성을 어떻게 발음할 수 있나요? 와 혼동할 수 있다.

86

답 ③

해 • I referred to you by Mr. Park of your Los Angeles Branch Manager.
  → 로스엔젤레스 지점장인 Mr. Park이 당신을 추천하였습니다.
 • I was referred to you by Mr. Park of your Los Angeles Branch Manager.
  → 로스엔젤레스의 지점장인 Mr. Park으로부터 당신을 추천 받았습니다.
 • I was referred by you to Mr. Park of your Los Angeles Area Manager.
  → 로스엔젤레스 지역관리장에게 Mr. Park을 소개받았습니다.

87

답 ④

해 Mr. John Park will stay at the Royal Garden Hotel for 5 days. → Mr. John Park이 Royal Garden Hotel에 묵는 것이 아니라, Mr. Taylor가 묵는 것이다.

88

답 ①

해 • May I ask why do you wish to see him?
  → 왜 그를 보고 싶은지 여쭤봐도 될까요?
 • May I ask the reason you wish to see him about?
  → 그를 만나고 싶은 이유를 여쭤봐도 될까요?
 • May I ask the reason do you wish to see him?
  → 그를 만나고 싶은 이유를 여쭤봐도 될까요?

89

답 ③

해 Mr. Lee는 화요일 오후 4시에 씨티 컨퍼런스 센터에서 폐회사를 한다. → 폐회사가 아니라 제5회 행정 전문가회의 기조연설을 한다.

90

답 ③

해 under - has been cancelled
 미만 - 취소되었습니다.

 ※시험문제에 cancelled는 오타로 canceled가 맞는 표현이지만 시험문제를 그대로 가져와 작성하였습니다.

91

답 ④

해 At 14 : 00 of local time in San Francisco, he is in flight.→14 : 00아니고 18 : 00이다.

92

답 ②

해 Mr. Kim is going to have lunch with Professional Engineers.→overseas sales manager와 marketing director와 점심을 먹는다.

93

답 ③

해 Mr. Smith wants to have an appointment before 10 o'clock.→Mr. Smith가 오전 10시전에 약속을 잡길 원하는 것이 아니라 비서가 10시가 괜찮냐고 물은 것이다.

94

답 ④

해 305.00SGD은 전체가 포함된 금액이 아닌 하루 숙박요금이다.

95

답 ④

해 Mr. Yoon has dinner in London.→런던에서의 식사는 임원들과의 오찬에 해당되고 저녁식사는 혼자서 하며 어디서 하는지는 알 수 없다.

96

답 ②

해 • A : I'm sorry, may I ask who's calling, please?
• A : 죄송하지만, 누구신지 여쭤봐도 될까요?
• B : I'm afraid Jaeho Kim doesn't work here.
• B : 유감스럽게도 김재호는 여기서 일하지 않습니다.
√ 대화의 내용이 부자연스럽다.

97

답 ②

해 • May I take your message? : 메시지를 받아도 될까요?

• May I ask what the business is? : 어떤일로 오셨는지 여쭈어도 될까요?

• May I ask your name and the nature of your business? : 당신의 성함과 어떤 일로 오셨는지 여쭈어도 될까요?

• May I have your contact number just in case? : 만일을 대비하여 연락처를 알려주시겠습니까?

98

답 ④

해 Casual clothes are appropriate for dinner party. → 복장에 대한 언급은 없다.

99

답 ③

해 • An agenda of the meeting is forwarding.
→ 회의 의제가 전달됩니다.

• 회의 요약 내용을 첨부하였습니다.
→ I have attached a summary of the meeting.

100

답 ①

해 • when is the board meeting scheduled?
이사회 일정은 언제입니까?

해 • On the 9th, Friday at 1 : 00 p.m.
9일 금요일 오후 1시입니다.

사무정보관리100제

ANSWER 4

ANSWER 4

사무정보관리100제

정답표									
01 ③	02 ①	03 ①	04 ②	05 ②	06 ④	07 ②	08 ④	09 ④	10 ④
11 ④	12 ②	13 ②	14 ③	15 ②	16 ④	17 ③	18 ①	19 ④	20 ③
21 ④	22 ②	23 ④	24 ②	25 ③	26 ④	27 ③	28 ②	29 ④	30 ①
31 ②	32 ③	33 ①	34 ②	35 ③	36 ④	37 ④	38 ①	39 ③	40 ②
41 ④	42 ④	43 ②	44 ①	45 ④	46 ②	47 ④	48 ②	49 ③	50 ③
51 ④	52 ③	53 ④	54 ④	55 ①	56 ④	57 ④	58 ②	59 ②	60 ③
61 ③	62 ④	63 ④	64 ④	65 ③	66 ③	67 ②	68 ①	69 ④	70 ②
71 ④	72 ④	73 ②	74 ④	75 ②	76 ④	77 ①	78 ④	79 ④	80 ④
81 ③	82 ①	83 ②	84 ②	85 ③	86 ③	87 ③	88 ④	89 ①	90 ②
91 ④	92 ③	93 ①	94 ①	95 ②	96 ②	97 ②	98 ①	99 ④	100 ③

01

답 ③

해 표시 위치 및 띄우기
- 가. 첫째 항목기호는 왼쪽 처음부터 띄어쓰기 없이 바로 시작한다.
- 나. 둘째 항목부터는 상위 항목 위치에서 오른쪽으로 2타씩 옮겨 시작한다.
- 다. 항목이 한 줄 이상이면 항목 내용의 첫 글자에 맞추어 정렬하고 shift + Tab키 사용한다.
- 라. 항목기호와 그 항목의 내용 사이에는 1타를 띄운다.
- 마. 하나의 항목만 있는 경우에는 항목기호를 부여하지 않는다.

02

답 ①

해 1) 겹화살괄호《 》겹꺾쇠표라고도 한다. 책의 제목, 신문 이름의 표기에 쓴다. 프랑스어나 러시아어 등에서는 인용을 나타낼 때 사용하며, 같은 용도로 겹낫표(『』)나 큰따옴표를 쓸 수 있다. 꺾쇠표라고도 한다.
2) 홑화살괄호〈 〉책 안에 있는 장(章)의 제목, 예술작품의 제목, 상호, 법률, 규정 등의 표기에 쓴다. 같은 용도로 홑낫표(「」)나 작은따옴표를 쓸 수 있다.

03

답 ①

해 시간표기와 날짜를 표기할 때 마침표 찍는 것에 유의해야 한다.

04

답 ②

해 가운뎃점(·): 열거할 어구들을 일정한 기준으로 묶어서 나타낼 때 쓰기 때문에 장차관 사이에 가운뎃점을 쓰지 않는다.

05

답 ②

해 감사장은 비즈니스를 위해서 업무적인 문서 외에도 관계형성 및 유지를 위해 작성해야 하는 사교문서이다. 개인적으로 상대가 어떤 호의를 타인에게 베풀었는지 서치하여 작성하면 감정적인 문제가 생길 수 있으니 주의한다.

06

답 ④

해 1) 연락문서: 업무연락서, 조회문서, 의뢰문서, 회답문서 등
2) 지시문서: 훈령·지시·예규·일일명령 등 행정기관이 그 하급기관이나 소속 공무원에 대하여 일정한 사항을 지시하는 문서를 말한다. 행정법에서는 지시문서를 행정규칙 또는 행정명령이란 용어로 사용하고 있다.

07

답 ②

해 발의자는 '★' 표시로, 보고자는 '◉' 표시로 하고, 발의자와 보고자가 동일인인 경우에는 ★, ◉를 함께 표시한다.

08

답 ④

해 • 팜플렛(pamphlet)→팸플릿
   • 까페(cafe)→카페
   • 리더쉽(leadership)→리더십
   • 악세사리(accessor)→액세서리
   • 리플렛(leafle)→리플릿

√ 참고로 리플릿은 '광고지', '광고쪽지'로 순화하였다.

09

답 ④

해 수신자의 괄호 안에 작성된 대상이 최종적으로 받는 사람이다.

10

답 ④

해 줄임표는 가운데에 여섯 점을 찍는 것이 원칙이나 아래에 여섯 점을 찍는 것도 허용된다. 컴퓨터 등에서의 입력을 간편하게 함으로써 부호 사용의 편의를 주고자 한 것이다. 점을 아래에 찍는 경우에도 마침표가 필요한 경우에는 마침표를 찍어야 한다. 마침표를 포함하면 아래에 일곱 점을 찍는 셈이다. 또한 줄임표는 여섯 점을 찍는 것이 원칙이나 세 점을 찍는 것도 허용된다. 가운데에 세 점을 찍거나 아래에 세 점을 찍어서 나타낼 수 있다. 마침표의 사용 여부는 여섯 점을 찍는 경우와 다르지 않다.

11

답 ④

해 전자 우편 주소(電子 郵便 住所) 또는 이메일 주소(email address)는 전자 우편 메시지가 전달될 전자 메일 상자를 식별한다. 그러므로 최종결재권자의 주소가 아닌 기관의 홈페이지 또는 공무원의 공식 전자우편주소를 기재한다.

12

답 ②

해 • 원할한→원활한
   • 공고이→공고히

13

답 ②

해 기밀문서에는 발신부 기록을 생각하면 안 되며, 여러 부서원이 볼 문서는 사본으로 회람한다.

14

답 ③

해 메일 머지는 여러 사람의 이름, 주소 등이 들어 있는 '데이터 파일(data file)'과 '서식 파일(form letter file)'을 결합함(merging)으로써, 이름이나 직책, 주소 부분 등만 다르고 나머지 내용이 같은 수십, 수백 통의 편지지를 한꺼번에 만드는 기능이다.

15

답 ②

해 메일머지 = 편지병합 14번 설명 참조

16

답 ④

해 마인드맵(mind map)은 마치 지도를 그리듯이, 자신이 여태까지 배웠던 내용이나, 자기 관리 등을 할 수 있는 방법이다. 마인드맵은 계층 구조이며 전체의 조각들 간 관계를 표시한다.

17

답 ③

해 축하해주신 분을 찾아뵙지 못하는 것에 대한 서신이다.

18

답 ①

해 참가비 등이 있는 경우에 금액을 안내장에서 안내하는 것이 좋다

19

답 ④

해 감사장의 내용을 정형화시킬 필요는 없다. 관계에 따라 자유롭게 작성할 수 있다.

20

답 ③

해 이메일도 편지형식을 따라 인사말이 포함된다.

21

답 ④

해 감사장에 선물에 대한 부분을 자세히 작성하는 것은 예의에 어긋나며 감사의 표현만 작성하며, 부친 상에 대한 답례장에 부의금액을 작성하지 않는다.

22

답 ②

해 받은 일시가 아닌 작성한 일시에 해당된다.

23

답 ④

해 모두를 찾아뵙는지 못하는 상황에 대한 양해를 구하는 적절한 표현이다.

24

답 ②

해 Last name→First name 순으로 정리하고, First name이 같을 때 Middle name이 존재하면 Middle name이 있는 이름이 우선된다.

25

답 ③

해 • 견적서 : 회사와 회사간의 신규거래 또는 새로운 품목 거래 개설을 위해 가격을 미리 알아보고 가격 조절을 위해서 매입처가 매출처에게 발행하는 문서이다.
   • 사내장표 : 일정한 양식에 인쇄하여 필요한 사항을 쉽게 기입할 수 있도록 만들어진 사내 사무문서 이다.

26

답 ④

해 지역별로 공급처가 있으므로 회사명이나 전화 번호식 문서정리 방법보다는 지역별로 명칭별 분류법을 사용하는 것이 옳다.

27

답 ③

해 e-그린우편 : 우편 발송 고객이 안내문, 동창회, 경조사, 광고 등의 내용문파일(안내문)과 수취인 주소 파일(성명, 우편번호, 주소)을 우체국 창구나 인터넷우체국에 접수하면 제작센터에서 내용문 출력부터 봉투 제작까지 우편물로 제작하여 배달까지 전 과정을 우체국에서 원스톱으로 진행되는 서비스

28

답 ②

해 '귀하'와 '귀중'은 사용방법이 다르다.
- 귀하(貴下) : 편지나 우편봉투에 받는 분 쓸 때 상대편을 높여 이름 다음에 붙여 쓰는 말이다. '귀하'를 쓸 때는 '대한비서협회장님 귀하'처럼 '님'과 '귀하'를 같이 사용한다.
- 귀중(貴中) : '귀중'은 편지나 물품을 받는 단체의 이름 다음에 붙여 쓰기 때문에 위의 대한비서협회 장 귀중은 틀린말이다.
  그러므로 '귀하'는 상대가 한 사람인 경우에 쓰이고, '귀중'은 상대가 여럿 모인 단체이거나 기관, 회사 등일 경우에 사용된다.

29

답 ④

해 재무제표는 영구보존 문서가 아니다.

30

답 ①

해 위에 제시된 방법 외에 스마트폰 기종에 따라 명함관리 앱이 제공되는 경우도 있으므로 참고하면 좋다

31

답 ②

해 선람 : 공문서 등을 정식 결재하기 전에 최종 결재권자가 미리 보는 것

32

답 ③

해 • 5년 보존
    1. 단기 경영계획 및 사업에 관한 기본문서
    2. 매년도 예산에 의한 수입 및 지출관계 증빙서류
    3. 교육훈련 및 보안관련 일반문서
  • 3년보존
    1. 각종 업무추진계획, 기획수립 및 이에 관련된 문서
    2. 증명서 발급관계 문서

33

답 ①

해 • 현금배달(통화등기) : 현금을 받는 분에게 우편으로 배달하는 서비스이며 10원부터 100만원까지 가능하다.
  • 유가증기 등기 : 우편환증서, 자기앞수표, 상품권 등을 등기우편으로 부쳐서 직접 수취인에게 송달하고 취급 도중 분실하였을 경우 유가증권등기 봉투의 표면에 기록된 금액을 배상하여 주는 상품이다.

34

답 ②

해 • 접수문서 : 외부로부터 접수된 문서
  • 배포 문서 : 문서과가 접수 문서를 배포 절차에 의해 처리과로 배포하는 문서
  • 공람 문서 : 문서를 배포하는 데 별도의 처리 절차 없이 상급자에게 보고만 하거나 열람하는 문서
  • 폐기 문서 : 자료 가치가 상실된 문서로 보존 연한 규정에 따라 폐기 처분되는 문서

35

답 ③

해 가, 나, 라는 바람직하게 업무를 처리하였다.

36

답 ④

해 엑세스에서 편지 병합기능이 가능하다.

37

답 ④

해 고객사은품으로 상품권을 현금(등기)으로 발송하지는 않는다.

38

답 ①

해 마이크로소프트 윈도우에서 사용되는 콘솔 프로그램으로, 현재 컴퓨터의 TCP/IP 네트워크 설정값을 표시하는데, DHCP와 DNS 설정을 확인 및 갱신하는 데 사용된다. ipconfig는 흔히 내 컴퓨터의 아이 피를 확인할 때 사용한다.

39

답 ③

해 시행문에는 가능한 한 행정기관의 로고 상징 마크 또는 홍보문구 등을 표시하여 문서가 성립되고 효 력이 발생된다.

40

답 ②

해 전자결제 시스템은 문서 사무처리 절차가 간단하고 작성자는 실명으로 기록된다.

41

답 ④

해 전문관리기관이 수집 · 보존하는 전자문서는 보존기간이 종료된 뒤에도 이를 폐기하지 아니하고 계 속 보존할 수 있다.

42

답 ④

해 분류기준표에 따라 구분하는 것을 말한다.

43

답 ②

해 cross-reference는 다른 쪽이나 문서에 있는 표 번호 등을 본문에 넣었을 때 편집에 의해 표 번호 등이 바뀌어도 자동으로 업데이트가 되도록 하는 것으로 반드시 표시할 필요는 없다.

44

답 ①

해 여러사람이 함께 열람 가능하다.

45

답 ④

해 RFID(Radio-Frequency Identification)는 주파수를 이용해 ID를 식별하는 방식으로 일명 전자태그로 불린다. RFID 기술이란 전파를 이용해 먼 거리에서 정보를 인식하는 기술을 말하며, 전자기 유도 방식으로 통신한다.

46

답 ②

해 EPUB(electronic publication)은 국제 디지털 출판 포럼(IDPF, International Digital Publishing Forum)에서 제정한 개방형 자유 전자서적 표준이다. EPUB은 자동공간조정(reflowable)이 가능하게 끔 디자인되었다.

47

답 ④

해 한글 2010 파일은 인쇄를 제한하는 배포용 문서가 아니다. 한글프로그램의 hwp 문서를 사용할 때 문서 내용을 수정이나 복사하지 못하도록 불러와서 읽기만 할 수 있는 문서로 만들어야 할 경우(pdf파일 비슷함)에 한컴에서는 자체적으로 배포용 문서 설정 기능을 2002 버전부터 포함했다. 특정 버전이 인쇄를 제한하지는 않는다.

48

답 ②

해 블루레이 디스크(Blu-ray 또는 Blu-ray Disc, BD로 약칭)는 고선명(HD) 비디오를 위한 디지털 데이터를 저장할 수 있도록 소니가 주도하는 BDA(블루레이 디스크 협회, Blu-ray Disc Association)에서 정한 광 기록 방식 저장매체이다.

49

답 ③

해 관계형 데이터베이스 관리 시스템(RDBMS)의 데이터를 관리하기 위해 설계된 특수 목적의 프로그래밍 언어이다. 관계형 데이터베이스 관리 시스템에서 자료의 검색과 관리, 데이터베이스 스키마 생성과 수정, 데이터베이스 객체 접근 조정 관리를 위해 고안되었다. 많은 수의 데이터베이스 관련 프로그램들이 SQL을 표준으로 채택하고 있다.

50

답 ③

해 웹자료가 정보의 질이 우수하다는 것은 판단이 어렵고, 출처가 불분명한 글을 인용할 경우에는 정보의 신빙성이 떨어질 위험이 있다.

51

답 ④

해 수치제시 과정은 청중의 인구통계학적 배경에 포함된다.

52

답 ③

해 웹뿐만 아니라 애플리케이션, 데이터베이스 등 대부분의 개발에서 중요하게 맞닥뜨리게 되는 것이 바로 'NULL'이라는 개념이다. 'NULL'이란 아무것도 없음을 의미하는 단어이며, 0이나 " "와 같은 공백과는 다른 개념이다.

53

답 ④

해 www.XXX.govsms 정부사이트에 해당된다.

54

답 ④

해 선 도표(LINE CHART) : 선 도표는 좌표 축의 점들로 데이터를 나타내고, 이 점들을 연결하여 시간에 따른 데이터의 변화를 직선적으로 관찰할 수 있다.

55

답 ①

해 백분율을 가장 잘 표현하는 차트는 원그래프/파이도(PIE CHART)로 비례 관계를 구성할 때는 파이그
래프를 사용하여 전체적인 이미지를 보여주고, 각 부분이 차지하는 전체의 백분율을 보여줄 수 있다.

56

답 ④

해 미화환산율(대미환산율) : 1달러를 기준 1로 했을 때 다른 통화의 가치를 비율로 나타낸 것

57

답 ④

해 사용자 수와 관련 없이 내용을 업데이트해야 한다.

58

답 ②

해 남성 정규직이 감소된 비율이 높다.

59

답 ②

해 페이지 기능이 아닌 라벨 기능에 해당한다. 워드와 한글에 동일한 기능이 존재한다.

60

답 ③

해 • 다중선그래프 : 선 그래프 또는 꺾은 선 그래프는 수량을 점으로 표시하고 그 점들을 선분으로 이어
그린 그래프를 말한다.
 • 도넛형그래프 : 숫자데이터를 표현하는 방법으로 그래프를 많이 사용한다.

61

답 ③

해 슬라이드가 표현하고자 하는 내용에 따라 스마트아트를 주로 7가지로 분류가 가능한데, 목록형, 피라
미드형, 행렬형, 관계형, 계층구조형, 주기형, 프로세스형으로 나뉜다.

62

답 ④

해 금융감독원에서 운영하는 기업정보전자공시시스템. 코스피시장이나 코스닥시장에 상장된 주식회사부터 비상장 주식회사까지 다양한 회사들이 이 회사에 자기회사의 경영상태에 대한 공시를 하고 있다.

63

답 ④

해 경상수지지수(Current Account Index)는 해당월에 수출되고 수입되는 상품, 서비스 및 이자 지불 총액 차이를 측정한다. 상품이 차지하는 몫은 월별 무역 수지 수치와 동일하다. 실제 수치가 예상치보다 높은 경우 원화 가치 및 전망이 긍정적이라는 뜻이며, 낮은 경우 부정적임을 의미한다.

64

답 ④

해 IoT에 관련한 국제표준이 2019년 기준으로 2건이 승인되었다.

65

답 ③

해 스피어피싱(Spear Phishing) : 불특정다수가 아닌 특정기관이나 기업의 내부직원을 표적 삼아 집중적으로 공격하는 이메일기반의 사이버공격

66

답 ③

해 백신프로그램을 1개 이상 사용할 필요는 없으며, 비밀정보를 외부에서 요청 했을 시 이행해서는 안 된다.

67

답 ②

해 USB메모리 자동실행은 공동으로 근무하는 회사에서는 맞지 않는다.

68

답 ①

해 랜섬웨어(ransomware)는 컴퓨터 시스템을 감염시켜 접근을 제한하고 일종의 몸값을 요구하는 악성 소프트웨어의 한 종류이나. 컴퓨터로의 접근이 제한되기 때문에 제한을 없애려면 해당 악성 프로그램을 개발한 자에게 지불을 강요받게 된다. 위의 행동은 모두 랜섬웨어 감염을 예방하기 위한 행동에 포함된다.

69

답 ③

해 소유기반 사용자 인증방식은 사용자가 가지고 있는 소유물을 확인하여 인증하는 기법이다. 신분증, 암호키 등의 다양한 수단이 있다. 그러나 소유 기반 인증만 하는 것은, 부정한 사용자가 복제 등의 방법을 통해서 부정하게 소유물을 구할 수 있는 위험이 있다.

70

답 ②

해 수신 시의 유의사항이 아니고 평소에 관리할 방법에 해당된다.

71

답 ④

해 핑크 메일은 고용주가 직원에게 보내는 해고통보 메일을 의미한다. 특정한 관계를 맺어오던 사람과의 절교를 표시할 때 보내는 e-메일을 의미하기도 한다.

72

답 ④

해 집무실에서 나온 문서는 대외비로 처리해야 하므로 이면지 사용은 지양한다.

73

답 ②

해 피싱 : 컴퓨팅에서, 피싱(phishing)은 전자우편 또는 메신저를 사용해서 신뢰할 수 있는 사람 또는 기업이 보낸 메시지인 것처럼 가장함으로써, 비밀번호 및 신용카드 정보와 같이 기밀을 요하는 정보를 부정하게 얻으려는 social engineering의 한 종류이다.

74

답 ④

해 대외비문서는 절대로 외부로 반출되어서는 안된다.

75

답 ④

해 저작권 침해(copyright infringement)는 저작권자의 허락 없이 저작물을 이용하거나 저작자의 인격을 침해하는 방법으로 저작물을 이용하는 것으로, 인터넷에서 검색한 뉴스기사로 시험문제를 작성할 경우에는 출처를 분명히 밝힌 후 작성하도록 한다.

76

답 ④

해 랜섬웨어를 예방하기 위해서는 최신보안상태로 지원이 가능한 OS사용을 권장하고 있기 때문에 업데이트를 진행해야 하고, 자동 업데이트 기능을 이용하여 백신도 최신 상태로 유지해주는 것이 중요하다.

77

답 ①

해 ADF에 원본의 인쇄된 면이 위로 가게, 문서의 윗쪽이 ADF 안쪽으로 들어가도록 원본을 놓은 후 ADF 가장자리를 원본 크기에 맞게 조정한다.

78

답 ③

해 USB3.0 단자에는 파란색이 있고 2.0 단자는 색이 없거나 검은색, 빨간색 단자로 되어있다.

79

답 ②

해 간단하게 전화기 수화기를 든 상태에서 *88을 누르고 착신할 전화번호를 입력한 후 다시 *를 입력하시면 착신 전환이 된다. 착신전화 해제는 #88*을 입력해주시면 간단히 해제되는데 착신전화 서비스를 이용하면 통화료가 이중으로 부과될 수 있다.

80

답 ④

해 엑스트라넷(extranet)은 외부 조직의 승인된 사용자들에게 확장된 사설 인트라넷이다. 엑스트라넷은 인트라넷과 달리, 특정회사 내의 종업원들만 사용하는 시스템이 아니라, 오히려 해당회사 외부의 이해관계자들도 함께 사용할 수 있는 시스템을 의미한다.

81

답 ③

해 긴 라이프사이클은 모바일 기기의 특징이 아니다.

82

답 ①

해 USB 2.0과 3.0는 속도차이로 구분된다. USB 2.0은 480MB/s의 전송 속도를 제공하고, USB 3.0은 5GB/s의전송 속도를 제공하므로 속도에서는 약 10배가 차이 난다. 따라서 전송 속도가 3.0보다 느린 USB2.0은 속도가 느리고 전력도 낮아 외장하드 인식을 못 하는 경우가 종종 생긴다. PC본체 USB 장착하는 부분을 자세히 들여다보면 USB 3.0단자에는 파란색이 있고 2.0단자는 색이 없거나 검은색, 빨간색 단자로 되어 있다.

83

답 ②

해 전화기는 정보전송기기에 해당하지 않는다.

84

답 ②

해 블루투스 기능은 휴대폰과 그 주변장치를 연결하는 무선 통신 기술을 의미하며, 와이파이(Wi-Fi, WiFi)는 전자기기들이 무선랜(WLAN)에 연결할 수 있게 하는 기술이다.

85

답 ③

해 180도 펼쳐지는 상태의 제본은 본드제본이다.

86

답 ③

해 자동 실행이란 해당 USB를 컴퓨터나 랩탑에 삽입 시 자동으로 팝업이 뜨는 것을 말하는데 윈도우10 에서는 이것을 자동 실행(AutoPlay) 기능이라고 한다. 하지만 회사와 같은 공용공간에서는 보안을 위해 자동실행 기능을 사용하지 않는 것이 좋다.

87

답 ③

해 • 안드로이드 운영 체제 방식 : 안드로이드는 모바일 운영체제로서 리눅스 기반으로 이루어져 있으며 다양한 UI와 스마트폰 어플리케이션을 제공하고 있다.
• iOS 운영 체제 방식 : iOS는 명칭 그대로 iPhone OS를 의미한다. iOS는 아이폰뿐만 아니라, 아이패드, 아이팟터치의 기반이 되는 운영체제이다.
• Windows Phone 운영체제 방식 : MS의 스마트폰 운영체제이며, 4가지 버전은 Windows Phone7, Windows Phone8, Windows Phone 8.1, Windows 10 Mobile이고 Windows Phone 운영체제는 MS 사가 한 가장 독특한 시도로 꼽히고 있다.

88

답 ④

해 • 1) 프레지(Prezi) : 프레지(Prezi)는 클라우드 기반의 프레젠테이션 도구이다.
• 2) 링제본기 : 문서에 천공을 하고 소모품인 플라스틱링을 제본기에 걸어 열어준 후에 천공된 문서를 걸어서 다시 닫아주는 제본하는 방식을 사용하는 제본기이다.
• 3) LCD프로젝터 : LCD방식 프로젝터는 램프에서 발생된 빛을 투과형의 LCD패널을 통과시킨 후 렌즈로 전면스크린에 상을 맺도록 하는 방식의 프로젝터이다. LCD프로젝터는 원색감 표현력이 매우 뛰어나며 일반모니터에서 표시되는 색감과 거의 동일하다.
• 4) 실물화상기 : 상부에 장착된 카메라로 하부에 놓인 종이나 실물의 모형, 모습을 TV, 프로젝터, PC를 이용하여 영상으로 출력해서 보여주는 기기이다.

89

답 ③

해 스카이프(Skype)는 에스토니아의 스카이프 테크놀로지스 (現 마이크로소프트)가 개발한 무료 VoIP 소프트웨어이다. P2P 기술을 이용하고 있어, 비교적 느린 속도에서도 높은 통화품질의 안정된 통화를 실현할 수 있는 것이 특징이다. 국가에 따라 제한은 있으나, 유료로 일반 전화와도 통화할 수 있으며, 화상 통화와 화면 공유 기능도 지원하는 등의 다양한 기능을 제공하고 있다.

90

답 ②

해 원드라이브(OneDrive)는 드롭박스, 구글드라이브와 함께 3대 클라우드시비스 중 하나이며, 에버노트(Evernote)는 2008년 출시된 메모용 스마트폰 애플리케이션이다. 구글 크롬, 모질라 파이어폭스, 아이폰, 안드로이드, 윈도우 폰, 윈도우, OS X와 같은 다양한 플랫폼에서 실행된다.

91

답 ④

해 팩스커버는 맨 앞에 놓는다.

92

답 ③

해 미국의 드롭박스(Dropbox Inc.) 사가 제공하는 클라우드 기반 파일 저장 서비스를 말한다. 2007년 창립되어 2008년부터 서비스를 개시하였다.

93

답 ①

해 USB 2.0과 3.0는 속도차이로 구분된다. USB 2.0은 480MB/s의 전송 속도를 제공하고, USB 3.0은 5GB/s의전송 속도를 제공하므로 속도에서는 약 10배가 차이난다. 따라서 전송 속도가 3.0보다 느린 USB2.0은 속도가 느리고 전력도 낮아 외장하드 인식을 못 하는 경우가 종종 생긴다. PC본체 USB 장착하는 부분을 자세히 들여다보면 USB3.0 단자에는 파란색이 있고 2.0 단자는 색이 없거나 검은색, 빨간색 단자로 되어있다.

94

답 ①

해 보통 와이어 제본은 서류, 제안서, 소개서, 설명서 등 사무적인 업무에서 많이 선호한다.

95

답 ②

해 • WorldCard Mobile 은 명함스캔을 할 수 있는 스캐너 스탠드이다.
　• Jorte는 캘린더& 시스템다이어리 앱이다.

96

답 ②

해 비서 개인이 자신의 명함을 관리할 경우에는 관리하기 편한 대로 하면 되지만, 임원의 명함을 명함어플리케이션에 정리한 후에 폐기하지는 않는다. 하지만 임원이 원할 경우에는 폐기할 수도 있다.

97

답 ②

해 시작하려면 먼저 Google Play 또는 iOS App Store에서 항공사의 앱을 찾아 설치한다. 하지만 저가 항공사는 자체 앱이 없을 수도 있음을 감안하여야 한다. 그렇기 때문에 공항에 도착하기 전에 특정 항공사가 스마트폰 서비스를 제공하는지 확인할 필요가 있다.

98

답 ①

해 일정관리를 한 후 결정된 일정을 기사님에게 전달한다.

99

답 ④

해 공인인증서는 '범용'과 '용도제한용' 두 가지가 있다. '용도제한용'은 범위가 제한적이고 '범용'은 모든 서비스에서 사용할 수 있다. 공인인증서 종류는 개인용과 사업자용으로 나뉘어 있는데 범용 공인인증서는 모두 유료로 발급 받아야 하고, 기간은 1년 단위이다.

100

답 ③

해 애플리케이션을 업데이트 하면 기능이 업데이트되며 업데이트보안 패치(보안을 강화하여 해킹의 위험을 낮추어 주는 것)가 적용되어 더욱 안전해진다. 주기적으로 업데이트를 하지 않으면 그 기간만큼 위험에 노출될 확률이 높다고 판단하면 된다.

| 저자 약력 및 경력

- 現 한서대학교 경호비서학과 전공강사
- 現 with U ideal 대표
- 現 메가스터디그룹 메가평생교육원 경영학과 운영교수
- 前 한국지방행정연구원 객원연구원
- 前 한양여자내학교 비서인재과 겸임교수
- 前 명지전문대학교 교양학부 강사
- 前 오산대학교 세무회계과 강사
- 前 용인송담대학교 교양교육센터 강사
- 前 한양여자대학교 정보경영과 강사
- 前 MBC plus 대표이사비서
- 前 MBC sports 대표이사비서
- 前 MBC drama 대표이사비서

| 참고문헌

- 기업의 사회적책임과 이익조정. 회계저널, 임형주, 최종서 (2013)
- 문서관리실무, 두남, 도윤경(2005)
- 문서작성의 기술, 미래와경영, 박혁종(2014)
- 법무부 전자문서법 해설서(2017)
- 비서 실무론 대영문화사 조계숙·최애경(1994)
- 사무관리론, 대영문화사 유희숙(2014)
- 서울시 의전실무편람 서울특별시(2014)
- 정부의전편람 행정자치부(2014)
- 최신문헌정보학의 이해, 한국도서관협회(2021)
- 컨벤션산업론. 백산출판사 김상혁(2002)
- 행정안전부 누리집
- M&A 기업합병·매수와 구조재편, 율곡출판사 선우석호(1997)
- Strategies for Assessing and Managing Organizational Stakeholders, Academy of Management Perspectives, Grant T. Savage, Timothy W. Nix, Carlton J. Whitehead, John D. Blair(1991)
- Quinn, Robert E. & Kimberly, John R(1984), Paradox, planning and perseverance : Guidelines for managerial practice. kimberly, j. R. & Quinn, R. E.(eds.), Managing Organizational Transitions.

| 참고사이트

- 공정거래위원회 www.ftc.go.kr
- 공무원닷컴 0muwon.com
- 국가법령정보센터 www.law.go.kr
- 국립국어원 www.korean.go.kr
- 그린포스트코리아 www.greenpostkorea.co.kr
- 금융감독원 www.fss.or.kr
- 네이버지도
- 뉴질랜드정부 www.govt.nz
- 니즈폼 www.nizform.com
- 대한민국청와대 www.president.go.kr
- 레츠코레일 www.letskorail.com
- 리훈 rihoon.co.kr
- 반8 www.ban8.co.kr
- 법무부 www.moj.go.kr
- (사)한국비서협회 www.kaap.org
- 삼성SDS www.samsungsds.com
- 온－나라 PC영상회의-정부협업시스템 vc.on－nara.go.kr
- 연합인포맥스 news.einfomax.co.kr
- 인터넷우체국 www.epost.go.kr
- 인사혁신처 www.mpm.go.kr
- 외교부 www.mofa.go.kr
- 전자신문 www.etnews.com
- 지방자치인재개발원 www.logodi.go.kr
- 통계청 전국사업체조사(경제총조사) www.ecensus.go.kr
- 한국보건사회연구원 www.kihasa.re.kr
- 한국산업안전보건공단 www.kosha.or.kr
- 행정안전부 www.mois.go.kr
- CEO스코어 www.ceoscore.co.kr
- Fine Report www.finereport.com/en
- LX한국국토정보공사 www.lx.or.kr
- NCS www.ncs.go.kr
- NH투자증권 공식블로그 blog.naver.com〉woori_octo
- SeatGuru www.seatguru.com
- S0NG의 정보보안 블로그 s0ng.tistory.com
- www.youtube.com/ watch?v = ER27nPK28pg

비서 1·2급 자격증 필기·기출문제집

발행일 2022년 10월 30일(초판)

발행처 지식오름

발행인 조순자

편저자 유튜버 미쓰캐롯

편집디자인 김현수

표지디자인 홍현애

※ 낙장이나 파본은 교환해 드립니다.
※ 이 책의 무단 전제 또는 복제행위는 저작권법 제136조에 의거하여 처벌을 받게 됩니다.

정 가 35,000원

ISBN 979 - 11 - 91292 - 80 - 0